经济学精选教材译丛

MACROECONOMICS

宏观经济学

[第2版]

〔美〕罗杰·E. A. 法默(Roger E. A. Farmer) 著
方福前 等译

北京市版权局著作权合同登记　图字:01-2004-5716
图书在版编目(CIP)数据

宏观经济学:第2版/(美)法默著;方福前等译.—北京:北京大学出版社,2009.1
(经济学精选教材译丛)
ISBN 978-7-301-13814-4

Ⅰ.宏⋯　Ⅱ.①法⋯②方⋯　Ⅲ.宏观经济学-教材　Ⅳ.F015

中国版本图书馆CIP数据核字(2008)第066479号

Macroeconomics
Roger E. A. Farmer
Copyright ⓒ [2002] by South-Western, a part of Cengage Learning.

Original edition published by Cengage Learning. All Rights Reserved. 本书原版由圣智学习出版公司出版。版权所有,盗印必究。

Peking University Press is authorized by Cengage Learning to publish and distribute exclusively this simplified Chinese edition. This edition is authorized for sale in the People's Republic of China only (excluding Hong Kong, Macao SARs and Taiwan). Unauthorized export of this edition is a violation of the Copyright Act. No part of this publication may be reproduced or distributed by any means, or stored in a database or retrieval system, without the prior written permission of the publisher.

本书中文简体字翻译版由圣智学习出版公司授权北京大学出版社独家出版发行。此版本仅限在中华人民共和国境内(不包括中国香港、澳门特别行政区及中国台湾地区)销售。未经授权的本书出口将被视为违反版权法的行为。未经出版者预先书面许可,不得以任何方式复制或发行本书的任何部分。

本书封面贴有 Cengage Learning 防伪标签,无标签者不得销售。

书　　　名:宏观经济学(第2版)
著作责任者:〔美〕罗杰·E.A.法默　著　方福前　等译
责 任 编 辑:张迎新
标 准 书 号:ISBN 978-7-301-13814-4/F·1933
出 版 发 行:北京大学出版社
地　　　址:北京市海淀区成府路205号　100871
网　　　址:http://www.pup.cn　电子邮箱:em@pup.pku.edu.cn
电　　　话:邮购部 62752015　发行部 62750672　编辑部 62752926　出版部 62754962
印　　刷　者:北京飞达印刷有限责任公司
经　　销　者:新华书店
　　　　　　850毫米×1168毫米　16开本　26印张　640千字
　　　　　　2009年1月第1版　2009年1月第1次印刷
印　　　数:0001—4000册
定　　　价:46.00元

未经许可,不得以任何方式复制或抄袭本书之部分或全部内容。
版权所有,侵权必究
举报电话:010-62752024　电子邮箱:fd@pup.pku.edu.cn

丛书序言

经过一段时间的精心酝酿和准备,由北京大学出版社出版的国外引进版的《经济学精选教材》系列图书终于与读者见面了。

目前入选该系列的教材共有四本:一本是经济学导论,William Baumol 和 Alan Blinder 的 *Economics: Principles and Policy*(第 9 版);一本是微观经济学教材,Walter Nicholson 的 *Microeconomic Theory: Basic Principles and Extensions*(第 9 版);另外两本是宏观经济学教材——Roger Farmer 的 *Macroeconomics*(第 2 版)和 Richard Froyen 的 *Macroeconomics: Theories and Polices*(第 8 版)。除第一本为经济学初学者的入门教材外,后三本均属于中级水平的教材,面向的读者对象为大学经济学专业的本科生和 MBA 学生。

这四本教材可以说各有特色。

Baumol 和 Blinder 合写经济学可谓珠联璧合。Baumol 是当代最著名的微观经济理论大师之一,在他半个世纪的研究生涯中不断有新理论面世,是名副其实的"常青树";Blinder 则是著名的宏观经济学家,擅长财政和货币政策研究,长期参与美国宏观经济学政策的辩论,曾做过克林顿的总统经济顾问。由这两位大家合写一本同时强调理论与政策含义的经济学导论自然是再合适不过了。我一直认为,经济学最直观和最精深的智慧都在经济学导论中,千万别小瞧了它,应该反复研读。在阅读此书时,读者要特别注意那些紧密结合现实世界问题的经济学分析,从这些分析中你才能真正体会到经济学是一种让人学会思考的有力工具。

Nicholson 的中级微观堪称这方面的经典教材:它初版于 1972 年,每隔几年修订一次,到现在已是第 9 版。如此长盛不衰的教材并不多见。我在美国斯坦福大学读书时做过本科生微观课的助教,教授选定的教学参考书中就有这本书,当时是第 7 版。此书最大的特点是它的严谨性,注重每一个理论的模型背景与数学推导。它没有其他同类教材那么多生动活泼的例子,而是一板一眼用图例和数学公式说明经济学的道理。每章章末都附有一些相关学术论文,作者对每篇文献还作了一些简要的评论,似乎希望有兴趣者会找到原始文献加以研读,所以此书的难度应该在中级教材之上。美国学生可能不太喜欢这种板着面孔说事的风格,但我觉得中国学生会非常适应。我建议最好将此书与别的"图文并茂"的微观教材结合起来阅读,收获会更大一些。

两本宏观教材虽非出自名家之手,但仍然不失为优秀的教科书,有许多可圈可点之处。Farmer 的宏观经济学包含了一本标准的中级宏观经济学教材所应涉及的内容,如古典总供给与总需求理论、IS-LM 曲线和新凯恩斯总供给理论,另外还专门介绍了理性预期理论和近年来兴盛起来的内生增长理论。全书叙述简明、清晰,可读性强。作者充分利用当今的网络技术,为读者提供了许多网站链接,以使其进一步了解某些重要知识。相比之下,Froyen 更注重宏观经济学的发展与演化,为那些对思想史感兴趣的读者提供了一条清晰的理论发展脉络。近年来的宏观经济学发展非常强调与微观经济学相统一的方法论基础，但不同思想学派的特征在当今的宏观理论中仍然表现得十分明显。而要深入了解这些学派的发展和主要特征，Froyen的书很值得一读。这两本书因各有侧重，最好将它们结合起来学习。

大家也许注意到，这些国外教材在国内已出过不少种类，比如经济学导论教材，就先后出版过著名经济学家萨缪尔森、斯蒂格利茨和曼昆的三本经济学原理，其他微观和宏观的国外教材也是品种繁多。那为什么我们还需要继续去影印或翻译同类经济学教材呢？我想，经济学教材可以看做是一种差异化产品，它们之间有替代性，但替代性不是完全的，就像不同品牌的汽车和笔记本电脑一样，可以满足不同偏好的消费者的需求。最关键的一点是，读者可以通过研读和比较不同"品牌"的教材获得关于经济学更全面、更丰富的理解和知识。我觉得经济学的精妙之处很难单单从一本书里领略到，对初学者尤其如此。

作为在20世纪80年代求学的我非常羡慕现在的大学生，他们的选择可以如此之多，而我们那时，西方经济学教材寥寥无几，记忆中国外的就只有高鸿业先生翻译的萨缪尔森的《经济学》三册本，虽然是精品，值得反复揣摩，我那时也从被迫的精读中获益巨大，但总是期待有同类的教科书可以一并参读。

《经济学精选教材》系列是一个开放的系列，这次初选四本，以后将根据教材的供需状况陆续增加。我相信，这套经济学系列教材将为经济学爱好者提供丰盛的知识大餐。

周黎安
2005年6月于北京大学光华管理学院

译者前言

这是一本中级宏观经济学教科书。

本书作者罗杰·E.A.法默(Roger E. A. Farmer)是美国加州大学洛杉矶分校(UCLA)经济学教授、国际知名的宏观经济学家。他于1999年出版的《自我实现预言的宏观经济学》(The Macroeconomics of Self-Fulfilling Prophecies)一书是世界上流行的研究生层次的宏观经济学教材。自1988年以来他一直在 UCLA 给本科生和研究生讲授宏观经济学。这本《宏观经济学》初版于1999年,本书译自2002年第2版。

近十年来,国内引进的原版(翻译版和原文版)经济学教材越来越多。目前我国大学使用的中级宏观经济学原版教材大多是曼昆(N. Gregory Mankiw)的《宏观经济学》,多恩布什、费希尔和斯塔茨(Rudiger Dornbusch, Stanley Fischer & Richard Startz)的《宏观经济学》,布兰查德(Olivier Blanchard)的《宏观经济学》以及霍尔和泰勒(Robert E. Hall & John B. Taylor)的《宏观经济学》,它们都有自己的特色和优点。这些教材的引进不但大大丰富了教学内容,而且使教师和学生在教材使用上有了更大的可选范围。

与上述中级宏观经济学教科书相比,本书具有明显的特色和优点。正如法默教授在本书前言中所说:"市场上有很多以中级水平的学生为读者群的著作,但是本书和任何一本书都不一样。"本书的"不一样"主要体现在:

1. 本书以主要经济学流派为主线来构建宏观经济学体系

20世纪西方经济学发展最快、成果最多的领域是宏观经济学。宏观经济学的基调是由"凯恩斯革命"奠定的,宏观经济学的发展则是各个时期经济学主流派的形成和争论推动的。这些主流派主要有古典经济学(古典学派)、凯恩斯主义、新凯恩斯主义和新古典宏观经济学。货币主义可以看作是新古典宏观经济学发展的第一阶段。本书内容涵盖了这四个主要经济学流派的宏观理论,其体系安排鲜明地体现了这种流派特色。本书共分四篇19章,除了第一篇"导论与度量"以外,第二篇"总需求和总供给的古典视角"主要介绍古典经济学的宏观结构,包括古典经济学的总供给理论、总需求和古典价格总水平理论以及储蓄-投资理论;第三篇"总需求和总供给的现代视角"主要讨论的是凯恩斯主义和新凯恩斯主义经济学,包括失业理论、总供给理论、IS-LM 模型和总需求理论,以及开放经济的宏观经济学;第四篇"动态宏观经济学"则讨论了理性预期和新古典宏观经济学,并在有关问题上比较了新凯恩斯主义与新古典宏观经济学的不同观点。本书对于了解和比较现代西方经济学主要流派的理论观点和政策主张是非常有价值的。

2. 本书用一般均衡理论的统一框架来安排宏观经济学内容

20世纪90年代以前,不同的流派坚持使用不同的方法(或视角)来研究宏观经济问题。凯恩斯主义者强调运用凯恩斯的国民收入决定理论的方法对经济进行分析,反凯恩斯主义的经济学家则赞成用基于一般均衡分析的古典理论来研究经济问题。这就使得宏观经济学有了凯恩斯主义和新古典主义两种不同的体系。20世纪90年代以来,这些分歧开始缩小,新凯恩斯主义和新古典宏观经济学在研究方法上达成了一些共识,一些经济学家认识到很多凯恩斯理论的核心观点可以用一般均衡理论的框架来理解。本书把不同流派的经济思想纳入一般均衡分析框架,正是西方经济学家们达成这种共识的一种反映。因此,本书在一定程度上反映了近10年来西方经济学中出现的"新综合"的发展趋势。

3. 本书突出了动态宏观经济学

20世纪80年代以来,宏观经济学最重要的发展体现在跨时选择和动态分析上,经济增长理论、经济波动理论、通货膨胀理论和政府债务与赤字理论构成了中高级宏观经济学的主要内容。本书在第四篇用了五章的篇幅系统地讨论了这些内容。特别是,本书对新古典增长理论和内生增长理论(分别是第15章和第16章)的讨论,其内容的丰富性、系统性和清晰程度超过了同类教科书。此外,本书比较全面地反映了近20年来西方宏观经济学发展的主要成果。

我于2004年在国家图书馆查阅英文经济学新书时发现了这本书,北京大学出版社经济与管理图书事业部主任林君秀女士向我征集出版选题计划时我向她作了推荐,她们审阅后也觉得本书很有特色,于是很快购买了版权。本书自2005年着手翻译,由于我手头事情过多,加上2006年8月至2007年2月我在美国斯坦福大学做高级研究学者,此书的翻译校对工作就耽搁了许多时日。感谢林君秀女士和本书责任编辑张迎新女士的反复督促,本书翻译校对才得以最终完工。

本书译者分工如下:

方福前、周鸿飞:前言、第1章;

方福前、古元峰:第2、3章;

徐丽芳:第4、5章;

方福前、田晓晓:第6、7章;

方福前、祝灵敏:第8、11章;

刘江丽:第9、10章;

杨旭:第12、13章;

黄力克:第14、17章;

方福前、刘媛媛:第15、16章;

方福前、吴玉督:第18、19章;

方福前、徐小鹰:术语表。

杨琼、郭榕榕和于泽参与了初稿的校对和部分内容的翻译。

其中,周鸿飞、古元峰、田晓晓和祝灵敏是中国人民大学经济学院2003级硕士研究生,徐丽芳和杨旭分别是中国人民大学经济学院2006级和2003级博士研究生,刘江丽、黄力克和吴玉督是中国人民大学经济学院2004级博士研究生,徐小鹰是中国人民大学经济学院2004级硕士研究生,刘媛媛是中国人民大学财政金融学院2003级本科生,杨琼和郭榕榕分别是北京大学经济学院2004级硕士研究生和北京大学中国经济研究中心2003级硕士研究生,于泽是中国人民大学经济学院讲师(博士)。他们现在都走上了工作岗位或在国外继续深造。

全书最后由我统一校对。

本书翻译和表述难免有不完善甚至错误之处,欢迎读者和同行批评指正。

方福前

2007年11月20日

于中国人民大学时雨园寓所

本书献给我的儿子利兰·爱德华·法默：

"如果我拥有一个地方，
人们可以每天在此尽情娱乐，
作曲家送来源源不断的音乐……

……我将把这一切献给我的儿子，
假如他让我唱什么，
一首歌，歌名叫'黎明中的燕八哥'。"*

---

* 爱德华·托马斯："如果我拥有"，《诗集》，纽约：托马斯·塞尔泽出版社，1921年。

前　言

宏观经济学的共识

直到最近,对宏观经济学的研究方法仍然存在很多分歧。凯恩斯主义者运用约翰·梅纳德·凯恩斯在 20 世纪 30 年代创立的理论对经济进行分析,其他经济学家则赞成基于一般均衡分析的古典理论。这些分歧使得向本科生讲授这门课程变得有些困难,因为宏观经济学的课程内容会因讲授者的观点不同而不同。最近这些分歧开始缩小,因为经济学家们认识到很多凯恩斯理论的核心观点可以用一般均衡理论的框架来理解。对宏观经济学的共识正在形成,大部分经济学家认识到一般均衡分析是合适的框架而且它可以用来表达多种不同的经济思想。本书正是基于这一正在达成的共识。

IS-LM 模型是给大部分本科生开设的宏观经济学课程的核心内容,而研究生院已经有二十年不讲授这个模型了。研究生学习的宏观经济学模型是动态的,而给本科生讲授的宏观经济学模型则是静态的。研究生学习一般均衡理论,而本科生则学习凯恩斯主义经济学。许多本科宏观经济学教学方法割裂了宏观经济学和现实数据的联系,而我们这个学科恰恰是要致力于解释现实(可惜的是,很多研究生项目也是如此)。本书试图通过介绍一些本科生可以理解的宏观经济学基础知识,同时也介绍近二十年来宏观经济学的一些重大发展,来说明上述问题。因为大部分记者和政策制定者仍然把 IS-LM 模型当作思考问题的工具,因此这样一本教材不能够也不应该忽视这方面的内容,但是我们强调的重点却应该放在其他方面。本书从一般均衡理论的角度说明主题,介绍一些基本的动态分析工具,并且在每一章都将理论和数据联系起来。

第 2 版所作的改进

第 2 版主要对第一、二、三篇进行了修订。在这三部分中,除了例行地对数据表和附录进行更新之外,还进行了深入详尽的重写和扩充。作为对评论家的回应,我已经增加了两个新的章节。重写了第 1 版中关于失业和总供给的那一章,把这部分内容扩充为两章:一章讲失业,另一章讲总供给。讲述失业问题的是第 7 章,建立了一个效率工资模型来解释均衡状态下失业的存在;讲述总供给问题的是第 8 章,增加了粘性工资理论来解释失业率对自然失业率的偏离,而且这可能持续很长时间。

第 2 版也对第 1 版讲述 IS-LM 模型的章节作了大范围的修正,这部分内容被扩展为两章:第 11 章从资本市场均衡来推导 IS 曲线;第 12 章推导了 IS-LM 模型这一分析工具,并且讲述了新凯恩斯主义的总需求理论。

随着国家经济事态的变化,我对关于债务和赤字的章节(现在的第 14 章)进行了修订。在第 1

版中,我着重强调了预算赤字问题,而现在财政赤字问题已经转变为连续四年的财政盈余。为了反映这些新的变化,我对这一章进行了重新修订。

本书的特色

市场上有很多以中级水平的学生为读者群的著作,但是本书和任何一本书都不一样。下面将列举一些本书的特色,正是这些特色使得该书在同类的教材中脱颖而出。

1. 每一章都强调数据的重要性。第2章解释了收入账户和财富账户,以及这两者之间的关系。它通过提供典型的美国人的财富和收入的数据以及世界上不同国家和地区相对财富的数据,向学生讲述财富和收入的大小,以及收入的构成问题。第3章讲述如何从数据序列中消除趋势,以及如何把这些消除趋势后的序列数据相互对比构建成一些散点图。这些散点图在后面的章节中经常会用到,用来检测一些简单的理论模型的含义是否违反历史事实。

2. 在历史的环境中介绍各种观点。本书第二篇开始的理论阐释,首先是以需求和供给恒等这一理念为基础的古典模型。利用这个模型,本篇解释了1973—1979年的经济衰退。第三篇通过说明相比于供给变动,需求变动可以更容易地解释大萧条的数据这一点,把凯恩斯主义和古典模型进行了对比。第四篇向学生介绍了动态学的知识,解释了预算赤字、经济增长、关于移动的菲利普斯曲线的争论,以及理性预期。

3. 每一章都采用需求和供给的分析工具,并且有一个主题贯穿始终,即宏观经济学和微观经济学都基于这样一个基本的理念:厂商和家庭都在一定约束条件下追求个人利益最大化。即使是凯恩斯主义经济学那些章节中,也贯彻了这一思想。在这些地方,失业被认为是信息不完全导致的:它使得厂商和工人不能在穷尽交易的所有好处的情况下进行交易。

4. 本书把动态理论引入了中级宏观经济学的市场。它利用图表框架和学生可以理解和应用的简单例子——政府预算经济学——来解释差分方程;同时,本书还利用差分方程来解释经济增长和货币政策的现代方法。

5. 一直以来,现代宏观经济学的大部分都在关注经济增长的原因,其中一个主要的范式是内生增长理论。这一理论已经引起了本专业内很多最优秀的思想家们的关注。这本《宏观经济学》中论述增长理论的一共有两章,其中用了整整一章来阐释内生增长理论,这两章都使用了现代动态学的分析工具。

6. 这本书还介绍了一种对待理性预期的现代处理手段,以及它对货币政策施加的约束。阿兰·格林斯潘的演讲中的几个例子被用来证明这一理论同现实世界的相关性。

7. 本书参考了大量互联网资源,利用网上的信息来举例说明或者提供进一步研究的有关资料。

8. 本书每一章都配有很多的例子,利用这些现实中的问题来解释涉及的重要概念。

如何讲授这本《宏观经济学》

这本《宏观经济学》可以在一些不同的难度等级上进行讲授。一些基本的微观经济学知识尽管不是必需的,但是很有用。尽管在经济动态学这部分内容中,运用了大量的数学方程,但是在核心章节中,数学是被放在例子和附录中的。

本书导航

	难度等级	地位
第一篇:导论与度量		
1. 本书所讲述的内容	1	必讲
2. 经济的度量	1	必讲
3. 宏观经济事实	1	必讲
第二篇:总需求和总供给的古典视角		
4. 总供给理论	1	必讲
5. 总需求和古典价格水平理论	1	必讲
6. 储蓄和投资	1	必讲
第三篇:总需求和总供给的现代视角		
7. 失业	2	必讲
8. 新凯恩斯主义的总供给理论	2	必讲
9. 货币需求和LM曲线	2	选讲
10. 货币供给	1	选讲
11. IS曲线	2	选讲
12. IS-LM模型和总需求	2	选讲
13. 开放经济	2	选讲
第四篇:动态宏观经济学		
14. 政府预算	4	选讲
15. 新古典增长理论	4	选讲
16. 内生增长理论	4	选讲
17. 失业、通货膨胀和经济增长	3	选讲
18. 预期和宏观经济学	3	选讲
19. 我们知道的和不知道的	1	建议讲授

对难度等级的说明

难度等级1:这部分材料自成体系。如果学生学习过微观经济学的话,这些章节可以通过一次课结束。分析性的材料包含在图表中,一些数学知识包含在附录中。

难度等级2:这些章节和难度等级1的很相似,但是它们介绍了一些新思想。比如效率工资理论(第7章用这一理论来解释失业问题)、多个市场同时均衡的决定(IS-LM模型的基础)。通常,这些章节需要讲授两课时学生才能完全理解。

难度等级3:难度等级3的章节在难度上和难度等级2的很相似,每一章也需要讲授两课时。和难度等级 2 的章节不同的是,它们包含了一些简单的动态分析以及随机变量的思想。尽管这部分内容在中等水平的课堂上一般不讲授,但是在理论上讲,向学生讲授这部分内容并不比讲授作为 IS-LM 模型基础的那些思想难多少。

难度等级 4:这些章节是本书中要求最高的一部分。其中包括差分方程的讨论,需要利用图表来讲授,并且要举例说明。这一层次的章节总共有三章,有两章(第 15、16 章)是讨论经济增长理论的,另外一章(14 章)是预算赤字经济学。第 14 章被归为难度等级 4 是因为它使用了差分方程,但是这部分内容很容易讲授,学生学习这部分内容的热情通常很高。

本书每一部分所讲述的内容

第一篇:导论与度量

第一篇包括三章。第 1 章提出了本书的三大主要问题,后面的章节对这三个问题作了更详细的介绍:

  a. 为什么自从 1890 年以来人均 GDP 的年增长率均值是 1.9%?
  b. 为什么人均 GDP 会围绕着它的增长趋势上下波动?
  c. 什么引发了通货膨胀?

第 2 章解释了如何度量 GDP 以及 GDP 的组成部分,并且把 GDP 的度量同财富的度量联系起来。学生们学习如何把数字同美国和世界的经济状况联系起来。GDP 有多大?美国的人均富裕程度有多高?相对世界其他的经济总和而言,美国经济有多大?最后,第 3 章解释了如何测量时间序列,刻画经济周期的规律性是什么,以及如何量化这些规律性。

第二篇:总需求和总供给的古典视角

第 4 章、第 5 章、第 6 章从对经济数据的描述转向对经济数据的解释。它们介绍了一个分析整个经济状况的已经有 150 多年历史的古典模型,该模型所采用的一些极端简化现实世界的假设使得它很难抓住现代工业经济的特征。但是,仍然有一些数据可以用古典模型来解释,而且作为一个框架,古典模型可以帮助我们理解更复杂的理论模型。

第 4 章构建了一个模型,这个模型包含了在充分就业状态运行的经济中决定着产出和就业水平的所有的经济特质。第 5 章在这个模型中加入了货币因素,解释了通货膨胀和价格水平的决定。第 6 章描述了资本市场把资金从储蓄人转移到投资者的传导机制。学完第二篇,学生们就能掌握如何利用均衡的思想(在各种市场上需求同时等于供给的一种思想)来构建模型。他们也会发现这种均衡思想是如何运用在现实世界的经济问题中的:经济周期的原因;恶性通货膨胀的起因;储蓄和投资的决定及其在当前经济事件中的应用,诸如人口老龄化和社会保险的筹资。

第三篇:总需求和总供给的现代视角

第三篇共有五章,它超越了古典模型的内容,融合了凯恩斯主义经济学的一些见解。第 7 章从市场摩擦的角度解释了失业的存在,因为在市场中搜寻成本是高昂的。这一章向学生介绍了自然失业率的概念,该状态下的失业被解释成一种均衡,任何厂商都不能通过提供较低工资或者更广泛地搜寻合适员工而获益。第8章通过引入允许失业率偏离自然水平的名义工资刚性假说,介绍了凯恩斯的总供给理论。

第9、10、11和12章介绍了在凯恩斯的《通论》的思想上发展起来的现代总需求理论。它被看作是古典总需求理论的一个推广,该理论意识到货币持有倾向(propensity to hold money)和利率相关。这就导致了如下理论的出现:它说明了为什么总需求曲线的位置还取决于货币量之外的其他因素。

第9章通过假定货币持有倾向依赖于利率,一般化了货币数量论。第10章解释了联邦储备委员会如何控制货币供给。第11章解释了IS曲线的推导,第12章发展了IS-LM模型,并利用IS-LM模型推导出了一条和古典理论很相似的总需求曲线。这种一般化的结果就是一个经济周期理论模型;在这个模型中,经济衰退可能是由总需求曲线的移动引起的,也可能是由总供给曲线的移动引起的。很多变量都可能会导致总需求的变动,包括投资者信念的变化和财政政策的变化,因此完整的凯恩斯模型经常用来解释第二次世界大战前和第二次世界大战期间的经济衰退。它也使得政策制定者理解,在经济周期中,政府行为是如何影响产出和就业的。

这一篇的最后一章——第13章,揭示了在开放经济中总需求管理应该如何修正。这一章关注各种不同的汇率制度,并对固定汇率国家中货币政策所受的限制进行了解释。

第9章到第13章所包含的经济思想对从1940年到20世纪70年代的宏观经济学有相当深刻的影响。本书认为,对于理解20世纪70年代以来所发生的事情来说,这些思想是重要的但不是最本质的。它们的主要贡献是解释资本市场和货币供求之间的交互关系,从而揭示了导致总需求曲线变动的因素。近来更为重要的经济思想是关于动态总需求和总供给的。利用基于货币数量论的古典总需求理论可以理解这些经济思想。正因如此,第9章到第13章是选讲的,教师可以省略这一部分,直接讲述第四篇的现代预期理论和动态经济学。

第四篇:动态宏观经济学

这部分共有五章,这五章因为都讲述动态经济学而联系在一起。第14章介绍了一种差分方程的图示法,并且利用这种方法来解释政府预算经济学。在第四篇的这五章中,这一章的要求是最低的,可以单独讲述。它解释了20世纪80年代和20世纪90年代早期的政策制定者为什么会关注预算平衡。它还指出了20世纪90年代中期预算情况的变化,从"预算难题"(problem of the budget)转变为讨论如何花费计划盈余。

第15、16章利用差分方程来解释经济增长。尽管这些章节相对来说比较复杂,但是学习这些章节仍然是值得的,因为它们可以把学生带入到吸收了过去二十几年来一些最优秀经济学思想的一个主题的最前沿。第17、18章扩展了新古典理论,加入了动态背景。第17章通过允许名义工资可以在不同时期中发生变化,以及加入技术进步的因素,从而把动态学引入了新古典模型。第18章则又进了一步,它允许对未来通货膨胀的预期和名义工资内生决定。这一章介绍了理性预期理论,并且运用这一理论来解释阿兰·格林斯潘所作的那篇关于货币政策作用的演讲。第19章对当前经济研究的状况作了一个概括,从而结束本书。

建议的课程大纲

下面的这些建议给出了在一门课程中组织书中材料的几种不同方式:

1. 短期传统课程:第一、二、三篇。第三篇到 IS-LM 模型和总需求理论就结束了。接下来可以讲授第 14 章(预算赤字)或第 17 章(菲利普斯曲线)。讲述货币供给的第 10 章和讲述国际经济的第 13 章可以跳过不讲。

2. 讲解预期的较长期传统课程:第一、二、三篇和第四篇的第 17、18 章。这些和课程 1 完全一样,但是加入了对通货膨胀和失业的动态分析,以及现代经济政策理论。第 14 章同样也适合在此课程讲述,第 10 章和第 13 章可以选讲。

3. 强调理性预期均衡理论的短期课程:第一、二篇以及第三篇的第 7 章、第 8 章和第四篇的第 14、17、18 章。此课程主要讲述凯恩斯主义的总供给理论,但是略过了 IS-LM 模型,直接讲述动态预期。第 14 章是对动态理论的介绍,也属于这一部分的内容。尽管第 14 章是难度等级 4 的章节,但是很容易讲授,并且很适合作为讨论通货膨胀和失业问题的第 17、18 章的引论。

4. 强调理性预期均衡理论的长期课程:第一、二篇以及第三篇的第 7 章、第 8 章和第四篇。这和课程 3 相同,但是加入了增长理论。第 15、16 章至少需要 4 课时甚至更多,这取决于学生的能力。

5. 时间从容的一年长期课程:从第一篇一直到第四篇。整本书可以在两季度(或者两学期)的课时内完成讲授。

教辅资料

这本《宏观经济学》配有以下教辅资料,使用本书授课的教师可以通过反馈本书最后的"教学支持服务表"免费获取。

- 《学习指导》,提供了各种复习资料和习题,能够帮助学生掌握宏观经济学。习题附有答案。
- 《教师手册》和《试题库》,可以为授课教师提供帮助。《教师手册》为本书里的每一章提供了所有课后习题的答案。《试题库》为每一章设计了 30 道多选题和计算题,可以利用这些来做课堂练习。
- PPT 幻灯片。本书中的所有图都可以在 PPT 幻灯片中找到。

致谢

我十分感谢那些和我一起工作、为这本书提供补充材料的人。Todd Knoop 提供了每一章课后习题的答案和《教师手册》,郭建廷为这本书写了学习指导,Eugene Kroch 设计了光盘资料。另外,在这本书的写作过程中,无数的同事、学生和朋友向我提出了宝贵的建议,感谢他们。同样也感谢在本书的第 2 版修订过程中对我提供帮助的批评家们。他们的批评和反馈使我能够进一步改善本书的最新版本。他们是:

John Abell	Randolph-Macon Women's College
James Ahiakpor	California State University, Hayward
David Bivin	Indiana University-Purdue University, Indianapolis
David Black	University of Toledo
David Bunting	Eastern Washington University
Yongsung Chang	University of Pennsylvania
Minh Quang Dao	Eastern Illinois University
William Ferguson	Grinnell College
James Hartley	Mt. Holyoke College
Kenneth Jameson	University of Utah
Todd Knoop	Cornell College
Eugene Kroch	Villanova University
Tony Lima	California State University, Hayward
Michael Loewy	University of South Florida
G. Dirk Mateer	Grove City College
John Morley	Marist College
Salvador Ortigueira	Cornell University
Kerry Pannell	Depauw University
Lisa Surdyk	Seattle Pacific University
Mark Wohar	University of Nebraska, Omaha

我十分感谢西南出版社的每一个人,他们为本书的第2版提供了很多帮助。在这个项目的实施过程中,Dennis Hanseman 提供的帮助尤其大。同样感谢 Bob Sandman、Amy Gabriel、Deanna Quinn、Mike Worls 以及 Lisa Lysne。加州大学洛杉矶分校的数届研究生们做我的助教时也给了我很多帮助。我最感激的是我的家人和朋友,尤其是我的母亲 Kathleen、我的妻子 Roxanne 和我的儿子 Leland。

罗杰·E.A.法默(Roger E. A. Farmer)

目 录

第一篇　导论与度量

第1章　本书所讲述的内容　3
1.1　引言　3
　1.1.1　宏观经济学的统一视角　3
　1.1.2　三大主要问题　3
1.2　经济增长　5
　1.2.1　持续的经济增长是最近的现象　6
　1.2.2　度量经济增长　7
　1.2.3　实际和名义国内生产总值　8
　1.2.4　经济增长和生活标准的横向和纵向比较　8
1.3　经济周期　10
　1.3.1　度量经济周期　10
　1.3.2　趋势和周期　10
　1.3.3　衰退、扩张和国家经济研究局　11
　1.3.4　一致性和经济周期　12
　1.3.5　持续性和经济周期　13
　1.3.6　经济周期的社会维度　13
1.4　通货膨胀　14
　1.4.1　度量通货膨胀　14
　1.4.2　通货膨胀和中央银行　15
　1.4.3　低通货膨胀的好处　16
1.5　经济理论和经济事实　16
　1.5.1　古典经济学和货币数量论　17
　1.5.2　非自愿失业和大萧条　17
　1.5.3　战后宏观经济学和菲利普斯曲线　17
　1.5.4　理性预期和现代动态理论　18
　1.5.5　增长理论的复兴　18
结论　19
关键术语　19
习题　20

第2章　经济的度量　21
2.1　引言　21
2.2　世界经济的划分　21
　2.2.1　开放经济和封闭经济　21
　专栏2-1　聚焦事实：北美和世界经济　22
　网络浏览2-1　查看美国商务部的网页　http://www.doc.gov.　23
　2.2.2　国内经济部门　23
2.3　GDP的度量　24
　2.3.1　收入、支出和产品　24
　2.3.2　收入的循环流转　24
　专栏2-2　进一步观察：GDP的度量　25
　2.3.3　消费和投资　26
　2.3.4　资本市场　26
　2.3.5　储蓄和投资　27
　2.3.6　循环流转中的储蓄和投资　27
　2.3.7　工资与租金　28
　专栏2-3　聚焦事实：美国经济的各个组成部分究竟有多大？　28
2.4　国内生产总值的构成　29
　2.4.1　封闭经济中的储蓄和投资　29
　2.4.2　开放经济中的储蓄和投资　30
　2.4.3　政府和私人部门　31

  2.4.4 预算赤字和贸易盈余 32
 专栏 2-4 进一步观察：政府有多大以及贸易
      有多重要？ 33
  2.4.5 1970 年以来财政预算的历史 34
 2.5 财富的度量 35
  2.5.1 用个案来说明存量和流量 35
  2.5.2 以美国政府债务为例来说明存量 35
  2.5.3 真实资产和金融资产 36
  2.5.4 资产负债表的编制 37
  2.5.5 美国的国民财富 38
 专栏 2-5 关注事实：平均水平的美国人的财富
      38
 2.6 国内生产总值和财富的关系 39
  2.6.1 国内生产总值与国内生产净值 40
  2.6.2 存量和流量核算 40
  2.6.3 储蓄、投资和财富 42
  2.6.4 增长率和百分比的变化 42
 结论 43
 关键术语 43
 习题 44

第 3 章 宏观经济事实 46
 3.1 引言 46
 3.2 加工经济数据 47
  3.2.1 度量变量 47
  3.2.2 将增长与周期波动分开 47
  3.2.3 去趋 48
  3.2.4 去趋方法 48
  3.2.5 去趋的重要性 50
  3.2.6 量化经济循环 50
  3.2.7 峰顶和谷底 50
  3.2.8 相关系数 52
  3.2.9 持续性 54
 专栏 3-1 进一步观察：符号 ρ 55
      ρ 的数值 56
  3.2.10 一致性 57
 3.3 度量失业 58
  3.3.1 参与和劳动力 58
  3.3.2 就业与失业 58

 网络浏览 3-1 你能在网页 http：//www.access.
      gpo.gov/eop/ 上找到
      《总统经济报告》 59
 专栏 3-2 聚焦事实：1950 年以来的劳动
      参与率 60
  3.3.3 度量 GDP 增长 61
 网络浏览 3-2 请访问劳动统计局的网站
      http：//www.stats.bls.gov 62
  3.3.4 从 GDP 增长到 GDP 64
 3.4 度量通货膨胀 65
  3.4.1 不同种类的价格指数 65
 专栏 3-3 进一步观察：我们应该使用哪一种
      价格指数来度量通货膨胀？ 66
      拉氏指数、帕氏指数还是最高级
      指数？ 66
  3.4.2 为什么准确地度量通货膨胀是
      重要的 67
  3.4.3 CPI 和 PPI 67
  3.4.4 GDP 平减指数和 GDP 价格指数 68
  3.4.5 PCE 价格指数 68
 3.5 通货膨胀和经济周期 68
 结论 70
 关键术语 71
 习题 71

第二篇 总需求和总供给的古典视角

第 4 章 总供给理论 77
 4.1 引言 77
 专栏 4-1 进一步观察：六位有影响的经济学家
      77
 4.2 生产理论 79
  4.2.1 生产函数 80
  4.2.2 市场和企业 81
  4.2.3 竞争与工资和价格的决定 81
  4.2.4 名义工资与实际工资 81
 4.3 对劳动的需求 82

4.3.1 劳动的需求曲线 82
专栏4-2 进一步观察:推导劳动需求曲线:
　　　　一个数学例子 84
4.4 劳动供给 84
　4.4.1 家庭决策 85
　4.4.2 劳动供给曲线 85
专栏4-3 进一步观察:推导劳动供给曲线:
　　　　一个数学例子 86
　4.4.3 使劳动供给发生移动的因素 87
专栏4-4 聚焦事实:供给学派经济学
　　　　(税收和劳动供给) 87
专栏4-5 聚焦事实:财富效应 89
4.5 古典总供给理论 89
　4.5.1 联立需求和供给 90
　4.5.2 均衡有什么特别之处 90
专栏4-6 进一步观察:推导总供给曲线:
　　　　一个数学例子 91
网络浏览4-1 爱德华·普雷斯科特和詹姆
　　　　　　斯·托宾:两个著名经济学家
　　　　　　如何看待实际的经济周期理论:
　　　　　　The Region 92
　4.5.3 瓦尔拉斯定律 93
　4.5.4 谁持有货币 93
4.6 运用古典理论 94
　4.6.1 经济波动 94
　4.6.2 偏好、禀赋和技术 94
　4.6.3 实际的经济周期学派 96
结论 98
关键术语 98
习题 99

第5章　总需求和古典价格水平理论 100
5.1 引言 100
5.2 货币需求理论 101
　5.2.1 这一理论的历史发展 101
　5.2.2 货币需求理论 101
网络浏览5-1 对米尔顿·弗里德曼的采访 102
　5.2.3 预算约束和机会成本 102
　5.2.4 静态物物交换经济中的预算约束 102

专栏5-1 进一步观察:研究货币理论的
　　　　三位著名经济学家 103
　5.2.5 动态货币经济中的预算约束 104
　5.2.6 持有货币的收益 105
5.3 总需求与货币的供给和需求 105
　5.3.1 从货币需求到价格水平理论 106
　5.3.2 欧文·费雪和流通速度 107
5.4 古典价格水平理论 107
　5.4.1 价格水平在总供给理论中所扮演
　　　　的角色 107
　5.4.2 价格水平及劳动需求和劳动
　　　　供给图 108
　5.4.3 生产函数图 109
　5.4.4 总供给图 109
5.5 完整的古典总需求理论和总供给理论 110
　5.5.1 古典理论与实际变量和名义变量
　　　　之间的区别 112
　5.5.2 货币中性 112
5.6 利用古典理论来解释数据 114
　5.6.1 古典通货膨胀理论 114
专栏5-2 进一步观察:总供给和总需求的
　　　　一个数学例子 115
　5.6.2 铸币税和通货膨胀税 118
　5.6.3 对古典通货膨胀理论的评价 118
结论 119
关键术语 120
习题 120

第6章　储蓄和投资 123
6.1 引言 123
6.2 储蓄、投资和资本市场 123
　6.2.1 储蓄和投资 124
　6.2.2 动物情绪还是基本面因素 125
　6.2.3 消费的平滑 125
　6.2.4 借款约束 126
6.3 投资理论 126
　6.3.1 生产可能性集 127
　6.3.2 实际利率和名义利率 128
　6.3.3 利润最大化 128

  6.3.4 借款和投资计划 128
 专栏6-1 进一步观察:推导投资表:
      一个数学例子 130
 6.4 家庭与储蓄供给曲线 131
  6.4.1 跨期预算约束 131
  6.4.2 现值 131
  6.4.3 借贷以平滑消费 132
  6.4.4 储蓄供给曲线 132
 专栏6-2 进一步观察:储蓄供给曲线的推导:
      一个数学例子 133
 6.5 供求平衡 134
  6.5.1 封闭经济中的储蓄和投资 134
  6.5.2 生产率和投资需求曲线 135
  6.5.3 动物情绪和投资需求曲线 136
 专栏6-3 聚焦事实:新经济 137
 专栏6-4 聚焦事实:投资函数还是储蓄
      函数? 138
 专栏6-5 进一步观察:资本市场的均衡:
      一个数学例子 139
 专栏6-6 聚焦事实:非理性繁荣 140
  6.5.4 婴儿潮、退休金和储蓄 140
  6.5.5 社会保障信托基金和预算盈余 142
网络浏览6-1 "经济学家网"有关退休金改革的
      文章 142
 6.6 开放经济中的储蓄和投资 143
 专栏6-7 聚焦事实:私人和政府储蓄 144
  6.6.1 世界资本市场的均衡 145
 结论 146
 关键术语 146
 习题 147

第三篇 总需求和总供给的现代视角

第7章 失业 151
 7.1 引言 151
 7.2 失业的历史 151
 专栏7-1 进一步观察:现代宏观经济学的
      发端 152
 专栏7-2 聚焦事实:美国的失业历史 153
 7.3 失业的解释 154
  7.3.1 摩擦性失业 154
  7.3.2 周期性失业 154
  7.3.3 失业理论 155
  7.3.4 效率工资理论 155
  7.3.5 搜寻理论 156
 7.4 新凯恩斯主义的失业理论 156
  7.4.1 转换成本和效率工资 157
 专栏7-3 进一步观察:得出效率工资:
      一个数学例子 158
  7.4.2 效率工资的选择 158
  7.4.3 选择就业量 160
 专栏7-4 进一步观察:推导劳动需求曲线:
      一个数学例子 160
 7.5 总体劳动市场和自然失业率 161
 7.6 失业与经济政策 162
 专栏7-5 进一步观察:求取失业自然率:
      一个数学例子 162
  7.6.1 结构性失业 163
  7.6.2 失业与技能 163
 专栏7-6 聚焦事实:失业与劳动市场刚性 164
网络浏览7-1 在http://www.oecd.org网上
      找OECD 165
  7.6.3 缓解结构性失业的政策 166
 结论 166
 关键术语 166
 习题 167

第8章 新凯恩斯主义的总供给理论 168
 8.1 引言 168
 专栏8-1 进一步观察:对凯恩斯理论的
      解释 169
 8.2 名义刚性理论 169
  8.2.1 预告:古典理论与新凯恩斯主义理论
      比较 170
  8.2.2 粘性工资理论 171
  8.2.3 名义工资粘性情况下的失业和
      价格水平 171

8.2.4 名义工资粘性情况下的总供给
和价格水平 173
专栏8-2 聚焦事实:奥肯定律 174
8.3 从短期到长期 174
8.3.1 经济如何从短期到长期 175
8.4 新凯恩斯理论和经济政策 176
8.4.1 失业与货币中性论 176
8.4.2 新凯恩斯主义模型和货币非
中性论 176
8.4.3 理论和事实的比较 178
8.4.4 我们是否应该稳定经济周期 178
专栏8-3 聚焦事实:大萧条期间美国的价格
和工资 179
结论 180
关键术语 180
习题 180

第9章 货币需求和LM曲线 182
9.1 引言 182
9.2 持有货币的机会成本 182
9.2.1 流动性偏好 183
9.2.2 企业和家庭的资产负债表 183
9.2.3 财富和收入 184
9.3 货币效用理论 185
9.3.1 货币需求和价格水平 185
9.3.2 货币需求和利率 185
9.3.3 货币需求和收入 186
9.3.4 货币效用理论的数学表达 187
9.3.5 在凯恩斯主义模型中货币市场均衡是
如何建立的 188
网络浏览9-1 货币的新形式 188
9.4 应用货币需求理论 189
9.4.1 货币效用理论中的数学 189
专栏9-1 进一步观察:货币需求推导:
一个数学例子 189
9.4.2 现代理论的证据 190
专栏9-2 聚焦事实:比较货币数量论和货币
需求的现代理论 191
9.5 LM曲线 192

9.5.1 货币供给 192
9.5.2 价格水平 192
9.5.3 LM曲线的推导 193
9.5.4 LM曲线的重要性 194
9.5.5 LM曲线的代数式 194
9.5.6 货币政策和LM曲线 195
结论 196
关键术语 196
习题 197

第10章 货币供给 198
10.1 引言 198
专栏10-1 聚焦事实:什么是货币? 198
10.2 什么是货币 199
10.3 货币历史的简要回顾 199
10.3.1 早期的货币形式 200
10.3.2 银行如何创造货币 200
10.3.3 法定货币的发展 201
10.4 中央银行的作用 202
10.4.1 联邦储备体系 202
10.4.2 联邦储备体系是如何运作的 203
网络浏览10-1 在互联网上检索联储
委员会 204
10.4.3 公开市场业务 205
10.5 基础货币和货币乘数 206
10.5.1 谁持有基础货币 206
10.5.2 货币供给和基础货币 206
10.5.3 货币供给乘数的重要性 207
结论 208
关键术语 208
习题 208

第11章 IS曲线 210
11.1 引言 210
11.2 资本市场理论 210
11.2.1 实际利率的两个定义 211
专栏11-1 进一步观察:如何购买一所房子:
研究利率和通货膨胀率的一个
案例 212
11.2.2 什么是IS曲线 213

网络浏览 11-1　方便使用的经济图表　214
11.2.3　预期的通货膨胀如何影响资本市场　214
11.3　IS 曲线的推导　215
　　11.3.1　图表中的 IS 曲线　215
　　11.3.2　使 IS 曲线移动的变量　217
　　11.3.3　政府购买与 IS 曲线　217
　　11.3.4　税收、转移支付和 IS 曲线　218
　　11.3.5　投资曲线和 IS 曲线的移动　220
　　11.3.6　动物情绪与生产率变化　220
结论　222
关键术语　222
习题　222

第 12 章　IS-LM 模型与总需求　224

12.1　引言　224
12.2　IS-LM 模型　224
　　12.2.1　理性预期：哪个变量是外生的　225
　　12.2.2　IS-LM 均衡　225
　　12.2.3　凯恩斯主义总需求曲线　226
　　12.2.4　财政政策与总需求曲线　228
　　12.2.5　货币政策和总需求曲线　229
12.3　总需求和总供给　231
　　12.3.1　什么引起了经济周期　231
　　12.3.2　凯恩斯主义者、货币主义者和大萧条　231
　　12.3.3　顺周期运动和逆周期运动的价格　233
　　12.3.4　大萧条能否再次发生　234
专栏 12-1　进一步观察：大萧条能否再次发生？　235
　　12.3.5　政府在稳定经济周期中的作用　236
结论　236
关键术语　237
数学附录：凯恩斯主义总需求理论的代数说明　237
习题　238

第 13 章　开放经济　240

13.1　引言　240

13.2　固定汇率和浮动汇率　240
　　13.2.1　汇率制度　240
网络浏览 13-1　在网上看汇率　241
　　13.2.2　实际汇率与购买力平价　243
　　13.2.3　名义汇率和利率平价　244
13.3　开放经济的管理　247
　　13.3.1　封闭经济中的资本市场与小型开放经济中的资本市场　247
　　13.3.2　开放经济中的 IS-LM 模型　249
网络浏览 13-2　罗伯特·蒙代尔开创了开放经济的研究　250
　　13.3.3　在一个开放经济中，充分就业均衡是如何被恢复的　250
　　13.3.4　浮动汇率制下充分就业均衡的恢复　251
　　13.3.5　固定汇率制下充分就业均衡的恢复　251
　　13.3.6　冲销和支付危机　252
　　13.3.7　封闭经济和小型开放经济中 IS-LM 的比较　252
13.4　布雷顿森林体系的崩溃　253
　　13.4.1　浮动汇率制下的长期均衡　254
13.5　固定汇率与浮动汇率的比较　255
　　13.5.1　开放经济的宏观经济学　255
专栏 13-1　聚焦事实：亚洲危机　255
　　13.5.2　通货膨胀与越南战争　258
　　13.5.3　欧洲货币联盟　258
　　13.5.4　国际经济学：欧洲与北美　259
结论　260
关键术语　260
习题　261

第四篇　动态宏观经济学

第 14 章　政府预算　265

14.1　引言　265
14.2　债务和赤字　265
　　14.2.1　债务与赤字之间的关系　265

14.3 为政府债务增长建模 268
  14.3.1 使用 GDP 作为度量单位 268
  14.3.2 用图形分析差分方程 269
  14.3.3 稳定和不稳定的稳态 271
  14.3.4 总结差分方程中使用的数学 272
14.4 预算赤字的可持续性 272
  14.4.1 1946—1979 年的预算方程 274
  14.4.2 20 世纪 80 年代的预算危机 275
  14.4.3 1993 年以来的预算盈余 277
14.5 关于债务与赤字的不同观点 278
  14.5.1 李嘉图等价 278
网络浏览 14-1 如何平衡预算 278
  14.5.2 预算和利率之间的关系 279
结论 280
关键术语 280
习题 281

第 15 章 新古典增长理论 282
15.1 引言 282
15.2 经济增长的源泉 283
网络浏览 15-1 宾夕法尼亚世界表在线 284
  15.2.1 生产函数和规模报酬 285
  15.2.2 新古典分配理论 285
  15.2.3 分配理论和柯布-道格拉斯生产函数 286
  15.2.4 增长核算 287
15.3 新古典增长模型 289
  15.3.1 三个特征事实 290
  15.3.2 新古典增长模型的假设 291
  15.3.3 简化模型 291
  15.3.4 边际产量递减 292
  15.3.5 推导新古典增长方程的三个步骤 293
  15.3.6 用图形表示新古典增长方程 294
15.4 生产率增长的效应 296
  15.4.1 以效率单位衡量劳动 296
  15.4.2 衡量相对于劳动的变量 296
结论 298
关键术语 299

附录：包含生产率增长的增长方程 299
习题 299

第 16 章 内生增长理论 301
16.1 引言 301
16.2 新古典模型和国际经济 301
  16.2.1 对世界贸易建模 302
  16.2.2 包含开放的资本市场的新古典增长模型 302
  16.2.3 包含封闭的资本市场的新古典增长模型 305
专栏 16-1 聚焦事实：投资和人均 GDP 306
  16.2.4 收敛 308
16.3 干中学模型 309
  16.3.1 内生增长理论与外生增长理论 309
  16.3.2 内生增长技术 310
  16.3.3 社会技术与私人技术 310
16.4 干中学和内生增长 313
  16.4.1 比较增长率的预测 314
  16.4.2 内生增长和经济政策 316
  16.4.3 修改的干中学理论 317
结论 317
关键术语 318
习题 318

第 17 章 失业、通货膨胀和经济增长 320
17.1 引言 320
17.2 通货膨胀和增长的古典视角 321
  17.2.1 自然路径和自然率 321
  17.2.2 古典动态总需求曲线 322
  17.2.3 古典动态总供给曲线 322
  17.2.4 古典模型中的工资方程 324
专栏 17-1 聚焦事实：第三次工业革命？ 325
17.3 研究通货膨胀和经济增长的新凯恩斯主义视角 326
  17.3.1 总供给和实际工资 326
  17.3.2 动态的新凯恩斯主义总供给曲线 328
  17.3.3 新凯恩斯主义工资方程 330
  17.3.4 工资调整和菲利普斯曲线 331

17.4　动态的新凯恩斯主义模型　332
　　17.4.1　预期固定下的通货膨胀和经济
　　　　　　增长　333
　　17.4.2　预期变动下的通货膨胀和增长　334
　　17.4.3　更现实的总需求理论　334
专栏17-2　进一步观察:艾伦·格林斯潘
　　　　　 论经济　335
结论　336
关键术语　337
习题　337

第18章　预期和宏观经济学　339
18.1　引言　339
18.2　第二次世界大战以后的美国经济史　339
　　18.2.1　通货膨胀　339
专栏18-1　聚焦事实:第二次世界大战以来美国
　　　　　 的通货膨胀史　340
　　18.2.2　菲利普斯曲线　341
专栏18-2　聚焦事实:第二次世界大战以来的
　　　　　 菲利普斯曲线　342
　　18.2.3　菲利普斯曲线为何会移动　344
　　18.2.4　自然率假说(NAIRU)　345
18.3　新凯恩斯主义模型　347
　　18.3.1　决定经济增长和通货膨胀　347
　　18.3.2　短期经济增长和通货膨胀　348
　　18.3.3　长期的经济增长和通货膨胀　349
　　18.3.4　解释预期的内生化　349
　　18.3.5　理性预期　350
　　18.3.6　预期的价格通货膨胀过低　351
　　18.3.7　预期的价格通货膨胀过高　351
　　18.3.8　价格通货膨胀的理性预期　353
网络浏览18-1　采访小罗伯特·卢卡斯
　　　　　　　先生　354

　　18.3.9　理性预期和学习　354
18.4　联邦储备体系和货币政策　354
　　18.4.1　阿瑟·伯恩斯和通货膨胀上升　355
　　18.4.2　沃尔克任期时的衰退和通货膨胀
　　　　　　的消除　356
　　18.4.3　艾伦·格林斯潘时期的
　　　　　　货币政策　357
结论　358
关键术语　358
习题　359

第19章　我们知道的和不知道的　361
19.1　引言　361
19.2　我们知道的　361
　　19.2.1　经济增长的原因　361
　　19.2.2　经济周期研究　362
　　19.2.3　经济周期的原因　363
　　19.2.4　通货膨胀的原因　363
网络浏览19-1　如何在互联网上找到经济学
　　　　　　　网址　364
　　19.2.5　通货膨胀和经济增长是怎样
　　　　　　的关系　364
19.3　研究前沿　365
　　19.3.1　增长理论研究　365
　　19.3.2　经济周期研究　365
　　19.3.3　通货膨胀、经济增长和货币
　　　　　　传导机制　366
19.4　展望未来　366

附录:美国经济数据　367
术语表　373

第一篇

导论与度量

第1章　本书所讲述的内容
第2章　经济的度量
第3章　宏观经济事实

　　第一篇包括三章。第1章提出了贯彻全书的三个主要的问题：为什么自从1890年以来人均GDP以平均1.9%的年增长率增长？为什么人均GDP会围绕着它的增长趋势上下波动？什么引发了通货膨胀？第2章解释了如何度量GDP并且把GDP的度量同财富的度量联系起来。这一章包括GDP的规模和范围、相对于世界其他经济而言美国经济规模的大小。最后，第3章解释了经济学家如何度量经济时间序列，关注刻画经济周期的规律性以及如何量化这些规律性。

第1章 本书所讲述的内容

1.1 引言

1.1.1 宏观经济学的统一视角

这本书是关于宏观经济学以及研究宏观经济学的经济学家们之间的争论的。直到20世纪30年代约翰·梅纳德·凯恩斯写完《就业、利息和货币通论》，对宏观经济学和微观经济学进行区分的思想才逐渐成型。凯恩斯试图从整体上解释经济的运行机制。他问道，就业和价格的关系如何？政府政策是如何影响价格和就业的？最重要的是，政府应该如何实现充分就业？凯恩斯采用与他那个时代的微观经济学家完全不同的视角，这一视角的独特性导致了宏观经济学和微观经济学两个学科30年的独立发展。最近，经济学家认识到研究市场中单个生产者和消费者行为的方法（**微观经济学**），也可以用来研究经济整体的运行机制（**宏观经济学**）。这本书就是解释这种现代视角的。这种视角认为宏观经济学和微观经济学是一个学科的不同部分，它们使用同一种分析方法。

1.1.2 三大主要问题

20世纪最重要的宏观经济事件就是大萧条。尽管规模和发生的时间在不同国家间有所不同，它却影响了整个世界经济。在美国，大萧条开始于1930年。在经济危机的这三年里，美国的失业人口占到了劳动力人口的25%，美国工人生产的产出低于其趋势值20%。直到1941年美国参加第二次世界大战后，美国经济才得以复苏。在人们的生活中，大萧条是如此重要的一件事，以至于它影响了接下来50年中宏观经济学家研究问题的方法。有过这段经历的这一代经济学家最关注的一个问题就是，什么引起了经济的繁荣和衰退？对这个问题的研究被称作**经济周期**经济学。

理解经济周期仍然是宏观经济学最重要的目标之一。不过尽管经济周期很重要，但它不是决定生活水平的最重要因素。一个国家的居民生产的商品和服务的数量叫做实际国内生产总值（**实际GDP**）。实际GDP的波动很重要，但是影响经济福利的一个更重要的因素是这样一个事实：资本主义经济在过去的200年中经历了实际GDP的持续增长。最近，经济学家们开始把大萧条看作是经济增长率的一次大波动，他们试图寻找经济周期和经济增长的共同解释。增长理论关注为什么平均说来经济每年会产出更多，经济周期理论则是要解释实际GDP和就业为什么会随着年份的不同而上下波动。

图1-1描绘了美国从1890年到2000年人均实际GDP的情况。① 该图有两个值得注意的特征。首先，1890年以来，人均实际GDP一直遵循着一个上升的趋势。我们拥有可靠估计数据的最早年份就是1890年。其次，人均实际GDP沿着它的长期趋势有很大的波动。这两个特征就指出了在本书中我们所关心的前两个问题。

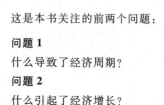

这是本书关注的前两个问题：

问题1
什么导致了经济周期？

问题2
什么引起了经济增长？

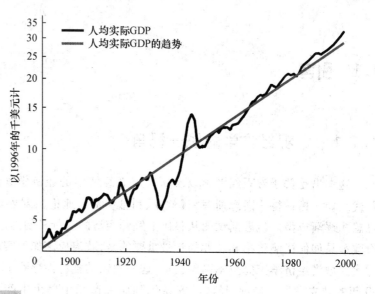

图1-1 1890—2000年的人均实际GDP

通货膨胀的成因是我们研究的第三个问题。**通货膨胀**是价格的平均上涨率，而且有时在一些国家，通货膨胀率可以达到一个天文数字。比如，第一次世界大战结束时一些欧洲国家经历了被称作**恶性通货膨胀**的大规模通货膨胀。1923年德国的物价以每月230%的速度上升，商品每天都会比前一天贵4%②；工人们领到工资后，不得不在当天赶在货币贬值之前，就把工资全部花掉。现在一些国家的经济生活中仍然会不时地表现出恶性通货膨胀的特征。最近经历过恶性通货膨胀的国家包括以色列、阿根廷和玻利维亚。以色列的物价在1985年上涨了400%；阿根廷的物价上涨了700%；而玻利维亚1984年的价格年增长率竟然高达12 500%。

---

① 图1-1的纵轴数值表示用对数形式表示的GDP，横轴表示时间。我们把这种形式的图叫做对数图（logarithmic graph）。对数图是一种很直观的教具，它可以帮助我们理解迅速增长的变量的变化方式。因为它们可以用直线的形式画出我们感兴趣的变量。一个变量的增长率就是这条直线的斜率。

② 数学注释：利用月增长率求解日增长率，我使用了这样的公式$(1+2.3)^{1/30}-1=0.04$。

美国尽管没有经历过恶性通货膨胀,但是却经历过一些持续的、超过中等规模的通货膨胀。比如,20世纪70年代,通货膨胀率达到12%,从1973年到1975年连续三年通货膨胀率一直超过7%。平均来看,自从1946年以来,每年的通货膨胀率等于4.0%,比第二次世界大战前1.7%的年通货膨胀率略高一点。

图1-2用1996年商品平均价格百分比的形式表示了1890年以来美国每年的商品平均价格。图中的虚线表示第二次世界大战前的价格水平趋势,灰线表示第二次世界大战后的价格水平趋势。第二次世界大战前后的通货膨胀率分别等于这两条直线的斜率。注意:平均来看,第二次世界大战后通货膨胀率略高一些。这可以根据灰线比虚线更加陡峭看出来。因为通货膨胀,1946年餐馆里价值0.12美元的一杯咖啡今天就值1美元。

这幅图展示了1890年以来商品的平均价格水平情况。虚线表示了第二次世界大战以前的趋势;灰线表示了第二次世界大战以后的趋势。请注意趋势通货膨胀率是如何在第二次世界大战后提高的。

问题3
什么引发了通货膨胀?

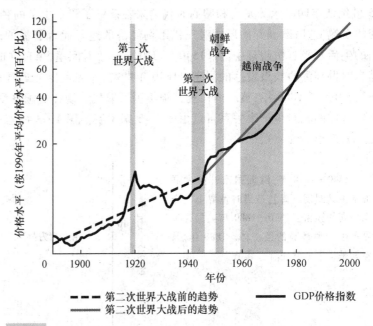

图1-2 1890年以来的美国价格

本书中我们将要研究的第三个问题就是:什么引发了通货膨胀?我们也会考察通货膨胀与经济周期和经济增长是如何相关的。

1.2 经济增长

经济增长是国家生活水平的持续提高。它可以用人均实际国内生产总值平均变动率来测算。

1.2.1 持续的经济增长是最近的现象

在过去的100年中,美国经历了人均大约1.9%的经济增长,但是在人类文明的长河中,这种生活水平的持续提高却是一种最近才出现的现象。公元3世纪罗马帝国崩溃以后,生活水平经历了一段时间的停滞和倒退,直到18世纪现代资本主义的出现,西方世界的生活水平才出现了实质性的改善。自从那时起,主要资本主义国家的人均实际GDP就以1%到2%的速度增长。

经济史学家安格斯·麦迪森(Angus Maddison)定义了资本主义发展的三个时期。① 麦迪森认为15世纪活字印刷术的发明和印刷时代的来临播下了资本主义的种子。16世纪早期是前资本主义时期的发端,这时欧洲开始形成对现代市场经济的运行而言必需的现代制度。也就是在这一时期,欧洲的生活水平首次超过中国。1540—1810年这段时间里,由现在的比利时和荷兰所组成的那个地区是当时世界上科技最发达的国家。1810年左右,作为世界上最具有生产性的经济,英国取代了上述地区,而到了1880年,英国的位置又被美国所取代。现在美国享受着世界上最高的生活水平。这三个经济体的相对生产率关系可以由图1-3来说明。图1-3描绘了荷兰、英国和美国三个国家的单位工人产出。

1540—1810年,欧洲国家开始发展资本主义制度。荷兰是当时世界上生产率最高的国家。1810—1880年英国是世界上生产率最高的经济体。1880年后,美国是世界的领先者。

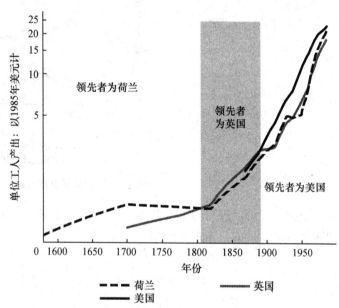

图1-3 1540年以来单位工人产出的世界领先者

---

① Angus Maddison. *Dynamic Forces in Capitalist Development*, Oxford University Press, 1991.

1.2.2 度量经济增长

经济学家用生产出的商品和服务指标来测算整个社会可获得的产出,这个指标叫做实际国内生产总值(实际 GDP)。为了度量一个国家的**生活水平**,我们把实际 GDP 除以人口数量就得到人均 GDP。人均 GDP 虽然不是度量一个社会生活水平的最佳指标,但是它却同很多被看作是经济福利度量标准的其他指标密切相关。表 1-1 表明人均 GDP 较高的国家每个人所享有的能源和食物也较多,而且有更好的医疗条件。

表 1-1 一些国家的生活水平指标

	人均 GNP(1994 年)	人均年消费量(公斤)(1994 年)	人均日摄入量	每个医生照顾的人口
	购买力平价标准下的美元	能源(折合成原油)	卡路里	1988—1991 年
印度	1 280	243	2 395	2 439
日本	21 140	3 825	2 921	610
美国	25 880	7 905	3 642	420
新加坡	21 900	6 556	3 121	725
韩国	10 330	3 000	3 298	1 205
墨西哥	7 040	1 577	3 181	621
俄罗斯	4 610	4 038	3 380	210
中国	2 510	647	2 729	730
巴基斯坦	2 130	255	2 316	2 000

资料来源:《印度时报》(*The India Times*)(http://www.india-times.com)。

虽然人均 GDP 这个度量经济福利的标准已经被普遍接受,但是仍然有人质疑该指标的完美性。因为和增长相关的生活方式的改变是多维度的。比如,产出的增加通常会伴随着污染和犯罪的增加。与美国相比,瑞典和丹麦这些国家的人均 GDP 较低,但是它们的犯罪率同样也比较低。[1] 这些国家实行高税率,收入分配相对平均。在丹麦,中低收入者的个人所得税税率是 50%,而高收入者的税率高达 64%。在美国这两类人的税率分别是 30% 和 42%。[2]

任何一个表示两个不同国家生产的商品数量的数字都无法表达这两个国家间不能用市场效率度量的生活质量的差异。一些人宁可少赚一些钱也要生活在那些在其他方面有吸引力(比如,更少的犯罪、收入更平均)的国家和地区。因此,你不能轻易作出这样的判断:因为一个国家有较高的生活水平就推断说这个国家的公民在其他方面也更好。

---

[1] 根据丹麦官方统计数据(http://www.dst.dk),20 世纪 90 年代丹麦每 100 000 人中平均只有 187 名暴力犯罪者;而 FBI(http://www.fbi.gov)报告说,1998 年美国每 100 000 人中有 611 名暴力犯罪者。
[2] 欧洲纳税人联盟(Taxpayers Association of Europe);http://www.taxpayers-europe.com。

1.2.3　实际和名义国内生产总值

GDP测算方法有两种:名义GDP和实际GDP。**名义GDP**表示每年生产出的商品的平均货币价值,但这并不是一个度量不同时间生产出的产品和服务平均数量差异的好方法。名义GDP年年都会上升,可能是由于以下两个原因的其中之一导致的:首先,可能是因为国家生产出了更多的产品和服务,我们把这种情况叫做增长增加;其次,可能是因为平均来看,商品和服务耗费了更多的金钱,我们把这种情况叫做膨胀增加。为了把增长增加造成的GDP增长与膨胀增加造成的GDP增长区分开来,我们使用一组共同的价格测算连续两年的GDP价值。这一组价格是某一年的通行价格,这一年就叫做**基年**。用当前的价格测算的GDP叫做名义GDP,用基年价格测算的GDP叫做实际GDP。生活水平的提高由人均实际GDP的变动来度量。

1.2.4　经济增长和生活标准的横向和纵向比较

正如人均实际GDP可以被用来进行纵向比较那样,它也可以用来横向比较不同国家的生活水平。大部分国家生活水平的年增长速度为1%到2%,不过国家间增长率的变动范围却差别很大:撒哈拉沙漠以南(sub-Saharan)的非洲国家,增长率为-1%,而日本、韩国、中国内地的增长率却达到了7%到8%。国家间增长率的差异看起来很小,但是它们对生活水平的影响却很大,因为每年的增长是用复利计算的。

如果你有一个连续复利计息的银行账户,那么你已对复利增长很熟悉。为了理解连续复利的重要性,请考虑一下**70规则**,它可以测算出一个数字可以在多长的时间内翻一番。使用70规则,首先要找到一个正在经历复利增长的变量的增长率,然后用这个增长率去除70,得出来的结果就(近似)等于该变量翻一番所需要的年数。举个例子来看,假设你把100美元存入银行账户,银行支付给你5%的年利率,14(70/5 = 14)年后,你的账户上就会有200美元。

复利增长对不同国家生活水平的影响可以用图1-4来说明。图1-4把1960年到1992年英国、印度、日本和韩国的增长表现同美国作了比较。该图的纵轴表示各国人均GDP占美国人均GDP的百分比,横轴表示时间。注意国家间生活水平的巨大差异。美国居民的平均收入是印度居民平均收入的10倍,比英国居民的平均收入多1/3。对英国和印度这样的国家来说,这种生活水平的差异在较长的时期内持续存在。它们相对于美国的位置30年没有发生任何变化,自从1960年以来,这三个国家的人均增长率一直都是(大约)每年2%。使用70规则,我们可以估算出这三个国家中任何一个国家的生活水平翻番所需要的时间是

$$70/2 = 35 \text{ 年}①$$

---

① 数学注释:如果1美元按照利率g连续计利,那么n年后就变成了$1(1+g)^n$美元。为了求出它翻番所需要的时间,设$(1+g)^n = 2$,两边取自然对数:$n \times \ln(1+g) = \ln 2$。当$g$很小时(比如$g < 0.05$)$\ln(1+g)$近似等于$g$,$\ln 2 = 0.693$近似等于0.7,由此我们得到$n \times g \approx 0.7$。因此,如果我们用百分数的形式来描述增长率$g$的话,这里的100就是必不可少的。

许多国家与美国的增长速度很接近，但是这些国家人均 GDP 的绝对水平常常很低。英国和印度是这方面的例子。相对于美国而言，其他国家经历了高速增长，相对于美国，它们的人均 GDP 绝对水平在这 30 年间获得了大量增长。日本和韩国是这种国家的例子。

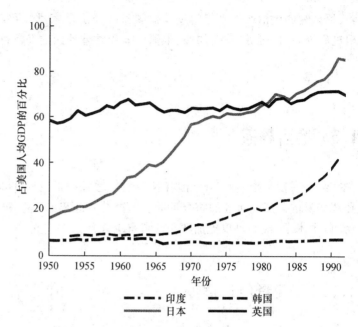

图 1-4 1960—1992 年四个国家人均 GDP 占美国人均 GDP 的百分比[1]

[1] 图 1-4 的数据来自于艾伦·赫斯顿（Alan Heston）和罗伯特·萨默斯（Robert Summers）的宾夕法尼亚世界表。赫斯顿-萨默斯的数据经过设计，考虑了不同国家的生活成本，使用了每个国家的可以比较的商品篮子的价格指数，从而可以进行国际比较。在本书写作的时候，宾夕法尼亚世界表数据截至 1992 年，不过，在阅读这本书的时候，数据可能已经更新了。数据可以在这个网址获得：http://www.pwt.econ.upenn.edu。

很多国家的人均增长率都在 2% 左右，但是第二次世界大战后，另外一些国家的经济增长率却快得多。后一种情况最明显的一个例子就是日本，从 1960 年到 1992 年，日本生活水平的年平均增长率为 5.5%。我们对日本运用 70 规则测算一下，日本人均 GDP 翻番所需要的时间只有

$$70/5.5 = 12.7 \text{ 年}$$

日本和美国生活水平增长率的差异似乎不是很大，但是连续复利 30 年后，增长率的微小差异却产生了巨大的影响。1960 年，日本人的平均收入是美国人的 20%；到 1990 年两者之间的差距缩小到 80%。最近韩国、新加坡、中国香港和台湾地区都在迅速增长，这些国家和地区居民的生活质量也在相应地提高。20 世纪 90 年代，世界上增长最快的国家是中国。在 20 世纪 90 年代的前 5 年，中国的 GDP 以每年超过 10% 的速度增加，在某些年份增长率甚至高达 14%。尽管中国的增长率已经降到 7%，但是中国的增长速度仍然是美国的两倍。

在 20 世纪 90 年代，美国是世界上最富裕、最强大的国家，但是这种情况不会永远地持续下去。在 15 世纪，欧洲取代中国成为世界上最先进的文明。中国最近的经济增长应该归功于邓小平的改革政策，改革打开了中国经济向世界开放的大门。1978 年以来，中国经济实现了人类发展史上最大的居民福利改进。如果中国能保持这个增长速度，它很快就能取代美国成为世界上最富裕的国家。

亚洲经济令人震惊的增长速度到目前为止并没有挑战美国的经济地位。那是因为中国、日本这些飞速增长的国家是从一个很低的基数开始发展的。但是我们没有理由相信，美国将永远都是世界上最富裕的国家。一个国家的经济增长率如果能在很长一段时期里一直保持一个即使很微弱的优

势,那么它的生活水平必将超过其他国家。经济学家对导致经济增长率差异的原因很感兴趣,他们积极研究在日本、韩国、新加坡、中国内地和香港地区的经济奇迹形成过程中,政府政策所起的作用。

1.3 经济周期

经济周期是指实际 GDP 围绕长期趋势增长率的一种不规则的持续波动,通常伴随着很多其他经济变量的高度连贯性的综合运动。通过精确地界定"经济变量"、"持续性"、"一致性"和"协同运动"四个术语,我们可以更加严密地考察上面的这个定义。

1.3.1 度量经济周期

经济学家最先通过测算宏观经济**变量**的值来度量经济周期。这是一些被赋予了经济含义的、可以度量的数值,比如不同时点上的实际 GDP 或者失业人数。在一段时间内,按照某种规律间隔记录的经济变量的值叫做**时间序列**。经济周期是很多不同的经济时间序列中的无规则的持续运动。

有些时间序列度量经济活动,有些表示价格或者贸易统计量。对经济活动的最重要的度量指标就是实际 GDP,因为 GDP 的波动以及它同其他变量的关系就定义了经济周期。当 GDP 在很长一段时间里连续低于长期发展趋势时,我们就说经济处在**紧缩阶段**,或者叫**衰退**;当 GDP 在很长一段时间里连续高于长期发展趋势时,我们就说经济处在**繁荣阶段**,或者叫**扩张**。

1.3.2 趋势和周期

经济学家所关心的很多时间序列都呈现上升的趋势。国内生产总值、价格、消费都是这种类型的变量。其他的变量,比如利率、失业人数并没有表现出上升的趋势。为了把两个或者更多的时间序列间长期上升趋势的关系同经济周期性波动的关系区分开来,我们需要界定"趋势"和"周期"的真正含义。把一个时间序列的观测资料分离成两个组成部分——趋势和周期的过程叫做**去趋**。

图 1-5 通过对人均 GDP 进行去趋把 GDP 分解成了趋势和周期两个部分,去趋的方法是通过这些点画一条最优的直线。这种技术叫做**线性去趋**,它是把一个时间序列分解成趋势和周期所常用的三个方法(我们将在第 3 章中介绍另外两种方法)之一。图 1-5 给出了人均 GDP(黑色曲线)和人均 GDP 对其线性趋势(灰色曲线)的偏离。注意:当人均 GDP 高于它的长期趋势时,灰色曲线就在 0 以上;当人均 GDP 低于它的长期趋势时,灰色曲线就在 0 以下。

人均 GDP 明显表现为围绕恒定趋势的随机波动。GDP 对于趋势的偏离有很强的持续性；假如某一年 GDP 低于趋势，那么下一年它也很可能低于趋势。许多序列都表现出相似的持续性波动的倾向被称为经济周期。

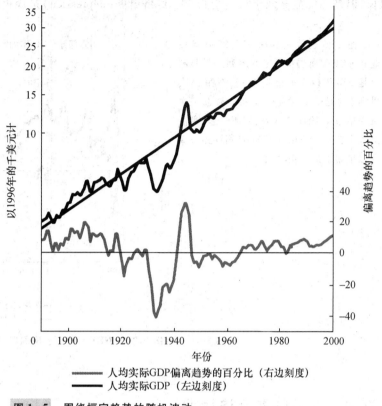

图 1-5　围绕恒定趋势的随机波动

1.3.3　衰退、扩张和国家经济研究局

　　成立于 1920 年的美国国家经济研究局（NBER）记载了经济衰退和扩张的资料。① 国家经济研究局是一家私人的、非营利性的、超越党派的研究机构。它的成立是为了促进人们更好地理解经济是如何运行的。北美很多具有重大影响力的经济学家都是国家经济研究局的成员，其中包括美国 29 位诺贝尔经济学奖获得者中的 10 位，以及 3 位总统经济顾问委员会主席。

　　图 1-6 描述了第二次世界大战结束后，失业和 GDP 对其趋势的偏离。图中的阴影部分表示衰退。这些是由国家经济研究局经济周期测算委员会的经济学家们测定的。国家经济研究局经济周期测算委员会认为衰退是总产出、收入、就业和贸易持续下降的一段时期，通常是六个月到一年，以很多经济部门的大规模紧缩为特征。有时增长会放慢，但 GDP 并没有下降。类似这样的时期叫做"增长衰退"（growth recessions）。在没有发生衰退的情况下也可能出现增长速度减慢，这时经济继续

---

① 你可以在 http://www.nber.org 上找到更多有关 NBER 的资料。

增长,但是速度显著低于长期增长率。经济萧条(depression)是规模较大、持续时间较长的衰退。①

图 1-6 表示了 1948 年至 2000 年失业和 GDP 偏离趋势的时间序列。阴影部分是 NBER 确定的衰退时期,在第二次世界大战后一共发生了 9 次。最近一次衰退结束于 1991 年 3 月,从那时起,我们进入了从 NBER 从 1854 年测算经济周期以来最长的扩张时期。

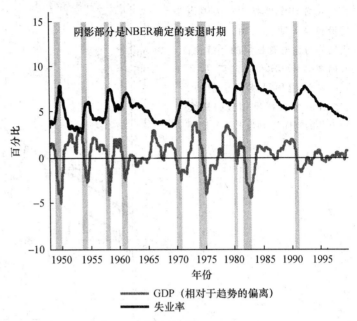

图 1-6　1948 年以来 NBER 对于经济周期的测算

1.3.4　一致性和经济周期

经济学家们谈论经济周期时,他们并不是指物理系统有规则的周期运动。经济周期并不是一种同样意义上的周期,它具有很强的随机性。尽管经济变量在整段时间里以一种不规则的方式运动,但是很多变量都是一个紧接着一个地变动。这种综合运动叫做一致性。它刻画的是一些变量之间的关系,它们可以解释繁荣和衰退的许多重要特征。比如,当 GDP 低于长期趋势时,一致性就意味着失业可能会很高,消费可能会很低。

图 1-7 的图 A 描述了消费和人均 GDP 之间的一致性关系,图 B 描述了失业和人均 GDP 之间的一致性关系。消费、失业和 GDP 的周期性波动可以用去除线性趋势的方法重新构建。在图 A 中,消费的循环组成部分和人均 GDP 的循环组成部分被描绘在一起;在图 B 中,失业的循环组成部分和人均 GDP 的循环组成部分被描绘在一起。像消费这样的变量,它同 GDP 的循环周期是同方向的,这种变量叫做"顺周期",因为它们沿着周期的方向运动。在图 B 中,失业就是另外一种变量的例子。当 GDP 很低时,这种变量的值很高。像失业这样的变量同 GDP 的循环周期是反方向的,这种变量是"逆周期"的,因为它们逆着周期的方向运动。

---

① 对这部分内容的进一步讨论可以在 NBER 的书中找到:*Business Cycles, Inflation and Forecasting*, 2nd ed., Geoffrey H. Moore, Ballinger Publishing Co., Cambridge, MA, 1983。

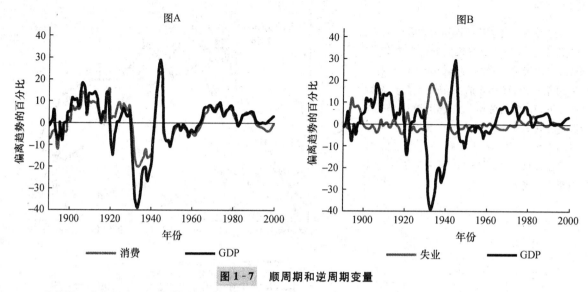

图 1-7 顺周期和逆周期变量

一致性是两个变量在整个经济周期中共同运动的倾向。消费的周期性因素和 GDP 的周期性因素同方向运动，因此它是顺周期的。失业的周期性因素与 GDP 的周期性因素运动方向相反，所以它是逆周期的。

1.3.5 持续性和经济周期

经济变量的第二个重要特征是在一段时间内它们具有很强的惯性。某一年出现衰退后，接下来的一年很可能是继续衰退。经济变量表现出惯性的这种趋势叫做**持续性**。持续性为经济预测提供了一定程度的可行性。一致性和持续性一起组成了经济波动（即我们所指的经济周期）的两大重要特征。通过识别一组经济时间序列在某一时间点上出现一致性的原因，以及其中的每一个变量在不同的时点上出现连续性的原因，经济学家们希望能够解释衰退的出现并对它进行控制。

1.3.6 经济周期的社会维度

经济周期的经济维度固然重要，其他一些作为经济周期的维度的社会指示变量也不容忽视。图 1-8 表明了经济对暴力犯罪、贫困、失业率和失业持续时间的影响。犯罪情况用 100 000 名 18—24 岁的人口中杀人犯的数量来度量。这在图中用 ━━━ 表示。━·━ 和 ━━━ 分别表示失业率和一名失业工人找新工作所必须花费的星期数。阴影部分表示 NBER 公布的最近一次衰退。注意所有这些时间序列是如何随经济周期而运动的。在经济扩张期间，犯罪人口较少，生活在贫困中的人口也较少；失业率较低，找工作所花费的时间也较少。正因为如此，对经济周期的研究是很重要的。通过对衰退起因的考察，经济学家们希望能够预防衰退或者缩减衰退的规模，从而能够减轻贫困，增进公民的平均福利。

这幅图描绘了经济周期中的暴力犯罪、贫困、失业率和失业持续时间。在1992年最近一次衰退结束的时候,100 000人中有24名杀人犯,14.8%的美国人生活在贫困线以下,7.4%的劳动力失业,找到一个工作需要花费8.5周。到1998年美国的失业率降到4.5%,100 000人中有19名杀人犯,贫困率已经降到12.7%,找到一个工作需要花费6.5周。

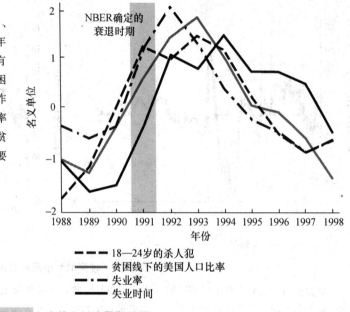

图1-8 为什么经济周期重要

1.4 通货膨胀

通货膨胀是平均价格水平的持续上涨,用几种常用的价格指数的变动百分比来度量。

1.4.1 度量通货膨胀

为了测算通货膨胀,我们首先要选择一种平均价格水平指数。有几种价格指数都很常用。这些价格指数的不同在于它们各自包含不同的商品和服务组合:

1. **消费价格指数(CPI)** 表示在给定年份中一组标准组合消费品的平均花费。该组合中每一种商品的价格都要乘以一个分数,这个分数称作权重。加权后的价格加总就产生一个新的数字,这个数字就叫消费价格指数。对消费价格指数而言,消费组合中每一种商品的权重,就是该商品在一般消费者的购物篮中所占的份额。

2. **生产价格指数(PPI)** 也是一种加权平均数,但是商品组合是在一个较早的时期——生产过程——中选择的。比如,生产价格指数包括小麦和猪肉的生产价格,而消费价格指数考察的是面包和熏肉的价格。

3. **GDP平减指数** 是一种最综合的价格指数。它包括美国生产出的所有商品和服务,然后按照它们在 GDP 中所占的份额进行加权。

4. GDP 价格指数同 GDP 平减指数很相似,它包括美国生产的全部商品和服务,但是它在加权不同商品的方法上和 GDP 平减指数有所区别。

5. PCE 价格指数同 GDP 价格指数有些类似,但是它只包括消费品而不包括生产品。PCE 的意思是"个人消费支出"。

在本书中,当我们谈论通货膨胀时,我们主要参考 GDP 价格指数的变动率。① GDP 价格指数的历史可以由图 1-9 中的黑线表示,按照右边的坐标轴来度量。图 1-9 同样给出了通货膨胀的历史。通货膨胀和 GDP 价格指数相互关联的关系如下:在某一年,GDP 价格指数高于前一年时,通货膨胀就是正的;GDP 价格指数低于前一年时,通货膨胀就是负的。自从第二次世界大战结束后,每一年的通货膨胀都是正值;不过,在美国历史上的确有一些价格水平回落的时期。大萧条就是一个最明显的例子,当然也还有一些其他的价格回落的例子,比如在 19 世纪末。1920 年一年价格水平就下降了 20%。负的通货膨胀率(价格水平的回落,就跟 1920 年发生的那次一样)叫做通货紧缩。

这幅图描绘了通货膨胀与 GDP 价格指数的关系。价格指数用黑线描画,用右边的刻度度量,表示为按 1996 年价格的百分比。用灰线描绘的通货膨胀是价格指数的年变化率,度量单位是左边刻度表示的年变化率。

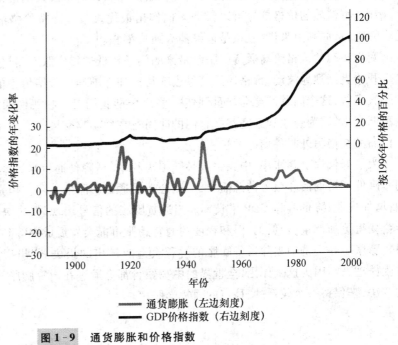

图 1-9 通货膨胀和价格指数

1.4.2 通货膨胀和中央银行

当一个国家的货币供给增长速度超过货币需求增长率时就会引发通货膨胀,这一观点被广泛接受。既然一个国家的货币数量是由中央银行控制的,因此控制通货膨胀就被看作是中央银行的一个

---

① 最近商务部已经把 GDP 价格指数看作是它选择的一种价格指数。在最新的数据中,最早可以查阅到 1929 年的 GDP 价格指数。

难题。美国的中央银行是联邦储备体系;在欧盟,中央银行是欧洲中央银行。大部分国家都有一个拥有权力(或多或少)相当于国家中央银行的机构,该机构的权力大小取决于各个国家具体的政治体制。一些中央银行,比如美国的联邦储备体系,不仅仅想控制通货膨胀,还想控制失业。其他一些中央银行,比如瑞典、英国、新西兰、加拿大的中央银行,则把保持一定的通货膨胀率作为自己的中期政策目标,它们并不打算通过影响就业和增长来克服经济周期。

1.4.3 低通货膨胀的好处

通货膨胀会伴随着价格波动。通货膨胀很低时,大部分商品的价格不会经常变动,家庭和企业很容易估算出将来的相对价格。但是出现中级或超级通货膨胀时,并不是所有的价格同时变动。当一般价格水平相对稳定时,美元的价格变化就成为赖以制定决策的准确信号。在自由市场经济体制下,清晰、可信赖的价格信号可以帮助人们作出最优决策。保持价格清晰的最好的办法就是保持低通货膨胀;从原则上来讲,应该是最终消灭通货膨胀。①

变化多端的价格给高通货膨胀率带来的问题比低通货膨胀率要严重。随着通货膨胀的提高,价格也开始更剧烈地波动,价格体系信号也变得更加不准确。价格传递的信息减少。出现非常高的通货膨胀率时,这个问题甚至会严重到使一些市场彻底崩溃。在恶性通货膨胀时期,通常会出现高失业和低产出,因为企业和家庭都把它们的时间花在用实物交换商品和服务(不用货币做媒介,直接用一件商品交换另外一件商品的过程)上。

为了降低通货膨胀率,中央银行必须提高利率。(降低通货膨胀率的政策叫做**反通货膨胀**)。高利率降低了对商品和服务的总需求,从而会造成通货膨胀的下降。但是它同时也带来一些不利的影响:增加失业,降低实际 GDP 增长率。当通货膨胀的信号出现时,中央银行如果不提高利率,问题可能会变得更加严重,较低的、温和程度的通货膨胀可能会发展成中等到高度的通货膨胀,甚至是恶性通货膨胀。在经济中去除通货膨胀的过程会造成产出的损失;产出损失得越多,通货膨胀率降低的程度就越高。因为这个原因,全世界的中央银行都会通过在通货膨胀早期就采取遏制通货膨胀发生的方法,来保持一个较低的、稳定的通货膨胀率。

1.5 经济理论和经济事实

经济理论并不是在真空中发展的;相反,新的经济理论都是在现有理论无法解释当前问题的驱动下才出现的。本书将通过还原历史背景的方法来回顾现代宏观经济理论的发展。

---

① 关于低通货膨胀的好处的卓越讨论,可以参见圣路易联邦中央银行前主席托马斯·梅尔泽(Thomas Melzer)的一篇演讲。网址:http://www.stls.frb.org/general/speeches/971028.html。

1.5.1 古典经济学和货币数量论

我们的研究从古典经济学家开始,从18世纪的亚当·斯密,到19世纪晚期的杰文斯和瓦尔拉斯。这些经济学家关注价格体系的功能,他们的理论包含着非常相似的供给和需求的思想。宏观经济学作为一个独立的学科存在以后,经济学主要是解释通货膨胀以及通货膨胀和当前货币体系的关系。微观经济学利用供求理论提供了一种GDP水平的决定方法。以货币数量论为主要形式的货币理论为通货膨胀和一般价格水平提供了一种解释。产出和通货膨胀的古典解释在本书的第4、5、6章中讲述。

1.5.2 非自愿失业和大萧条

宏观经济学作为一门学科是在大萧条之后产生的。大萧条在美国开始于1929年,一直持续到1941年美国参加第二次世界大战。因为当时的理论不能为大萧条寻找一个充足的解释,凯恩斯提出了非自愿失业的概念。凯恩斯的著作《就业、利息和货币通论》标志着宏观经济学作为一门独立学科的开始。

凯恩斯主要关注持续高失业的原因,因此他形成的研究方法是静态的。他把经济看作是一系列的图片(a sequence of snapshots),其中每一张表示一种均衡或者经济中的一个平衡点。因为凯恩斯主要关心失业问题,所以他提出来的方法不适合研究经济增长和通货膨胀。

在20世纪60年代,经济学家们开始为用同一个理论来解释失业和通货膨胀而奋斗,他们认识到凯恩斯的模型是不完全的。诺贝尔奖得主米尔顿·弗里德曼清楚地指出了凯恩斯的问题所在:凯恩斯的模型可以在既定的产出水平下来解释价格水平,或者在既定的价格水平下决定产出,但是这个模型不能同时解释价格水平和GDP。弗里德曼把这个问题叫做"缺失方程"(missing equation)。对弗里德曼定义的这个"缺失方程"的寻找,促使经济学家们把从斯密到杰文斯的古典理论和凯恩斯的理论综合起来。本书的第7章到第12章就是讲述这种综合的,根据这种综合,古典理论适用于长期,凯恩斯的理论适用于短期。

1.5.3 战后宏观经济学和菲利普斯曲线

弗里德曼提出"缺失方程"后不久,新西兰的经济学家A. W. 菲利普斯从英国的一百多年的统计数据中注意到,在通货膨胀和失业率之间存在一个明显的稳定关系。当失业率较高时,货币工资往往会下降;当失业率较低时,货币工资会上升。通货膨胀和失业之间的这种关系叫"菲利普斯曲线"。菲利普斯曲线发现后不久,该曲线就被当作一种有待理论解释的经验事实而被接受。当时的宏观经济学家把菲利普斯曲线看作是缺失方程,能用它来补全凯恩斯的理论体系,使之能够同时解释价格和就业（产出）。

自从1880年以来，似乎存在着一条稳定的菲利普斯曲线，但是并非所有的经济学家都对这种业已存在的经济现象的理论解释感到满意。米尔顿·弗里德曼和埃德蒙·菲尔普斯分别在两篇文章中指出，即使在历史中发现高通货膨胀往往伴随着低就业，也不能期待这种关系可以在长期中稳定地存在下去。

菲尔普斯-弗里德曼的理论叫做"自然率"假说，因为他们认为失业率应该由决定劳动供求的因素决定。他们把失业率看作是"自然"的，因为他们不相信失业率是一种可以受货币政策影响的东西。中央银行不能通过提高通货膨胀率的方式来降低失业率，尽管在这之前有一些经济学家认为这是可能的。

1.5.4 理性预期和现代动态理论

菲尔普斯-弗里德曼的理论在20世纪70年代末和20世纪80年代初得到了检验，那段时期美国经济同时遭受了高失业和高通货膨胀。在一百多年的时间里一直保持稳定的菲利普斯曲线似乎不再适合。菲尔普斯和弗里德曼认为只有在通货膨胀未被预期到时，通货膨胀才会伴随着低失业率。他们的观点给最前沿的现代经济周期理论加入了预期的思想。

最初，经济学家在构建通货膨胀模型时假设家庭和企业利用机械规则来预期将来，但是他们很快就发现这种解释有所欠缺。它被罗伯特·卢卡斯支持的理性预期理论所取代，该理论认为家庭和企业利用所有可获得的信息来形成对将来价格的最优预测。1995年，卢卡斯因为在理性预期方面所作的贡献而被授予诺贝尔经济学奖。现在他的思想形成了现代通货膨胀和失业理论的中心部分，我们将在第17、18章中讲述这方面的内容。

1.5.5 增长理论的复兴

随着经济学家们对失业和通货膨胀关系的关注，他们也开始关心对经济增长的理解。经济事实再一次成为经济理论研究重点转变的依据，因为第二次世界大战后吸引了较早一代经济学家注意的高失业问题已经成为过去。第二次世界大战以来，失业率从未超过10%，和前面10年相比，经济周期也不再是一个重大的难题。

一些经济学家认为现在经济周期问题的重要性下降了，是因为政府已经学会了如何控制它们，尽管也可能只是我们的运气比较好；大的衰退还有可能出现。但是不管什么原因，现代的经历已经引导我们把注意力转向这样一个问题：为什么一些国家和地区，比如日本、新加坡、中国台湾地区以及（最近发生的）中国内地，经济增长速度比其他国家快得多。我们将在第14—16章中研究这些问题，在第14—16章中，我们所介绍的方法不仅对理解增长是必需的，对于理解经济周期和通货膨胀的现代分析方法也是必需的。

结 论

本书介绍的三个主要问题是：什么决定了经济增长？什么引起了经济周期？什么决定了通货膨胀？经济增长是国家生活水平的持续提高。经济周期是指实际GDP围绕长期趋势增长率的一种不规则的持续波动，通常伴随着很多高度相关的其他经济变量的协同运动。通货膨胀是平均价格水平的变动率。

经济增长很重要，因为经济增长率的微弱差异在连续复利计算几年后，能使生活水平产生很大的差距。经济周期是重要的，因为在衰退期间，失业率上升，通常还会伴随着一系列社会问题的增加，比如谋杀、贫困。避免通货膨胀是重要的，因为高通货膨胀会带来产出损失和相关的社会问题。在实践中，中央银行通常试图在通货膨胀出现前就消灭通货膨胀，但是这样的经济政策可能会引致衰退。

尽管经济增长、经济周期和通货膨胀是相互独立的问题，但是引发某一问题的因素同引发其他问题的因素是相互关联的。经济理论随着历史事件的发展而发展。这本书在历史背景中介绍了宏观经济思想，并且解释了它们是如何发展的以及它们为什么是重要的。

关 键 术 语

基年　base year
繁荣（扩张）　boom（expansion）
经济周期　business cycle
消费价格指数　consumer price index
紧缩（衰退）　contraction（recession）
逆周期　countercyclical
通货紧缩　deflation
去趋　detrending
反通货膨胀　disinflationary
国内生产总值　gross domestic product（GDP）
GDP平减指数　GDP deflator
GDP价格指数　GDP price index
恶性通货膨胀　hyperinflation
通货膨胀　inflation

线性去趋　liner detrending
宏观经济学　macroeconomics
微观经济学　microeconomics
名义GDP　nominal GDP
持续性　persistence
PCE价格指数（消费支出价格指数）　PCE price index
顺周期　procyclical
生产价格指数　producer price index（PPI）
实际GDP　real GDP
70规则　rule of seventy
生活水平　standard of living
时间序列　time series
变量　variables

习　题

1. 仔细地对下面的术语进行定义,确保能够解释为什么这些概念对宏观经济学的学习很重要:经济增长、经济周期、通货膨胀。
2. 实际GDP和名义GDP的区别是什么?分别应该如何计算?
3. 解释为什么GDP不是对经济福利的完美度量?既然它有这些问题,经济学家们为什么仍然使用GDP?
4. 利用本书后面的实际GDP年度资料,画出1890年到现在,对数形式的实际GDP随时间变化的坐标图。根据一个规则,通过这些点画出一条最优的直线。你应该把哪些年份看成处在衰退阶段?如果你仅仅使用1950年以后的资料来画这条最优的直线,你的答案将如何变化?
5. 假设中国的人均实际GDP近似等于美国人均实际GDP的12.5%。如果中国的人均实际GDP以每年7%的速度增长,美国的人均实际GDP以每年2%的速度增长,多少年后中国能够赶上美国?
6. 2000年美国实际GDP近似等于9万亿美元。如果连续5年,实际GDP都按照3%的速度增长,2005年的实际GDP是多少?(提示:使用计算器求解下面的等式五次:$y_{t+1} = 1.03 \times y_t$,令$y_1 = 9$)
7. 解释经济增长和经济扩张的区别。
8. 如果经济周期是暂时的,为什么经济学家会对此十分忧虑?
9. 一个变量什么时候是顺周期的?什么时候是逆周期的?各举一个例子。
10. 思考下面的时间序列:失业人数、就业人数、消费和投资。哪些是顺周期的?哪些是逆周期的?
11. 通货膨胀的成本是什么?至少举两个例子。

第 2 章 经济的度量

2.1 引言

宏观经济学的目标是要理解现实世界中的经济是如何运行的。我们试图理解诸如经济增长和通货膨胀、失业和利率以及政府支出和税收这些变量之间的关系。我们希望通过理解这些关系,可以设计政策并改善我们的生活。但是在我们开始理解世界是如何运行的之前,我们必须度量我们所要解释的数据。这一章包括两种数据的度量:流量,比如国内生产总值(GDP)和收入,以及存量,比如资本和财富。我们将学会如何度量存量和流量,以及由流量如何度量存量随时间而变化的方法。

在这一章的开头,我们将说明如何判断一个特定的经济究竟是开放的还是封闭的,以及如何将其细分为几个部门。然后我们再转向流量的度量,其中最重要的例子就是 GDP 的度量。这一章的大部分要涉及 GDP 及其组成部分的度量。接下来,我们将注意力集中在度量存量的最重要的例子——国家财富上。最后,财富的计算将会和国民收入联系起来。

2.2 世界经济的划分

2.2.1 开放经济和封闭经济

世界是由许多不同国家的经济组成的,尽管我们常常对观察这些经济是如何互动的很感兴趣,但是在许多情况下我们也许需要研究一个单独的、孤立的经济。我们将这个国家的经济称作"国内经济",将其余的经济称为"世界其他地区的经济"。如果一国**国内经济**是在同世界其他地区经济隔离开的状况下被研究的,它就是一个**封闭经济**。如果我们明确地考虑一个经济与其他经济的互动,我们就称之为**开放经济**。因为现代世界上所有的国家都从事国际贸易,所以并不存在真正的封闭经济。但是有时候为了理解一个独立的经济是如何运行的,忽略国际贸易的影响是非常有用的。

美国和加拿大加起来仅仅占世界人口的5%,但是它们却生产出世界23%的产出。专栏2-1描述了世界各个地区人口和GDP的巨大差别。理解这些差别是经济增长理论的一个主要的任务,这会在第15、16章得到详细的阐述。

专栏 2-1

聚焦事实

北美和世界经济

相对于世界其他地区,北美大陆(美国和加拿大)究竟有多大呢?那要取决于这个"大"所度量的对象。如果这个"大"表示的是人口的数量,那么北美相对较小。它的总人口在1988年为2.7亿,或者说是世界人口的5%。但是,尽管美国和加拿大在人口上相对较小,如果拿生产的产出来度量的话,到目前为止它们却构成了世界上最大的经济区域。美国和加拿大GDP的总和在1988年是4.89万亿美元,占整个世界GDP的近四分之一。

美国生产出世界GDP的大部分的事实表明,以人均GDP度量,北美生活水平是世界上最高的。在1988年,北美的人均GDP是17 600美元,与之相比,这一数字在非洲仅为1 300美元。平均而言,北美人生产的商品和服务几乎是非洲人所生产的14倍,因此北美相对也要富得多。北美高生产率的最重要的原因在于北美拥有更多的资本。这一点对于物质资本(高速公路、铁路、机场、工厂和机器)及人力资本同样成立。高人力资本意味着平均来说,北美人受到了更好的教育,并且可以在一个更好的状况下生产出产品,这些产品需要由比许多其他地区的人的技术更高水平的技术才能生产出来。在现代世界市场上,人力资本控制着高收入。

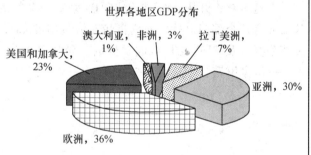

资料来源:赫斯顿-萨默斯数据(Heston-Summers data)(http://www.pwt.econ.upenn.edu/)。

网络浏览 2-1

查看美国商务部的网页 http://www.doc.gov.

这是美国商务部网站 2000 年 8 月 24 日的首页。网站内容每天都进行更新,并且包含了许多有关当前事件的信息以及与美国经济有关的商务新闻。

由商务部网站也可以链接到经济分析局网站 http://www.bea.doc.gov,统计局网站 http://www.census.gov 以及许多其他相关机构所搜集的有用的信息来源。

这是一个在经济分析局网站上获取数据的例子。这张表总体上涵盖了每年和每季度分别以现期美元和 1996 年美元计算的 GDP 数据,尽管我们在这个面板上仅仅提供了一个非常小的片断。

经济分析局的网站包括更多的内容。你可以下载电子数据表形式的完整的 NIPA 账户、说明这些数据是如何加工出来的文章,以及大量其他的信息,包括财富的估计、各州的 GDP 和讨论数据是如何生成的文章。

练习

使用你的网页浏览器,打开网页 http://www.bea.doc.gov,然后找出从 1929 年至今每年 GDP 的历史数据。选定现期的和实际的 GDP 数据,并将其复制到诸如 Microsoft Word 和 Wordperfect 之类的文字处理系统中。然后将它们以一个表格的形式打印出来。

2.2.2 国内经济部门

我们通常把整个美国国内经济看作好像其总量是由单个决策者选择的。这种把整个国内经济看作是单个单位的做法是有用的,比如说当我们想知道美国是如何在投资和消费之间配置资源时。出于其他一些原因,我们将经济进一步分解为不同的部门。一种划分方法就是**公共部门**(政府部门)和**私人部门**。当我们想了解政府部门是如何影响资源在消费和投资之间进行配置的时候,这种划分就是有益的。

另一种有益的划分是将私人部门分为**家庭**和**企业**。企业生产产品和服务,同时它们拥有土地、厂房和机器。最终,企业由构成家庭的个人所拥有。家庭购买和出售商品,向企业提供劳务,与政府、企业和其他家庭发生借贷关系。在收入决定模型中,家庭和企业之间的划分是重要的。

2.3 GDP 的度量

2.3.1 收入、支出和产品

GDP 是衡量一个经济的生产能力的最重要的指标。**国民收入和产出账户(即 NIPA)**体系记载了 GDP 及其构成的综合数据,这些数据是由美国商业部的一个分支机构——经济分析局发布的。商务部使用三种度量 GDP 的方法:收入法、支出法和产品增值法。为了了解这三种方法在实际操作中的应用,我们首先需要理解三个概念:最终产品、中间产品和产品增值(增加值)。

GDP 是指一年中美国境内生产的所有最终产品和服务的价值。**最终产品**是指直接出售给最终消费者的那些产品,而**中间产品**则恰恰相反,它指的是那些由一个企业生产出来被另一家企业当作投入品的那些产品。一个使用中间产品的企业将带来增加值,因为它所生产产品的价值高于所购买的中间产品的价值。产品**增加值**就是二者之间的差额。

2.3.2 收入的循环流转

收入和产出在经济中流动就像水流过管道;如图 2-1 所说明的,这个思想被称作**收入的循环流转**。图中左侧的黑色箭头表示家庭的**国内支出**流,灰色箭头表示家庭购买的商品和服务流;右侧的黑色箭头表示从企业到家庭的**国内收入**流,灰色箭头表示家庭向企业供给、换取收入的**要素服务**流。

家庭将货币花在购买由企业生产的商品和服务上。企业将货币作为生产要素(劳动和资本)的回报支付给家庭。

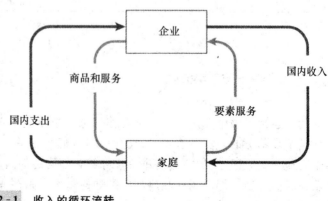

图 2-1 收入的循环流转

要素服务包括劳动、土地和工厂的服务,以及由小企业主和公司的经理们所提供的企业家才能。实际上,企业在生产过程中使用许多种类的服务。但是出于我们构建理论的需要,我们将服务分为两大类:劳动和资本。我们将由劳动服务的供给所赚得的收入称为**劳动收入**,将从提供资本服务中赚取的收入称为**租金**。通过加总所有的由生产要素赚取的收入,我们就得到了按**收入法计算的 GDP**。

最终商品和服务的国内支出指的是由家庭和企业购买的最终商品。通过加总所有的最终商品和服务的支出,我们就得出了按**支出法计算的 GDP**。如果用水在管道中流动来作类比的话,计算 GDP 的收入法和支出法就对应于在管道的不同位置上度量水的流量。

专栏 2-2 描述了计算 GDP 的第三种方法,产品法或者叫做增值法。对经济中的每个企业来说,产出法是计算企业的产出价值与其在中间投入品上支出的成本之间的差额,这个差额就叫企业的增加值。GDP 就是经济中所有企业增加值的总和。

专栏 2-2

进一步观察
GDP 的度量

家庭从面包师那儿买来面包,从磨坊主那儿买来面粉,这些都是在最终商品上的支出;面包师从磨坊主那儿买来面粉,这是在中间产品上的支出。

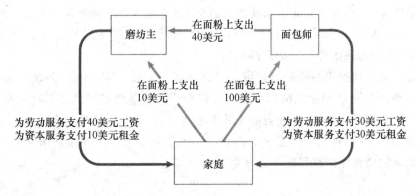

只有最终商品的生产才可以计为 GDP 的一部分。磨坊主为劳动服务向家庭支付 40 美元,为资本服务支付 10 美元,并且使用它们的服务生产出价值 50 美元的面粉。因为磨坊主没有使用中间投入品,它的价值就等于 50 美元——与其产品的价值相等。因为磨坊主将其产品既卖给了最终使用者(家庭)也卖给了中间使用者(面包师),所以面粉既是中间产品也是最终产品。卖给面包师的面粉的价值是 40 美元;磨坊主所生产的这一部分是中间产品,因为面包师用它来生产面包。直接卖给家庭的面粉的价值是 10 美元,磨坊主所生产的这一部分是最终产品。

面包师将其从磨坊主那儿买来的 40 美元的面粉与从家庭那里购买的 30 美元的劳动和 30 美元的资本结合起来。使用面粉和劳动及资本服务,面包师生产出价值 100 美元的最终产品(面包)。因为面包师购买的中间产品仅值 40 美元,所以由面包师增加的价值就是 60 美元。

> 让我们回忆存在着三种计算 GDP 价值的方法。支出法将所有花在最终产品和服务上的支出的价值加总起来。因为家庭在面粉上花费了 10 美元,在面包上花费了 100 美元,支出法得出的数字就是 110 美元:
>
> $$支出 = 10 + 100 = 110(美元)$$
>
> 在使用收入法时,我们通过加总所有生产要素所赚取的收入来计算 GDP。家庭获得价值为 70 美元的工资以及价值为 40 美元的租金,这也同样得出 110 美元的数字:
>
> $$收入 = 70 + 40 = 110(美元)$$
>
> 在使用产品法计算 GDP 时,我们将经济中每个企业所增加的价值加起来,磨坊主增加了 50 美元的价值而面包师增加了 60 美元的价值,这种方法得出的也是 110 美元:
>
> $$产品 = 50 + 60 = 110(美元)$$
>
> **国内经济的生产活动是可以用三种不同的方法来度量的流量。**

2.3.3 消费和投资

出于许多目的,我们可能希望度量构成 GDP 的商品的结构。要计算一个封闭经济的 GDP,我们必须加总私人消费支出、私人投资支出以及政府的总支出(在消费品和投资品上的支出)。要计算一个开放经济的 GDP,我们必须加上出口的价值(在国内生产但是却在国外消费的商品)并减去进口的价值(在国内消费但却在国外生产的商品)。

我们从区分消费品和投资品开始。**消费品**是诸如理发、电影、啤酒和比萨饼之类的能够满足直接需求的商品。**资本品**是诸如拖拉机、发电厂、公路和桥梁这些能够帮助我们在未来生产出更多产品的商品。在任何一年里,如果一个社会的成员增加其消费,他们会享受更高的生活水平。但是,为了现在能够消费更多,我们只能生产更少的投资品。由于资本品是用于生产未来各种商品的,所以只有放弃一些未来的消费才能获得额外的现期消费。

2.3.4 资本市场

尽管社会作为一个整体需要资本品进行生产,但是家庭并不直接进行资本投资。它们是通过放弃消费来存钱并把这些资源借给银行和其他金融机构。企业购买新的资本品就意味着投资。为了筹集投资所需的资金,企业或者直接向银行借款,或者在资本市场上发行新股卖给家庭或其他金融机构。作为另一种选择,企业还可以通过留存收益来为投资筹集资金。留存收益是那些被用于购买新的资本而不是作为股利回馈给股东的利润。不管企业是通过留存收益还是通过新的借款筹资,净的效应都是一样的。收入中一部分原本可以用作购买消费品的现在被转化为投资。使得储蓄从家庭流向企业的各种金融机构总体上被称作"资本市场"。它们包括银行、股票市场、养老基金以及储蓄和贷款机构。

2.3.5 储蓄和投资

认清经济学家们对储蓄与投资所作的区分是非常重要的。在通常的用法中,这两个词可以互换使用,但是经济学家使用它们来表示非常不同的事情,**储蓄**是放弃消费的行为,而**投资**则是购买新的资本品的结果。

家庭通过把钱存在银行里或者将其借给政府或企业来进行储蓄。家庭贷款给政府,可以通过购买政府债券的方式直接进行,也可以间接地通过将资金放入存款账户中,然后由银行用家庭的资金去购买政府债券。类似地,家庭也会通过购买公司债券或者股票将钱直接借给企业,或者它也可以间接地借给企业,如果养老基金或者人寿保险公司持有的家庭储蓄被用于购买股票的话。这些都是储蓄的例子,而且它们并不构成投资,尽管在日常用法中"投资"这个词会常常用来指代一部分这些活动。

当一个家庭或者一个企业购买了一个资本设备时,投资才会发生。例如,如果一个家庭买了一所新房子,这就是投资。如果一个公司购买了一个机器、一个工厂或者一幢新的办公楼,这同样是投资。如果政府兴建一所新的学校或者医院,这也是投资。当家庭决定不再把一部分收入花在商品和服务上时,储蓄就发生了。当一个家庭、一个企业或者政府决定增加资本存量时,投资就发生了。

2.3.6 循环流转中的储蓄和投资

在图2-2中,我们对循环流转的模型进行了修正以说明资本市场的目的。家庭将它们的收入分为消费和储蓄。当它们不是把全部的收入花在消费品上时,它们就通过资本市场把资金转让给了借款人,后者用这些钱去购买工厂和机器。收入中用于投资而不是消费的数量是决定经济增长的非常重要的因素,因为一个社会现在投资越多,未来生产的商品就会越多。

家庭储蓄通过资本市场流向企业。

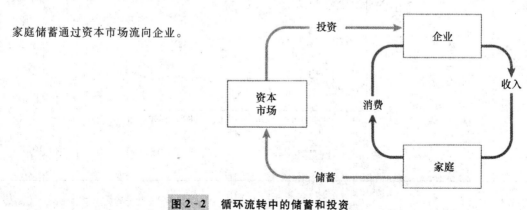

图2-2 循环流转中的储蓄和投资

2.3.7 工资与租金

因为每个商品都会为生产它的要素赚取收入,一个封闭经济的 GDP 等于它的居民所赚到的收入的总和。在 NIPA 中,由生产要素赚取的收入被分解为若干组成部分。最大的部分表示对劳动服务支付的报酬,这被称为雇员补偿,它包括工资和其他福利,例如医疗保健计划的价值以及退休金。其他种类的要素收入包括利息、租金、公司利润和所有者的收入。在本书中,我们将构建非常简单的模型,其中劳动和资本是可以相互转换的,并且劳动没有被区分为熟练劳动和非熟练劳动。在这些简单的模型中,我们将区分两种类型的收入:劳动收入(工资)和资本收入(租金)。在美国,由劳动所获得的收入大约占 GDP 的 60%,而由资本所获得的收入大约为 40%。专栏 2-3 描述了自 1929 年以来美国劳动和资本占 GDP 的份额以及消费和投资的份额。

专栏 2-3

聚焦事实

美国经济的各个组成部分究竟有多大?

自 1929 年以来,国民消费(政府消费加上私人消费)大约保持在 GDP 的 80%,国民投资保持在 GDP 的 20%。也就是说,总的看来社会将其资源(劳动和资本)的五分之一用于兴建工厂和机器,以替换旧的工厂和机器。

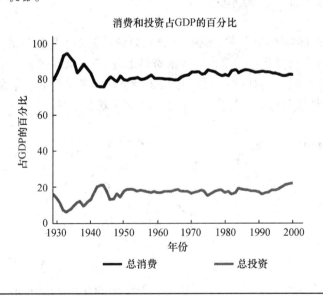

消费和投资占 GDP 的百分比

GDP 为生产要素带来了收入。自从我们拥有了良好的统计记录以来,劳动所获得的 GDP 份额大约等于 GDP 的 60%,剩下的 40% 创造出补偿土地和资本的所有者的收入。

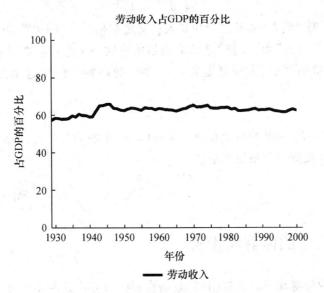

资料来源:BEA,http://www.bea.doc.gov。国民消费是私人消费、联邦防务商品和非防务商品消费,以及各州和地方消费的总和。国民投资是私人投资、联邦防务投资加上非防务投资,再加上各州和地方投资的总和。

2.4 国内生产总值的构成

尽管个人储蓄可能多于或者少于他们的投资,不过在一个封闭经济中,储蓄和投资总是相等的。① 在开放经济中,这一概念拓展到政府财政赤字、贸易赤字以及私人储蓄之间的关系。

2.4.1 封闭经济中的储蓄和投资

支出可以被划分为三类:私人消费支出、私人投资支出以及政府在商品和服务上的支出。方程式(2.1)定义了不同类别支出之间的关系,其中 Y 代表 GDP,C 代表私人消费,I 代表私人投资,G 代表政府的商品和服务支出。这个方程式叫做"GDP 会计恒等式"。

$$Y = C + I + G \tag{2.1}$$

---

① 记住投资意味着物质资本的积累,而非金融资产的购买。

我们可以进一步将政府支出划分为政府在投资品上的支出 I^{GOV}，以及政府在消费品上的支出 C^{GOV}。① 使用这些术语，我们就可以将 GDP 会计恒等式改写为下面的等式：

$$Y = C^{NAT} + I^{NAT} \tag{2.2}$$

其中 $C^{NAT} = C + C^{GOV}$ 是国民消费（政府消费和私人消费之和），$I^{NAT} = I + I^{GOV}$ 是国民投资。

在通常的用法中，"储蓄"和"投资"这两个词指的是同一个东西。在经济学中，我们将储蓄定义为收入中没有被消费的部分，投资则是资本品存量的增加。使用这个定义，国民储蓄可以定义为：

$$S^{NAT} = Y - C^{NAT} \tag{2.3}$$

如果我们将等式(2.2)中的 GDP 的组成部分与等式(2.3)中的储蓄的定义结合起来的话，就会得出封闭经济中国民储蓄和投资必定相等的结论：

$$S^{NAT} = I^{NAT} \tag{2.4}$$

2.4.2 开放经济中的储蓄和投资

尽管在封闭经济中储蓄和投资总是相等，但是在现实世界中这并不成立，因为有时候一些国家会通过从国外借款而使其投资多于储蓄。这就导致经常在新闻中被讨论的两个概念之间发生了有趣的联系：**财政赤字**和**贸易盈余**。政府向公众借款的数额对从国外进口的商品有着非常重要的影响。

什么是赤字和盈余？赤字就是支出超过了收入。当政府的支出超过其收入时，超出的支出就是政府赤字。当一个国家在外国商品和服务上的支出总体上多于其出口赚来的收入时，支出大于收入的部分就是这个国家的贸易赤字。因为国家通过出口赚取收入并且通过购买进口品来花费积累的资产，所以贸易赤字就等于进口减去出口的差。

从 1970 年到 1996 年，（美国）政府支出多于其收入；积累起来的债务填补了这个差额。在历史上并不总是这样，而且对于今天来说也并不都是成立的。自从 1996 年以来，政府的收入已经超过了支出，当这个情况出现时我们称政府预算处于盈余状态。因为预算盈余导致政府资产积累，所以我们也将政府盈余看作政府储蓄。

当出口大于进口时，我们称国家正在享受贸易盈余。因为贸易盈余等于出口与进口的差，我们也将其称为**净出口**。净出口的价值通常也被称为贸易余额。表 2-1 列举了这些定义以及它们相互之间的数量关系。请特别注意赤字是一个负的盈余，我们常常将术语赤字和盈余互换使用。

---

① 政府投资和政府消费的统计数据可以在网站 http://www.bea.doc.gov 上获得。本书中使用的 I^{GOV} 和 C^{GOV} 序列数据是联邦防务投资支出加上联邦非防务投资支出再加上州和地方的投资支出的总和。类似地，政府消费是联邦防务支出加上非防务支出再加上州和地方的消费支出的总和。每季度的名义序列数据通过 GDP 价格指数消除了通货膨胀的影响并通过平均化转化为年度的序列数据。

表 2-1 预算账户中使用的概念

概念	符号	定义	类别
进口	IM		外贸
出口	EX		
贸易盈余（净出口）（贸易余额）	NX	NX = EX − IM	
贸易赤字（净进口）	− NX	− NX = IM − EX	
政府购买	G		政府预算
转移支付	TR		
政府收入（税收）	T		
政府预算赤字	D	D = G + TR − T	
政府预算盈余（政府储蓄）	− D	− D = T − G − TR	

为了研究一个开放经济中储蓄和投资的关系,我们从修正国民收入会计恒等式开始,以便能够说明下面的情况:美国居民的一些支出用在进口商品上,同时在美国生产的一些商品也销往外国。因此,我们必须把另外一个变量加到恒等式(2.2)上,以表示销往国外的商品的价值与进口商品的价值的差:

$$Y = C^{NAT} + I^{NAT} + NX \qquad (2.5)$$

其中 NX 表示净出口,它被定义为出口 EX 减去进口 IM。将这个等式与国民收入的定义(等式(2.3))结合起来就可以得到一个新的等式,后者将开放经济中的储蓄和投资联系在一起:

$$S^{NAT} - I^{NAT} = NX \qquad (2.6)$$

等式(2.6)意味着,当一国国内储蓄多于国内投资时,储蓄导致了商品流出本国;也就是说,出口大于进口。这些资源在国外不是被投资于新的工厂和设备上,就是被那些要在未来数年里承担偿还债务责任的外国人所消费。

2.4.3 政府和私人部门

一个国家的储蓄可以分为政府储蓄和私人储蓄。为了定义私人储蓄,我们首先需要引入"可支配收入"的概念——在政府扣除税收以及给个人和企业的转移支付后私人部门可以得到的收入。可支配收入被定义为

$$YD = Y + TR - T \qquad (2.7)$$

其中 YD 表示可支配收入,TR 表示转移支付,T 表示税收。我们现在可以将私人储蓄定义为

$$S = YD - C \qquad (2.8)$$

如果我们将私人储蓄和可支配收入的定义等式代入等式(2.6)中,并且使用前面定义的国民储

蓄和国民投资，我们就能得到下面的储蓄和投资在公共部门和私人部门之间的划分：①

$$(S - I) + (T - TR - G) = NX \qquad (2.9)$$

这个等式告诉我们政府、私人部门和世界其他部分之间的相互影响。在图 2-3 中我们将修改循环流转图，以便将政府和对外贸易包括进来。

政府从家庭那儿获得税收与转移支付净值，并直接从企业那儿购买商品和服务。世界其他地区把钱花在出口上。家庭把钱花在从世界其他地区的进口上。

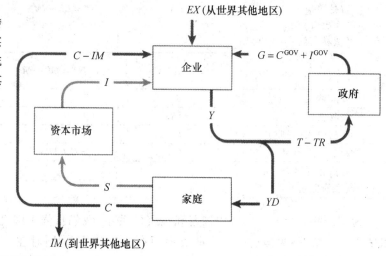

图 2-3　循环流转中的政府和国外部门

2.4.4　预算赤字和贸易盈余

$(S - I)$ 这一项代表私人储蓄，$(T - TR - G)$ 是政府储蓄。从 1970 年直到 20 世纪 90 年代晚期，美国政府预算每年都有赤字（政府储蓄是负的），因为政府支出大于其征收的税收。等式(2.9)说明了有两种方法可以使政府预算有盈余。政府可以向美国居民借款——当私人储蓄(S)大于私人投资(I)时就是这种情况，或者政府可以向世界其他地区借款——在这种情况下，进口(IM)将大于出口(EX)，因此净出口是小于零的。如果政府主要是向国内居民借款，我们预期私人储蓄将会大于私人投资，因为国内居民的储蓄将会用来购买政府新发行的债券。如果另一方面，国内居民不愿意为政府支出所需筹集的资源提供全部资金的话，我们预期会看到一个负的贸易盈余，$NX < 0$，因为从总体上看，这个经济体是要通过进口商品来满足它对商品的超额需要的。专栏 2-4 说明 1929 年以来美国政府和贸易的相对重要性是如何提高的。

---

① 由等式(2.7)和(2.5)，我们可以得到 $YD = C + I + G + NX + TR - T$。但是根据私人储蓄的定义，即式(2.8)，我们可以得出 $YD = S + C$。将这两个等式结合在一起并重新排列各项，就可以得到等式(2.9)。

专栏 2-4

进一步观察

政府有多大以及贸易有多重要?

在美国生产的商品和服务中,联邦政府购买了 6%;州和地方政府购买了 12%。自 1929 年以来这些比例显著地增加了,而在 1929 年联邦政府的购买支出仅占 GDP 的 2%,州和地方政府占 9%。

如果用税收占 GDP 的比例来度量政府的大小的话,这个数字的增长就更快。在 1929 年,美国人把 GDP 中的 3.7% 作为税收支付给联邦政府,并且将 7% 支付给州和地方政府。在 1999 年,GDP 中联邦政府所占的份额增加到 19%,而州和地方政府的份额则增加到 17%。

在 1999 年,总体上政府以税收的形式占有 GDP 的 36%。政府将 GDP 的 18% 直接花在购买商品和服务上,主要是用在教育和国防上。用什么来解释税收和政府购买之差?这个差的大部分要由对个人的转移支付来解释,诸如社会保障、公共医疗补助以及医疗保险上的支出。国债利息也是一个重要的支出项目。

在 1929 年,对外贸易仅占 GDP 的 4%;在 2000 年,这个数字接近 15%。在 1929 年,大多数情况下我们可以假设美国是一个封闭的经济。21 世纪对外贸易的重要性日益提高使这一假设难以成立了。

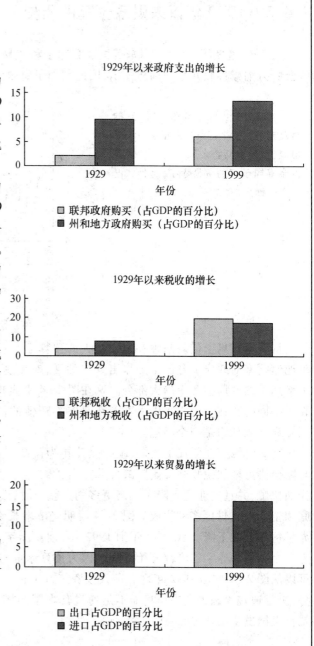

2.4.5 1970年以来财政预算的历史

图2-4说明了1970年以来美国预算赤字和贸易盈余的历史。在20世纪80年代,里根政府与国会协力削减税收并增加国防支出,因此增加了财政赤字。

当政府支出大于其收入时(正的财政赤字),这个国家趋向于进口大于出口(负的贸易盈余),因为负的贸易盈余等同于正的贸易赤字,这种状况常常被称为"双赤字"。

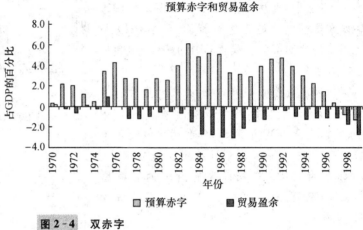

图2-4 双赤字

从资本市场上借款来弥补越来越大的预算赤字:政府将债券卖给公众,如果美国居民是通过更多地储蓄来对政府债务的增加作出反应的话,对贸易盈余就不会有负面的效果。不过,外国人购买了增加了的政府债务中的大部分。这在图2-4上表现为一个更大的负的贸易盈余与越来越大的预算赤字同时存在。由于美国人不能在最终不还债的情况下无止境地从外国借款,因此,大量的政府预算赤字被认为是一个问题。

在20世纪90年代下半期,政府预算转为盈余。这种情况的出现有两个原因:一是克林顿政府与国会协力增加税收并开始削减公共支出;第二个也是更加重要的原因是经济增长在20世纪90年代加快了,并且失业也下降了。当更多的人就业时,政府在国民收入中占有的份额就会增加,因为家庭和企业会支付更多的税收。图2-4说明经济增长率提高对预算赤字的效果,自1992年之后预算赤字每年都在下降。从1970年到1992年,预算赤字和贸易盈余朝相反的方向变化。从那以后,预算赤字和贸易赤字二者都开始下降。因为预算赤字与贸易盈余之和等于储蓄与投资之差,所以我们可以从图2-4推出1992年之后私人投资超过了私人储蓄。当外国人利用活力上升的美国经济的优势,决定通过美国的资本市场而不是通过其本国经济中的资本市场转化其储蓄时,这种额外的投资就在美国发生了。

2.5 财富的度量

用作度量 GDP 及其组成部分的概念都是流量的例子。现在我们把注意力转向财富的度量。财富是一种存量并且要用资产负债表账户体系来度量。

2.5.1 用个案来说明存量和流量

有两种经济变量:存量和流量。存量是在某一时点上度量的变量,流量则是按照单位时间度量的变量。流量常常是存量的变化率。一个重要的经济学上的例子就是政府债务(存量)与政府预算赤字(一个流量)之间的关系。如果政府预算赤字每年为 100 亿美元的话,政府债务会每隔一年增加 100 亿美元。表 2-2 用简·查维茨的例子来说明流量和存量之间的关系,简是一个经济学专业的学生,她通过信用卡透支使自己的美元支出大于其收入。

表 2-2 简·查维茨的信用卡账单　　　　　　　　单位:美元

	支出超过还款(流量)	信用卡余额(存量)
期初余额		0
1 月	100	100
2 月	100	200
3 月	100	300
4 月	100	400
5 月	100	500

在每年的开始,简的信用卡的余额都为零。每个月欠下的账单都要比她存进信用卡的数额多 100 美元。简每月的赤字是 100 美元,这是流量。她的赤字每个月等于 100 美元,简欠信用卡公司的债务就按照这个赤字额增加。简的债务是一个存量。简每个月保持一个不变的赤字,所以其债务存量每个月都会增加,到 5 月份她已经积累了 500 美元的债务。

2.5.2 以美国政府债务为例来说明存量

美国政府预算的运行就像简·查维茨的信用卡一样。当美国政府支出大于其征收的税收时,我们说存在预算赤字。这就像简的开支大于她获得的收入一样,并且大部分的联邦赤字支出都是不可预见的事件的产物,比如战争。图 2-5 反映了按照占 GDP 的比例度量的美国联邦债务的历史。为了给第一次世界大战(1914—1918)和第二次世界大战(1939—1945)筹资,这一债务大大地增加了。20 世纪 50 年代的朝鲜战争的规模相对较小,因此对于债务并没有太大的影响。20 世纪 60 年代和 70 年代的越南战争在很大程度上是通过财政部印制钞票来融资的,一些观察家认为,这在相当大的程度上要为发生在 20 世纪 70 年代和 80 年代早期不断攀升的通货膨胀负责。

右图展示了从 1890 年到 1999 年按照占 GDP 的比例度量的美国政府的债务。因为两个原因债务-GDP 比率增加了。第一,政府可能有意识地增加预算赤字。第一次世界大战(1914—1918)和第二次世界大战(1939—1945)期间就是这样。在这种情况下,美国联邦政府的债务在参战后都大大地增加了。第二,GDP 增长下降。在大萧条的头 5 年就出现了这种情况。从 1980 年到 1992 年政府债务的增加是上述两个原因共同作用的结果。

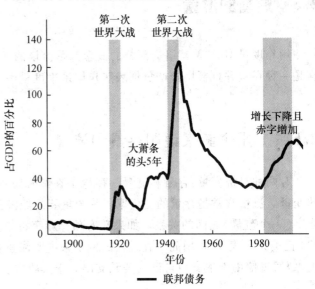

图 2-5 1890 年以来的政府债务

在两次世界大战的后期,美国通过实现小规模的预算盈余来缓慢地削减债务占 GDP 的比重。相对较快的经济增长使得 GDP 的增长快于债务的增长。但是在 1929 年,由于美国陷入了大萧条之中,经济增长急剧性地放慢了。在 1929 年到 1935 年这几年里,债务占 GDP 的比重再次提高,这一次提高并不是源于政府有意增加赤字支出,而是由于 GDP 剧减。在 1970 年到 1992 年期间,美国债务再一次增加,这一次既是因为预算赤字的增加,也是因为经济增长的放缓。当里根政府与国会协力降低税收并增加支出时,预算赤字增加了。同时,增长放缓了,这可能是因为 1973 年和 1979 年石油价格的急剧上升。直到 20 世纪 90 年代末,赤字下降和增长率上升时,局面才得以逆转。一些经济学家认为,在低赤字和高增长之间存在某种因果联系,尽管这种联系还没有得到清楚的说明;很难区分是低赤字导致高增长,还是高增长反过来导致低赤字。

2.5.3 真实资产和金融资产

个人和企业拥有的资本被称为真实资产。个人的财富不但包括资本品,也包括那些非有形的东西,例如一个人作出的在未来偿还资源的承诺。承诺在未来交付资源被称为"金融资产"。

承诺在未来交付商品的人就要承担金融负债,而购买这个承诺的人则获得了金融资产。金融资产的一个例子就是房产抵押借款。一个家庭通过签订一份抵押贷款协议从银行那里借款。抵押品代表了这个家庭要承担的金融负债。但是对于银行来说,抵押品是一种金融资产。金融资产的一个重要性质是在封闭的经济中,每项金融资产是这个资产所有者以外的某个人的金融负债。这种特性意味着,尽管一项金融资产表示的是单个经济当事人的财富,但是对整个经济来说它却不能代表财富。在一个封闭的经济中,金融资产和金融负债的总和等于零。

在一个开放的经济中,金融资产和金融负债之和并不等于零,因为某些个人和企业会向国外借款或对国外贷款。例如在1998年,美国在国外的金融资产为人均21 800美元,然而外国人人均持有的美国资产的价值等于27 800美元。从一个国家的角度来讲,美国欠世界其他地区的债务达人均6 000美元之多。

2.5.4 资产负债表的编制

一个经济当事人的总财富(净财富)是其资产(既包括真实资产也包括金融资产)总和减去其负债总和。弄清封闭经济中家庭和企业的资产及负债状况的一个方法就是"编制资产负债表"。表2-3说明了资产负债表是如何用来记录经济学教授约翰·陈的资产和负债的。约翰有两项真实资产,价值250 000美元的房子和价值25 000美元的汽车。他也拥有一个银行存款账户,这是金融资产的一个例子,因为它代表了对银行的贷款。在他的资产负债表的负债一方,有抵押贷款和汽车贷款。

表2-3 一个资产负债表账户的例子 单位:美元

约翰·陈

资产		负债	
房屋	250 000		
汽车	25 000		
银行账户	5 000	抵押贷款	150 000
		汽车贷款	15 000
		净资产	115 000
	280 000		280 000

虚线将真实资产和金融资产区分开来。

通过在资产负债表中画一条水平线将个人的真实资产和金融资产区分开来是非常常见的。我们把真实资产记录在这条线的上面,把金融资产记录在线的下面。约翰的真实资产(他的房子和车子)值275 000美元,而他的金融资产(银行账户)值5 000美元。用以抵消这些资产的是他拥有的以价值150 000美元的房产抵押贷款以及价值15 000美元的汽车贷款形式存在的金融负债。从他的资产中减去负债,我们就得到约翰的净财富,它等于115 000美元。通常来说,净财富是记录在资产负债表负债一方的——这是你欠自己的债务——以便保证资产的总价值和负债的总价值相等。约翰的资产和负债各自合计达280 000美元。

2.5.5 美国的国民财富

我们已经看到如何将资产负债表账户应用于个人;现在我们将其推广至整个国家,应用于美国。国家的财富由这个国家的土地和自然资源的价值,以房产、工厂、机器、公路、桥梁和其他公共基础设施的形式积累起来的物质结构,以及人们的技能和知识所组成。总的来说,我们将所有真实的物质资源当作物质资本,将人们的技能和知识当作人力资本。因为人力资本的价值是非常难度量的,所以它在度量财富时常常会被忽视。在本书的余下部分,除非特别申明,"资本"这个词将专门指代物质资本。

我们国家的财富有多少呢?在1998年,国家资本存量的价值加上美国所有土地的价值等于22.31万亿美元。因为美国大约有2.7亿人口,平均来说每个美国人拥有的国家财富的份额为97 000美元。当然现实中并不存在这样的"平均水平的美国人",而且没有一个美国人会在生命中的每一个阶段都刚好拥有97 000美元,但是这个数字使得美国经济财富更容易理解。专栏2-5描述了平均水平的美国人的资产负债表,这个表是通过分别加总所有人口的真实资产和负债然后除以人口数得到的。

专栏2-5

关注事实

平均水平的美国人的财富[1]

表A展示了一个平均水平的美国人在1998年的资产负债表。平均水平的美国人拥有净财富91 000美元。这包括诸如土地、房产,以及机器设备等价值97 000美元的物质资产。抵消部分物质资产的是平均水平的美国人还欠世界其他地区6 000美元的净债务。

表A 1998年平均水平的美国人的资产负债表   单位:美元

	资产	负债
物质资产	97 000	
对外国人的净负债		6 000
净资产		91 000
	97 000	97 000

表B和表C将平均水平的美国人的资产负债表分解为分别由私人部门和政府部门积累的资产和负债。表B显示美国私人部门拥有77 800美元的物质资产:土地、房产和机器设备。除了拥有美国资产外,美国人还在海外进行了人均约21 000美元的投资,这在表B中表现为外国金融资产的所有权。另外,外国人也投资美国经济。私人的美国资产的外国所有权现在要比美国所拥有的外国资产多。美国人借给政府的钱也达到人均3 700美元之多。

表 B 美国的私人部门		单位：美元
	资产	负债
物质资产	77 800	
美国拥有的外国资产	21 000	
外国拥有的美国资产		23 000
对美国政府的贷款	3 700	
净资产		79 500
	102 500	102 500

表 C 说明了美国物质资产中大约有五分之一是公共的。这些资产由公路、学校、政府企业、公园和其他政府资本组成。这些资产的数量稍多于政府债务的两倍。1998 年美国政府所拥有的资产平摊到美国人身上大约是 19 200 美元。它的债务大约等于 8 500 美元，其中 3 700 美元是欠美国公民的，剩下的 4 800 美元是欠外国人的。

表 C 美国政府		单位：美元
	资产	负债
物质资产	19 200	
政府拥有的外国资产	800	
对美国公民的负债		3 700
对外国人的负债		4 800
净资产		11 500
	20 000	20 000

[1] 表中政府债务和美国国际投资头寸的数据来源于 2000 年的《总统经济报告》(*Economic Report of the President 2000*)，其中的表 B-87 和表 B-105（在 http://www.access.gpo.gov/usbudget 上可以获取）。私人财富的数据来源于 2000 年 4 月发行的《现代商业观察》(*Survey of Current Business*)（在 http://www.bea.doc.gov 网站上的产业和财务数据部分可以获取）。所有数据是以现期美元来度量的并除以 2.7 亿，也就是美国 1998 年的人口数。这些数字要比本书第 1 版中报告的数字小一些，因为经济分析局发布了一套新的私人财富的估计量。

2.6 国内生产总值和财富的关系

财富账目度量的是存量，而收入账户度量的是流量；NIPA 可以被用来说明不同的部门中真实资产和金融资产存量是如何从某一年到第二年变化的。这种关系的关键在于流量可以被用来度量存量的变化。

2.6.1 国内生产总值与国内生产净值

我们可以通过生产诸如工厂、房产和机器之类的新的资本品来进行新的资本投资,但是并不是所有的投资都创造新的资本;每年都有一些投资必须用来抵消和替代那些因为正常损耗而逐渐失去用途的已有的资本存量。总投资中那些用来增加新的资本存量的部分被称为"净投资"。那些专门用于代替不能再用的资本的部分被称为"折旧。"

净投资的概念是与国内生产净值(NDP)相联系的,后者度量的是在没有无用的资本存量的情况下经济中可以用作消费的最大产出。表2-4说明了GDP和NDP之间的关系。从这个表中,我们可以看出在1999年平均每个美国人生产商品并获得价值34 250美元的工资和租金,将28 100美元花在消费品上,并将7 400美元花在投资品上。这些投资支出被分为两类:代替不能再用的投资的部分(折旧)价值3 950美元,新创造出的资本品(净投资)价值3 450美元。因为平均每个美国人必须至少投资3 950美元用于维持已有的资本品,在一个可以延续的基础上他可以创造出的最大收入是30 300美元,我们称这种度量指标为"国内生产净值"。

表 2-4 1999 年美国的 GDP 与 NDP

用 1996 年美元度量的人均支出(单位:10 亿美元)		人均流量(美元/年)	GDP 的百分比(%)
消费(政府消费加私人消费)		28 100	82
总投资(政府投资加私人投资)		7 400	22
净出口		(-1 250)	(-4)
人均国内生产总值	**34 250**	34 250	**100**
总投资		7 400	22
折旧	(-3 950)	(-3 950)	12
净投资		3 450	10
人均国内生产净值	**30 300**		88

2.6.2 存量和流量核算

我们已经描述了投资与物质资产存量变化相联系的途径。在这一部分我们将通过一个例子展示在NIPA账户中记录的流量是如何表现为美国经济的资产负债表从某一年到下一年的变化的。我们要使用的例子是美国私人部门和公共部门在1998年12月和1999年12月的资产负债表的总表,以及开始于1999年1月1日结束于1999年12月31日的NIPA流量账户。这三个账户汇集于表2-5。

表 2-5　资产负债表是如何与国民收入和产出账户相联系的

单位：美元

1998 年 12 月 31 日山姆大叔的资产负债表		
	资产	负债
真实资产	97 000	
对外国人的净负债		6 000
净资产		91 000
	97 000	97 000
1999 年山姆大叔的收入和支出		
总收入		34 250
消费		28 100
储蓄		6 150
向外国的净借贷		-1 250
1999 年山姆大叔的资本积累		
年初真实资产		97 000
折旧		-3 950
总投资		7 400
年末真实资产		100 450
1999 年 12 月 31 日山姆大叔的资产负债表		
	资产	负债
真实资产	100 450	
对外国人的净负债		7 250
净资产		93 200
	100 450	100 450

这个资产负债表表示了 1998 年年底山姆大叔的净资产状况。

收支表表明了山姆大叔在这一年内如何配置收入。

山姆大叔消费了 28 100 美元，储蓄了 6 150 美元，从国外借款 1 250 美元。总投资等于 7 400 美元，不过仅仅有 3 450 美元表示了对于资本存量的净增加。与总投资的差额 3 950 美元用于替代损耗的资本。

这个资产负债表表示了 1999 年年底山姆大叔的净资产状况。注意美国人均的资本存量比 1998 年年底增加了 3 450 美元。净资产小于真实资产的原因是部分资本存量由外国人拥有。

表 2-5 最上面的一部分是山姆大叔（美国人均）在 1998 年 12 月的资产负债表。这个资产负债表反映了在 1999 年年初他拥有以物质资本形式存在的价值为 97 000 美元的资产，但是他的净财富只有 91 000 美元。这个差别来源于山姆大叔在 1998 年 12 月背上了价值 6 000 美元的净国外债务这一事实，而这又是由于他从国外借钱来为过去的支出筹集资金。

表 2-5 的中间部分反映了在 1998 年 12 月到 1999 年 12 月期间，山姆大叔生产出价值 34 250 美元的产品，他把这些产品在消费品和投资品之间进行分配。他选择把 28 100 美元分配在消费品上，把 7 400 美元分配在投资品上。由于总投资中 3 950 美元被用作替代老化的资本，这次投资就导致资本存量净增加了 3 450 美元。这个资本的净增加记录在表 2-5 的最后部分，在这里它表现为山姆大叔所拥有的真实资产的数额由 1998 年的 97 000 美元增加到 1999 年 12 月的 100 450 美元。1999 年的资产负债表也反映了山姆大叔的净财富由 1998 年的 91 000 美元增加到 1999 年的 93 200 美元。净财富的增加额比真实资产的增加额少，这是由于所增加的资本的一部分是用借来的资金购买的。

2.6.3 储蓄、投资和财富

如果我们回过头来看收入循环流量的类比,也许会对我们理解存量和流量的关系有帮助。图 2-6 说明了当我们设想投资与折旧怎样与资本存量的变化相联系的时候,如何来使用这种类比。在使用这个流量类比时,总投资就像流进储水池里面的水,而折旧就像储水池的漏洞。只要总投资超过折旧,资本存量就会不断增加。在这种情况下净投资是正的。但是如果总投资小于折旧的话,资本存量水平将会下降。当净投资变为负的时候,就会出现这种情况。

A.W.菲利普斯在成为一个经济学家之前是一名工程师。20世纪50年代他建造了一个你现在可以在英格兰伦敦科学博物馆看到的机器。在菲利普斯的机器里,收入的循环流被重构为一个绕水管系统运行的水流的物理系统。菲利普斯的类比可以帮助我们理解存量和流量的关系。

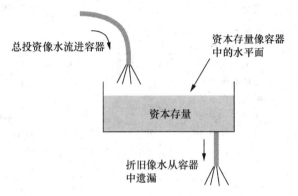

图 2-6 存量和流量

英格兰伦敦科学博物馆收藏了一个有关收入循环流的完整的现实模型。这个模型由围绕一个复杂的储水池和水管系统的水流体系构成,它是由 A.W.菲利普斯——一个新西兰经济学家、伦敦经济学院的前任经济学教授所发明的。菲利普斯的职业生涯从做一个工程师开始,他利用他工程方面的知识创造出现在在伦敦展示的循环流量的运转模型。在经济学上他最有名的成就是他在工资率变化和失业率的经验关系方面的研究,也就是我们要在第17章和第18章进一步学习的"菲利普斯曲线"。

2.6.4 增长率和百分比的变化

经济学中被度量的许多变量会随着时间的推移而逐渐变大。资本存量就是一个例子,而 GDP 则是另一个例子。当一个序列增长时,我们以百分比的变化来度量它的增长率。为了计算一个序列的百分比变化,我们用下一年减去前一年的差,除以前一年的水平,然后再乘以100。如果用 y_t 表示 GDP 第 t 年的值,y_{t-1} 表示 GDP 在第 $t-1$ 年的值,计算百分比变化的公式就为:

$$\text{第 } t \text{ 年 GDP 的增长率} = \left(\frac{y_t - y_{t-1}}{y_{t-1}}\right) \times 100\%$$

比如,假设小人国2000年的实际 GDP 是110亿美元,1999年则是100亿美元。小人国的 GDP

的增长率就等于

$$\left(\frac{110-100}{100}\right)\times 100\% = 10\%$$

表2-6使用这个公式计算了1996年到1999年美国GDP的增长率。

表2-6　如何计算百分比增长率

年份	GDP	公式	百分比增长率(%)
1995	7 537.1		
1996	7 813.2	(7 813.2 − 7 537.1)/(7 537.1)×100% =	3.7
1997	8 165.1	(8 165.1 − 7 813.2)/(7 813.2)×100% =	4.5
1998	8 516.3	(8 516.3 − 8 165.1)/(8 165.1)×100% =	4.3
1999	8 861.0	(8 861.0 − 8 516.3)/(8 516.3)×100% =	4.0

结　论

　　世界经济是许多国家的国民经济的集合，每个国家的经济都可以被当作开放经济或者封闭经济进行分析。国内经济可以被进一步划分为公共部门和私人部门，并且也可以划分为家庭和企业。

　　一个经济体生产能力的最重要的度量指标就是GDP，它可以用三种方法来进行度量：收入法、支出法和增值法。一个封闭经济的GDP等于消费加上投资。在一个开放经济中它等于消费加投资再加净出口。GDP、消费、投资和净出口都是流量的例子，也就是可以用每单位时间来度量的变量。1999年美国GDP是人均34 250美元，其中82%用于消费，22%用于投资，剩下的4%是由于外国人选择向美国经济而不是他们本国的经济投资。

　　一个经济体的财富是一个存量，它是一个可以在固定时点度量的变量。财富是由真实资产和金融资产组成的。真实资产是具体的商品，比如土地和机器；金融资产是某个人在未来交付商品的承诺。1998年美国的国民财富为人均97 000美元。

　　存在两种类型的投资：总投资和净投资。总投资是净投资（资本增加）加上折旧（替代资本的消耗）。财富和净投资是相互联系的，因为净投资会增加财富。

关　键　术　语

财政预算赤字　budget deficit
资本品　capital goods
收入循环流　circular flow of income
消费品　consumption goods
封闭经济　closed economy
国内经济　domestic economy
国内支出　domestic expenditure
计算GDP的支出法　expenditure method of computing GDP
要素服务　factor services

最终产品　final goods
企业　firms
家庭　household
计算GDP的收入法　income method of computing GDP
中间产品　intermediate goods
投资　investment
劳动收入　labor income
国民收入和产品账户（NIPA）　National Income and Product Accounts（NIPA）
净出口　net exports
开放经济　open economy
私人部门　private sector
公共部门　public sector
租金　rent
储蓄　saving
贸易盈余　trade surplus
附加值（增加值）　value added
增值法　value-added method

习　　题

1. 讨论下面几组概念的区别：
   封闭经济与开放经济
   公共部门与私人部门
   政府财政赤字与政府债务
   总收入、总支出与总产出

2. a. 界定GDP支出法的是什么方程？使用这个方程推导出开放经济中私人储蓄、公共储蓄、投资和净出口之间的关系。
   b. 在给定(a)答案的情况下，为什么在20世纪80年代中后期出现最大规模赤字的情况下，美国还持续出现贸易赤字长达20多年？关于这一问题，最显而易见的解释是什么？
   c. 根据(a)和(b)的答案，对于20世纪90年代后期美国的贸易赤字来说，本应该出现什么结果？观察图2-4，有了贸易赤字以后实际上出现了什么结果？你能解释为什么会这样吗？

3. 下面的资料是2002年的：

私人消费	5 000	总投资	1 000
政府预算赤字	200	政府税收	500
政府转移支付	200	出口	600
进口	800	2001年资本存量	10 000
折旧	200		

   a. 2002年政府在商品和服务上支出多少？
   b. 计算2002年的GDP。你用什么方法来计算GDP？
   c. 这个国家对外国是净贷方还是净借方？净借或者净贷多少？
   d. GDP中有多少份额是用作消费的，多少份额是用作投资的？

4. 讨论存量计算和流量计算之间的差别。为什么两者对准确地看待经济来说都是重要的？

5. 在下面的概念中，哪些是存量，哪些是流量？

消费	转移支付
国内生产总值	资本
政府债务	债务利息支付
政府预算赤字	国内生产净值

6. 下面这个资产负债表记录了一个小国平均水平的公民在2001年和2002年的财富。

单位：美元

2001 年		2002 年		2001 年人均国民收入和产出	
资产	负债	资产	负债	GDP	5 000
资本　10 000		资本　_____		消费	2 000
政府债务 7 000	净值_____	政府债务	净值	政府支出	1 200

a. 2001 年这个国家人均总投资是多少？

b. 经济学家们估计出资本以每年 10% 的速度折旧。2001 年人均净投资是多少？

c. 人均国内生产净值是多少？

d. 2002 年初资本存量的价值是多少？

7. 下面的数字反映了一个小国在 20 世纪 90 年代的总投资。所有的数字都是以美元为单位（这个国家使用 1990 年作为 GDP 计算的基年）。

　　　1995　　　1 000
　　　1996　　　 800
　　　1997　　　1 200
　　　1998　　　 500
　　　1999　　　 900

在 1994 年年末，资本存量的价值为 5 000 美元。假定每年折旧 10%，2002 年的资本存量是多少？

8. 约翰·布朗拥有一辆价值 20 000 美元的汽车和 2 000 美元的银行存款。约翰借给他的妻子琼 17 000 美元。琼拥有一辆价值 11 000 美元的汽车和一架价值 2 000 美元的钢琴。约翰和琼共同拥有一幢价值 100 000 美元的房子但同时也有 90 000 美元的抵押贷款。琼在她的银行账户里存有 1 000 美元但是也欠 700 美元的债务。使用这些信息，分别为约翰和琼，以及布朗全家编制资产负债表（你可以认为房子和抵押贷款是在约翰和琼之间平分的）。

9. 一个经济体有两家企业。家庭拥有全部的劳动服务和全部的资本，并将这些资本出租给企业。企业 A 使用价值 10 美元的劳动服务和价值 20 美元的资本服务来生产糖。它将价值 5 美元的糖卖给家庭，将 25 美元的糖卖给企业 B——一家面包店。面包店生产价值 80 美元的蛋糕，并将其卖给家庭。家庭从企业 A 和 B 那里获得 30 美元的工资。

a. 这个经济体的 GDP 是多少？

b. 由企业 A 所增加的价值是多少？

c. 由企业 B 所增加的价值是多少？

d. 家庭从企业 A 和 B 那儿赚取的利润共是多少？（回忆家庭是所有企业的最终所有者。）

e. 经济体所生产的中间产品的总价值是多少？

10. 1999 年，A 国的 GDP 是 200 000 美元，它的人口是 1 500；B 国的 GDP 是 18 000 美元，它的人口是 175。

a. 在比较这两个国家的生活水平时，你将使用什么度量指标？

b. 哪个国家有着更高的生活水平？为什么？

c. 如果世界仅仅由这两个国家组成，每个国家生产出的产出在世界 GDP 中占多少？

11. 使用本书后面表格中的数据以及增长率公式，计算 1994 年到 1999 年按照 GDP 价格指数度量的通货膨胀率。

第3章 宏观经济事实

3.1 引言

与许多自然科学不一样,宏观经济学并不能进行实验。我们必须通过记录经济变量所发生的变化来收集数据。如果收集了足够多的数据,我们就可以通过取类似事件在多种情形下观察到的平均数来揭示规则的行为模式。例如,我们可以取衰退期的失业率和通货膨胀率的平均值。尽管每次衰退是不同的,但是在一组有记录的衰退中,失业和通货膨胀之间的平均关系可能会表现为一种模式。

在经济数据里存在两种类型的规则性:不同变量增长因素之间的关系以及经济周期之间的关系。我们通过除去变量的趋势来把增长与周期区分开来。然后我们使用三种方法揭示数据中隐藏的模式:线性去趋法、弹性去趋法和差分法。变量之间的关系可以通过持续性和一致性来描述,"持续性"记录了一个变量与其过去历史的密切关系,"一致性"度量两个变量之间相互联系的密切关系。度量持续性和一致性的能力使我们能够证明经济数据中的规则性,经济学家们将这些规则性称为"经济周期"。

一旦掌握了量化变量之间关系的方法,我们就可以更细致地界定度量失业和通货膨胀的方法。保持低失业和低通货膨胀是经济政策的主要目标;如果我们想要掌握不同的控制失业和通货膨胀策略的收益和成本,那么了解我们要度量的东西就是很重要的。

3.2 加工经济数据

3.2.1 度量变量

主要的宏观经济数据单位是变量在不同时点上的一系列数值——时间序列数据。[①] 例如,时间序列数据可以度量 GDP、失业、利率或者货币供给。当经济繁荣或者衰退时,时间序列数据会上升或者下降。某些序列数据要比其他序列数据波动得更厉害。当其他序列数据下降时,一些序列数据会上升。通过了解时间序列数据在历史上的相互关系,我们可以预测这些变量在未来的变化。政府直接控制一些变量,诸如货币供给或者政府支出,也可以控制这些变量影响其他变量的方式。一个例子就是宏观经济稳定政策,它试图通过控制政府支出和利率来削减就业波动。

一些政府机构常常负责收集时间序列数据。我们在本书中所要研究的许多数据都是商务部收集的。在许多需要收集的序列数据中,商务部负责收集度量 GDP 及其结构的序列数据。联邦储备系统发布工业生产、货币总量和利率的时间序列数据,而劳动统计局公布就业、工资和其他劳动市场统计方面的数据。对所有这些信息作系统概括的是《总统经济报告》,它由总统经济顾问委员会在每年的 2 月份公布。你可以在 http://www.access.gpo.gov/eop/上下载《总统经济报告》的全部内容。

3.2.2 将增长与周期波动分开

数据是在不同的期间度量的。一些数据是年度数据(每年记录一次),一些是季度数据(每三个月记录一次),还有一些是月度数据(每月记录一次),甚至还有每分钟获取的金融数据序列,例如纽约股票交易所的股票价格。经济学家们在分析这些年度、季度或月度数据序列之前,通常是要以某种方式来加工这些数据,使它们更容易分析,例如除去时间序列中的季节性影响或者说去趋。[②]

一个时间序列数据中的**趋势**是这个序列中的**低频部分**。序列数据偏离其趋势的部分(序列数据

[①] 我们也记录在同一时点上一个变量的许多种类的观察值,这种数据叫做"横截面数据",例如,世界上每个国家 1999 年的 GDP。

[②] 一个时间序列数据中的季节性部分是指随着季节变化而上升或者下降的部分。例如,货币供给会在圣诞节增加,此时人们需要更多的现金去进行圣诞节购物;GDP 会在 8 月下降,因为那时人们正在度假。在本书中,我们主要处理年度报告的数据,所以以除季节波动的趋势问题并不会出现。在年度序列数据里每个数字代表着整年的变量。

在经济周期范围内上升和下降的部分)被称为**高频部分**。去趋是将一个时间序列数据分解为高频部分和低频部分。经济增长理论关注的是什么决定了经济时间序列中的低频部分的变动,而经济周期理论研究的是高频部分变动的原因。

3.2.3 去趋

最普通的去趋方法是对一系列的点拟合出一条趋势线,并把经济周期界定为原始序列和趋势之间的差异。在我们为经济数据拟合出一条合适的趋势线之前,我们一般会取原始序列数据的对数。下面这个例子说明了为什么要这样做。

假设 Y 是一个以不变的、复合的速率增长的变量。**复合增长**(也被称为"**指数增长**")是指序列自身的年增长对随后年份的增长的贡献。复合增长的例子包括人口增长(我们的孩子会长大并且生育他们自己的孩子)以及在银行存款所赚取的复利(账户上的利息会自己生出新的利息)。为了使这个例子具体化,不妨把 Y 看作是银行存款的金额,它在 1890 年是 1 美元并且以每年 5% 的复利赚取利息。以不变的速率增长的变量将会随着时间的推移而急剧增加,因为每一期的增加量是它们自身乘以增长率。其结果导致了这个变量以指数形式增长。① 图 3-1 的图 A 描述了一个指数增长的序列以及它的对数形式。注意 Y 的对数图形是一条直线。

经济学中的许多变量都有一个不变的潜在增长率,这些变量围绕这个潜在增长率逐年随机波动。例如,假定在一些年份里银行存款会增加,而在另外一些年份里存款会被取出。如果存款和取款是随机的并且平均起来等于零的话,那么银行存款的金额就会围绕一个趋势波动。图 3-1 中的图 B 描述了这种情况。

图 B 中的灰线是美元账户上的金额,黑线是它的对数值。注意到虽然 Y 自身围绕一条曲线上升和下降,但是 Y 的对数值却围绕一条直线波动。许多时间序列数据都是以这样的方式波动的。去趋的目的就是将这些变量的潜在趋势增长率的变动与围绕这个趋势的随机波动区分开来。线性去趋通过对数值图形拟合出最佳的直线来做到这一点。拟合的直线叫做**线性趋势线**,而序列的对数值对拟合线的偏离被称为**线性周期**。线性趋势是序列的低频部分,而线性周期则是序列的高频部分。

3.2.4 去趋方法

尽管线性趋势的构建相对来说比较简单,但是它却有一个缺点:趋势本身被假定是不变的。许多经济学家们相信趋势反映了潜在增长率从一个十年向下一个十年的缓慢变化。这些经济学家更希望能够拟合出一个**弹性趋势**。与通过变量的对数值拟合出一条直线不同,弹性去趋拟合出的是

---

① 数学注释:如果赚取复利 i 的银行存款在 t 年为 Y_t,在 $t+1$ 年为 Y_{t+1},其中 $Y_{t+1} = Y_t(1+i)$。像这样的变量就被视为指数增长,因为当每期的长度变短时,表示存款数额的公式就由 $Y_t = \exp(it)Y_0$ 表示,其中,Y_0 是初始投资额,Y_t 是在 t 期存款的数额。

当按照时间来标示时,一个变量增长的对数值在图上就是一条直线。用左边的纵轴度量的灰线,表示把 1 美元以 5% 的年复利存进银行的情形下,从 1890 年到 2000 年银行存款的数额。黑线表示这笔存款的**对数值**。

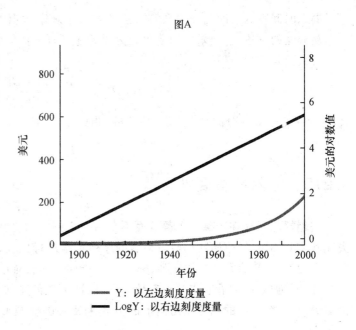

许多经济变量都有一个不变的平均增长率,但是每年的观察值都会围绕这个平均增长率随机波动。灰线表示在银行存款的所有者每年随机地往账户里存钱或者从账户里取钱的情形下,每年支付 5% 的利息的银行存款的数额。黑色曲线表示银行存款的对数值,而黑色直线则是线性趋势线。

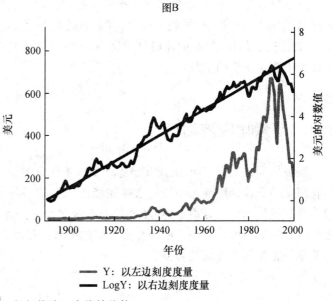

图 3 - 1　如何构建一个线性趋势

一条曲线。① 如果一个序列数据使用线性法去趋的话,序列本身也许会在很长的时间里偏离其潜在的增长率。线性去趋不允许这些拖延了的对趋势的偏离改变我们对潜在增长率的看法;相反,弹性去趋则把对线性趋势的拖延了的偏离诠释为潜在增长率的改变。

---

① 一种流行的弹性去趋法被称作霍德里克-普雷斯科特(Hodrick-Prescott)滤波法,常常被实际的经济周期学派的一群经济学家们所采用。我们将在第 4 章进一步学习这个学派的思想。

揭示时间序列之间高频关系的第三种方法是观察数据的增长率而不是原始数据本身。这种被称作**差分法**的方法,将变量的周期界定为原始序列百分比的变化。例如,1987年GDP的差分值由下面的公式给定:

$$DGDP_{1987} = \frac{GDP_{1987} - GDP_{1986}}{GDP_{1986}}$$

其中,$DGDP$是被差分的数据,而下标1987指的是年份。

3.2.5 去趋的重要性

去趋揭示了存在于某一个频数而不是另一个频数的时间序列数据之间的关系。图3-2通过将失业和实际GDP的原始数据与去趋后的序列数据进行比较,说明了这一思想。图3-2中的图A标示了失业和GDP的原始数据序列;图B使用线性去趋法对这个序列进行去趋,标示出GDP与失业的高频部分。原始序列看起来并没有什么联系,因为在低频部分,失业是围绕一个不变的水平波动的,而GDP有一个上升的趋势。用图形的方式来反映失业与GDP并不能详细地揭示两者之间的显著关系。

虽然失业和GDP在低频部分是不相关的,但是它们在高频部分确实是高度相关的。图3-2中的图B揭示了这种高频关系:失业和GDP的周期相当密切地按照相反的方向运动。只有通过对实际GDP进行去趋处理,我们才能揭示这一重要的经济事实。由于这个缘故,去趋是宏观经济学家的工具箱中非常重要的工具。

3.2.6 量化经济循环

经济周期是实际GDP围绕其趋势增长率不规则的、持续的波动,伴随它的是许多其他经济变量具有高度一致性的协同运动。用来描述经济周期的一种工具是**相关系数**,它度量统计关系的强度。相关系数被用于两个方面:一是度量两个变量之间的关系的强度,二是度量单一变量与其自身历史之间的关系的强度。我们将两个变量之间的关系的强度称为**一致性**程度,将单一变量与其历史之间的关系的强度称为**持续性**程度。

3.2.7 峰顶和谷底

经济周期的共同特征是峰顶、谷底、扩张与衰退。GDP呈现出一种围绕一个增长趋势周期波动的走向。经济周期的**峰顶**是GDP增长率开始下降的那一点,而经济周期的**谷底**则是其再度开始上升之时。谷底和下一个峰顶之间的部分被称为经济周期的**扩张**期,而从峰顶到随后的谷底的时期就是**衰退**。图3-3在一幅标准的经济周期图上逐一描述了这些概念。

去趋可以揭示时间序列之间的关系,这些关系在原始序列中并不明显。

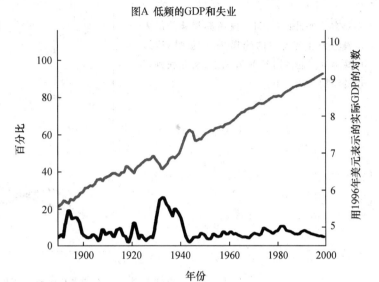

图A 低频的GDP和失业

—— 失业的百分比（左边刻度）
—— 用1996年美元表示的实际GDP的对数,单位为10亿美元（右边刻度）

图B 高频的GDP和失业

—— 实际GDP偏离线性趋势的百分比
—— 失业的百分比（共同的刻度）

图3-2 高频和低频比较

在一个周期中,GDP 偏离其趋势的最大值被称为经济周期的峰顶,最小值是谷底。从峰顶到谷底的时期叫做衰退,从谷底到峰顶的时期叫做扩张。

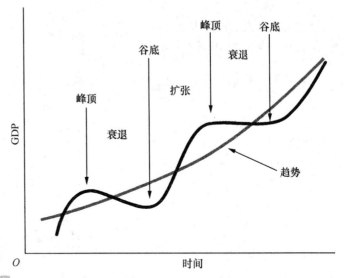

图 3-3　一个标准化的经济周期

实际数据并不能够显示图 3-3 所表明的各种各样的规则性。经济数据中的规则性是统计意义的而不是决定意义的。没有两个经济周期是全然一样的,所以必须通过观察数据在不同的扩张期和紧缩期的平均行为才能揭示出它们的规则性。通过运用三种去趋法中的一种,就可以研究经济时间序列中高频部分之间的一般关系。经济学理论的目的就是要解释这些一般关系中的规则性。

3.2.8　相关系数

经济数据并不是完全有规则的,我们可以通过使用包含随机因素的方程式来对其进行模型化。这些随机因素可能是由于我们不能够恰当地度量被研究的变量所产生的,或者说这些因素反映了我们还不能够抓住世界的真正的复杂性。

在每一种情况下,将两个变量联系起来的方程都将包括一个随机项,这个随机项在一些年份可能是正的,在另外一些年份则可能是负的。当我们在图上标示出一个变量与另一个变量的关系时,我们不能够解释的随机项将表现为标示出的观察值与被度量的真实关系之间的差异。当这些随机因素的影响很大的时候,在理论上相互联系的两个时间序列实际上可能并不相关。当这些随机因素的作用很弱的时候,两个时间序列的关系将会在一幅图上清楚地表现出来。度量两个变量之间线性关系的强度的一种方法就是画一个几何图形,在这幅图上,每一点代表一个特定的年份,然后去观察图上的这些点是如何紧密地围绕着一条直线排列的。① 在一幅图中,每一点都代表了在一个给定的时点上两个不同变量的观察值,这个图被称为**散点图**。

---

① 两个变量 x 和 y 的线性关系可以通过下面的方程来表达:$y = a + bx$,其中 b 表示图中 y 对 x 的斜率,而 a 是在 y 轴上的截距。尽管没有理由能让我们相信所有的经济关系都是线性的,但是实际上,大多数应用研究都使用线性方程作为第一近似物。

统计学家们已经发明了一种方法,这种方法可以把散点图中两个变量的关系量化为一个名为"相关系数"的单个数字。① 它度量的是散点与直线有多接近。用来表示相关系数的符号是 ρ_{xy}。图 3-4 说明了如何使用相关系数来度量两组变量——消费与实际 GDP,以及失业与实际 GDP 之间关系的强度。对消费和实际 GDP 的趋势的偏离是正相关的,而对失业和实际 GDP 的趋势的偏离是负相关的。值得注意的是,消费和实际 GDP 围绕一条向上倾斜的直线周期波动。虽然并不是每个点都在直线上,但是这条线本身代表了对两个变量关系的一个良好的近似。此外,失业和实际 GDP 围绕一条向下倾斜的直线波动。

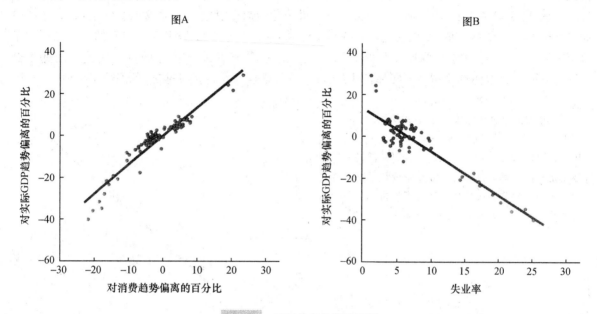

图 3-4 正相关和负相关变量

图 A 标示了相对于总消费周期的实际 GDP 周期。这些点围绕着一条向上倾斜的直线分布。消费和 GDP 的相关系数是 0.95。

图 B 标示了相对于失业的实际 GDP 周期。这些点围绕着一条向下倾斜的直线分布。其相关系数是 -0.87。

---

① 相关系数由下列公式定义:
$$\rho_{xy} = \frac{\sum_{i=1}^{n}(x_i - \bar{x})(y_i - \bar{y})}{\sqrt{\sum_{i=1}^{n}(x_i - \bar{x})^2} \cdot \sqrt{\sum_{i=1}^{n}(y_i - \bar{y})^2}}$$

其中变量上的短横线表示它的算术平均数。

3.2.9 持续性

你常常会在报纸上读到GDP在下个月预计要增加1.3%,或者失业率要下降3个百分点。你也许很想知道这些数字是从哪儿来的,以及你是否应该相信这些数字。持续性是指,如果我们以纵坐标表示某一年GDP与其趋势的离差,横坐标表示其前一年的离差,那么这些离差点必定围绕着一条直线。图3-5就构建了GDP的这种坐标图。如果数据趋向于紧密地遵循这条直线的话,就意味着如果知道t期GDP的数值,我们就能够精确地预测到$t+1$期的GDP是多少。GDP的最优预测预示着下一年的GDP对趋势的偏离点将是通过过去的散点最直的那条线上的点。这种预测并不会100%准确,因为这些点并不会正好都在一条直线上;但是这些点离直线越近,预测就越准确。

这幅图的原始数据来源于1929年到1999年美国GDP的数据,其中横坐标表示GDP在t年的周期波动,纵坐标表示GDP在$t+1$年的周期波动。周期波动是根据偏离趋势线的百分比来度量的。这两个变量之间的相关系数是持续性的度量指标。图中数据的相关系数等于0.88,这是一个相对较大的数字。

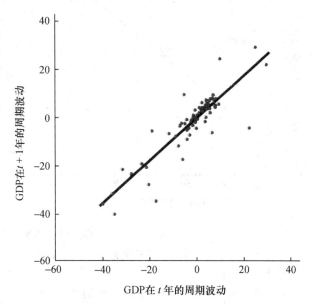

图3-5 使用相关系数度量持续性

有一种可以度量我们的预测的准确程度的简单的、量化的方法。通过观察一个变量与其过去值的相关系数,我们可以把我们所说的持续性进行量化。如果相关系数接近于+1,那么对趋势一个大的偏离将会持续很长时间;如果相关系数接近于零,这个序列将很快回到趋势线上。图3-5中的数据的相关系数等于0.88,这是一个较大的数字。显示没有持续性的数据与其过去值的相关系数等于零。①现代经济预测模型利用经济数据的趋势来揭示持续性,所以许多经济时间序列数据表现出高度的持续性的这一事实,解释了经济预测者为什么对比较短期的经济进行预测能够获得成功。专栏3-1说明了如何使用相关系数来度量几个不同的时间序列数据之间的关系的强度。

---

① 表示持续性的技术性术语叫做"自相关"。如果一个时间序列与其过去的值(强)相关,我们就说它是(强)自相关的。

专栏 3-1

进一步观察

符号 ρ

当散点趋于遵循一条向上倾斜的直线时,相关系数是正数;当它们趋于遵循一条向下倾斜的直线时,相关系数是负数。

图 A 中的点趋于遵循一条向上倾斜的直线。在这个例子中,相关系数是位于 0 和 +1 之间的正数。

图 B 中的点趋于遵循一条向下倾斜的直线。在这个例子中,相关系数是位于 0 和 −1 之间的负数。

图 C 中的点相互之间看起来并没有强的关系。在这个例子中,相关系数等于零。

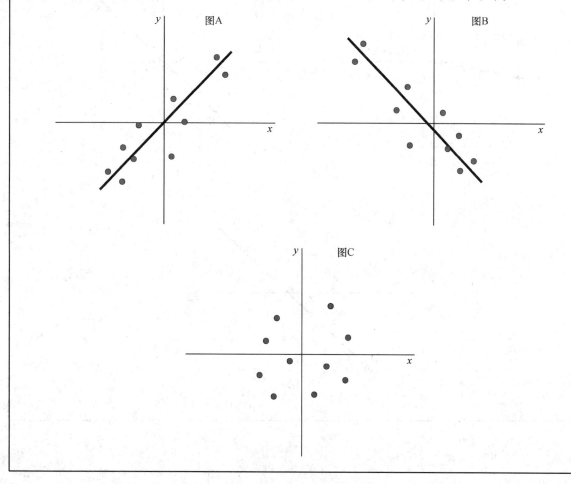

ρ 的数值

相关系数的数值度量的是散点图中各点的线性关系的强度。这些点离直线越近,其数值就越接近于 +1。

图 A 中的点完全处于向上倾斜的直线上。在这个例子中,相关系数等于 +1。

图 B 中的点趋于密集在一条向上倾斜的直线的周围,但是这种相关关系并不精确。在这种情况下,相关系数等于 +0.9。

图 C 中的点也遵循一条向上倾斜的直线,但是这种关系并没有图 A 和图 B 中的点的相关关系强。在这种情况下,相关系数等于 +0.5。

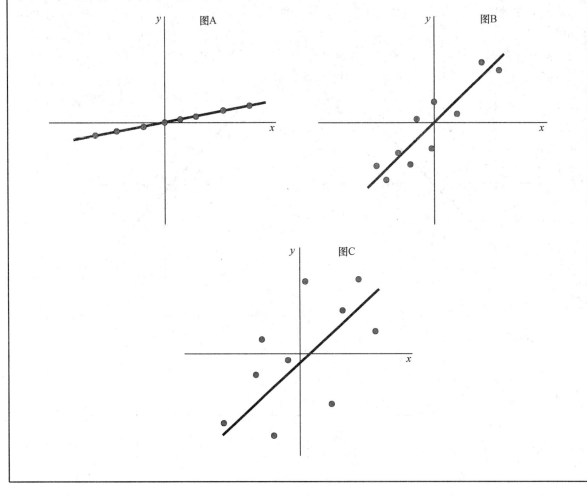

3.2.10 一致性

经济时间序列的第二个重要特点是它们会趋向于一起运动,这种趋势叫做"一致性"。经济学家们根据时间序列运动的方向与 GDP 运动的方向究竟是相同还是相反来对其进行分类。如果当 GDP 增长时,时间序列会增长(当 GDP 减少时,时间序列会减少),我们就说时间序列是顺周期的。时间序列与 GDP 运动的方向相反,它就是逆周期的。

消费和投资是顺周期的时间序列变量的例子;其他时间序列变量是逆周期的,例如失业。就像我们使用 GDP 与其过去值的相关系数来度量持续性一样,我们也可以使用两个时间序列之间的相关系数来度量一致性。如果两个时间序列的运动非常接近并且在同一个方向上,它们的相关系数就等于 +1。在这种情况下,我们可以说它们表现出高度正向的一致性。如果两个时间序列的运动非常相似但却在相反的方向上,它们的相关系数就接近于 -1,并且我们可以说它们表现出了高度的负向的一致性。

尽管一致性可以被用来定义两个序列相关的程度,但是我们使用 GDP 作为参照序列来定义经济周期的上升期和下降期。

尽管我们研究的许多时间序列不是高度顺周期的就是高度逆周期的,但是其他一些序列并没有在任何一个方向上表现出明显的协同运动。表 3-1 总结了用相关系数对经济周期的时间序列进行分类的各种方法。

表 3-1 一致性和经济周期

两个假定的时间序列的相关系数的绝对值度量的是它们的一致性的程度。

	相关系数	一致性程度的度量	散点图
$\rho_{XY} > 0$	$+\rho_{XY}$	假如 X 和 Y 的斜率是正相关的	正
X 和 Y 是两个任意时间序列			
$\rho_{XY} < 0$	$-\rho_{XY}$	假如 X 和 Y 的斜率是负相关的	

当一个时间序列与 GDP 周期的相关系数为正时,它就是顺周期的。当其与 GDP 周期的相关系数为负时,它就是逆周期的。

	相关系数	含义	散点图
X 是 GDP,Y 是其他的时间序列	$\rho_{XY} > 0$	Y 是顺周期的	斜率为正
	$\rho_{XY} < 0$	Y 是逆周期的	斜率为负

概括而言,如果两个时间序列的散点遵循一条直线的话,那么这两个序列就具有一致性。一致性的程度是由一个数值——相关系数的绝对值度量的。[①] 如果图中的点非常紧密地聚集在一条向上倾斜的直线的周围的话,相关系数会接近于 +1;如果它们紧紧地遵循一条向下倾斜的直线的话,相关系数就会接近于 -1。当一个时间序列与其历史值的相关系数很大时,我们说它具有持续性。与 GDP 的相关系数为正的时间序列是顺周期的,而与 GDP 相关系数为负的时间序列则是逆周期的。

---

① 数学注释:一个数字的绝对值是其量值,而不管它的符号是正还是负,比如 +7 和 -7 有着相同的绝对值。

3.3 度量失业

作为经济活动的一个指标,失业率与GDP高频部分的运动密切相关。为了理解如何度量失业,我们将引入两个新的概念:劳动力和劳动(力)参与率。

3.3.1 参与和劳动力

作为负责收集就业数据的机构,劳动统计局认可下面三种情形中的一种:一个人要么就业,要么失业,要么不算作劳动力。正在工作或者正在寻找工作的人算作**劳动力**。没有被雇用或者并不在找工作的人不算作劳动力:他们可能退休了;他们可能在家里从事没有报酬的工作,比如家务管理或者看护小孩;或者他们可能已经富到不需要工作就可以养活自己的地步。

劳动力与16岁以上公民人口的比率被称为**劳动(力)参与率**。1999年,(美国)劳动力大体上是由约2.08亿的成年公民中的1.39亿人组成的。1999年的参与率是139/208,也就是67.1%。参与率是一个非常重要的经济变量,因为家庭据以改变它们提供给市场劳动时间数量的主要方法就是通过决定家庭中有多少成员要参与进来。作为一个练习,你可以打开并浏览网页 http://www.access.gpo.gov/eop,在那里你将会找到《总统经济报告》。请找出报告中的劳动力参与率数据的表格,然后回答:1998年的失业率是多少?参与率又是多少?

3.3.2 就业与失业

度量劳动市场行为的有两个指标:**就业率**和**失业率**。就业率是被雇用的人口在总人口中所占的比重。失业率是正在寻找工作的人口在总劳动人口中所占的比重。专栏3-2表明就业率自1950年以来趋于上升,并且从1980年起,就业增长率大于1980年以前。从1950年到1980年,失业率也在向上运动,但是自从1980年以来这种趋势开始下降。就业率和失业率可以相互独立地运动,因为就业率是就业人口与总人口的比率,而失业率则是失业人数与总劳动力的比率。由于参与率的变化,劳动力的多少会随时间的变化而变化;现在的劳动力要多于20世纪50年代的劳动力,这主要是因为能够在家庭之外寻找到可以支付工资的工作的妇女的数量增加了。

在1999年1.39亿的劳动力队伍中,4.2%的人处于失业状态(见表3-2)。如果我们对失业人口下定义的话,他们就是正在寻找工作的人。一些人可能暂时处于两个工作之间,但是一些人可能已经很长时间没有工作了。这在欧洲表现得特别明显,那里的失业保险计划要比美国的更多、更慷慨。在1989年,美国的失业人口中只有13%的失业者寻找工作的时间等于或者超过了12个月。但

网络浏览 3-1

你能在网页 http://www.access.gpo.gov/eop/ 上找到《总统经济报告》

《总统经济报告》是由总统经济顾问委员会起草的,并在每个星期二提交给国会。其内容是经济顾问委员会对美国经济状况的评估。你可以从华盛顿特区的政府印刷办公室那儿定制一个复本,或者也可以直接从网上获得整个文件的电子版。

这是 2000 年 9 月 1 日经济顾问委员会的主页。从这个站点你也可以下载许多宏观经济变量的历史时间序列数据,既有 Adobe Acrobat Reader(.PDF)格式的,也有电子数据表格式的。

练习

用你的浏览器下载 2000 年电子数据表格式的《总统经济报告》中 B-42 表格的资料。然后将表格打印出来。1999 年 12 月就业人口是多少?自愿离开工作的人有多少?(他们被称为离职者。)失业人口中寻找工作的时间等于或者超过 27 周的比例有多大?失业时间少于 5 周的比例又是多少?

表 B-42 失业的持续时间与原因(1950—1999)

(除注明的以外,单位为千人;系按季节调整的月度数据)

年或月	失业人数	失业的持续时间				平均持续时间(周)	中位持续时间(周)	失业的原因					
		5周以下	5—14周	15—26周	27周以上			失业			离职	再就业	新就业
								总数	临时雇佣	其他			
1988	6 701	3 084	2 007	801	809	13.5	5.9	3 092	851	2 241	983	1 809	816
1989	6 528	3 174	1 978	730	646	11.9	4.8	2 983	850	2 133	1 024	1 843	677
1990	7 047	3 265	2 257	822	703	12.0	5.3	3 387	1 028	2 359	1 041	1 930	688
1991	8 628	3 480	2 791	1 246	1 111	13.7	6.8	4 694	1 292	3 402	1 004	2 139	792
1992	9 613	3 376	2 830	1 453	1 954	17.7	8.7	5 389	1 260	4 129	1 002	2 285	937
1993	8 940	3 262	2 584	1 297	1 798	18.0	8.3	4 848	1 115	3 733	976	2 198	919
1994	7 996	2 728	2 408	1 237	1 623	18.8	9.2	3 815	977	2 838	791	2 786	60
1995	7 404	2 700	2 342	1 085	1 278	16.6	8.3	3 476	1 030	2 446	824	2 525	579
1996	7 236	2 633	2 287	1 053	1 262	16.7	8.3	3 370	1 021	2 349	774	2 512	580
1997	6 739	2 538	2 138	995	1 067	15.8	8.0	3 037	931	2 106	795	2 338	569
1998	6 210	2 622	1 950	763	875	14.5	6.7	2 822	866	1 957	734	2 132	520
1999	5 880	2 568	1 832	755	725	13.4	6.4	2 622	848	1 774	783	2 005	469

专栏 3-2

聚焦事实

1950 年以来的劳动参与率

图 A 表明,1950 年到 1980 年期间,失业率呈上升的趋势。从 1980 年起失业率的趋势就变为下降了。

图 B 表明,自 1950 年起,就业率不断攀升。其增长率在 1980 年后要比 1980 年前高。

图 C 表明,自 1950 年起,参与率一直以不变的速度增加。

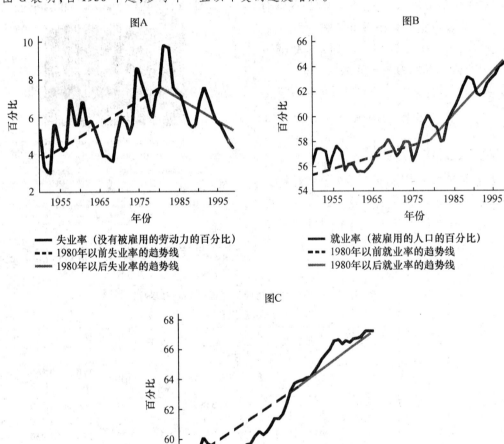

在宏观经济学界,关于下面这个问题一直存在着激烈的争论:失业率还是就业率,是我们要搞清楚的更引人关注的变量。如果劳动市场行为的这两个度量指标总是朝着相反的方向运动,就业率和失业率的区别并不十分要紧。但是就像图 A 到图 C 所表现的,失业和就业可以相互独立地运动。两个序列之所以可以像它们在 1980 年所表现的那样朝着相同的方向运动,关键在于失业率被定义成劳动力中正在寻找工作但是现在并没有在工作的人所占的百分比,而就业率则是总人口中正在就业的人所占的百分比。自 1945 年起,劳动力已经大大增加了,这主要是因为越来越多的妇女加入到劳动力的队伍中来了。

表 3-2 就业统计

	定义	人数(千人)	占人口的百分比(%)	占劳动力的百分比(%)
合法的成年人口	在美国年满 16 岁且未被拘押或服兵役者	207 753	100.0	149.1
就业者	在上周全职工作、休病假或度假者	133 492	64.2（就业率）	95.8
失业者	在上周没有工作但在过去 4 周在寻找工作者	5 876	2.8	4.2
合法的劳动力	就业者加上失业者	139 368	67.1（参与率）	100.0
不算作劳动力	在上周没有工作且在过去 4 周没有寻找工作者	68 385	32.9	49.1

资料来源:《总统经济报告》(Economic Report of the President),政府印刷室。所有数字都是 1999 年的月度平均数。

是在德国,相应的数字是 40%,在英国是 47%,在意大利则是 58%。① 换言之,意大利失业人口中有超过一半的人已经找了一年多的工作!

一些经济学家将注意力放在他们经济行为模型中的失业率上,而另一些经济学家则关注就业率。这两个度量就业市场行为的变量的主要差异在于,当参与率变化时就业率会变化,但是失业率并不变化。

3.3.3 度量 GDP 增长

实际 GDP 传统上是按照基年法进行度量的。这种方法是以一个固定的基期年的价格水平来度量任一年所生产的全部商品和服务的价值。但是近来商务部已经转而将链式加权法作为一种选择。为了说明为什么这样做,我们先考察表 3-3,它记录了假想中的经济岛在 1998—2002 年这 4 年中的总产出。

---

① 资料来源于《就业瞭望》(Employment Outlook),经济合作与发展组织(OECD),1991 年。

网络浏览 3-2

请访问劳动统计局的网站 http://www.stats.bls.gov

这是劳动统计局（BLS）的主页。在这里你将会找到有关劳动市场方方面面的全国性的和地区性的资料。既有文章和评论、新闻和信息，也有历史和现在的统计数据。

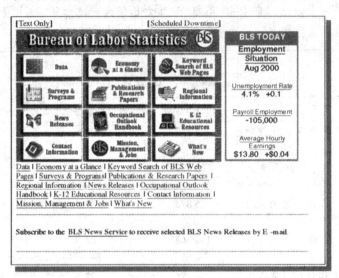

这是能在 BLS 网站上获取的地区性的资料的一个例子。通过点击任何一个州，你将能够获得那个地区的就业资料。

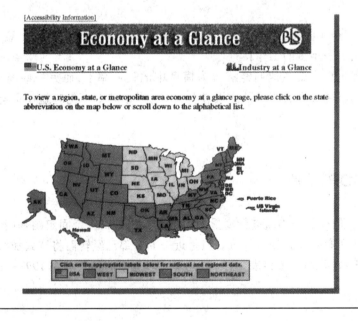

练习

用你的浏览器访问网站 http://www.bls.gov/eag/eag.map.htm。在你生活的那个州,能找到的最近的那个月的失业率是多少?这个数字与地区的平均水平相比怎么样?与全国平均水平相比又怎么样?哪个州的失业率最高?

表 3-3　经济岛的 GDP 和增长　　　　　　　　　　　　　　　　　　　　　　价格单位:美元

表 A:产出和价格

年份	土豆片(包)		电脑(台)	
	产量	价格	产量	价格
1999	10 000	2.00	1	10 000.00
2000	11 000	2.50	2	5 000.00
2001	12 000	3.00	4	2 500.00
2002	13 000	3.50	8	1 250.00

表 B:基年法测算的实际 GDP

实际 GDP(千美元)	1999 年价格	2000 年价格	2001 年价格	2002 年价格
1999	30.00	30.00	32.50	36.25
2000	42.00	37.50	38.00	41.00
2001	64.00	50.00	46.00	47.00
2002	106.00	72.50	59.00	55.50

表 C:实际 GDP 增长的不同测算(百分比变化)

期间	1999 年价格	2000 年价格	2001 年价格	2002 年价格	链式加权测量
1999—2000	**40.00**	**25.00**	16.90	13.10	32.50
2000—2001	52.40	**33.30**	**21.10**	14.60	27.20
2001—2002	65.60	45.00	**28.30**	**18.10**	23.20
三年平均	52.70	34.40	22.10	15.30	27.60

经济岛生产两种产品:炸土豆片和电脑。就像美国经济一样,经济岛生产的电脑越多,其价格就越低。回忆在前面我们为了计算一个特定年份的名义 GDP,会把当年生产的所有商品和服务的价值加总起来。表 3-3 的表 B 记录了我们用基年的价格水平度量的经济岛在 1999、2000、2001 和 2002 年的真实 GDP 和名义 GDP。

下面的例子说明了如何使用固定基年法计算实际 GDP。在美国,这种方法一直被使用到 1996 年,它是通过选择一系列的基年价格来进行计算的,所有的商品和服务的价值都是用这套价格度量的。① 实际 GDP 和名义 GDP 在基年总是相等的,因为是用同一种价格给那一年生产的最终产品定价。这意味着我们可以从表 B 的对角线栏看出名义 GDP。在 1999 年,名义 GDP 是 30 000 美元,因为经济岛生产出了 10 000 包每包价值 2.00 美元的炸土豆片(总价值 20 000.00 美元)和一台计算机

---

① 在实践中,基年价格也会偶尔改变,并且当这种情况发生时,商务部会公布一系列新的估计值。最后一次使用基年法计算 GDP 时,权重来自于 1987 年的值,尽管这种方法直到 1996 年才被取代,在那一年现在的链式加权法开始被采用。

(价值10 000.00美元)。名义GDP是这两个数字之和。

我们可以计算出在以2002年作为基年的情况下,1999年经济的实际GDP。它是通过加总在1999年生产的、用2002年价格水平来计算的最终产品的价值得到的。按2002年价格计算,经济岛生产出了10 000包每包价值3.50美元的炸土豆片(总价值35 000.00美元)和价值1 250.00美元的1台计算机,因此,以2002年价格水平计算的实际GDP等于36 250.00美元。

表C给出了通过四套可能的权重以及一套链式加权法计算出来的实际GDP增长率的估计值。在把2002年作为基年的情况下,为了计算1999年到2000年实际GDP的增长率,我们要计算实际GDP在1999年和2000年增加的百分比。实际GDP从36 250美元增加到41 000美元。使用百分比增加的公式,得到

$$1999年到2000年的增长率 = \left(\frac{41\ 000 - 36\ 250}{36\ 250}\right) \times 100\% = 13.1\%$$

我们从表C的最后一行可以看出,在使用1999年的价格水平时,实际GDP前三年的平均增长率是52.7%,而如果使用2002年的价格水平,增长率仅为15.3%。这个巨大的差别的出现是因为经济岛的炸土豆片和电脑的相对价格及数量在这一时期发生了戏剧性的变化,正如美国的电脑和非电脑商品的相对重要性所发生的变化一样。如果使用1999年的价格水平,经济岛的增长率是巨大的,因为电脑在1999年非常昂贵。到了2002年,电脑相对来讲就比较便宜,并且即便电脑的生产在4年间翻了8番,但是如果我们使用2002年作为基年的话,这并不能显著地提高经济增长率;正是一种商品的相对价格决定了这种商品在GDP指数中的权重。

作为用于化解因使用不同的基年所带来的增长率的差异的妥协方案,商务部在1996年开始使用链式加权法来计算GDP的增长率。在使用这一方法时,2001年到2002年的增长率要被计算两次:首先,以2001年作为基年计算2001年和2002年的GDP。当使用这个计算结果时,2001年到2002年实际GDP增加了28.3%。其次,以2002年作为基年再计算一次实际GDP的增长率。这个计算得出的增长率为18.1%。现在,取两个增长率的平均数最终得到23.2%的链式加权的GDP的增长率。在表3-3的表C中,我们对每行的黑体数字取平均值从而得到位于表最后一栏的链式加权增长率。[①]

3.3.4 从GDP增长到GDP

我们已经学会了如何使用链式加权法来计算增长指数。那么,如何计算GDP的增长指数呢?为了计算实际GDP的增长指数,商务部选择任意一年,比如说将1996年作为基年,然后让1996年的实际GDP为100。1997年的实际GDP就等于100加上1996年到1997年实际GDP增长的部分,而实际GDP增长的部分是使用链式加权法计算出来的。类似地,1998年的实际GDP等于1997年的

[①] 这一部分主要参考了纽约联邦储备银行的查尔斯·斯坦代尔(Charles Steindel)的文章——《链式加权:一种度量GDP的新方法》(Chain-weighting: The New Approach to Measuring GDP)。斯坦代尔这篇非常易读的文章发表在纽约联邦储备银行1995年12月出版的《经济学和金融学的当代问题》(Current Issues in Economics and Finance)第1卷第9期上。你在http://www.ny.frb.org网站上搜索"Steindel"就可以找到这篇文章。我们也从斯坦代尔的文章中引用了表3-3,尽管其中的年份作了修改。

GDP乘以1加上1997年到1998年的实际GDP的增长率之和。

尽管链式加权法仍然选择某一年作为基年,但是这个选择却是无关紧要的。因为某一年GDP与另一年GDP的比值是独立于基年选择的。这与GDP计算的老方法非常不同,在老方法中,基年的改变能改变商务部对实际GDP的估计值,因为它改变了在指数计算中用于充当数量权重的价格。

3.4 度量通货膨胀

通货膨胀是价格水平的平均变化率,由于度量价格指数有几种不同的方法,因此度量通货膨胀也有相对应的几种方法。在第1章中,我们提到价格水平的五种度量指标:消费价格指数、生产者价格指数、GDP平减指数、GDP价格指数以及PCE价格指数。不同的价格水平度量指标之所以存在是因为经济体生产多种多样的商品,而且不同商品的相对价格在各年之间会发生变化。价格指数是要努力记录以货币单位度量的许多商品的平均价值。通过在平均化过程中赋予一种商品或者另一种商品或多或少的重要性,我们就会得出不同的平均价格的度量指标。

在计算价格指数时,一种商品的重要性是根据它的权重来度量的。价格指数是许多不同商品的价格的加权平均数,其中与每个对应的价格相乘的权重是不变的,并且其总和等于1。比如,如果经济体生产苹果、橘子和香蕉,价格指数就应通过把苹果价格的三分之一、橘子价格的三分之一以及香蕉价格的三分之一相加而得到。在这个例子中,赋予每种商品的权重均为三分之一。作为另一种可能,我们也许会注意到消费者吃苹果要比吃橘子多,因此在我们指数的计算中应赋予苹果更大的比重;在这种状况下,我们将苹果的权重设为二分之一,而香蕉和橘子的权重各为四分之一。不同的价格指数是通过不同商品束的价值平均化并使用不同的权重而得到的。

3.4.1 不同种类的价格指数

存在三种不同的可供选择的价格指数:拉氏指数、帕氏指数和最高级指数(见专栏3-3),并且最近就度量家庭平均生活成本时应使用哪种指数这一问题存在一场很重要的争论。CPI、PPI和GDP平减指数都是拉氏指数,在这些指数中,CPI是第一次世界大战以来度量通货膨胀的基准指数。GDP价格指数和个人消费支出(PCE)价格指数是最高级指数。因为拉氏指数使用历史权重,它趋向于高估通货膨胀。通货膨胀的高估会发生是因为消费者调整他们的支出习惯要快于CPI更新其用于度量通货膨胀的商品篮子。消费者习惯会在月与月之间发生变化,但是CPI每10年才更新一次商品篮子。在过去的20年中,因为新的技术使过去的习惯成为过时的了,平均每个家庭所购买的商品束已经发生了巨大的变化。微波炉和个人电脑在30年前都没人听说过,但是现在它们是大部分美国中产阶级预算支出中经常出现的两项。

专栏 3-3

进一步观察

我们应该使用哪一种价格指数来度量通货膨胀？

出于许多目的，正确地度量一个代表性家庭的生活成本都是非常重要的。比如，政府将通货膨胀指数纳入退休金中，并且许多工资合同也是与物价指数挂钩的。那么什么才是度量通货膨胀的好方法呢？

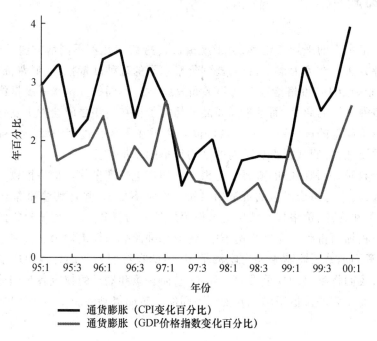

通货膨胀（CPI变化百分比）
通货膨胀（GDP价格指数变化百分比）

拉氏指数、帕氏指数还是最高级指数？

经济学理论提供三种可供选择的价格指数：拉氏指数、帕氏指数和最高级指数。拉氏指数度量的是在过去某个时点上消费的给定的商品束的现期成本与过去成本之比。帕氏指数度量的是现期消费的商品和服务束的现期成本与过去成本之比。这两种指数的差别在于在对商品赋予权重时，是根据它们在价格变化前家庭预算支出中的重要性，还是在价格变化后家庭预算支出中的重要性。

拉氏指数趋向于高估通货膨胀，因为当价格上升时，消费者会用更便宜的商品来代替更昂贵的商品。由于相同的原因，帕氏指数趋于低估通货膨胀。而最高级指数通过取相对应的拉氏指数和帕氏指数在两个相邻年份的几何平均值解决了这个问题。GDP价格指数和PCE价格指数都是最高级指数。

> CPI——一种拉氏价格指数,被广泛地用于因生产成本的增加而对合同进行的调整。GDP 价格指数——一种最高级指数,是另外一个可选项。注意,在大部分的年份里,由 CPI 度量的通货膨胀超过了由 GDP 价格指数度量的通货膨胀,而且常常要超过一个百分点。
>
> 使用你的浏览器寻找由纽约联邦银行高级副行长查尔斯·斯坦代尔所写的《存在好的 CPI 替代品吗?》(Are there Good Alternatives to the CPI)。你先登录网站 http://www.ny.frb.org/,然后再搜索"Steindel",就会找到这篇文章。下载并阅读这篇文章。使用文中的信息,写一篇短文回答这个问题:我们应该使用 PCE 取代 CPI 吗?如果不应该,为什么?

3.4.2 为什么准确地度量通货膨胀是重要的

当通货膨胀在 20 世纪 70 年代开始频繁地发生时,人们开始运用消费者价格指数实现他们的金融合同的指数化。比如,许多工资合同中规定,如果 CPI 增加,工资也会自动增加,并且主要以退休金项目的形式存在的三分之一的联邦支出直接与 CPI 指数挂钩。CPI 的变化也会影响联邦收入,因为所得税等级也与物价指数挂钩。通货膨胀指数十分需要数字的精确性,因为 CPI 增加 1 个百分点可以使财政预算赤字发生的变化达 65 亿美元之多。

为了评估这个问题的重要性,参议院金融委员会委托以斯坦福大学的迈克尔·博斯金为首的 5 位经济学家研究这个问题。他们在其报告中断定最近 CPI 已经将生活成本的真实增加高估了 1.5%。[①] 他们也基于偏差对未来的 CPI 作出估计并且推断出在接下来的数年中 CPI 可能会将通货膨胀高估 2% 之多。即便使用更保守的 1% 偏差的估计值,对其进行修改也会把预计通货膨胀从每年 3% 减少到每年 2%,因为 CPI 被用于决定应该注入多少钱到退休金中以及从某一年到下一年税级要改变多少,所以这种修正的效果会对我们的生活产生实际的影响。

3.4.3 CPI 和 PPI

由劳动统计局收集的 CPI 是用于度量通货膨胀的最普遍的指数。这是一个月度的度量指标,它会在所涉及月度的三周后发布。收集组成 CPI 的单个的商品价格的程序是非常复杂的,但是这个指数仍有一些问题。比如,它不能正确地说明个别商品质量的变化,同时它也不能反映大额零售商销售量的增加。但是,它最大的缺点在于 CPI 高估了通货膨胀,因为它使用的是一组很少更新的权重。

PPI 和 CPI 一样,也是每月收集的。它与 CPI 的区别在于它用于计算指数的商品束。CPI 试图度量一个代表性家庭的平均生活成本;相反,PPI 度量的是一个代表性企业的平均投入成本。许多经济学家都在密切注视 PPI,因为发生在 PPI 中的价格的上升最终会结束于 CPI 中。那些具有这种性

---

① Advisory Commission to Study the Consumer Price Index. "Towards a More Accurate Measure of the Cost of Living," Washington, DC GPO, September 1997. 完整的报告可以在 http://www.ssa.gov/history/reports/boskinrpt.html 上获得。

质的时间序列被称为**领先指标**,PPI就是通货膨胀的领先指标。

3.4.4 GDP平减指数和GDP价格指数

对应于商务部从增长的基年度量法到链式加权法的转变,一般的价格指数也由GDP平减指数转向GDP价格指数。这种指数就像GDP用链式加权法得到的估计值。当相对价格如表3-3中电脑和炸土豆片的相对价格发生变化时,改变实际GDP赖以计算的基年会对由GDP平减指数所表示的通货膨胀的大小产生重大的影响。例如,如果使用2002年作为基年计算表3-3中GDP的平减指数的话,将会发现1999年到2000年通货膨胀大约是10%,但是如果使用1999年作为基年,就会得出相同水平的通货紧缩。这个巨大差别的原因在于,炸土豆片的价格一直在上升而电脑的价格一直在下降。1999年的指数将一个非常大的权重赋予给了电脑,因为在1999年电脑是非常贵的商品。2002年的指数将一个低得多的权重赋予给了电脑,因为到了2002年电脑的平均价格已经降下来了。这个虚构的例子是很极端的,但是其中的一些东西却与过去40年中发生在美国的情况非常相似。

为了解决不同基年所带来的不同大小的通货膨胀问题,如今商务部公布了GDP价格指数,其度量通货膨胀的方法与链式加权法度量增长的方法是相同的。对于任何给定的匹配年份而言,通货膨胀被度量为价格指数百分比变化的平均数,而这个价格指数又是在分别使用邻近年份作为基年的情况下得到的。

3.4.5 PCE价格指数

CPI的一个替换物是PCE(个人消费支出)价格指数。如同GDP价格指数一样,PCE也是一种最高级指数。如同CPI一样,PCE中包括的商品是家庭消费的商品。GDP价格指数包括诸如钢铁厂和汽车厂之类的项目,相反,PCE仅仅包括那些代表性家庭个人消费支出的商品。与CPI相比,PCE有些优势,但是它自身也存在一些问题。一个劣势是作为一个最高级指数,PCE价格指数是通过取指数的加权平均值计算出来的,但是其所取的指数却分别将其要计算的通货膨胀期间的两方都作为基年。这意味着只有在收集未来期间的数据之后它才可以被计算出来。因为通货膨胀同期指数对于调整名义合同来说是必需的,所以如果PCE要被用来取代CPI的话,它只能被估计出来。

3.5 通货膨胀和经济周期

回忆我们在前面所提到的,如果一个变量与GDP正相关它就是顺周期的,如果与GDP负相关它就是逆周期的。许多时间序列是严格顺周期的(如消费)或者严格逆周期的(如失业)。对这个规则而言,通货膨胀却是例外。图3-6展示了从1890年一直到2000年通货膨胀和GDP增长的数据。注意到在过去的一个世纪里,通货膨胀既不是顺周期的也不是逆周期的;它与GDP的一致度仅为0.03——一个并不显著异于零的数字。①

通货膨胀既不是顺周期的也不是逆周期的。1890年以来通货膨胀与GDP增长之间的相关系数的绝对值等于一个非常接近于零的数字——0.03。

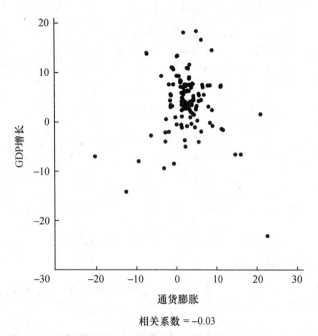

相关系数 = −0.03

图3-6 美国1890—2000年的通货膨胀与经济增长

尽管在过去的那个世纪通货膨胀与GDP的相关关系很弱,但是在历史上仍有这么一段时期,价格水平是强顺周期的或者是强逆周期的。图3-7通过截取两段历史时期说明了这一点。图左边的部分展示了1920年到1940年间通货膨胀是如何与增长相联系的。这期间包含了大萧条时期,而且大萧条时期的价格行为使得约翰·梅纳德·凯恩斯作出通货膨胀将是顺周期的预言。

但是,价格顺周期的运动并不是更近一段经历的特点。实际的经济周期理论将大萧条视为一种异常的事件,之所以是异常的是因为它与其他事件的差异性而非类似性,大萧条是经济周期中典型的插曲。实际的经济周期学派的理论家们声称大部分的经济波动都是由于生产率的波动发生的,而且他们的理论也预示着通货膨胀应该是逆周期的,就像第二次世界大战后的数据反映的那样。他们特别重视第二次世界大战后两次最严重的衰退,这两次衰退分别是由1973年和1979年世界性石油价格上升所引发的。② 如果通货膨胀的运动有时候是顺周期的,有时候又是逆周期的,那么有可能一些衰退是由凯恩斯所分离出的因素导致的,另一些是由供给冲击导致的。

---

① 显著性是一个定义精良的统计学概念。说相关系数不显著地异于零意味着在被记录的观察值中存在着如此多的变化,以至于我们没有把握声称 ρ_{xy} 是正的或者是负的。

② Thomas F. Cooley and Lee Ohanian. "The Cyclical Behavior of Prices," *Journal of Monetary Economics*, Vol. 3, no. 105, pp. 439—472.

尽管对整个世纪的数据来说,通货膨胀并不存在一种持久的趋势以至于可以说它是顺周期的或者逆周期的,但却存在这样两个时期,在其间通货膨胀是顺周期地或者逆周期地运动。在1920年到1940年间,通货膨胀是强顺周期的,而在1970年到1990年间,通货膨胀是逆周期的。

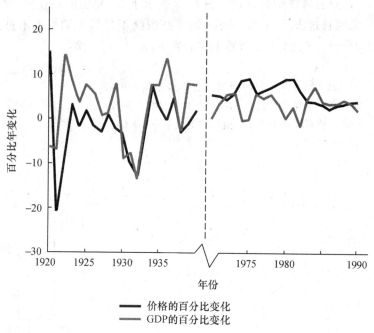

图3-7 经济增长和通货膨胀:第二次世界大战前后

结　　论

经济资料可以通过使用时间序列记录下来。为了分析时间序列,我们将它们分解为低频部分(趋势)和高频部分(周期)。分解时间序列的三种主要方法分别是线性去趋法、弹性去趋法以及差分法。

在经济周期中,实际GDP围绕其趋势增长率作不规则的、持续的波动,这种波动常常伴有许多其他经济变量高度一致性的协同运动。为了度量经济周期,我们首先需要通过对原始序列去趋将时间序列分解为高频部分和低频部分。低频部分是趋势,高频部分是周期。去趋允许我们揭示存在于一种频数而不存在于另一种频数上的时间序列之间的关系。

我们可以用相关系数度量两个序列之间的统计关系的强度。那种与自身的历史有着高度相关关系的时间序列是持久的序列。相互之间有着高度相关关系的两个序列是一致的。这种一致性可以是正的(两个序列同时上升或下降),也可以是负的(当一个序列上升时另一个序列下降)。如果一个序列与GDP是正相关的,它就是顺周期的;如果与GDP是负相关的,它就是逆周期的。

失业和就业是两种不同的度量经济活动的指标。就业率是人口中就业的人数所占的比例,失业率是劳动力中失业人口所占的比例。因为第二次世界大战后美国的劳动力增加了,所以就业率和失业率同时增加了。失业率是逆周期的并且与GDP高度地一致。

产出是通过实际GDP来度量的。一直到不久之前,实际GDP还是通过计算一个给定年份里所生产的所有商品和服务的总和得到的,其估价运用的是一个单一基年的价格。但是近来

GDP 的度量开始使用链式加权法。

通货膨胀是价格指数的变化率。存在五种主要价格指数。因为一些价格要比另外一些价格增长得更快,所以最近围绕度量通货膨胀的最好方法展开了一场论战。通货膨胀在第二次世界大战之前是顺周期的,但是自那以后就是逆周期的了。

关键术语

一致性　coherence
复合增长(指数增长)　compound growth（exponential growth）
相关系数　correlation coefficient
差分法　differencing
就业率　employment rate
扩张　expansion
弹性去趋　flexible trend
高频部分　high-frequency component
劳动力　labor force
劳动力参与率　labor force participation rate

领先指标　leading indicators
线性周期　linear cycle
线性趋势　linear trend
低频部分　low-frequency component
峰顶　peak
衰退　recession
散点　scatter plot
趋势　trend
谷底　trough
失业率　unemployment rate

习　题

1. 列举时间序列去趋的三种方法,并且简要地说明这些方法的差异。宏观经济学中为什么要使用去趋法?
2. 说明下列术语的含义:
    a. 衰退
    b. 扩张
    c. 经济周期的峰顶
    d. 经济周期的谷底
3. 说明在统计学上如何判断一个变量是顺周期的还是逆周期的。
4. 考虑下面的时间序列:
    a. 失业
    b. 总消费
    c. 出口
    d. 进口
    e. 总投资
    f. 通货膨胀率

    哪些序列是顺周期的?哪些序列是逆周期的?
5. 考虑下面的时间序列数据(度量的是与趋势的离差):
    a. 说明相关系数度量的是什么。
    b. X 序列与 Y 序列存在正相关或者负相关的关系吗?
    c. 说明"顺周期"和"逆周期"术语的含义。如果 X 代表 GDP,Y 是顺周期的还是逆周期的?

	1995	1996	1997	1998	1999	2000
X	0.4	0.1	0.0	0.2	-0.6	0.1
Y	0.9	0.5	-0.1	-0.1	-0.8	0.2

6. 考虑下面这个微型经济体的数据：

年份	GDP	消费	失业
1997	15	5	4
1998	25	22	3
1999	35	13	2
2000	40	27	1
2001	35	33	2

a. 以消费为纵轴、GDP 为横轴，画一幅坐标图，然后再以失业为横轴、GDP 为纵轴画另外一幅坐标图。消费和失业分别是顺周期的还是逆周期的？

b. 变量的平均值（算术平均数）是所有观察值的和与观察值数目之比。计算这个经济体的平均 GDP、平均消费以及平均失业。

c. 相关系数由下面的公式定义：

$$\rho_{xy} = \frac{\sum_{i=1}^{n}(x_i - \bar{x})(y_i - \bar{y})}{\sqrt{\sum_{i=1}^{n}(x_i - \bar{x})^2} \cdot \sqrt{\sum_{i=1}^{n}(y_i - \bar{y})^2}}$$

其中 $\bar{x}, \bar{y}$ 表示 x, y 的平均值或者算术平均数。

使用这个公式计算消费和 GDP 的相关系数，并计算失业与 GDP 的相关系数。哪一个序列与 GDP 的相关关系更强？

7. 在 1992 年，一个小型的经济体有 25 000 个居民，其中 20 000 人处于劳动力队伍中。失业率是 10%。在 2002 年，经济体有 30 000 个居民，其中 25 000 人处于劳动力队伍中。失业率是 12%。对于这两种情况的每一年而言，

a. 有多少人处于失业状态？

b. 劳动力参与率是多少？

c. 人均就业是多少？

在 1992 年到 2002 年间人均失业率和就业率同时在上升。说明为什么会这样。

8. 自 20 世纪 50 年代以来美国的劳动参与率出现了什么样的变化？为什么？你认为在这一时期它是如何影响美国 GDP 的？

9. 下面这个命题总是正确的吗：当就业率上升时，失业率会下降？解释为什么总是正确的或者不总是这样。

10. 你认为劳动统计局计算失业率的方法考虑到每个失业工人了吗？我们在失业的统计上会产生怎样的偏差？

11. GDP 的链式加权法是什么意思？其与计算实际 GDP 的传统基年法的区别何在？为什么美国商务部会采用这种方法？

12. 下面是 1997 年到 1999 年间存在于某个经济体中的价格和数量：

	价格（美元）			数量		
	1997	1998	1999	1997	1998	1999
啤酒	2	3	3	100	120	140
蛋糕	10	11	13	20	30	35
口香糖	1	2	2	200	250	300

a. 以 1997 年作为基年，计算 1997 年、1998 年和 1999 年的名义 GDP 和实际 GDP。

b. 计算 1997 年到 1998 年，以及 1998 年到 1999 年的实际 GDP 增长率。

c. 现在以 1998 年作为基年，重复（a）部分和（b）部分的计算。你得到的是与（b）部分中的增长率一样的增长率吗？为什么是或者不是？

d. 计算 1997 年到 1998 年实际 GDP 的链式加权增长率。说明你的结果。

13. 使用 12 题中的资料回答下面的问题：

a. 以 1997 年作为基年，计算每一年的 GDP 平减指数。

b. 计算 1997 年到 1998 年，以及 1998 年到 1999 年的通货膨胀率。

c. 现在以 1998 年作为基年,重复(a)部分和(b)部分的计算。你得到的是与(b)部分中的通货膨胀率一样的通货膨胀率吗?为什么是或者不是?

d. 计算 1997 年到 1998 年间的 GDP 价格指数(或者链式加权 GDP 平减指数)。说明你的结果。

14. 简要描述三种价格指数。每种指数的问题又是什么?

15. 简要论述 GDP 平减指数与 CPI 的差别。哪种指数度量出的通货膨胀率会更高?为什么?

16. 仅仅依靠 CPI 来度量 GDP 会有潜在的问题吗?这些问题是什么?在度量通货膨胀上任何可能的错误会对经济体的其他方面,诸如公共部门,产生什么样的影响?

第二篇

总需求和总供给的古典视角

第4章　总供给理论
第5章　总需求和古典价格水平理论
第6章　储蓄和投资

  在第4、5、6章,我们将从前面的描述数据转向解释数据。我们将研究经济学的古典模型,这个模型的发展时间持续了150年,开始于18世纪末期,结束于20世纪初。

  第4章讨论劳动市场和总供给理论。第5章讨论通货膨胀的古典理论。第6章研究资本市场的古典模型。

  总的说来,第二篇考察均衡方法的各个方面——需求等于供给的思想。这个方法可以被应用于理解现实世界的经济问题。

第 4 章 总供给理论

4.1 引言

在本章及第 5 章和第 6 章,我们根据古典经济学家的观点建立一个总体经济的模型。从 1776 年的亚当·斯密开始到 1848 年的约翰·穆勒结束,古典经济学家在将近七十年的时间里形成了他们的理论。包括英国的斯坦利·杰文斯和法国的里昂·瓦尔拉斯在内的一批新古典经济学家追随着穆勒,建立了边际效用理论。古典和新古典经济学家的思想结合起来,构成了总需求和总供给的古典理论。专栏 4-1 给出了一些最重要的古典和新古典经济学家的简短传记。

专栏 4-1

进一步观察

六位有影响的经济学家

亚当·斯密被认为是经济学的奠基人。他最著名的思想是"看不见的手"的学说,这个学说认为在一个每个人都追求自己利益的社会中,我们的福利都将得到提高。他最著名的著作是《国民财富的性质及其原因的研究》(简称《国富论》),它是经济学家的圣经。

斯密生于苏格兰并在格拉斯哥大学学习道德哲学。在 25 岁左右他第一次阐述了"显而易见的和简单的自然自由的制度"的经济哲学。

斯密强调一个国家的财富来自物质要素,诸如土地和公民的能力,而非来自占有贵金属。他是"自由放任"思想的坚定支持者,这个思想认为经济在国家干预最少时获得繁荣。

亚当·斯密
(1723—1790 年)

李嘉图生于伦敦。他早年在股市上赚了一大笔钱,后来开始把注意力转向经济学(阅读亚当·斯密的著作对他有很大影响)。他的主要著作《政治经济学及其赋税原理》包含了他关于工资和价值决定的著名理论。

在李嘉图的理论中,地主的利益直接地和整个社会的利益相冲突,在这方面他比卡尔·马克思更早地描述了对抗性的阶级关系。实际上,马克思的大部分经济理论都是建立在李嘉图著作的基础上的,尽管他是把资本家而非地主当作社会问题的根源。李嘉图发展了劳动价值论,并且他认为工资倾向于稳定在维持工人的最低生活的水平上。

李嘉图的重要性还在于他对国际贸易理论的研究和地租由相对土地生产率决定的思想。

大卫·李嘉图
(1772—1823 年)

萨伊生于法国里昂的一个中产阶级家庭并在日内瓦和伦敦度过了大部分的早年时光,他把自己的著作《政治经济学原理》当作是对亚当·斯密思想的阐释和普及,但是它远远不止这些。

萨伊以"市场定律"闻名,根据这个定律,"供给会创造它自身的需求"。他认为任何商品普遍性的过量供给不会存在,因为一种商品的供给必定是对另一种商品的需求:"因为某些商品的生产下降了所以其他的商品才会出现过剩。"萨伊认为这种状况是暂时的,如果我们不去干预的话,市场将会纠正这些不平衡。既然劳动也是一种商品,那么萨伊的理论意味着失业不会持续存在下去。在20世纪30年代,凯恩斯在他的《就业、利息和货币通论》(简称《通论》)一书中批评了这个观点。

让-巴蒂斯特·萨伊
(1776—1832 年)

穆勒是个哲学家、政治学家和经济学家。他在他的政治著作里强调个人自由和负责任的民主参与。他还是个女权主义的坚定支持者。

穆勒在哲学思想上有许多贡献。他的政治学是以"功利主义"学说为主导的,根据这个学说,社会应该追求"最大多数人的最大利益"。

在经济学方面,他写了《政治经济学》一书,它被有些人当作是亚当·斯密著作的提高版,而被另外一些人当作是大卫·李嘉图著作的普及版。他深信自由放任的教条,但是他也意识到通过政治改变经济体制的可能性。他最著名的哲学著作是《论自由》,这本书为个人权利进行了热情洋溢的辩护。

约翰·斯图亚特·穆勒
(1806—1873 年)

杰文斯生于利物浦并在伦敦学习。在经济学上他以建立边际效用理论闻名,他最著名的研究成果都包含在他的《政治经济学理论》一书中。边际效用理论(瓦尔拉斯也独立建立了这个理论)是一个突破,它使得经济学家能够解释需求和供给如何影响一种商品的价格。在杰文斯之前,价值被解释为"凝结在商品中"的劳动。在边际革命之后,经济学家们认识到主观偏好是同样重要的。

劳动价值论是个纯粹基于供给的概念。边际效用理论意识到需求也很重要。"边际"一词是非常重要的,因为它解释了为什么像水这样非常有用的商品反而相对便宜。根据边际效用理论,边际单位决定价值。一个口渴的人喝的第一杯水是非常有价值的,而喝第二十杯水就不那么有价值了。

威廉·斯坦利·杰文斯
(1835—1882 年)

里昂·瓦尔拉斯(1834—1910 年)是个法国人,祖上是荷兰人,因此他姓氏的发音是"Val-rasse",而不是"Valra"。在政治上他是个社会主义者,赞成关于土地改革和税收的社会主义观点。他认为数学思想对经济学的发展来说是至关重要的。

瓦尔拉斯的主要著作《纯粹经济学要义》是他在瑞士洛桑教书期间写的。他和斯坦利·杰文斯志同道合,两者都赞成数学在经济学中的运用和主观价值论。

瓦尔拉斯特别以建立一般均衡理论而著称,这一数学理论解释了通过需求和供给的相互作用,所有商品的价格如何同时得到决定。

4.2 生产理论

让我们设想这样一种经济,其中所有的产出都由劳动和资本生产,并且所有的人偏好相同。这种类型的经济叫做**代表性参与人经济**,在丹尼尔·笛福的同名小说中的英雄出现之后,经济学家经常将代表性参与人叫做鲁滨逊·克鲁索。通过考察带有代表性参与人的简单经济,我们发现了许多我们无法解释的问题,比如说,一个资源分配很不平等的社会的失业率可能会高于(或低于)一个收入分配更加平等的社会。事实上,研究带有代表性参与人的经济意味着我们采取了对这一问题的一种立场,对于大多数宏观经济问题(例如,通货膨胀率、失业率或增长率的决定),我们的立场将是这样的,即人口间的财富差异是次要的。

4.2.1 生产函数

生产是将劳动和原材料之类的资源转化成最终产品的活动,将资源转化为最终产品的方法叫做**技术**。图4-1阐明了利用劳动L生产单一产品Y的一种技术。从左往右看,横轴衡量鲁滨逊·克鲁索花费在工作上的时间量;由B点开始从右到左衡量他花费在闲暇上的时间量。

鲁滨逊花费在工作上的时间越多,他生产的商品就越多。当鲁滨逊工作更长时间时,他的产出相应地减少了,因为他的劳动是和一个固定的资本存量结合在一起的。这由这样一个事实所表明,即生产函数的斜率随L从点O增加到点B而减小。

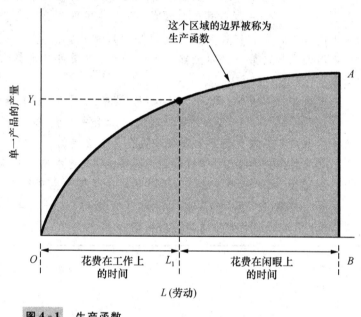

图4-1 生产函数

OB间的距离是可用的时间总量(一天24小时)。鲁滨逊·克鲁索花费在工作上的时间越长,他将能够生产越多的商品。例如,他可能决定花费O-L_1小时在工作上、L_1-B小时在闲暇上。O-Y_1的距离衡量他的产出。

在给定技术的条件下,鲁滨逊·克鲁索的所有可行的选择叫做他的**生产可能性集合**,这个集合的边界叫做**生产函数**。在图4-1中,生产可能性集合是阴影O-A-B区域,生产函数上的点(这一集合的边界)明显优于集合内部的点,因为这些点在给定劳动时间投入的条件下,提供了最大数量的产出。生产函数向上倾斜反映了这样一个事实,即鲁滨逊·克鲁索工作得越努力,就能生产越多的产品。倾斜度随他投入的努力的变多而变平坦,这反映了收益递减的假设。

收益递减意味着,当我们在固定数量的土地或资本上投入越来越多的劳动时,我们投入一个额外单位的劳动所生产出来的额外产出逐渐变小。它之所以会发生,是因为劳动时间是和其他固定资源结合在一起的。如果我们按字面意义把鲁滨逊·克鲁索理解为丹尼尔·笛福小说里的英雄,那么他可以支配的资源可能会受荒岛上的动物数量所限而成为固定的。鲁滨逊·克鲁索花费在工作上的时间越多,他工作的边际收益就越少,因为他最终会耗尽岛上的动物存量,他将不得不工作更长时间和更加努力地来捕捉剩下的动物。在现代工业经济中,有一个类似的原因解释为什么我们工作得越努力,生产函数就变得越平坦。当更多工人的劳动时间与固定数量的资本和土地结合在一起的时候,额外的劳动变得相对没有生产率。

4.2.2 市场和企业

鲁滨逊·克鲁索的荒岛可能看起来和现代市场经济相距甚远,但是我们可以引进交易这个简单因素来阐述古典市场理论。首先,想象一些同质的经济主体或家庭。每个家庭都经营一家企业,它们通过购买劳务并将其与资本结合来生产产出。劳务和产出在一个**市场**里与其他的家庭和企业进行交易,这个市场是那些相互买卖的贸易者的网络。为了区分这种经济和鲁滨逊·克鲁索经济,我们假定没有一个家庭会把自己的劳动投入到自己的企业中,也没有一个家庭会消费它自己生产的产品。因为我们并非刚好生产我们想要消费的产品,所以这些假定是相当现实的。

4.2.3 竞争与工资和价格的决定

在市场经济中,企业购买劳动力,家庭出卖劳动力,也就是每个企业和家庭都与其他成千上万个经济主体发生交易。古典理论假定任何个体都无法影响价格。在我们的例子中,我们假定只有劳动力和产出两种商品,这意味着任何家庭和企业都无力影响工资和价格水平。

在现实经济中,工资是由企业决定的,但是企业改变其工资率的范围受到竞争的严格限制。例如,如果一个大公司提供每小时 3 美元的工资,而其他公司为同样的工作支付每小时 5 美元的工资,那么这一公司不可能找到很多愿意工作的人。工人可选择的机会越多,一个公司对工资制定的影响就越小。当市场由许多买者和卖者组成时,他们当中的每一个人都仅仅交易整个市场交易额的很小一部分,因此,每一个单个的买者或卖者影响价格的力量将变得非常小。在这种情况下,经济学家称这个市场是完全竞争的,简单来说,是一个**竞争性市场**。

4.2.4 名义工资与实际工资

在本章,我们不打算解释为什么要使用货币以及货币价格如何确定,这个问题将在第 5 章考察;相反,我们假设所有贸易都是劳动和商品之间的物物交换,并且用商品单位来衡量工资。为每小时工作而支付给工人的货币叫做**名义工资**,一个企业购买一小时劳动时间必须放弃的最终商品的数量叫做**实际工资**。

如果面包的平均价格是 2 美元,并且一小时劳动值 6 美元,那么一个面包店工人一个小时的工作将获得足以购买三个面包的货币,在这个例子中,名义工资是每小时 6 美元,而实际工资是三个面包。

4.3 对劳动的需求

我们现在开始解释古典的劳动需求理论,它可以用一个叫做"劳动的需求曲线"的图形来概括,劳动的需求曲线将实际工资和相应的劳动需求数量画在一起。根据古典的劳动需求理论,实际工资下降时,所需要的劳动数量增加。

古典理论假设市场是竞争性的。企业在给定工资 w 和价格 P 的条件下,为了获得尽可能多的利润,选择雇用多少劳动。竞争性假设意味着企业无法控制到底要以实物形式支付给工人多少工资。如果它试图支付低于 w/P 的工资,将没有人愿意为这个企业工作;但也没有必要支付高于 w/P 的工资,因为只要它愿意按市场工资支付,企业就能够雇用到它所需要的任意小时的劳动。

$$\underset{\text{家庭企业的利润}}{\pi} = \underset{\text{供给的商品}}{Y^S} - \underset{\text{所需劳动的成本}}{(w/P)L^D} \qquad (4.1)$$

方程(4.1)用符号来定义企业的利润,它等于企业所供给的商品的数量减去生产这些商品所雇用的劳动的成本。

4.3.1 劳动的需求曲线

古典生产理论认为企业追求利润最大化。根据完全竞争假设,它们将和市场上的其他企业一样,对劳动投入支付相同的工资,对它提供的产出制定相同的价格。这些假设使我们得到实际工资和所需的劳动数量之间的关系,如果将实际工资画在坐标系的纵轴上、将所需的劳动数量画在横轴上,这条"劳动的需求曲线"向下倾斜。

图 4-2 表示了劳动的需求曲线和生产函数的关系。其中图 A 描述生产函数。回忆一下,生产函数在产出较高时变得较平坦,这个重要的假设叫做收益递减。收益递减的发生是因为当企业向固定数量的土地和资本追加更多的工人时,每一个额外的工人的产出都小于他之前的那个工人的产出,固定数量的资本和土地必须在不断增加的工人当中分享。

当企业雇用更多的工人时,最后雇用的那个工人的额外产出递减:这个额外产出叫做**边际产品**。只要边际产品大于实际工资,每个工人带来的收益就大于成本,企业就应该继续增加工人。只要边际产品大于实际工资,企业继续雇用更多的工人就能实现利润最大化。企业应该在边际产品刚好等于实际工资的这一点停止雇用工人。在图 4-2 中的图 A 中,这一点出现在直线(其斜率等于实际工资)与生产函数(其斜率等于边际产品)相切的地方。在该点,企业生产 Y^S 数量的产出,并且需要 L^D 数量的劳动。

图 B 表明了实际工资和所需的劳动量之间的关系。当实际工资上升时,企业将雇用较少的工人,因此,劳动需求曲线①向下倾斜。专栏 4-2 提供了这个结果的数学推导。

图 A 画的是生产函数——在任何给定劳动投入条件下的产出数量。

当企业雇用更多的工人时,最后雇用的那个工人所生产的额外产出递减:这个额外产出叫做边际产品。

企业继续雇用工人直到边际产品等于实际工资那一点为止。

在图 A 中,生产函数的斜率代表边际产品。在企业愿意进行生产的那一点,其斜率等于实际工资。在这一点企业利润达到最大化。

图 B 画的是劳动的需求函数。这是实际工资和劳动需求量相对应的图。如果工资提高,企业将雇用较少的工人。

劳动需求曲线向右下方倾斜。

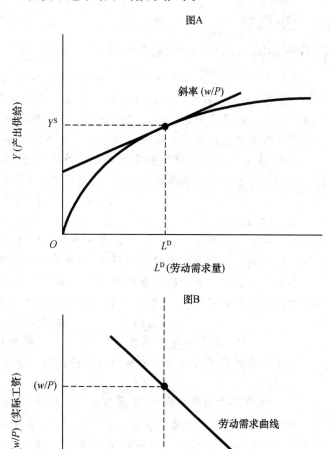

图 4-2　对劳动的需求和生产函数

---

①　原文为 labor supply curve,即劳动供给曲线,疑为作者笔误。——译者注

专栏 4-2

进一步观察

推导劳动需求曲线：一个数学例子

这个专栏提供了一个如何从企业的利润最大化中推导出劳动需求曲线的数学例子。例子中利用了微积分，你可以放心地跳过它而不失去本章的主线。如果你不讨厌数学的话，你会发现这个例子使劳动的需求理论更容易理解一些。这当然符合杰文斯和瓦尔拉斯的立场，这两个经济学中边际革命的奠基人都坚定地信赖数学在证明他们思想方面的作用。

记住，企业通过选择劳动需求量和处于生产可能性集合中的产出供给的组合来最大化其利润。我们假设生产可能性集合的边界（生产函数）由下面的表达式给出：

$$Y^S = L^D - (1/2)(L^D)^2 \tag{4.2.1}$$

方程(4.2.1)是生产函数的一个简单例子，叫做二次函数。注意，企业选择的劳动量必须小于等于1个单位。这反映了存在一个最大生产能力的假设，这个最大能力可能是由工厂的规模所决定的。既然我们还没有定义劳动的单位，则数字1没有任何特别，它仅仅是一个标准化。

企业通过最大化利润决定雇用多少劳动力。如果我们把生产函数的表达式（方程(4.2.1)）和利润的定义结合起来，可以把企业试图解决的问题写成这样：

$$\max \pi = L^D - (1/2)(L^D)^2 - (w/P)L^D \tag{4.2.2}$$

企业试图使这项越大越好　　这是总产出　　这是总成本

这个问题的解可以通过使利润对劳动投入的一阶导数等于0得到。

$$1 - L^D = (w/P) \tag{4.2.3}$$

这是总产出的导数，叫做劳动的边际产品　　这是总成本的导数，叫做边际成本

方程(4.2.3)是劳动需求曲线的数学表达式，它是通过使边际产品等于实际工资得到的。对二次生产函数的情况来说，它是一条斜率为负的直线，告诉企业在任一给定的实际工资水平（w/P项）下雇用多少的劳动（L^D项）。

4.4 劳动供给

从斯密到穆勒的古典经济学家并没有形成一个很好的家庭选择理论。这一理论是随杰文斯、瓦尔拉斯以及其他发展出边际效用理论的新古典经济学家的工作而产生的。他们用这个理论来解释劳动供给曲线。

在边际效用理论中，新古典经济学家假设家庭在约束下作出选择。其选择使得家庭尽可能地快乐，其中，快乐用一个叫**效用**的数学函数来衡量。既然花在工作上的时间占用了闲暇的时间，我们认为工作是"坏"的，较多的工作使我们比较不快乐。但是，工作越努力、工作时间越长，我们可以挣得的用来购买商品的收入就越多，这些商品使我们快乐。根据新古典经济理论，家庭通过效用最大化

来平衡努力工作的收益和成本。

4.4.1 家庭决策

考虑一个拥有自己的企业同时家庭成员在别的企业工作的家庭。也许,父母拥有并经营小买卖,但是他们的女儿在街区的工厂里工作。这个家庭作为一个整体必须决定需要多少商品及向市场提供多少劳动。我们用 Y^D 表示家庭对商品的需求,用 L^S 代表供给的劳动数量。在第 6 章中,我们将更深入地研究家庭所需的商品到底是用来消费还是用来投资,但现在,我们假定消费和投资对偏好的影响是相同的,并且我们把它统一称为"所需的商品"。

家庭用来购买商品的收入有两个来源:首先,家庭拥有企业,企业所有权产生利润;其次,家庭中有一两个成员在外工作,提供劳动并获得工资。为了表示更多的所需商品和更多的劳动供给之间的权衡,家庭必须检查它的预算约束,由不等式(4.2)表示:

$$\underset{\text{商品需求}}{Y^D} \leq \underset{\text{劳动收入}}{(w/P)\,L^S} + \underset{\text{家庭企业的利润}}{\pi} \tag{4.2}$$

家庭必须在该约束下决定提供多少劳动及需要多少商品:家庭所需商品的价值不能大于收入的价值。根据新古典经济学,作这个选择是为了最大化代表性家庭偏好的一个主观效用函数。

4.4.2 劳动供给曲线

家庭追求效用最大化的假设导致了实际工资和家庭选择提供的劳动数量之间的关系,这个关系叫做"劳动供给曲线",画在图 4-3 中。

家庭决定供给多少个小时的劳动。当实际工资提高时,工作得时间长一点变得比较有吸引力,因为对于生产出来的产品来说,闲暇变得相对昂贵。这叫做替代效应,因为家庭是在闲暇的价格上升时用商品生产替代闲暇。[1]

劳动供给曲线向上倾斜。

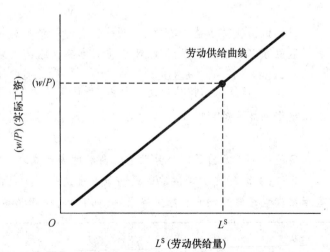

图 4-3 劳动供给和实际工资

---

[1] 当实际工资上升时,家庭变得比较富裕,它们将去消费更多的商品,包括闲暇。这叫做财富效应。它和替代效应的作用方向相反,而且,如果财富效应很强的话,劳动供给曲线有可能向下倾斜。新古典经济学假设替代效应更重要,因此劳动供给曲线向上倾斜。

当实际工资提高时,家庭将被拖进两个互相冲突的方向。实际工资是闲暇对所生产的商品的相对价格,当实际工资上升时,闲暇变得相对昂贵,这一效应(叫做**替代效应**)倾向于使家庭希望用消费商品来替代闲暇,也就是说,家庭将工作更长时间。但是,实际工资的提高使家庭变得更富裕,这一效应(叫做**财富效应**)倾向于使家庭消费更多的所有商品,包括闲暇。① 这一效应使家庭工作较少时间。如果替代效应大于财富效应,劳动供给曲线将向上倾斜;如果财富效应较大,劳动供给曲线将向下倾斜。专栏4-3提供了一个对效用函数的数学例子的更详细的考察,并用这个例子来获得劳动供给曲线。

专栏 4-3

进一步观察

推导劳动供给曲线:一个数学例子

在这个专栏中我们给出了一个效用函数的例子并说明如何推导劳动供给曲线。和生产函数的数学例子一样,你可以放心地跳过它而不失去本章的主线。要记住的最重要的一点是,劳动供给曲线向上倾斜。这个例子说明了杰文斯和其他新古典经济学家如何从主观效用理论中得出这个命题。

为了掌握主观效用理论的观点,新古典经济学家写了一个数学表达式,即效用函数,它表明了在任何给定的消费品和劳动供给的组合下我们获得的效用数量。方程(4.3.1)是一个效用函数的例子。

$$U = Y^D - (1/2)(L^S)^2 \qquad (4.3.1)$$

这是家庭效用　　这是从商品中　　这是从劳动中
　　　　　　　　获得的效用　　获得的负效用

家庭试图获得尽量多的效用,但是它们的花费不能超过可用的收入。这由它们的预算约束控制。联立预算约束和效用函数,我们得到家庭面临的问题。

$$\max U = (w/P)L^S + \pi - (1/2)(L^S)^2 \qquad (4.3.2)$$

家庭试图使这项越大越好　　这是可被购买的商品　　这是劳动的负效用

这个问题的解可以通过使效用的导数等于0得到。

$$(w/P) = L^S \qquad (4.3.3)$$

效用最大化给出了一个劳动供给曲线的表达式。

方程(4.3.3)是劳动供给曲线的数学表达式。对我们的例子来说,它是一条斜率为正的直线,告诉家庭在任何给定的实际工资水平(w/P项)下供给多少劳动(L^S项)。

---

① 一些作者将财富效应称作"收入效应",尽管在考虑资源通过借贷进行跨期转移的问题时,财富效应是个更好的术语。

4.4.3 使劳动供给发生移动的因素

新古典理论不仅预言劳动供给曲线将向上倾斜,它还预言所得税和财富是引起劳动供给曲线发生移动的两个因素。

税收通过降低家庭得到的工资来减少劳动供给量。例如,当一个家庭处于 30% 的税级(tax bracket)时,它挣 10 美元仅得到 7 美元,余下的 3 美元以税收的形式交给了政府。尽管我们大多数人觉得课税过重,事实上,美国人的所得税占工资的份额大大低于其他许多国家。1988 年,美国最高的税级被削减至 28%;1993 年新的立法将最高的税率提高到 39.6%,但这个最高税率仅仅适用于年收入高于 250 000 美元的人,他们只占美国纳税人的一小部分,和欧洲的税率相比,这个最高税率还是低的,在欧洲最高税率可能达到 70% 或 80%。

影响劳动供给的第二个重要变量是财富。单独来说,富裕的家庭不大可能长时间工作;相似地,当社会变得更加富裕时,我们所有人都倾向于消费更多的商品,包括闲暇。这样,增加的财富使劳动供给曲线向左移动。当家庭变得富裕时,如果其他所有的东西保持不变,他们将少工作几个小时,当然,这并不意味着所有的有钱人都不工作,美国许多最富裕的家庭正是因为长时间投入到生意的经营当中而获得财富的。然而,总体而言,我们有望看到那些拥有巨额的继承来的财富的人不大可能花费长时间在工薪职业(paid employment)工作上。专栏 4-4 详细考察了税收对劳动供给的影响。

专栏 4-4

聚焦事实

供给学派经济学(税收和劳动供给)

在 20 世纪 80 年代,一大批有影响的政治评论家、罗纳德·里根总统的支持者赞成供给学派经济学。这个学说的中心命题是,减税通过提高工作报酬激励人们努力工作和储蓄,从而促进经济增长。虽然供给学派经济学在政治上很受欢迎,但它并不是一个为多数经济学家所认可的理论。在 20 世纪 80 年代,无党派倾向的美国经济学会在将近 18 000 个自称是供给学派经济学家的成员中只登记了其中的 12 人为会员。[1]

供给学派经济学背后的中心命题是拉弗曲线,它诞生于在纽约的一家餐厅里进行的一系列餐桌讨论,讨论的双方是经济学家阿瑟·拉弗和《华尔街日报》的一个记者罗伯特·巴特利。

拉弗曲线说明了税收收入和税率之间的关系。如果税率是 0,很明显政府得不到任何收入;另一方面,如果税率是 100%,则没有人愿意工作,什么东西也生产不出来,政府同样什么也得不到。既然这条联系税率和税收收入的曲线在开始和结束时都是 0,那么一定存在某个介于 0 和 100% 之间的税率使税收收入最大化。这意味着总是存在两个税率使得税收收入相同。

在这个图中,政府既可以在一个较低的税率 T_1 处也可以在一个较高的税率 T_2 处得到收入 R_1。供给学派认为税收是如此之高,我们一定处于 T_2 处,因此,降低税率将提高收入。

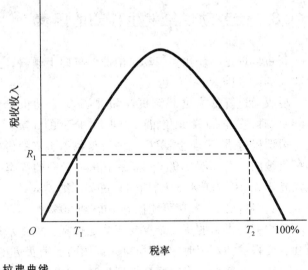

拉弗曲线

既然所有的经济学家都知道如果税收提高人们将少干活,那么拉弗曲线并非是一个有争议的命题。引起争议的是供给学派的这样一个信念,即实际上我们处于"拉弗曲线错误的一端"(如在点 T_2 而非点 T_1)。供给学派成功地游说里根应该在不增加支出的情况下减税。相反,大多数保守的经济学家希望同时减税和减少支出。实际上,里根在1981年的税收削减引起了赤字的增加,从1980年的2.7%增加到1986年的5.2%。这本身并不能说明减税是件坏事,或减税没有激励人们努力工作,但它确实引起了人们对供给学派关于经济处于拉弗曲线错误的一端的观点的怀疑。

[1] James Carville, *We're Right, They're Wrong: A Handbook for Spirited Progressives* (New York: Random House, 1996), p.12.

关于供给学派经济学,Slate 上有麻省理工大学经济学教授保罗·克鲁格曼所作的一个很好的评论,在 http://www.slate.com 上搜索 "Paul Krugman" 和 "supply-side economics" 就可以看到。关于供给学派经济学的系统综述,可以访问裘德·万尼斯基的网站 http://www.polyconomics.com/,万尼斯基是供给学派经济学的一个主要支持者。

如果较多的财富使劳动供给曲线向左移动,也许这意味着花费在工作上的小时数随时间下降。事实上,这是不对的:将近一个世纪,失业率大体上保持不变。事实上,财富增长对劳动供给的影响被实际工资的提高抵消了。财富对劳动供给的影响叫做"财富效应",更高的工资对劳动供给的影响叫做"替代效应"。失业率基本保持不变是因为在很长一段时间里,财富效应和替代效应相互抵消了。专栏4-5显示了美国自1890年起的实际工资和就业的数据。

专栏 4-5

聚焦事实
财富效应

在过去 100 年间工资已经增长了很多,而就业率则几乎保持不变。原因在于我们今天比 1890 年的时候要富裕,结果家庭消费了更多的休闲活动。财富增加的效应倾向于减少劳动供给,但是工资增加的效应倾向于提高劳动供给。在数据中这两个效应互相抵消了。[1]

[1] 1929 年后的就业率数据是由 16 岁以上的人口数除以总人口数得到的,1929 年前的数据来自 R.J. 戈登(R. J. Gordon)《美国的经济周期》(*The American Business Cycle*)一书,此书由美国国家经济研究局(the National Bureau of Economic Research)出版。实际工资的数据是由名义工资除以 GDP 平减指数得到的。在 1929 年以前的数据中,名义工资来自前面提到的那本书。在 1929 年以后的数据中,名义工资等于雇员报酬除以名义 GDP 再除以就业量得到。

4.5 古典总供给理论

现在让我们把劳动需求理论和劳动供给理论结合起来,看看古典经济学家认为产出、就业和工资是如何决定的。古典总供给理论解释了这些变量。

4.5.1 联立需求和供给

图 4-4 中的劳动需求曲线和劳动供给曲线说明了家庭和企业的决策。古典模型假设劳动市场是均衡的。

在工资$(w/P)_1$处,家庭供给L_1^S小时的劳动,而企业需要L_1^D小时,供给量超过需求量。

在工资$(w/P)_2$处,家庭供给L_2^S小时的劳动,而企业需要L_2^D小时,需求量超过供给量。

只有当$(w/P)=(w/P)^E$时,需求量才等于供给量。这时劳动市场达到均衡,并且就业量为L^E。

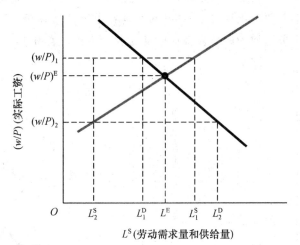

图 4-4 劳动市场均衡

实际工资和就业水平是由劳动需求曲线和劳动供给曲线的交点决定的,用$(w/P)^E$和L^E表示,其中上标 E 代表均衡。实际上,均衡值$(w/P)^E$和L^E取决于技术和家庭偏好,这些经济特征决定了劳动需求曲线和劳动供给曲线的位置和斜率。

对于任何给定的实际工资值,家庭和企业制订表明它们愿意买卖的劳动和商品的数量的计划。对于一些工资值,企业计划购买的劳动多于家庭计划出售的劳动;对于其他一些工资值,则相反的情况发生。对于大多数实际工资值,家庭和企业的计划是互相不一致的。

例如,图 4-4 刻画了一个以商品单位衡量相对高的工资值$(w/P)_1$。给定这个相对高的实际工资,企业需要一个较低数量的劳动L_1^D,而家庭将供给一个较大的数量L_1^S,在这种情况下,供给超过需求。相反地,如果工资低至$(w/P)_2$,企业的劳动需求将超过家庭的劳动供给。只有在均衡的实际工资水平$(w/P)^E$上,劳动的需求量和劳动的供给量才相等。劳动和商品的需求量和供给量相等时的劳动和商品数量叫做"竞争性均衡配置"。专栏 4-6 借助一个均衡的数学例子来详细考察。

4.5.2 均衡有什么特别之处

下面的问题似乎是合情合理的:为什么古典经济学家关注的是均衡点,而不是其他那些使得供求不相等的实际工资水平?答案是:均衡点是唯一不存在通过相互交易获得利益的点。

> **专栏 4-6**

> **进一步观察**
>
> **推导总供给曲线：一个数学例子**
>
> 在这一部分，我们联立专栏 4-2 中的劳动需求曲线和专栏 4-3 中的劳动供给曲线，它们中间的每一个都有一个数学表达式，即表示实际工资和劳动需求量或供给量之间关系的一个方程。通过同时解这两个方程，我们可以得到均衡的实际工资值和均衡的劳动量的值。让我们从具有如下表达式的劳动需求曲线开始：
>
> $$1 - L^D = (w/P) \quad (4.6.1)$$
>
> 这是劳动需求曲线的方程
>
> 从边际效用理论中我们可以得到劳动供给曲线：
>
> $$(w/P) = L^S \quad (4.6.2)$$
>
> 这是劳动供给曲线的方程
>
> 如果同时解这两个方程，我们就得到 $L^S = L^D = L^E$，
>
> $$1 - L^E = L^E \text{ 或 } L^E = 1/2 \quad (4.6.3)$$
>
> 把这个 L^E 的解代回到劳动需求曲线或劳动供给曲线中得到均衡实际工资的表达式：
>
> $$(w/P)^E = L^E = 1/2 \quad (4.6.4)$$
>
> 为了得到产出供给量，我们必须利用生产函数的方程：
>
> $$Y^S = L^D - (1/2)(L^D)^2 \quad (4.6.5)$$
>
> 在均衡处，劳动需求量等于 1/2，故产出供给量应该是：
>
> $$Y^E = L^E - (1/2)(L^E)^2 = (1/2) - (1/2)(1/2)^2 = 3/8 \quad (4.6.6)$$

例如，假定经济中的每个企业都提供一个高于均衡实际工资 $(w/P)^E$ 的工资 $(w/P)_1$，在这种情况下，有些工人在市场工资下将找不到工作，因为当 (w/P) 在均衡水平之上时，供出售的劳动时间将多于企业所需要的。古典经济学家假设，在这种情况下，一个失业工人将愿意为低于现行工资水平的工资而劳动。既然一个企业雇用这样一个工人是有利可图的，双方都愿意做这个交易。类似地，已经雇用了工人的企业在讨价还价中将处于有利地位，他们将辞退那些拒绝降低工资的工人而雇用那些愿意接受较低工资的失业者，这样它们将能够强迫工人接受较低的工资。

另一方面，假定实际工资处于低于均衡水平 $(w/P)^E$ 的某一水平 $(w/P)_2$ 上，在这种情况下，企业雇用的劳动多于家庭提供的劳动，无法找到足够工人的企业将通过提供一个较高的工资来引诱工人离开其他企业，已经在低工资下就业的工人将在讨价还价中处于有利地位，他能够以受雇于一个较高工资的雇主来进行要挟。唯一不存在任何提高或降低工资率的压力的工资是实际工资 $(w/P)^E$。

网络浏览 4-1

爱德华·普雷斯科特和詹姆斯·托宾:两个著名经济学家如何看待实际的经济周期理论

The Region

The Region 是明尼阿波利斯联邦储备银行出版的一份杂志。明尼阿波利斯联邦储备银行和明尼苏达大学经济系联系紧密,这个储备银行的研究部门有一大批宏观经济学家是实际的经济周期理论的坚定支持者。你可以从 http://www.minneapolisfed.org 上的 *The Region* 杂志中找到一些选登的文章。

The Region 是为那些非专家所写的关于现代宏观经济学问题的文章的重要出处。它也刊登对某些著名经济学家的采访。

1996 年 9 月,*The Region* 刊登了一个对爱德华·普雷斯科特的采访,后者是实际的经济周期理论的一个主要支持者。你在 http://www.minneapolisfed.org 上搜索 "Edward Prescott" 和 "real business cycle" 就可以找到这个采访的全文。

用普雷斯科特的话说,"如果你反复抛一枚硬币,把正面记为 $a+1$[1],反面记为 $a-1$,并加总抛 15 次,所得的值得到的时间序列将呈周期性波动,这个波动看起来很像一个周期。尤金·斯卢茨基(俄国经济学家和计量经济学家)在他 1927 年的著名文章中提出:周期可能是随机因素的加总。这篇文章的译文刊登在 1937 年的《经济学》(*Econometrica*)上。在实际的经济周期模型中,一个给定冲击的影响力每季度仅减弱 5%,这意味着这个冲击的半衰期是三年半,当前经济周期的状况是由过去四年中发生的事情决定的。"

爱德华·普雷斯科特

1996 年 12 月,*The Region* 刊登了一个对詹姆斯·托宾的采访,后者是一个主要的凯恩斯主义经济学家,并且是 1981 年的诺贝尔经济学奖获得者。对托宾的采访可以在 http://www.minneapolisfed.org 上搜索 "James Tobin" 找到。根据托宾的观点,他和普雷斯科特之间的区别是 "关于经济周期期间真实经济到底发生了什么:他(普雷斯科特)认为波动是移动均衡(moving equilibrium),其中供给和需求总是相等,而且他把大部分的周期归因于产出波动;而我相信经济周期中市场没有出清,相反地,举个例子说,大多数情况下确实存在非自愿失业和其他供给过量的情况。我们失去了对整个经济和对社会来说很有价值的产出。它并非是一个移动均衡"。

詹姆斯·托宾

---

[1] 原文为 a_1,疑为作者笔误。——译者注

4.5.3　瓦尔拉斯定律

古典总供给理论帮助我们决定生产的产品数量和劳动就业量,但是到目前为止,我们仅仅强调了劳动市场。我们怎么知道,当劳动需求等于劳动供给时,商品的需求等于供给也是正确的? 在我们的简单模型中,答案是只有两样东西参加交易:生产的商品和劳动。一个购买劳动的要求同时是一个出售商品的要求,因为企业利用商品来支付工资。同样的观点对家庭来说也是正确的。向企业提供劳动的要求同时也是购买商品的要求。如果一个家庭对提供的劳动量感到满意,那么它必然同时对它购买的商品量感到满意。类似地,如果一个企业对其需要的劳动量感到满意,那么它必然同时对其出售的商品量感到满意。

这个思想可以推广到更为复杂的经济模型的例子中去,其中有许多的商品被买卖。这个推广叫做瓦尔拉斯定律,以法国经济学家里昂·瓦尔拉斯的名字命名。在一个企业生产许多不同种商品的经济中,均衡的定义方式与单一商品经济中的定义是一样的。企业通过选择劳动需求量和生产的商品量来最大化其利润,家庭通过选择劳动供给量和购买的商品量来最大化其效用。竞争性假设是,家庭和企业都把所有的价格看作是既定的。对任意的价格水平,任何商品和劳动的供给都将不等于需求。在这个多商品世界中,瓦尔拉斯定律说的是,如果除了一种商品以外其他所有商品的需求都等于供给,而且劳动需求也等于劳动供给,那么最后那种商品的供给也一定等于需求。

4.5.4　谁持有货币

或许你已经发现我们所描绘的经济和我们生活在其中的经济相当不同。我们所作的一些简化或许不是很重要,但其他一些是关键的。

我们模型中的企业和家庭不使用货币,相反,它们直接以劳动交换商品。在古典理论的较复杂的例子中,可能存在许多不同的商品和许多不同的人,但是这个理论仍然没有以一种令人满意的方式把货币整合进去。用货币单位定义产出的价格并将其叫做 P,是可能的。类似地,定义模型中的劳动的价格并将其叫做 w 也是可能的。这并不改变这样一个事实,即在古典模型中没有人直接关心 P 和 w,他们只关心劳动和商品的交换比率。古典总供给理论对"谁持有货币"这个问题的回答是:"没有人"。

如果没有人持有货币,你可能会对如何将古典竞争理论推广到以货币单位衡量价格的情况感到好奇。我们将在第 5 章提到这个问题。

4.6 运用古典理论

经济学家应用模型来解释数据。所谓模型是一组说明变量之间的相互关系的数学方程。一些变量叫做"内生变量",是在模型之内得到解释的;其他一些叫做"外生变量",是在模型之外得到解释的。一个模型的解是一个方程组,每一个都对应一个内生变量,它把内生变量看作外生变量的函数。

我们通过对照模型的预测和来自现实世界的观察来评估我们的理论。当模型作出错误的预测时,我们以一些方式更改或润色它们,这些方式将改善我们对世界的理解。现在我们通过检验它对"什么引起经济周期"这个基本的宏观经济学问题的回答来评估一下古典理论。

4.6.1 经济波动

根据古典就业理论和GDP理论,经济波动的解释依赖于影响劳动市场均衡的因素。存在三种这样的因素:偏好、禀赋和技术。

4.6.2 偏好、禀赋和技术

就业水平取决于劳动市场上需求和供给的相等。它意味着引起产出水平波动的因素是那些引起劳动需求曲线或劳动供给曲线移动的因素。使劳动需求曲线发生移动的两个因素是技术、生产率的提高和资源禀赋的提高,使劳动供给曲线发生移动的一个因素是偏好的改变。

考虑由新技术的发明所引起的生产率提高带来的影响。这种改善持续发生并可能对劳动市场产生不同的影响,这取决于它们对资本和劳动边际产品的相对影响。举个例子,假定发明一种提高劳动生产率的新技术,例如19世纪和20世纪之交的汽车工业的大规模生产。在大规模生产的时代来临之后,企业愿意对给定的劳动量支付更高的工资,因为通过利用新技术,它们能够利用雇用的每个小时劳动生产出更多的商品。

生产率提高的影响体现在图4-5中。在提高之前,这个经济通过生产函数1利用劳动力生产产出;在提高之后,它通过生产函数2更为有效地进行生产。新技术的引进使得劳动需求曲线从劳动需求1移动到劳动需求2,这是因为企业对现有劳动供给的雇用竞争更加激烈。当劳动需求向右移动时,劳动需求曲线和劳动供给曲线的交点沿劳动供给曲线向右上方移动。当企业试图吸引额外的工人进入劳动市场时,它们必须支付一个较高的工资以说服家庭提供更多小时的劳动。实际工资上升的数量取决于劳动供给曲线的斜率。这样,生产率提高使就业提高到L^{E2},使实际工资提高到$(w/P)^{E2}$。

一个新发明的影响是使生产函数从1移动到2。这样的创新每时每刻都在发生,比如电子器件的小型化推动了计算机产业的发展,并引发了一波全新的生产率提高。生产率提高使得企业可以支付更高的工资从而影响了劳动力市场。最直接的影响是劳动需求曲线向外移动,提高了实际工资和就业量。

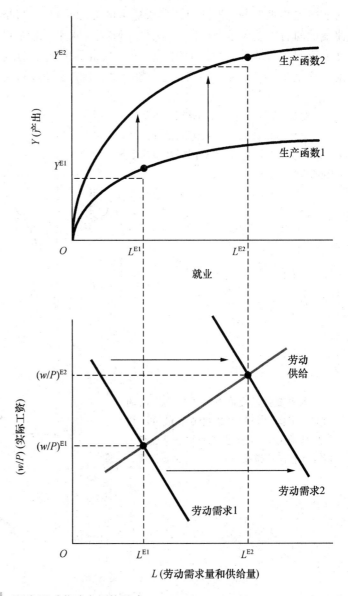

图 4-5　新发明对劳动市场的影响

图 4-5 中上面那个图说明了新技术对商品供给的影响。总供给提高的原因有两个:首先,更多的工人投入到劳动市场中,当劳动时间增加时,GDP 提高;其次,生产函数向上倾斜,使得即使劳动数量保持不变的情况下生产的产出数量也增加。这两个效应结合起来,使得总供给从 Y^{E1} 上升到 Y^{E2}。引起均衡的 GDP 提高的第二个可能原因是新的自然资源储藏的发现。比如天然气的发现,当企业试图开采矿藏时,它将提高劳动生产率和创造新的就业岗位。经济中的自然资源存量,包括人们的时间,叫做"禀赋"。这些资源的供给固定的事实导致了生产函数的规模报酬递减。新的自然资源的发现使生产函数发生移动的方式和新发明是一样的,并且它对实际工资、就业和总供给有着相似的影响。

使总供给曲线发生移动的最后一个因素是家庭偏好的改变。图 4-6 表明了当家庭在任何给定的实际工资水平下自发地决定供给更多的劳动时,什么事情将会发生。劳动供给的提高由劳动供给曲线的向右移动表示,降低了均衡的实际工资水平,提高了均衡的就业水平和GDP。一个由非经济因素引起的劳动供给增加的例子是第二次世界大战末期以来妇女就业率的提高。在1948年,妇女就业率是32.7%;到1993年,这个数字已经增加到57.9%。

在20世纪60年代和70年代,参加工作的妇女的数量比过去几十年都多。结果是就业率的提高,并使美国经济生产了更多的产出。

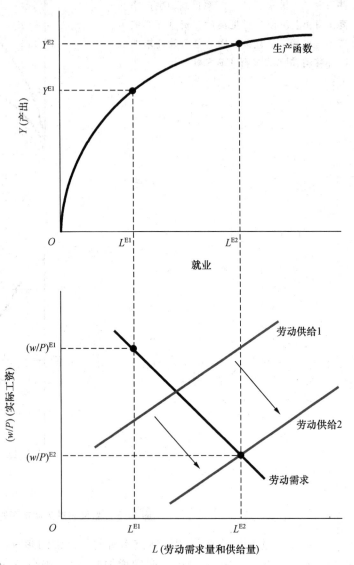

图中表明了理论上劳动供给提高的影响。家庭偏好的变化使劳动供给曲线从1移动到2。其最直接的影响是提高了就业和把工资降低到从未有过的低水平。

图4-6 偏好变化对就业和产出的影响

4.6.3 实际的经济周期学派

近年来,由明尼苏达大学的爱德华·C.普雷斯科特领导的一批经济学家复兴了古典模型。这个古典复兴叫做实际的经济周期理论(RBC),因为这些经济学家认为第二次世界大战后70%的经济

周期可以由技术的随机冲击来解释(见图4-7)。这个主张,如果被接受的话,将对经济政策制定有

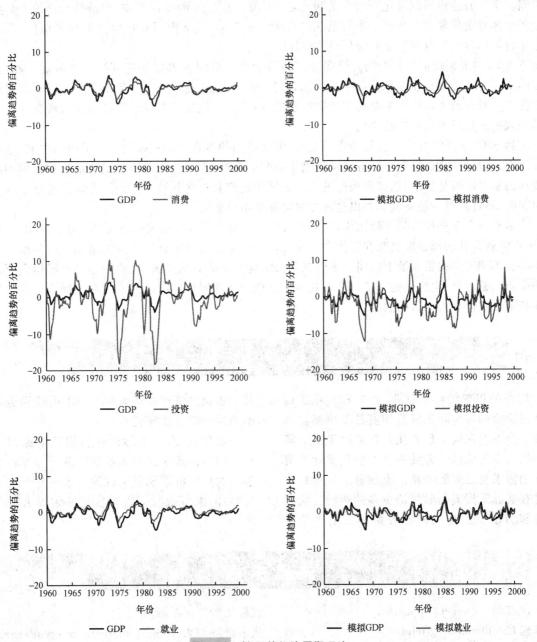

图4-7 实际的经济周期理论

以明尼苏达大学的爱德华·C.普雷斯科特为首的一批实际的经济周期经济学家相信对技术的随机冲击是第二次世界大战后70%的经济周期的原因。他们通过经济建模模拟经济周期来支持自己的观点,并且表明模拟模型中的波动很好地模拟了实际数据的性质。

在上面的图中,左边的坐标图是真实数据,右边的是从一个经济周期模型中模拟的时间序列,在这个模型中所有的波动都是由技术冲击引起的。在每个图中,黑线都代表GDP,灰线分别代表消费(在上面的图中)、投资(在中间的图中)和就业(在下面的图中)。

RBC模型很好地模拟了实际数据的统计特征。

重要意义。第二次世界大战后占支配地位的信念是认为经济周期是无效率的,阻止经济波动是政府的职能。实际的经济周期理论所暗含的观点是不同的,因为在 RBC 经济中,经济波动是追求最优化的经济主体对变化着的生产机会不可避免的反应。在 RBC 经济中不存在经济政策的地位,因为经济主体自身以尽可能有效的方式应付经济波动。

对 RBC 的最初反应是复杂的。许多宏观经济学家公然对古典模型的复兴产生敌意。然而,在过去的 15 年里,RBC 经济学家所倡导的方法论已经被广泛接受。这并不意味着今天每个宏观经济学家都认为所有的经济周期都是对生产率波动的有效反应,但是需求等于供给的观点现在被宏观经济学领域的现代研究者所广泛应用。

虽然 RBC 学派的影响一直是非常重要的,但是他们的观点并没有取代经济学科的主流,这里的部分原因是,尽管 RBC 模型对经济波动提供了部分的解释,但是这不是事情的全部。古典模型中经济波动的基本原因是技术、禀赋和偏好的变化。尽管我们所观察到的一些经济波动可能是由这些因素引起的,不过所有的经济波动都以这种方式解释是不可能的。

许多经济学家怀疑 RBC 模型的第二个原因是它几乎没有或完全没有注意到失业。在 RBC 模型中,所有的就业波动都是家庭改变它们向市场提供的劳动小时数的自发决策的结果。这些模型没有为那些找不到工作的工人留下空间。尽管在第二次世界大战后的美国,失业问题已经不如大萧条时期的失业问题重要,我们还是希望一个宏观经济学理论能够用单一的模型来同时解释第二次世界大战前和第二次世界大战后的数据。

结　论

均衡的思想解释了就业、产出和实际工资是如何决定的。实际工资是用商品单位衡量的工资。企业追求利润最大化并在实际工资下降时雇用更多的劳动。劳动需求曲线是实际工资和劳动需求量之间的关系。家庭追求效用最大化并在实际工资提高时供给更多的劳动。实际工资和劳动供给量之间的关系是劳动供给曲线。古典经济学家认为劳动需求曲线和劳动供给曲线的交点决定就业水平。

近年来,来自实际的经济周期学派的一批有影响的经济学家主张不应该急于抛弃古典模型。这些经济学家坚持认为大萧条是个非正常的事件,大多数时候古典模型的解释力都是不错的。

关 键 术 语

竞争性市场　competitive market
报酬递减　diminishing returns
边际产品　marginal product
市场　market
名义工资　nominal wage
生产　production
生产函数　production function
生产可能性集合　production possibilities set

实际工资　real wage
代表性参与人经济　representative agent economy
替代效应　substitution effect
技术　technology
效用　utility
瓦尔拉斯定律　Walras Law
财富效应　wealth effect

习 题

1. 代表性参与人的含义是什么？你认为为什么古典经济学家要假设代表性参与人？你认为在一个采用代表性参与人的模型中会忽略什么类型的问题？

2. 解释实际工资和名义工资之间的区别。企业和家庭在劳动市场上进行决策时哪个变量较重要？为什么？

3. 报酬递减的含义是什么？解释报酬递减在决定劳动需求曲线斜率中的作用。

4. a. 解释替代效应和财富效应之间的区别。根据新古典经济学的观点，二者当中谁占支配地位？这个假设对古典劳动供给曲线来说意味着什么？
   b. 看看专栏4-5中提供的数据，是替代效应占支配地位还是财富效应占支配地位？这些数据对美国经济史中的劳动供给曲线的斜率来说意味着什么？

5. 利用古典总供给模型简要讨论一下劳动所得税的影响。通过讨论它对劳动、工资、劳动边际产品和总产出的影响来弄清楚这个问题。

6. 利用古典总供给模型简要讨论一下资本投资税的影响。通过讨论它对劳动、工资、劳动边际产品和总产出的影响来弄清楚这个问题。

7. 利用古典总供给模型简要讨论一下减少家庭财富的股市危机的影响。通过讨论它对劳动、工资、劳动边际产品和总产出的影响来弄清楚这个问题。

8. 考虑如下劳动供给函数 $L^S = (w/P)(1-t)$，其中 t 是名义工资税税率。
   a. 计算如果税率从当前值30%（即 $t=0.3$）下降到20%，劳动供给将发生什么变化。
   b. 如果 $L^D = 4(w/P)$，计算当税率从30%下降到20%时均衡的实际工资率将发生什么变化。
   c. 画出一个劳动市场的图形来说明b题中税收减少的效应。你的图和你在b题中的计算结果一致吗？
   d. 计算b题中所描述的税收削减将会使政府的税收收入发生什么变化。
   e. 什么是拉弗曲线？你在d题中的计算结果和拉弗曲线的预测一致吗？为什么？

9. 考虑一个具有如下总量生产函数的经济：$Y = L^{1/2}$。
   a. 求劳动的边际产品（提示：如果一个生产函数采取 $Y = AL^{\alpha}$ 的形式，那么劳动的边际产品等于 $\alpha A L^{\alpha-1}$）。
   b. 通过代入不同的 L 值计算边际产品的变化来说明这个经济中的总生产函数反映出了报酬递减。
   c. 如果 w/P 是实际工资，通过使实际工资等于a题中求得的劳动边际产品，求劳动需求曲线。
   d. 如果劳动供给曲线是 $L^S = 2(w/P)$，计算均衡的劳动量和实际工资。
   e. 计算总产出 Y。

10. 讨论什么使得实际的经济周期模型（RBC）与其他经济学的模型相区别。RBC理论者认为什么是美国经济周期发生的源泉？他们的假说在什么地方有吸引力？你认为他们的缺点在什么地方？

11. 阅读 *The Region* 杂志对詹姆斯·托宾和爱德华·普雷斯科特的采访。简短总结这两位经济学家对经济周期原因的看法。他们相互同意对方的观点吗？假如不是，解释他们的主要不同之处。

第 5 章　总需求和古典价格水平理论

5.1　引言

　　古典价格水平理论有时候又叫做货币数量论或古典总需求理论。它是在 19 世纪末 20 世纪初发展起来的,尽管这一理论的早期版本可以在大卫·休谟这个 18 世纪的苏格兰经济学家的著作中见到。

　　我们为什么对一个已经有了 200 年发展的理论感兴趣？首先,对于一些问题,古典理论提供的答案依然是非常好的,这其中最重要的一个是通货膨胀原因的古典解释,特别是在巴西、玻利维亚、阿根廷和以色列等这些通货膨胀率非常高的国家。古典理论在高通货膨胀国家具有良好解释力的原因,同牛顿的万有引力理论在低光速条件下具有良好解释力的原因是一样的。在某些方面,两个理论都是错误的,但有时候这些方面是不重要的。

　　研究古典理论的第二个重要原因是,它能够帮助你理解现代跨期均衡理论。通过使那些导致家庭和企业随时间改变其劳动需求和供给的因素明朗化,这些现代理论得以建立在古典理论的基础上。古典理论作出了一些不现实的简化,但是从简单的概念开始然后学习复杂一点的东西,也是一个好主意。

　　最后但并非最不重要的一个原因是,学习古典总需求和总供给理论是值得的,因为古典理论已经被整合到**新古典综合**里头去了,后者被几乎所有的记者和政策制定者用来理解今天的经济。新古典综合是在经济学家试图合并两条不同的研究路线的过程中发展起来的。一条分析路线由约翰·梅纳德·凯恩斯率先发起,他创立了一个和古典理论不同的理论来解释产出和就业如何在繁荣和衰退期间产生波动;另一条分析路线叫做新古典增长理论,它发展了古典总供给和总需求理论,用来决定产出的长期水平。根据新古典综合,凯恩斯经济学应该用来描述就业、产出和通货膨胀的短期波动,而新古典增长理论则应用在长期。

5.2 货币需求理论

古典价格水平理论,或**古典总需求理论**,是货币理论和我们第 4 章所研究的古典总供给理论的一个结合体。为了将货币整合到这个理论中,我们从一个静态、一期经济中的家庭的预算约束开始,而后我们将说明在家庭利用货币作为交换媒介参与经由时间的重复交易的时候,这个约束所发生的变化。

5.2.1 这一理论的历史发展

古典总需求理论是**货币数量论**的现代名称。货币数量论是解释价格总水平如何决定的一个尝试。它有悠久的历史,至少可以追溯到大卫·休谟(1711—1776 年)富有启发性的论文《论货币》,这一论文仍然和现代经济学有关。晚近时期研究货币数量论的经济学家包括美国的欧文·费雪(1867—1947 年)和英国的阿尔弗雷德·马歇尔(1842—1924 年)。本章采取的方法基于马歇尔的著作,因为马歇尔是第一个用需求-供给分析框架明确研究货币的人。

5.2.2 货币需求理论

为了理解人们为什么使用货币,古典理论通过建立一个货币需求理论扩展了商品供给和需求的静态理论。正如只要额外购买一单位商品的边际收益大于其边际成本家庭对商品就有需求一样,古典理论认为,人们对货币存在需求,直到其边际收益等于边际成本为止。货币是一种耐用品,其消费方式与黄油和奶酪的消费方式不同,货币更像电视机或冰箱,它可以随时间产生一个服务流(a flow of service)。一台电视产生一个娱乐服务流,而货币产生一个**交易服务**流,其增加了买卖产品的便利性。持有货币的成本是放弃消费某种商品的机会成本,其边际收益是由手头持有现金便于交易带来的额外的便利性。

让我们从成本开始,考察一下持有货币的成本和收益。我们的首要任务是看看持有货币如何减弱了家庭购买其他商品的能力。我们将考察一个货币经济中的家庭预算约束。如果当持有货币的成本很高时,家庭仍然持有货币,它们一定是得到了一定的收益。古典经济学家假设这个收益和交易量成比例。

网络浏览 5-1

对米尔顿·弗里德曼的采访

当今货币经济学领域最有影响的角色是米尔顿·弗里德曼,他以前是芝加哥大学的教授,现在是斯坦福大学胡佛研究所的研究员。紧随第二次世界大战而来的那段时期里占支配地位的范式是凯恩斯主义经济学。许多凯恩斯的追随者认为货币是一个相对不重要的通货膨胀决定因素,相反,通货膨胀是由强大的工会引起的。弗里德曼对复兴古典经济学的观点起了重要作用,这个观点认为通货膨胀是由货币数量的增加引起的。他关于货币和通货膨胀的观点主要体现在《货币数量论研究》(*Studies in the Quantity Theory of Money*)(芝加哥大学出版社,1956 年)中的《货币数量论——一个重新表述》(The Quantity Theory of Money—a Restatement)一文中。

你可以在明尼阿波利斯联邦储备银行的 *The Region* 杂志里找到一个对弗里德曼的采访,其中他讨论了从政府在社会中所扮演的角色到欧洲货币联盟等一系列当前经济问题。你可以在 http://www.federalreserve.gov 上搜索"Milton Friedman"找到这个采访。

5.2.3 预算约束和机会成本

货币之所以产生**机会成本**,是因为使用货币的决策减少了可用于其他产品的资源。在第 9 章,我们将讨论借贷的机会,并修正我们对持有货币的机会成本的分析。不过眼前,我们假设货币是家庭可用来储藏财富的唯一资产。在我们的简单模型中,持有货币的机会成本来自于这样一个事实,即如果家庭选择不持有货币,它将能够购买其他的商品。为了说明这一点,让我们对比一下静态模型中的预算约束(在该模型中,交易发生在同一时点上)和动态模型中的预算约束(在其中,交易发生在不同时点上),这个考察的目的在于说明货币的使用如何通过减少可用于购买其他商品的资源来增加消费者的成本。

5.2.4 静态物物交换经济中的预算约束

我们在第 4 章研究的经济叫做**静态物物交换经济**。"物物交换"一词的含义是,不通过货币,商品和商品之间直接交换。"静态"一词的含义是,经济仅仅持续一期:经济主体用劳动交换他们生产和消费的商品,到此为止。

> 专栏 5-1

进一步观察

研究货币理论的三位著名经济学家

大卫·休谟是一个苏格兰农场主的儿子。他是亚当·斯密的同时代人和朋友,两人都积极参与苏格兰启蒙运动,这是 18 世纪一个以爱丁堡为中心的著名的知识复兴运动。休谟最重要的哲学思想体现在《人性论》中,其中他努力"将理智的经验方法引入道德问题",或者,更简单地说,就是用牛顿和培根的启蒙的科学方法来看待五个人类问题。这些问题分布在《人性论》的五卷当中——第一卷(论理解)、第二卷(论激情)、第三卷(论道德)、第四卷(论政治)和第五卷(论批判)。

大卫·休谟

休谟对经济学的贡献包含在一系列论文中,其中写于 1752 年的《论货币》是货币数量论的一个漂亮的一流表述。

马歇尔生于伦敦,并在剑桥学习数学,在那里他成为一个政治经济学教授。他与杰文斯和瓦尔拉斯一起,成为新古典学派的创始者之一。马歇尔研究经济学是因为他希望增进大多数人的福利,他认为对陷入恶劣的生活和工作条件中的大多数群众来说,如果经济条件没有首先得到改善,他们的习惯、希望和自尊就别指望得到改善。

马歇尔的《经济学原理》(1890 年)成为后来经济学学生的标准参考书,这些学生当中包括梅纳德·凯恩斯,在剑桥时他在马歇尔门下学习。在货币经济学领域,马歇尔希望建立"剑桥货币理论方法",它视现金余额的实际价值为一种可以产生服务流的商品。我们在本章所采用的就是马歇尔的方法。

阿尔弗雷德·马歇尔

费雪生于纽约,是耶鲁大学的经济学教授。他因发明一种被称为 Rolodex 的著名卡式档案系统而赚了一大笔——尽管在 1929 年的华尔街股市危机中他失去了他的财富,名誉也大大受损。就在股市危机前几天,他还在向投资者保证股票价格没有被高估,而是达到一个新的、永久性的高水平。

费雪对新古典经济学作出了许多重要的贡献,其中有他 1911 年的《货币购买力》一书中包含的对货币数量论的研究。费雪强调用交易的方法研究货币需求,其中,为了支付交易流,需要一个给定的货币存量。他认为货币流的速率,即流通速度,是一个常数。

欧文·费雪

通过用美元单位而不是实物单位衡量产品,我们可以改写静态物物交换经济中家庭面临的预算约束。回想一下,P代表商品的货币价格,w代表货币工资。

$$PY^D = P\pi + wL^S \tag{5.1}$$
对商品的需求　利润　劳动收入

方程(5.1)代表静态物物交换经济中的家庭预算约束。在这个经济中,没有货币易手,也没有家庭在交易中使用货币,但货币可以被用来做结算单位。为了说明这个结算工具是如何工作的,假设你为一个拥有果园的农场主干活,农场主每小时支付你5.00美元,同时,他的苹果的卖价是每个0.20美元,这样,和一小时收入5美元相比,你同样可以同意每小时收入25个苹果。这一经济中的实际工资(w/P)就是每小时25个苹果,货币工资(w)是每小时5.00美元,而商品的价格(P)是每个苹果0.20美元,方程(5.1)所给定的物物交换经济中的预算约束,尽管交换中没有使用货币,但是通过用货币为劳动和商品报价,同样表示了相对价格。

5.2.5 动态货币经济中的预算约束

在一个必须在交换中使用货币的经济中,这个预算约束将会发生什么样的变化呢?古典经济学家认为,既然典型的家庭并非在出售劳动的同时购买商品,通常一星期中,家庭手头会保留一定的现金,以应付购买和出售在时间上的不一致性。

假定一个家庭在一个星期开始的时候在手头持有现金,我们称之为家庭的货币供给。家庭每周赚取收入,进行一些日常采购,诸如日用百货、电影票或下馆子之类的。也许家庭会为7月的假期储蓄一点货币。为了即将到来的假期,家庭在这一星期结束的时候,手里持有的现金比这星期开始的时候要多。我们把家庭在这一星期末持有的货币叫做家庭的货币需求。如果我们衡量这一特殊家庭持有的现金,我们将看到,当家庭为假期储蓄时,现金量从5月到6月一直稳定增加,然后在7月又减少,因为家庭把储蓄花掉了。

经济作为一个整体,是由许多就像我们所描述的那个家庭一样的家庭组成的。有些家庭积累现金来买汽车,有些家庭为了购买圣诞礼物,而有些则为了给婚礼筹措资金。因为这些家庭都计划在不同的时点花掉它们的现金,平均来说,我们可以看到周末整个经济持有的现金和这星期开始时的现金是相等的。

通过买卖在时点上的分离,古典理论明确地将生产和交换模型化为一个持续的动态过程,而非静态片段。为了正式模型化这一思想,我们需要变动家庭的预算约束。

$$M^D + PY^D = P\pi + wL^S + M^S \tag{5.2}$$
货币需求　商品需求　利润　劳动收入　货币供给

方程(5.2)在物物交换经济的预算约束中添加了另外两项:M^S代表家庭在星期开始的时候拥有的货币,我们把它叫做家庭的货币供给,因为在这星期中,家庭为了交换商品,将把它支付给经济中的其他家庭;M^D是家庭在周末拥有的货币,我们把它叫做家庭的货币需求,因为它代表家庭在周末愿意在手头持有的现金——将用来在未来购买和出售商品的现金。家庭在星期开始时拥有的货币供给就像可花费在商品上的额外收入,在周末的货币需求就像对任何其他商品的需求一样,因为每周手头持有现金的决策减少了家庭可用来购买其他产品的资金。由于家庭的货币供给可用来购买额外的商品,持有货币的决策给家庭施加了一个机会成本,持有货币而失去的机会是那些原本可以购买的额外商品所带来的额外效用。

5.2.6 持有货币的收益

如果家庭持续地持有货币,并且持有货币是有成本的,那么持有货币必定也能带来好处。对古典经济学家来说,这些好处来自于经济中交易的更加便利,换句话说,货币是普遍接受的交换媒介。

考虑一个物物交换经济中的交换过程。假设一个个体,我们叫他琼斯先生,是某商品 X 的卖者和另一商品 Y 的买者,例如,商品 X 可能是一个经济学讲座,而商品 Y 可能是理发。在物物交换经济中,琼斯先生必须找到另一个人,如斯密先生,他既想出售商品 Y 也想购买商品 X。这个问题叫做**需求的双重巧合**,它意味着,在物物交换经济中,琼斯先生如果想理发的话,他必须找到一个刚好想听经济学讲座的理发师。如果人们能够在交换中就接受某种商品达成协议,这种共识不是出于对自己利益的考虑,而是因为按照惯例别人也将接受这个商品,这样的话,交换将大大简化。

古典经济学家认为,在任何时点上一个代表性家庭(average family)所需要的货币存量是和它所需要商品的货币价值成比例的,家庭每周购买的商品的价值越大,它手头必须持有的货币就越多。家庭一周内的平均现金存量和商品需求流量的价值之间的不变比例叫做**货币持有倾向**,在货币方程中用 k 表示。

$$M^D = k \cdot PY^D \tag{5.3}$$
货币需求　　货币持有倾向　　所需商品的名义价值

注意,古典理论中的货币需求是一个存量(手头的货币)和一个流量(每周所购买的商品)之间的关系。这个理论预言一个每周挣 200 美元的人和一个每周挣 400 美元的人一样平均将持有各自收入的一半,而将另一半放到支票账户里头。这一理论描述了一个存量和一个流量之间的关系,常数 k 是有时间单位的,即普通家庭以货币形式持有的按周计算的收入的数量。用 M_1(主要是现金和支票账户)衡量货币,第二次世界大战后美国的平均货币持有倾向等于 10 周(的收入),尽管 k 从第二次世界大战末开始就一直在下降。

5.3 总需求与货币的供给和需求

除了解释交换中的现金使用外,古典经济学家还利用古典货币理论来解释更多的东西。通过结合货币需求理论和货币需求等于货币供给的假设,他们解释了家庭在任何给定价格水平下所需的商品数量。这个商品总需求和价格水平之间的关系叫做古典总需求理论。

5.3.1 从货币需求到价格水平理论

古典总需求理论发展中的关键一步是货币需求恒等于货币供给的假设。为了理解这一假设背后的逻辑,我们假定,平均来说,家庭每周持有比用来购买和出售商品所需的货币更多的现金,当家庭发现它手头持有的货币超过需要时,它可以计划购买相对于正常的某周的购买水平来说较多的商品,但是即使一个单个的家庭能够通过购买更多的商品来减少货币持有量,经济作为一个整体却不能利用这种方式减少它的货币持有量。任何一个家庭购买商品都必然导致另一家庭的现金积累。对整个经济来说,货币需求必须恒等于货币供给。货币需求等于货币供给的事实可用来形成商品的总需求如何随名义价格变化的理论。价格和所需的 GDP 流量之间的这个关系叫做**古典总需求曲线**。

$$P = \frac{M^S}{kY^D} \tag{5.4}$$

价格水平 = 货币供给/(货币持有倾向×商品总需求)

方程(5.4)刻画了古典总需求曲线。它是通过在方程(5.3)中假设货币需求等于货币供给并重新排列将价格 P 移到方程的一边而得来的。

图 5-1 用图表示了这一方程,商品价格水平放在了纵轴上,商品需求量放在了横轴上。虽然图 5-1 叫做总需求曲线,但它和微观经济学中的需求曲线的意义是不同的。它是这样一个方程,用来表示当货币需求等于货币供给时价格水平和 GDP 水平之间的关系。当我们将总需求曲线从左往右移动时,GDP 的名义价值是不变的。既然货币需求量是和名义 GDP 成比例的,沿总需求曲线的每一点都对应于同样的货币需求。这一曲线的位置是由曲线每一点上正好等于名义货币供给的货币需求量决定的。在古典总需求曲线的每一点上,货币需求和货币供给是相等的。

> 古典总需求曲线是商品的平均价格和商品的需求量之间的关系。
>
> 在总需求曲线的每一点上,货币需求都等于货币供给。

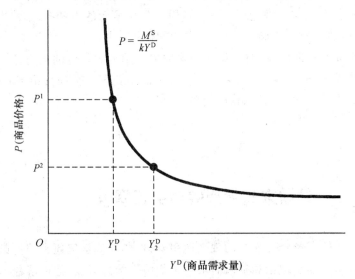

图 5-1 总需求曲线

为了理解为什么总需求曲线是向下倾斜的,假定在价格 P^1 下商品的需求量是 Y_1^D,如果价格下降到 P^2,经济中的家庭手头将拥有较多的货币,因为它能够支付更大的交易量。每个家庭都试图通过购买额外的商品来消除额外的现金。这样,经济面临着商品总需求量的提高,并且总需求曲线向下倾斜。

5.3.2 欧文·费雪和流通速度

我们到目前为止所描述的总需求理论是由英国剑桥的阿尔弗雷德·马歇尔发展起来的,几乎在同一时期,耶鲁大学的欧文·费雪作了类似的发展并得出了相似的结论。费雪版本的一个关键内容是**流通速度**的概念,它衡量货币存量在经济中流通的平均次数,并且它是由每单位时间的平均交易额和名义货币存量之间的比值定义的。在下面的公式中,V 是流通速度,P 是价格水平,T 是每单位时间的交易数量,M^S 是货币存量。

$$V = \frac{PT}{M^S} \tag{5.5}$$

流通速度　　平均交易额/名义货币供给

正如方程(5.5)所表明的,它是 V 的一个定义。为了使其成为一个可操作的理论,货币数量论者添加了两个假设:第一个是 T,表示每单位时间的平均交易额,可近似为产品和服务的实际总需求(Y^D);第二个是 V,为常数。利用这两个假设,我们可以将费雪版本的数量论写成下式:

$$P = \frac{VM^S}{Y^D} \tag{5.6}$$

价格水平　　流通速度×货币供给/商品总需求

如果比较方程(5.6)和方程(5.4),前者来自数量论的费雪版本,后者来自剑桥版本,你将看到如果我们令 $V=1/k$,两个理论推出了关于总需求的相同方程。我们现在来分析这个方程,看看如何用它来解释古典的价格水平理论。

5.4 古典价格水平理论

5.4.1 价格水平在总供给理论中所扮演的角色

古典总需求和总供给理论是对一系列因素的完整解释,这些因素决定了就业水平、GDP 水平、商品和劳动的相对价格(实际工资),以及以货币表示的劳动和商品的价格(名义工资 w 和价格水

P)。在这一节,我们将解释余下的内容,即通过引入交易中以货币作为交换媒介的事实,看看如何来修正古典总供给理论。我们利用三个图来解释价格水平在总供给理论中所扮演的角色:劳动需求和劳动供给图、生产函数图以及总供给图。

5.4.2 价格水平及劳动需求和劳动供给图

假设家庭在动态货币经济中的劳动需求和劳动供给决策与静态物物交换经济中的决策是一样的。这个被古典经济学家用来简化总供给理论的假设,在大大简化人们的决策方式的情况下是可行的。在第 17 章讨论的现代动态均衡理论中,我们将修正这些简化。

在图 5-2 中,劳动需求和劳动供给刻画了家庭和企业的决策。在古典模型中,劳动市场被假设为均衡的,实际工资和就业水平是由劳动需求曲线和劳动供给曲线的交点决定的,用 $(w/P)^E$ 和 L^E 表示,这里的上角标 E 代表均衡。古典分析的重要特征是家庭和企业只关心实际工资,因为 w 和 P 的比值衡量的是在既定的劳动努力水平的前提下,家庭将得到多少数量的商品。实际上,均衡水平的 $(w/P)^E$ 和 L^E 取决于技术的性质和家庭的偏好,因为这些性质决定了劳动需求和劳动供给曲线的位置和斜率。

在古典总供给理论中,总就业量是由劳动需求量和劳动供给量相等得到的。

这个模型决定了均衡的工资。对于任意一个给定的价格水平,都存在一个名义工资使得实际工资等于均衡水平。

比如,假定 $(w^E/P) = 2$,如果 $P = 2$,那么 $w^E = 4$;如果 $P = 5$,那么 $w^E = 10$。只有 w 与 P 的比值是由模型决定的。

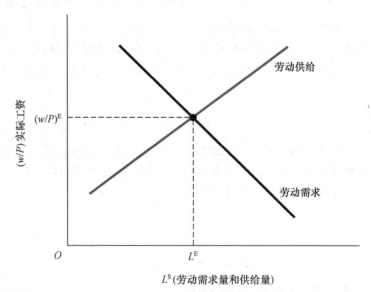

图 5-2 劳动需求和劳动供给图

5.4.3 生产函数图

古典总供给理论的第二步是决定产出供给。在给定就业水平的前提下,产出供给取决于生产函数,就业水平越高,产出的供给就越大。图 5-3 复制了生产函数,均衡的产出供给 Y^E 是劳动需求等于劳动供给,即劳动投入等于 L^E 时的产出数量。生产函数的特征和家庭的偏好决定了这一特定的产出额。

一旦实际工资和就业水平由劳动需求图所决定,产出供给就可以从生产函数中得到。

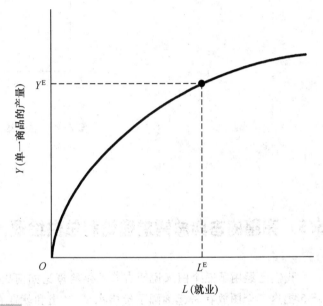

图 5-3 生产函数图

5.4.4 总供给图

最后一步是决定产出供给和货币价格之间的关系。既然劳动需求和劳动供给的数量是由实际工资决定的,那么,商品价格和产出供给是没有关系的。换句话说,不管商品的货币价格是多少,古典经济都将供给正好为 Y^E 单位的商品。价格上升时,名义工资同比例提高,而实际工资、就业水平和商品供给保持不变。

图 5-4 刻画了古典总供给理论,商品价格放在了纵轴上,而商品的总供给放在了横轴上。因为产出的价格和商品的总供给之间没有关系,这个图是位于产出水平 Y^E 处的一条垂线,在这条垂线上的任意一点,劳动需求量等于劳动供给量。

产出数量和价格总水平无关。

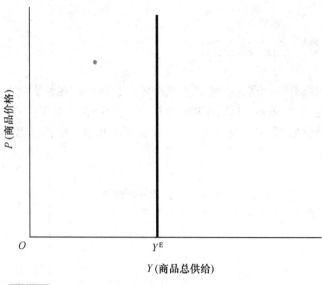

图 5-4 总供给曲线

5.5 完整的古典总需求理论和总供给理论

我们已经用了三个图来说明古典总供给理论如何决定实际工资、就业水平和产出的总供给。图 5-5 把这三个图放在一起刻画了价格水平、产出和就业在完整的古典体系中是如何决定的。图 A 把总需求和总供给曲线放在一起,图 D 是劳动需求和劳动供给图,图 C 是生产函数,图 B 中有一条与坐标轴成 45 度的线,它用来将 C 图的纵轴复制到 A 图的横轴,我们用这个图将 C 图和 D 图所决定的产出供给转换到 A 图中的总需求和总供给。

下面的分析解释了为什么总供给曲线是一条垂线。从图 A 开始,任意取一个商品价格的值,令这个任意值为 P_1,为了在总供给曲线上找到一个点,我们必须找出当价格水平为 P_1 时的产出数量。我们转向图 D——劳动需求和劳动供给图,来获得一个产出供给的数值。

从图 D 我们发现在任一商品价格水平上,劳动需求量和劳动供给量相等的结果是在 $(w/P)^E$ 的工资水平上供给 L^E 小时的劳动。为了找到均衡的产出供给,我们从图 C 的生产函数表上获得雇用 L^E 小时的劳动所生产的 GDP 数量。最后一步是利用图 B 中的 45 度线将图 C 纵轴上的 Y^E 的距离复制到图 A 的横轴上,这一步确定了点 $\{P_1, Y^E\}$ 在总供给曲线上。

为了在总供给曲线上找到另外一点,我们可以从一个低于或高于 P_1 的价格水平开始。再一次地,我们发现劳动需求和劳动供给的相等要求家庭刚好供给 L^E 小时的劳动。这个讨论中的关键一点是这样一个事实,即劳动需求量和劳动供给量是取决于实际工资而非名义工资或价格水平的。若价格水平翻倍,劳动市场均衡的结果是名义工资也翻倍,和价格水平 P_1 下劳动市场均衡的结果相比,这一均衡将产生同样的就业水平和同样的产出供给。因为均衡的就业量仅仅取决于实际工资而非价格水平,劳动市场均衡的假设使得任一可能的价格水平所产生的产出供给是相同的。

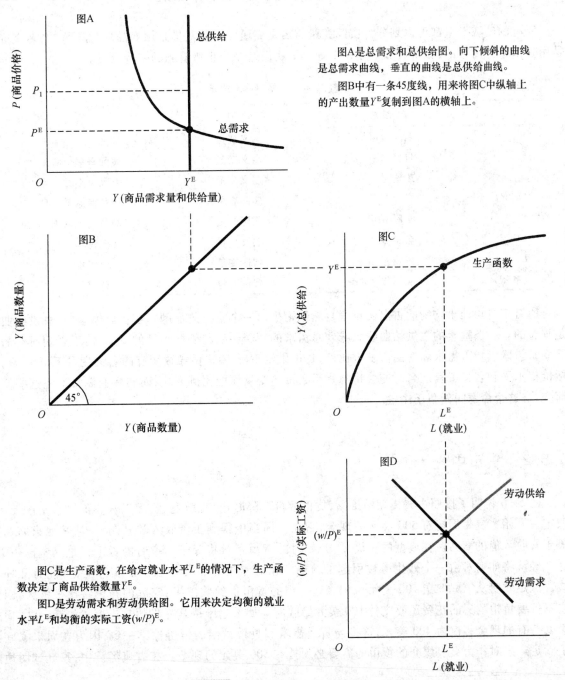

图A是总需求和总供给图。向下倾斜的曲线是总需求曲线,垂直的曲线是总供给曲线。

图B中有一条45度线,用来将图C中纵轴上的产出数量Y^E复制到图A的横轴上。

图C是生产函数,在给定就业水平L^E的情况下,生产函数决定了商品供给数量Y^E。

图D是劳动需求和劳动供给图。它用来决定均衡的就业水平L^E和均衡的实际工资$(w/P)^E$。

图5-5 完整的古典体系中的均衡

第5章 总需求和古典价格水平理论

5.5.1 古典理论与实际变量和名义变量之间的区别

所有的经济变量都可以划分为**实际变量**与**名义变量**。实际变量是用商品单位衡量的,名义变量是用货币单位衡量的(如美元)。表5-1划分了我们迄今为止所看到的一些变量。

图5-1 实际和名义变量

变量		类型	单位
M	名义货币供给	名义变量	美元
P	价格水平	名义变量	美元每单位商品
w	工资	名义变量	美元每小时
(w/P)	实际工资	实际变量	单位商品每小时
Y	实际GDP	实际变量	单位商品每年
PY	名义GDP	名义变量	美元每年
L	就业	实际变量	小时每年
(M/P)	实际货币余额	实际变量	单位商品

所有市场均处于均衡的古典假设很自然地衍生出一个重要的命题。在古典模型中,总供给曲线是垂直的。一条垂直的总供给曲线意味着总需求的下降将引起价格水平的下降,而不影响所有的实际变量。既然货币需求和商品需求成比例,货币供给下降10%将导致所有的名义变量下降10%,包括价格水平和名义工资。名义变量将随货币数量的变量而同比例变化,而实际变量将不随这些变化而变化,这个命题叫做**货币中性**。

5.5.2 货币中性

图5-6说明了按照古典模型的推断,货币数量下降时产出、就业、实际工资和价格水平的反应。假定一开始家庭每周持有500美元的现金,它在一周当中得到工资收入和利润,并从其他家庭购买等于其收入值的商品。在典型的一周中,开始时的货币存量将等于结束时的货币存量。考虑一下,这个经济将如何对由一个外生事件引起的流通货币存量的减少作出反应。实际上,可能有几种方式。假定政府从家庭取走100美元①,那么这一周的货币供给收缩了,家庭的开销将比平常大,因为它不仅要负担购买的花费还要支付100美元给政府。如果它维持其一贯的支出模式的话,在本周末家庭持有的现金将仅为400美元,这将与货币需求和货币供给的恒等性不一致,因为在周末家庭为了满足未来对作为交换媒介的货币的需要必须持有500美元的现金。在古典经济中,家庭试图通过

---

① 实际上,货币存量的大多数变化都是由中央银行的行为,即公开市场业务引起的。公开市场业务包括向公众出售生息债券。为了获得债券,公众将一部分货币交给了中央银行,结果公众持有了较多的债券和较少的货币。

少购买产品和服务将其现金持有恢复到正常情况，但是，尽管单个家庭可以选择持有500美元的现金，但是经济作为一个整体做不到这一点。

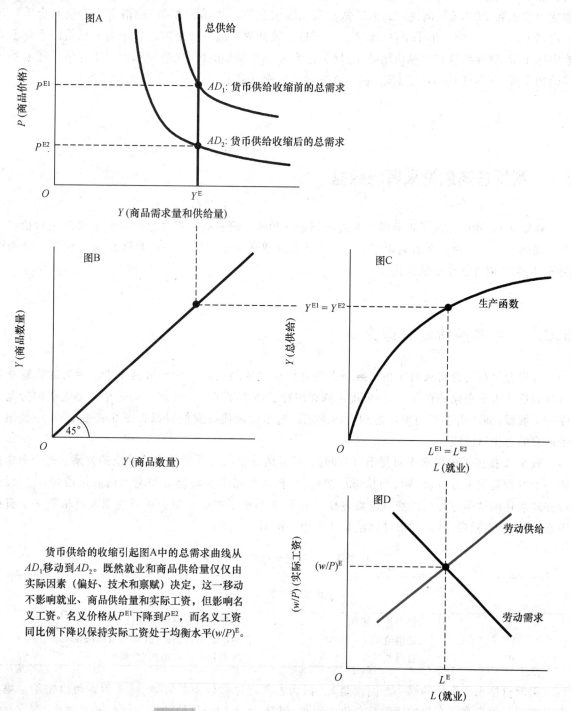

货币供给的收缩引起图A中的总需求曲线从AD_1移动到AD_2。既然就业和商品供给量仅仅由实际因素（偏好、技术和禀赋）决定，这一移动不影响就业、商品供给量和实际工资，但影响名义工资。名义价格从P^{E1}下降到P^{E2}，而名义工资同比例下降以保持实际工资处于均衡水平$(w/P)^E$。

图5-6 古典模型所预测的货币供给减少的影响

第5章 总需求和古典价格水平理论

图 5-6 表明,家庭在花费上的减少反映在图 A 中是总需求曲线向左移动。货币存量减少之前的总需求曲线是 AD_1、均衡价格是 P^{E1},货币存量下降之后的总需求曲线是 AD_2、均衡价格是 P^{E2}。既然货币需求和 GDP 成比例,那么,为了恢复商品需求和商品供给的相等,价格水平必须和货币存量同比例下降。一旦价格水平下降,家庭就乐于持有较低数量的名义余额。货币名义供给的下降不影响实际工资、就业数量和商品供给数量,因为它们每一个都是由技术、禀赋和偏好决定的。随着货币供给的下降,实际变量不发生变化,但名义变量同比例下降了。这一主张叫做货币中性。

5.6 利用古典理论来解释数据

在第 4 章,我们评价了古典模型对经济周期的预测。现在我们把注意力转到古典理论对价格水平的预测上。这个理论在多大程度上有助于我们理解通货膨胀问题呢?专栏 5-2 提供了一个数学例子,用来说明价格水平的决定。

5.6.1 古典通货膨胀理论

古典理论利用总需求曲线和一条垂直的总供给曲线的交点来决定价格水平。因为通货膨胀是两年间价格水平变化的百分比,这个理论同样解释了通货膨胀。古典理论的一个重要组成部分是这样一个假设,即产出由劳动市场的均衡所决定。这个假设使得我们可以在图 5-6 的图 A 中画出一条垂直的总供给曲线。

表 5-2 描述了价格水平对货币持有倾向、商品的总供给以及货币供给的依赖关系。这个表中的第一个方程复制了方程(5.4),即总需求曲线,并把商品需求量替换成均衡的商品供给量 Y^E。以这种方式表述的这个方程叫做**货币数量方程**。表 5-2 列举了根据数量方程可能引起价格水平上升的因素:货币持有倾向、均衡的商品供给量或货币供给量。

表 5-2 决定价格水平的因素

货币数量方程:$P = \dfrac{M^S}{kY^E}$

k	货币持有倾向	古典理论假设它是个常数
Y^E	总供给	它的增长率由偏好、技术和禀赋决定
M^S	货币总供给	它的增长率由政府决定

引起价格水平变化的第一个因素是 k。因为古典理论假设 k 是常数,这个因素可以排除。第二个可能引起价格水平变化的因素是总供给水平,但是,为了使总供给的变化影响通货膨胀,产出必须随时间持续下降,这等价于总供给曲线持续地向左移动。事实上,大多数国家的经济一直是随时间

增长的,这倾向于使价格水平下降。剩下的唯一可能的通货膨胀解释是货币存量的增加,这将引起总需求曲线随时间持续地向右移动。

专栏 5-2

进一步观察

总供给和总需求的一个数学例子

在这个专栏里,我们用专栏 4-5 的例子来说明价格水平是如何确定的。在那个例子中,一个典型公司的生产函数如下:

$$Y^S = L^D - (1/2)(L^D)^2 \tag{5.1.1}$$

而劳动需求函数如下:

$$1 - L^D = (w/P) \tag{5.1.2}$$

其中 (w/P) 是实际工资。劳动供给函数如下:

$$(w/P) = L^S \tag{5.1.3}$$

在均衡点,我们得到

$$(w/P)^E = L^E = 1/2, \quad Y^E = 3/8 \tag{5.1.4}$$

注意,不管是 P 还是 w 都是独立决定的,只有它们的比率才是由劳动市场决定的。

为了完成古典模型,假设货币持有倾向 k 等于 2,货币存量 M^S 等于 100,古典总需求曲线如下:

$$P = \frac{M^S}{kY^E} \tag{5.1.5}$$

代入 M^S、k 和 Y^E 的数值,可以得到这个经济的均衡价格水平为

$$P = \frac{100}{2 \times (3/8)} = 133.33 \tag{5.1.6}$$

最后,因为

$$(w/P)^E = 1/2 \tag{5.1.7}$$

所以这个经济的均衡货币工资为

$$w^E = P^E \times (1/2) = 133.33 \times (1/2) = 66.66 \tag{5.1.8}$$

方程(5.7)以比例变化的形式描述了数量方程。① 假设 k 是常数,古典理论预言通货膨胀率 $\Delta P/P$ 等于货币供给增长率 $\Delta M/M$ 减去产出增长率 $\Delta Y^S/Y^S$。

$$\begin{array}{ccc} \Delta P/P & = & \Delta M/M & - & \Delta Y^S/Y^S \\ \text{通货膨胀率} & & \text{货币供给增长率} & & \text{产出增长率} \end{array} \tag{5.7}$$

在 20 世纪中叶之前,货币是由贵金属支持的,通常是金或银。在这一时期,没有一个政府能够

---

① 数学注释:符号 ΔX 是 X 的变化量,其中 X 是任意经济变量。符号 $\Delta X/X$ 是 X 的变化量除以 X,也就是说,$\Delta X/X$ 是 X 变化的比例。增长率和原水平之间的严格关系是:

如果 $m = M/P$,那么 $\Delta m/m \simeq \Delta M/M - \Delta P/P$

其中 $\simeq$ 的意思是"约等于",当期间非常短时(例如,Δ 趋近于 0),近似关系变成精确关系。这对瞬时增长率来说是正确的。

发行货币,除非国库中有足够的金或银来满足公众将纸币兑换回黄金的需求。在 16 世纪,随着新世界黄金的发现,欧洲经济学家意识到,在货币存量的上升和价格的上升之间存在着一定的关系。这些早期的实证观察促进了货币数量论的发展。

从 20 世纪 30 年代开始,世界货币体系就已经告别了贵金属;在任一国家里,除了国家中央银行的承诺之外,没有任何东西支持通货。在一些国家,比如美国、日本和英国,国家中央银行一直对货币供给维持着相对严格的控制;在其他一些国家,比如以色列、阿根廷和巴西,中央银行则一直印刷货币来为政府的支出项目融资,而不是通过税收来获得政府的收入。这些国家经历了非常迅速的通货膨胀。图 5-7 和图 5-8 说明了这三个低通货膨胀国家和三个高通货膨胀国家的不同经历。

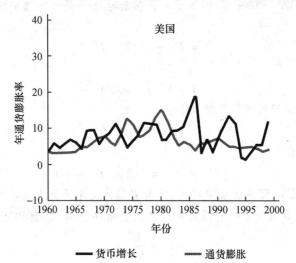

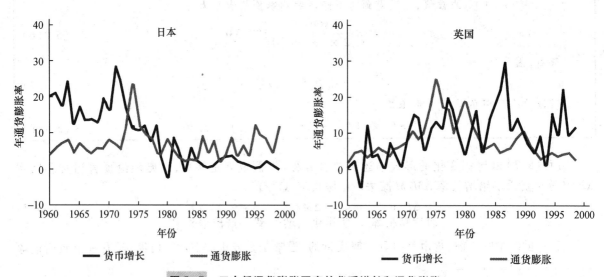

图 5-7 三个低通货膨胀国家的货币增长和通货膨胀

在美国、日本和英国,年通货膨胀率从未超过 25%。这些国家显示出了通货膨胀和不那么迅速的货币增长之间的松散关系,因为在这一时期,实际增长和货币持有倾向的变化作为通货膨胀的决定因素,至少和货币增长一样重要。

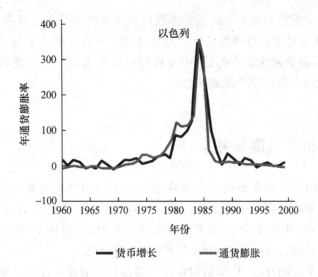

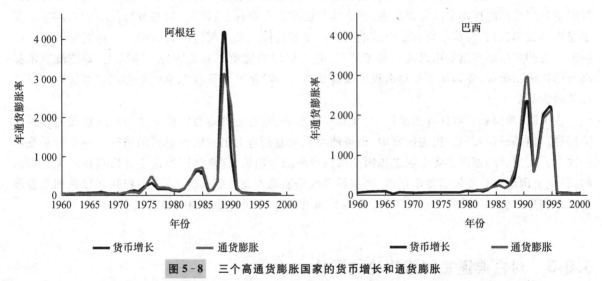

图 5-8　三个高通货膨胀国家的货币增长和通货膨胀

以色列、阿根廷和巴西的通货膨胀比美国的通货膨胀高了几个数量级。以色列通货膨胀图的刻度幅度为每年 -100% 至 400%。另外两个国家的幅度是每年 -100% 至 4 500%。在货币增长迅速的国家,相对于货币供给增长率,货币持有倾向的变化和实际 GDP 的变化作为通货膨胀的决定因素来说是微不足道的。在这些国家,货币增长和通货膨胀之间的关系相当密切。

图 5-7 刻画了 1960 至 1999 年间美国、日本及英国的货币增长和通货膨胀。在这期间,三个国家中没有一个国家经历过超过 25% 的通货膨胀。该图表明,即使在低通货膨胀国家,货币增长和通货膨胀之间也存在着关系。这个关系不是特别强,因为实际 GDP 增长和货币持有倾向的变化在决定通货膨胀率方面至少和货币创造速率一样重要。

图 5-8 刻画了同一时期以色列、阿根廷和巴西的货币增长与通货膨胀。这里,在以色列的例子中,纵轴的范围是从每年 -100% 到每年 400%,而在阿根廷和巴西,纵轴的范围是从每年 -100% 到每年 4 500%。这些国家经历了非常高的通货膨胀。注意,在高通货膨胀国家,货币创造速率和通货

第 5 章　总需求和古典价格水平理论

膨胀率之间存在着非常紧密的关系。高通货膨胀国家的这种关系之所以强,是因为货币持有倾向和实际 GDP 增长的变化相对于货币存量的巨大变化来说是非常小的。如果一个国家要避免像巴西和阿根廷在 1990 年那样高的通货膨胀的话,中央银行对货币供给的控制是非常重要的。这段时期的高通货膨胀对普通家庭来说是有严重破坏性的。

5.6.2 铸币税和通货膨胀税

既然通货膨胀是由过度的货币创造引起的,那么为什么有的政府要参与这项活动呢?一个原因是政府能从货币发行中获得叫做**铸币税**的利益。持有货币的家庭可以通过借钱给企业或政府,选择以生息证券的形式持有它们的财富。如果它们选择持有货币,相比不持有货币的情况,它们在一年当中将可以购买少一点的商品。通货膨胀侵蚀了货币的价值。

在一个没有通货膨胀的经济中,年初和年终的货币的价值是一样的。如果政府以与经济潜在的真实增长率相同的速率提高货币存量,那么通货膨胀就不会存在;相反,如果政府供给货币的速率高于经济增长率,那么经济中现有纸币的购买力将受到侵蚀。私人部门购买力的被侵蚀对应着政府部门购买力的提高。当新货币进入一般流通时,它将被用来交换产品和服务。事实上,即使政府不提高所得税或销售税,而是从货币铸造权中获得收益,也称"通货膨胀税",它也能够增加对实际产品或服务的购买。

在美国、英国和日本这样的经济中,政府是成熟的,它有一些适当的机构来有效地征收所得税或销售税。但是即使在西方民主国家中,也可能存在收益创造的正常渠道崩溃的情况。一个例子是第一次世界大战后的德国。盟军强迫德国交纳巨额的战争赔款,这是德国通过正常渠道根本无法做到的,因此德国政府只能依靠货币创造,而结果是成倍的恶性通货膨胀。巴西、阿根廷和以色列都曾经把货币创造作为一种获得收益的手段,在图 5-8 中可以看到这样做的明显后果。

5.6.3 对古典通货膨胀理论的评价

古典通货膨胀理论的主要特征是货币需求函数的稳定性,这个稳定性体现在这样一个古典假设上,即货币持有倾向 k 是个常数。古典理论主要面临两个挑战。第一个挑战是认为 k 事实上不是一个常数,而且由 k 的变化引起的通货膨胀并不比由货币供给引起的通货膨胀少。根据这个看法,货币供给仅仅是通货膨胀的一个可能原因,没有理由单独强调货币供给的变化,并将其凌驾于其他原因之上。图 5-9 表明了 k 在过去一个世纪里发生了相当大的波动。在第 9 章我们将回来讨论这个问题。古典通货膨胀理论面临的第二个挑战是承认通货膨胀和货币增长之间确实存在着联系,但是它认为古典经济学家把因果关系的方向搞错了。换句话说,是通货膨胀引起货币增长,而不是相反。在多数情况下,人们把这个批评叫做通货膨胀的政治学或社会学的解释,它否认货币增长率可以被当作合理的外生变量的经济学假设。① 这些批评意见认为工会的扩张必须对通货膨胀的蔓延负责。当工会追求较高的工资时,工资所得反过来导致价格的上涨。经常观察到的随通货膨胀而出现的货币存量的提高,被认为是中央银行提高货币增长率以防止衰退的适应性反应。这种批评意见的主要问题是,在通货膨胀和工会的权力之间并不存在很强的相关关系。

从19世纪90年代开始,货币持有倾向就发生了相当多的波动。在20世纪初期它相对稳定;在30年代和40年代间它急剧提高,在1946年达到顶峰,即接近25周的收入;从第二次世界大战末期开始,它一直在下降。

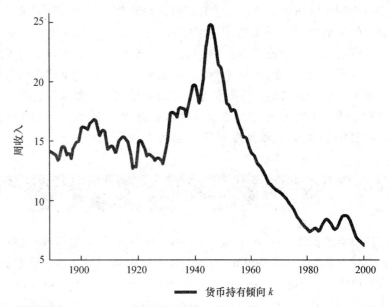

图5-9 美国的货币持有倾向

也许古典总需求理论最大的麻烦在于它不能解释大萧条,在大萧条中产出较正常水平下降了20%,而价格则强顺周期。在古典模型中,总供给曲线是垂直的,而总需求曲线仅当货币存量发生变化时移动。总需求曲线的左向移动将降低价格,但不会引起产出的下降,因为总供给曲线是垂直的。总供给曲线的左向移动将降低产出,但将提高价格。古典模型不能解释大萧条中的顺周期价格,这导致了凯恩斯经济学的出现,我们将在第8章讨论这个话题。

结　　论

货币数量论、古典价格水平理论和古典总需求理论是同一个理论的不同名称。这个理论假设在交换中使用货币是有成本和收益的。成本在于为现金所束缚的资源,即可用来购买额外商品的资源;收益在于利用货币来弥补买卖时间的不一致所产生的效用。这个理论还假设货币需求量和GDP的比例,即货币持有倾向是个常数 k。

---

① 基于工会压力的通货膨胀的政治学解释叫做成本推动理论。成本推动理论在20世纪60年代很有影响,尽管近些年不再那么流行。成本推动理论的一个很好的例子可见 P. J. Wiles: "Cost Inflation and the State of Economic Theory," *Economic Journal*, 83, pp. 377—398, 1973。

为了从货币需求和货币供给理论中得出总需求理论,我们假设将经济作为一个整体,其中货币需求恒等于货币供给。如果价格水平下降,现有货币存量的实际价值将提高,家庭将获得一个额外的现金供给。当它们试图花费这些额外的现金时,总的商品需求量将提高。

古典总需求理论和总供给理论结合起来,可以解释产出、就业、实际工资、名义工资和价格水平是如何决定的。古典理论意味着如果名义货币的数量翻倍,所有的名义变量都将翻倍,而所有的实际变量将保持不变。这就是货币中性。

古典价格水平理论在诸如阿根廷、以色列和巴西这些高通货膨胀国家具有良好的解释力,但是在诸如美国、英国和日本这些低通货膨胀国家的解释力就不那么令人满意了,因为事实上货币持有倾向并不是常数。在高通货膨胀国家,k 的变化为货币供给的变化所掩盖,而低通货膨胀国家的情况不是这样的。古典理论的最大问题在于它不能解释大萧条时期价格为什么是顺周期的。

关 键 术 语

古典总需求曲线　classical aggregate demand curve
古典总需求理论　classical theory of aggregate demand
古典价格水平理论　classical theory of the price level
需求的双重巧合　double coincidence of wants
交换服务　exchange services
新古典综合　neoclassical synthesis
货币中性　neutrality of money
名义变量　nominal variable
机会成本　opportunity cost
货币持有倾向　propensity to hold money
货币数量方程　quantity equation of money
货币数量论　quantity theory of money
实际变量　real variables
货币铸造权　seignorage
静态物物交换经济　static barter economy
货币需求理论　theory of the demand for money
流通速度　velocity of circulation

习　题

1. 下面是美国经济的数据。每年的 GDP 以 10 亿美元为单位,M_1 衡量货币存量,也以 10 亿美元为单位。

年份	GDP	M_1
1980	2.7	0.41
1981	3.0	0.44
1982	3.1	0.47
1983	3.4	0.52
1984	3.8	0.55
1985	4.0	0.62

   a. 计算每年的货币持有倾向 k 的值。
   b. k 的单位是什么?
   c. 画出 k 随时间变化的图,以年为单位。这一时期的 k 是不是近似于常数?(提示:找出 k 的平均值,计算每年 k 偏离平均值的最大比例)。
   d. k 和流通速度 V 之间的关系是什么?

2. 阐述一下货币数量论。为什么它是一个总需求理论?直观地说,根据数量论,为什么总需求曲线向下倾斜？
3. 根据数量论,货币供给和通货膨胀率之间的关系是什么？这个关系是完美的吗？请详加解释。
4. 解释实际变量和名义变量之间的区别。在货币中性概念中,这个区别的意义是什么？
5. 古典模型的两个重要假设是市场完全竞争和价格灵活变化。在价格不能灵活变化时,货币中性一定成立吗？为什么？
6. 如果说高通货膨胀率是由政府印刷过多的货币引起的,那么,为什么政府要印刷过多的货币？
7. 在古典模型中,价格是顺周期的还是逆周期的？利用总需求和总供给图来说明原因。这个预测和美国的历史数据吻合吗？请解释。
8. 解释下面的哪些意外将分别如何影响均衡的实际工资、名义工资、劳动数量、总产出和价格水平。利用图表来说明。
   a. 发现一处大的矿产资源；
   b. 货币供给下降20%；
   c. 发现一种提高生产率的新技术。
9. 利用古典模型检验20世纪50年代起美国妇女就业率提高对价格水平、实际工资、名义工资和就业的影响,并提供一个适当的图表来说明。
10. 给出偏好、禀赋和技术变化将提高价格水平的例子。近年来,此类事情对美国来说重要吗？
11. 经济学家让-巴蒂斯特·萨伊提出了以萨伊定律闻名的一个理论,即"供给会创造自己的需求"。在何种意义上,第4章和第5章讨论的模型和萨伊定律一致？请解释。
12. 考虑一个具有如下生产函数的经济：$Y = 6L^{1/2}$。
    a. 求劳动需求曲线。（提示：如果一个生产函数采取 $Y = AL^{\alpha}$ 的形式,那么劳动边际产品等于 $\alpha AL^{\alpha-1}$。）
    b. 假设 $M^S = 96, k = 8$。利用货币数量论求总需求曲线。
    c. 如果劳动需求曲线是 $L^S = 2(w/P)$,那么这个经济中的就业和实际工资的均衡水平是多少？
    d. 总产出 Y 的均衡水平是多少？
    e. 均衡的价格水平是多少？
13. 考虑一个具有如下总量生产函数的经济：$Y = 3L^{1/3}$。
    a. 求劳动需求曲线。（记住：如果一个生产函数采取 $Y = AL^{\alpha}$ 的形式,那么劳动边际产品等于 $\alpha AL^{\alpha-1}$。）
    b. 假设 $A = 1$,如果劳动供给曲线是 $L^S = (w/P)$,计算实际工资、劳动和总产出的均衡水平。
    c. 假设 $M^S = 45, k = 3$。这个例子中的总需求曲线的方程是什么？均衡的价格水平是多少？
    d. 现在假设,由于创新,劳动生产率提高,A 从 1 增加到 4。计算实际工资、劳动、价格水平和总产出将发生什么变化。提供劳动市场和产出市场的图表来说明你的结论。
14. 考虑具有如下特征的古典经济：
    $$Y = 8L^{1/2} \qquad k = 3$$
    $$L^S = L(w/P) \qquad M^S = 96$$
    a. 通过解实际工资、名义工资、就业、总产出和价格水平的均衡值来计算这个模型的均衡值。
    b. 假定货币供给增加了25%。计算实际工资、名义工资、劳动、总产出和价格水平的均衡值将发生什么样的变化。
    c. 解释一下,你在问题 a 和问题 b 得出的答案和货币中性一致吗？
15. 一个经济利用如下技术进行生产：
    $$Y = L$$
    并且代表性经济参与人的效用函数是：

$$U = \log(Y) + \log(1-L)$$

a. 均衡产出是多少?

b. 均衡的就业量是多少?

c. 如果价格水平等于每单位产出 6 美元, 那么均衡的名义工资是多少?

d. 如果货币存量是 20 美元,并且货币持有倾向等于 1, 那么均衡的价格水平是多少?

16. 下面这个问题是根据米尔顿·弗里德曼在 *The Region* 杂志的采访中所表达的观点设计的。

a. 弗里德曼是否认为联邦储备体系应该变得更强有力? 如果不是,为什么?

b. 根据弗里德曼的观点,为什么联邦储蓄保险不再有用?

c. 为什么弗里德曼认为欧洲货币联盟不会成功?

d. 弗里德曼同意实际的经济周期理论的观点吗?

e. 为什么弗里德曼认为在下一个十年世界上将会出现更多的高通货膨胀和超级通货膨胀?

第 6 章 储蓄和投资

6.1 引言

在这一章,我们将把古典的供求模型应用于资本市场。一种理论认为利率是使投资需求与储蓄供给相等的价格,这一理论被各种流派的经济学家广泛接受,甚至包括那些认为古典模型不适用于劳动市场的经济学家。

古典经济学的起点是代表性家庭。在古典模型中,消费、投资、GDP 和就业可被看作是由单个家庭在对资源再分配的成本和收益的理性估价的基础上,通过工作的努力程度和储蓄的多少来决定的。在工作和闲暇之间重新分配时间的决定导致了与 GDP 高度相关的就业波动。在消费品和投资品之间重新分配产品的决定提供了商品再分配的方式。古典经济学家认为经济周期是由一系列改变劳动生产率的随机技术冲击引起的,这些冲击通过投资的变化传递到资本市场,并引起了储蓄、投资和利率在经济周期中以明显的随机方式变动。

凯恩斯主义经济学家不同意"投资变化是由对技术的生产率的基本冲击造成的"这一观点。但他们接受古典主义关于冲击如何传递到利率的解释。凯恩斯主义者认为投资在经济周期中的变动是因为个体投资者的非理性信念。尽管凯恩斯主义者在投资冲击的原因方面与古典经济学家持不同意见,但他们接受大多数关于投资冲击如何影响储蓄和利率的分析。

6.2 储蓄、投资和资本市场

当家庭选择不花费掉它们的一部分收入时,那部分收入便形成储蓄。企业购买新的资本设备形成投资。由于投资决策和储蓄决策分别由企业和家庭作出,那么必定存在一个使资金由储蓄者流向投资者的机制。这个机制就是资本市场。

6.2.1 储蓄和投资

关于消费、储蓄和投资的事实到底是怎样的呢？图 6-1 显示了1960年以来美国 GDP、消费和投资对趋势偏离的年度观测值。在每一幅图中，黑线是 GDP，用对趋势的离差百分数表示；灰线衡量人均投资和消费，也是用对趋势的偏离表示的。注意到消费和投资是明显顺周期的，但它们在经济周期中的波动程度明显不同。

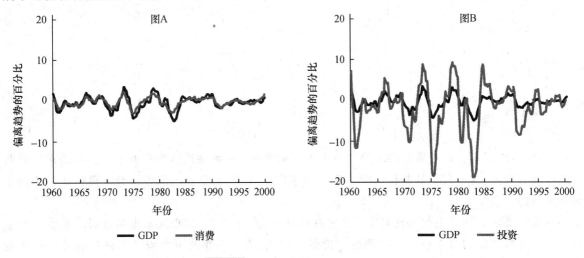

图 6-1 美国的消费、投资和 GDP

这两幅图显示了自1960年以来美国的消费、投资和 GDP 的经济周期史。黑线为 GDP 相对于弹性趋势的离差。

图 A 中用灰线表示消费相对于趋势的离差，消费的波动小于 GDP 的波动；

图 B 中用灰线表示投资相对于趋势的离差，投资的波动大于 GDP 的波动。

表 6-1 用叫做"标准差"[①]的统计量度来衡量这些时间序列的平稳性。大体上来说，标准差是相对于平均值的平均差距，一个常数序列的标准差为零，一个波动范围大的序列就有一个大的标准差。表 6-1 中 GDP 的标准差为 1.59，消费的标准差为 1.09，投资的标准差为 5.56。这为我们量化一个序列是否比另一序列更加多变提供了一个便捷的途径。一个更加多变的序列有相对大的标准差。消费的波动大约为 GDP 的 2/3，投资的波动大约为 GDP 的 3 倍。

---

① 数学注释：标准差由公式 $\sigma_x = \left(\dfrac{\sum_{i=1}^{n}(x_i - \bar{x})^2}{n-1} \right)^{\frac{1}{2}}$ 给定，其中 $\bar{x} = \dfrac{\sum_{i=1}^{n} x_i}{n}$ 是算术平均值。

表 6-1 消费的平滑度如何

	GDP	消费	投资
标准差	1.59	1.09	5.56
相对于 GDP 的标准差	1.00	0.68	3.50

6.2.2 动物情绪还是基本面因素

投资为何会如此多变？有两种可能的解释。古典经济学家认为投资波动是企业对技术变化的反应，这被称作"**基本面解释**"，因为在古典理论中，产出和就业由一些基本因素——偏好、禀赋和技术——来决定。可以举个例子来说明对于投资潮的基本面解释，例如一项发明要得以利用就需要有对新机器的投资。一些经济学家认为基本因素，尤其是新技术的发明，是经济波动最主要的源泉。这是实际的经济周期学派的理论基础，也是对经济周期原因现代解释的主要理论之一。

另一种解释来自约翰·梅纳德·凯恩斯，他认为高度多变的投资并不反映偏好、禀赋和技术的改变；相反，它代表了投资者的大众心理。凯恩斯把投资者的大众心理叫做"**动物情绪**"。凯恩斯的追随者认为动物情绪导致了产出和就业的变化，如果投资能被更有效地协调，这种变化就可以避免。因此，他们支持通过实施政府政策来稳定经济周期。这种凯恩斯主义所青睐的政府干预与新古典经济学家们的主张形成鲜明对比，后者认为经济周期是市场经济中必要且不可避免的特征。

投资被动物情绪驱使的观点被冠以许多其他的称谓。社会学家罗伯特·K.默顿提出"**自我实现的预言**"，意思是说，如果足够多的人相信社会生活的一个方面，那么事实就会如此。① 这一术语现在被广泛用于经济学中来指代被凯恩斯称为"动物情绪"的观点。宾夕法尼亚大学的大卫·卡斯和康奈尔大学的卡尔·谢用"**太阳黑子**"一词来指代相关的观点。② 另一相关概念是市场有时被"**非理性繁荣**"驱使，"非理性繁荣"首先被美联储主席格林斯潘③用于描述最近股票市场中市场价值看起来远高于经济基本规律所决定的价值的现象。在本书中，我们会交替地用动物情绪、太阳黑子、自我实现的预言和非理性繁荣来指代市场被自然力而非市场基本规律驱动的情形。

6.2.3 消费的平滑

消费为何如此平滑？尽管凯恩斯主义和古典主义经济学家在投资多变的原因上存在分歧，但他们在消费平滑的原因方面观点一致。消费平滑是因为家庭在资本市场上借贷以便在长期更平衡地

---

① Robert K. Merton. "The Self-Fulfilling Prophecy," *The Antioch Review*, pp.193—211, 1948.
② David Cass and Karl Shell. "Do Sunpots Matter?" *Journal of Political Economy*, 91, pp.193—227, 1983. 他们所说的太阳黑子理论是指没有基本原因的经济周期。这与史丹利·杰文斯首次使用这个概念的用意不同，杰文斯认为太阳黑子影响天气进而导致经济周期。
③ 作者写作本书及译者翻译此段译文时美联储主席是格林斯潘。——编者注

再分配其收入。

举个例子。如果你在两年期界内面临两种可能的消费计划。在计划 A 中,你在第一年每日五餐而在第二年中每日一餐,在 B 计划中,两年都是每日三餐,**消费平滑**就是指大多数人更偏好 B 计划,虽然在两种计划中食物的总量不变。

要理解在古典模型中消费平滑如何起作用,我们先考虑鲁滨逊·克鲁索如何应对变化的生产机会。假设他每年种谷物,但生产率随天气波动,天气好的时候就多种多收,天气差的时候就少种,收成就少。如果我们把经济中的收成和 GDP 联系在一起,我们会发现年复一年克鲁索的 GDP 随生产率的变化而波动。

假设有一年克鲁索大获丰收,如果他偏好一个平滑的消费计划,他对于丰收的反应就是储存多余的谷物,即超过正常年份消费的那部分,来平衡未来年份的分配。因为未来比现在的年份多,储存计划表明克鲁索的消费以小于 GDP 增长率的速度增长。他储存的谷物可看作投资,所以研究鲁滨逊·克鲁索经济的经济学家会发现投资比 GDP 波动得更厉害。这就强调了经济周期中消费、投资和 GDP 相对变化程度的古典解释。

6.2.4 借款约束

凯恩斯主义经济学家同意这样一个基本逻辑:资本市场是家庭用来平滑收入的。但他们不相信资本市场可以起这样的作用。一些经济学家指出,虽然消费总量比收入更平滑,但它们不像它们所应有的那样平滑。实际的经济周期模型预测消费的平滑程度小于它实际所应当有的程度。这可能是因为尽管向企业贷款相对容易,但在没有保证的情况下借到钱则相当困难。很多人前半生收入低,一旦有了教育和工作经历,收入就会变高。但年轻时我们都试着去借我们能力所不及的数额。借款有时是困难的,这是因为日后对于银行来说存在履行还款合约的难度。

借款约束的存在如何改变了古典模型呢?假设有些家庭倾向于消费高于收入的数额,然后日后还款。如果信用市场还不完善,这些家庭的行为就会受到限制,它们的最优决策就是把收入花光。受制于信用约束的个体的存在表明因为有些家庭会消费其所有收入,总消费要比不存在这种情况时波动得更厉害。由于这些家庭的存在,消费同实际 GDP 波动幅度一样大。

6.3 投资理论

我们用供求曲线来研究投资和储蓄。需求曲线,即**投资需求**,以坐标系中横轴为投资需求的数量,纵轴为利率。供给曲线,即**储蓄供给**,以横轴为储蓄供给量,纵轴为利率。我们通过讨论在两条曲线交点上资本市场实现均衡来解释利率和储蓄、投资数量的决定。通过对于改变投资需求曲线和储蓄供给曲线因素的解释,我们还可以解释所观察到的数据中投资、储蓄和利率的协同运动。

6.3.1 生产可能性集

我们从这样一个问题开始考虑：鲁滨逊既是消费者又是生产者，他会如何作出决策呢？我们用投入和产出不同时点的生产可能性集来表示鲁滨逊·克鲁索的可能选择。

一旦我们明确地把时间引入鲁滨逊·克鲁索的决策问题中，他就不仅需要考虑生产多少，同时也要考虑如何将生产出来的产品在消费品和投资品之间进行分配。比如，花几个小时结一张渔网会减少当前的捕鱼量，却大大增强了鲁滨逊·克鲁索在未来的捕鱼能力。在现代工业经济中，也要作出这样的决策，那就是，是将资源用于工厂、道路和房屋建设，还是用于食物、娱乐和其他易耗消费品的生产？

我们把投资机会作为鲁滨逊·克鲁索的**跨期生产可能性集**，在图6-2中为灰色阴影部分，距离 OA 表示鲁滨逊·克鲁索的可利用资源，它们将在消费和投资之间进行分配。横轴表示两个变量，从左往右看，起于 O 点，表示鲁滨逊·克鲁索投资的商品数量。从右往左看，起于 A 点，表示他消费了的商品数量。例如，假设克鲁索投资为 OB，消费为 BA，这样就有 OE 用于将来消费和投资的分配。

灰色部分表示现期收入和未来收入的可能性组合。现在消费和投资的最大值为 OA。如果克鲁索投资 OB，消费 BA，他将来会有 OE 用于投资和消费的分配。

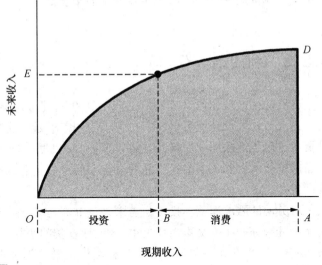

图6-2 跨期生产可能性集

生产可能性集有个向上倾斜的边界，因为克鲁索现期投资越多，以后的收益就越多。从左往右，自 O 点开始，边界的坡度变得平缓，说明收益递减。收益递减意味着克鲁索花更多的时间制造工具，每一个新工具的边际生产率小于上一个工具。如新制造一支长矛对他来说非常有用，因为提高了他的狩猎能力，但第二支长矛就相对没那么有用，因为只有第一支坏掉了第二支才能派上用场，毕竟克鲁索一次只能掷出一支长矛。在现代社会中，投资的收益递减仍然是适用的，这是因为社会作为一个整体有固定的人口，建造更多的厂房和机器会增加经济的生产能力，但是前提是有足够多的人可以操作它们。

6.3.2 实际利率和名义利率

在现代经济中,大多数借贷合同都是用美元表示的。但并不总是如此;比如在中世纪,更普遍的是借贷实物。一个农民可能借给他的邻居 10 袋面粉,如果他们约定邻居在下一年归还 11 袋面粉,那么每年的**实际利率**为 10%。

如果例子中的农民生活在以货币流通为基础的经济中,他就会借出钱而非面粉。假如每袋面值 5 美元,那么等价的替代融资方式是邻居会借 50 美元,次年归还 55 美元。在这个例子中,**名义利率**为 10%。

只要次年的面粉价格不变,以面粉借贷和以美元借贷就是等效的。但是,当价格变动时,实际利率是名义利率扣除通货膨胀率后得出的。实际利率、名义利率和通货膨胀率之间的关系由等式 (6.1) 给出,其中 r 表示实际利率,i 表示名义利率,$\Delta P/P$ 表示通货膨胀率。①

$$r = i - \Delta P/P \quad (6.1)$$
$$\text{实际利率} \quad \text{名义利率} \quad \text{通货膨胀率}$$

这一章的剩余部分将研究实际利率的实物借贷。

6.3.3 利润最大化

古典的生产理论假设市场是完全竞争的,企业从资本市场借来资源,并把它们投资于厂房和机器。古典理论假设企业可以决定对劳动力的需求量来实现最大化利润,古典经济学家认为企业决定投资多少时也遵循同一逻辑。在将来,厂房和机器生产出来的商品在市场上出售,企业的利润就是产品的价值减去购买当前投资品的本金和利息。企业的投资将到这一点停止,此时再增加一单位投资所生产出的产品等于其成本。

对劳动的需求理论与投资品需求理论非常相似,在劳动需求理论中,企业使劳动的边际产品与实际工资相等。在投资需求理论中,企业使投资的边际产品与实际利率相等。因为投资所获收益在未来实现,所以存在一个与未来可获利性相关联的不确定性因素,这一不确定性因素把风险因素引入到投资决策中。在这一章,我们会不考虑风险,在未来是确定的假设下分析企业的决策。

6.3.4 借款和投资计划

古典储蓄和投资理论假设企业和家庭可以按照单一利率自由借贷,这一利率叫做市场利率。借贷在资本市场进行。我们假设**市场利率**为 r,企业现在投入 I,在将来可产出价值为 Y 的产品。企业

---

① 符号 Δ 表示"变化量",$\Delta P/P$ 是价格变化的百分比,也就是通货膨胀的定义。

利润可由方程(6.2)给出

$$\begin{array}{ccc} \pi & = & Y & - & (1+r)I \\ \text{利润} & & \text{未来产品的价值} & & \text{借款的成本} \end{array} \tag{6.2}$$

古典生产理论认为企业追求预期利润最大化。根据完全竞争假设,所有的企业在借款和把借款用于投资时面临同样的利率。这一假设使我们得出实际利率和投资的关系。如果实际利率用图中的纵轴表示,投资品的需求数量用横轴表示,它们之间的关系叫做"投资需求曲线",它向下倾斜。

图6-3显示了投资计划和生产函数是如何相互关联的。图A描述了生产函数。回忆一下产出水平越高时,生产函数越平坦。这一假设叫做单要素的收益递减。收益递减的出现是因为企业在人数和土地固定的情况下,增加更多的机器和厂房,每一新增机器的产出要少于先前机器的产出,固定

图A中显示的是跨时生产函数:现在的投资都会在未来形成一定数量的产品。

当企业增加购买机器和厂房时,由新增厂房生产的产品以递减的方式增加,新增的产出叫做边际产品。

企业会选择增加投资直到边际产品与实际利息要素(1+实际利率)相等。

在图A中,生产函数的斜率表示边际产品。在企业决定生产的点上,斜率等于(1+实际利率),实现利润最大化。

图B为投资表,显示了实际利率与投资需求数量反向变化。利率上升,企业就会减少投资。

投资需求曲线向下方倾斜。

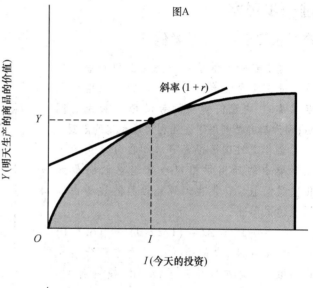

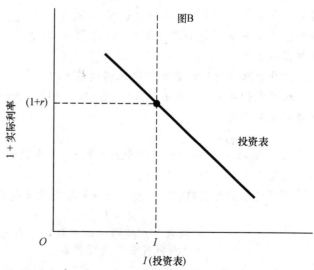

图6-3 投资和生产函数

数量的土地和劳动必须在更多资本间分配。

只要投资的边际产品高于实际利率,企业就要一直增加机器,因为每一新增机器增加的总成本小于增加的总产出。只要每一新增资本的预期边际产品大于实际利率,企业就会通过继续投资来最大化利润。当边际产品与(1 + 实际利率)相等时,企业就会停止投资。在图6-3的图A中,这一点即为直线(斜率为$1+r$)与生产函数的切点(斜率与边际产品相等)。企业的产出为Y,它需要的投资品数量为I。专栏6-1是对投资表作进一步的代数研究。

专栏6-1

进一步观察

推导投资表:一个数学例子

这个专栏提供了一个企业由利润最大化推导投资表的数学例子。这个例子很接近在专栏4-1中我们解决的劳动需求曲线的问题,因为二者都利用了企业利润最大化的思想。

企业通过选择投资需求和在跨期生产可能性集中的产出供给组合来追求利润最大化。我们假设跨期生产可能性集的边界由以下表达式给出:

$$Y^s = AI - (1/2)(I)^2 \quad (6.1.1)$$

在第4章,我们用一个二次方程代表生产函数,二次方程导致了线性的投资计划。符号A很重要,我们用它表示由技术引起的投资生产率的变动。如果A增加,投资便会有更高的生产率。

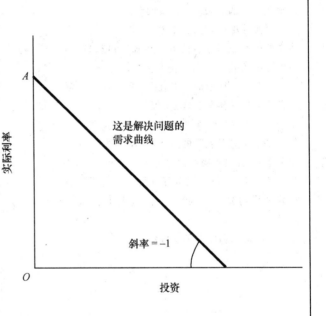

企业会选择投资的数量来实现利润最大化。如果我们把生产函数表达式(方程(6.1.1))和利润的定义结合在一起看,我们会得出一个企业要解决的问题。

$$\max \pi = AI - (1/2)(I)^2 - (1+r)I$$

企业追求利润最大化　这是总产品,即今天投资I明天获得的产出　借入I时的成本

(6.1.2)

问题的答案可以通过使利润对投资的导数为零得到。

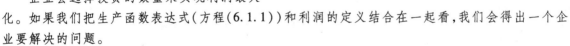

$$A - I = (1+r) \quad (6.1.3)$$

这是总产品的一阶导数,　　这是总成本的一阶导数,
叫做投资的边际产品　　　　叫做边际成本

式(6.1.3)是投资计划的数学表达式,由边际产品和实际利率相等得出。由于是二次函数,它是一条向下倾斜的直线,截距为A,如果A增加,投资计划会向右上方移动。

6.4 家庭与储蓄供给曲线

将边际效用理论应用于储蓄问题就是所谓的**跨期效用理论**。它构成了收入如何在储蓄和消费间进行分配的很多现代解释的基础。跨期效用理论认为,在给定选择的情况下,家庭会倾向于在各期内均匀地分配消费。正如在休闲和消费之间的偏好用效用这一数学表达式来表示一样,各个不同时点的消费偏好也可以这样来处理。

6.4.1 跨期预算约束

像我们用预算约束来说明家庭用闲暇换取消费时可利用的机会一样,我们同样可以用预算约束来表示不同时点上家庭的可利用的交易。假设它们不消费其收入,家庭会通过借钱给另一家庭或企业,把它投入到资本市场。作为回报,家庭得到附加利息的未来资源。因为我们可以通过储蓄得到利息,所以为了将来而储蓄的收入在未来可以买到更多的消费品。多购买的商品数量随利率的增加而增加。所以,利率是当前消费与未来消费相交换的价格。

6.4.2 现值

资本市场可用于把现在的资源转换到将来,也可用于把将来的资源转换到现在。当你要预借未来的收入时,你可借得的数额叫做它的**现值**。

例如,假设约翰·史密斯是一个经济学专业的学生,明年他 21 岁时会继承 10 000 美元,约翰想用他继承的财产买一辆二手车,但他不想等到明年,如果他现在就要买车,银行经理会借给他

$$\frac{1}{(1+r)}Y = \frac{1}{(1+0.1)} \times 10\,000 = 9\,901(美元)$$

如果利率为 10%,9 901 美元一年之后的回报为 10 000 美元。

如果利率为正,实际上未来的商品比现在的商品便宜,这是因为家庭通过等待增加了购买力。例如,如果你有 20 000 美元买一辆车,你可买一辆中档车,如丰田 Camry 或一辆福特 Taurus。如果你愿意等上 5 年时间,你就可以有许多利息,如果等上 10 年时间(利率为 7%,复利),你就可以拥有 40 000 美元,则可以买一辆如宝马或奥迪这样的入门级豪华轿车,或者可以买两辆丰田佳美(Camry)。在这个例子中,现在的佳美与 10 年后的佳美相对价格比为 2。

6.4.3 借贷以平滑消费

家庭可通过资本市场来再分配资源,我们用 Y_1 表示现在的收入,用 Y_2 表示将来的收入,可以把"现在"理解为两个成年人的工作阶段,把"将来"理解为他们退休以后。如果家庭不储蓄,就会被迫在两人退休以后削减消费。但是通过利用资本市场,家庭就会购买在退休后偿还利息的金融资产。不等式(6.3)表示了人们在一生中用资本市场来平滑消费的限制。这个不等式称作**跨期预算约束**,它限制了一个家庭一生中可利用的消费数量。

$$C_1 + \frac{1}{(1+r)}C_2 \leq Y_1 + \frac{1}{(1+r)}Y_2 \qquad (6.3)$$

现期消费　未来消费的现值　　目前资源　未来资源的现值

约束的左边为现期消费和未来消费的现值的加总。它代表一个人不同时点的消费用目前消费品衡量的商品价值。右边为目前收入和未来收入的现值的加总。它代表了一个人每一时点的收入价值用目前消费品衡量,未来消费的价格为 $1/(1+r)$,r 为利率。

6.4.4 储蓄供给曲线

家庭最大化效用的假设将被证明可以用来推导实际利率和家庭决定向资本市场提供的储蓄数量之间的关系。这种叫做"储蓄供给曲线"的关系在图6-4中得以解释。

家庭选择储蓄多少。当实际利率增加时,储蓄就更有吸引力,因为家庭放弃当前消费在未来就有更多的购买力。就这一方面讲,未来产品比当前产品相对便宜,这就是替代效应。高利率降低财富的净现值。这使家庭根据收入在一生中的分布情况来决定储蓄多少。事实上,两个效应的总和使储蓄供给向上倾斜,尽管坡度陡峭。

储蓄供给曲线向上倾斜。

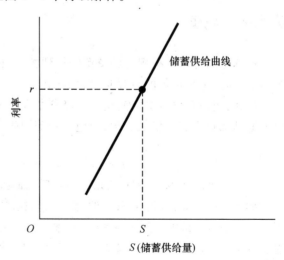

图6-4　储蓄和实际利率

当实际利率提高时,存在两种影响储蓄的效应。实际利率上升,当前消费就相对昂贵,替代效应就使消费者用将来的消费替代当前的消费,就是说家庭会更多地储蓄。但是实际利率上升会使家庭财富数量增加,这种效应(**财富效应**)对于储蓄的影响并不确定。新古典理论假设储蓄供给向上倾斜,这是基于替代效用占主导地位的假设。最终的检验一定是经验主义的:数据反映出什么？证据表明储蓄供给曲线确实向上倾斜,但非常陡峭,换句话说,利率对储蓄的影响很小,专栏6-2将对储蓄供给曲线的代数形式作进一步研究。

专栏6-2

进一步观察

储蓄供给曲线的推导:一个数学例子

在这个专栏里,我们提出一个跨期效用函数并说明如何推导储蓄供给曲线。

为使跨期效用的概念清晰,我们要写出一个效用的数学表达。方程(6.2.1)即为一个二次效用函数。

$$U = -\frac{(2-C_1)^2}{2} + C_2 \quad (6.2.1)$$

家庭的效用　　从当前商品中获得的效用　　从未来商品中获得的效用

家庭追求效用最大化,但无法超越它们可获得的财富的限制。这由它们的预算约束给出,我们会把它分为两部分。在现期,家庭在收入Y中储蓄S,消费C_1。

$$S = Y - C_1 \quad (6.2.2)$$

储蓄　收入　现期消费

在第二期(假定是老年时),家庭消费储蓄的本利和为$(1+r)S$,为求简便,我们假设家庭在年老时无收入。

$$C_2 = (1+r)S \quad (6.2.3)$$

未来消费　储蓄的本利和

在这里S为正。尽管通常来说在这一理论中并不排除年轻的家庭会借款(如果第二期有收入),这样S就会为负,家庭在年老时还要偿还年轻时的债务。

式(6.2.2)和(6.2.3)可直接代入到效用函数中,得出只含有选择变量S的表达式。(我们用式(6.2.2)和(6.2.3)消去C_1和C_2。)

$$\max U = -\frac{(2-Y+S)^2}{2} + (1+r)S \quad (6.2.4)$$

家庭通过选择S来　　选择储蓄S时　　选择储蓄S时
追求U的最大化　　家庭的当前效用　　家庭的未来效用

$$-(2-Y+S) + (1+r) = 0 \quad (6.2.5)$$

多储蓄一单位时当前效用的损失　多储蓄一单位时下一期效用的增加

方程(6.2.5)说明家庭如何在明天消费的利益和今天多储蓄一美元的损失之间进行权衡。这一方程便是储蓄函数。

$$S = Y - 1 + r \quad (6.2.6)$$

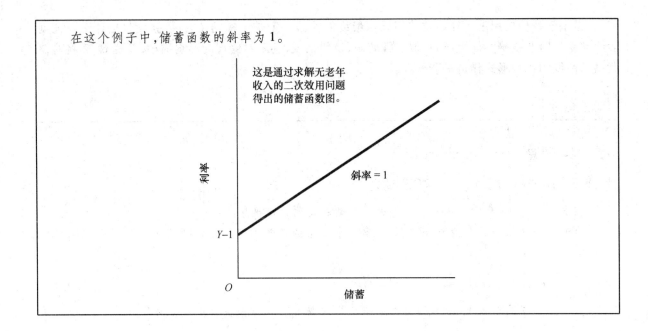

6.5 供求平衡

把投资和储蓄理论放在一起,我们便可解释资本市场如何在不同时点上配置资源。我们从研究一个封闭经济中利率如何调整以使储蓄和投资相等开始。然后我们修正这个理论以解释开放经济中国际资本市场的交易。

6.5.1 封闭经济中的储蓄和投资

图6-5说明了利率、储蓄和投资是如何同时得到决定的。储蓄供给曲线表示从家庭流入资本市场的资金。储蓄的这一流动通过银行、储蓄和贷款机构、退休基金以及个人投资者直接购买股权等渠道完成。当利率提高时,家庭就会更乐意储蓄,这种延期消费的增加转化为公司可借资金的增加。投资需求曲线代表资本市场流向企业的用以购建新厂房和机器的资金。它向下倾斜是因为当利率下降时借钱的成本下降,投资便更有利可图。这一模型预测利率最终为 r^E,投资和储蓄最后在 E 点上达到 $S^E = I^E$。

利率不为 r^E 会怎样呢?设利率为 r^1,r^1 低于 r^E,在 r^1 点上,投资需求量为 I^1,但储蓄供给量为 S^1,在这一利率水平,投资大于储蓄;有些企业无法借到它们所需的资金,它们会提供更高的利率,利率上升,就会有更多资金从储蓄者通过上述渠道流入市场。如果利率高于 r^E,情况相反:储蓄高于投资,有些储蓄者就要接受一个较低的利率。只有在 r^E 时资本市场才达到均衡。

利率为 r_1 时，家庭在资本市场供给储蓄 S_1，企业要借 I_1 用于投资计划的融资，投资大于储蓄。

利率为 r_2 时，家庭在资本市场供给储蓄 S_2，企业欲借 I_2，储蓄大于投资。

仅当 $r = r^E$ 时，储蓄等于投资，资本市场达到均衡，投资与储蓄都为 I^E。

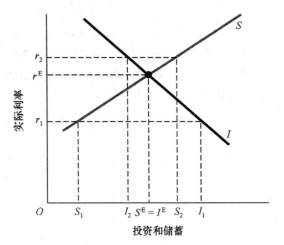

图 6-5　资本市场均衡

6.5.2　生产率和投资需求曲线

关于经济周期的原因，有两大主张：一个是近些年由爱德华·普雷斯科特使之广为接受的古典观点，另一个为约翰·梅纳德·凯恩斯的动物情绪理论。两种理论在投资和利率变动方面有相同的含义。①

为解释经济周期的古典观点，假设一项新发明使投资的生产率更高。20 世纪 70 年代个人电脑的发明就是一个好例子，它使电子消费品产业突飞猛进。专栏 6-5② 表明了计算机对经济的影响，图 6-6 说明生产率的提高使企业在每一给定的利率上都有更高的投资需求。

图 6-6 的图 A 表示生产函数，图 B 表示投资需求曲线和储蓄供给曲线。利率从 r_1 开始，这是使储蓄和投资相等的利率，生产率提高后，企业在任一可能利率上都有更高的投资需求。在图 A 中，生产率提高使生产函数从函数 1 上升到函数 2。在图 B 中，它使投资需求曲线右移。如果利率保持在 r_1，图 B 表示投资会上升至 $I_2(r_1)$。但在这一利率水平上，储蓄不再等于投资。而且，投资需求曲线的变动使均衡的利率升至 r_2，这使家庭储蓄更多，新的均衡就在 $\{r_2, I_2(r_2)\}$，投资高于生产率提高前的投资，利率也上升了。

专栏 6-3 说明了两个不同历史阶段的投资和利率的历史。专栏 6-5 进一步研究了资本市场上均衡背后的代数问题。

---

① 尽管动物情绪理论和实际的经济周期理论在投资和储蓄方面有相似的含义，但是它们在经济政策的核心问题上却又有不同的含义。因为政策的不同，找出区分它们的方法就变得十分重要。对这个问题现在有很多研究。

② 原文如此，疑系作者笔误，应为专栏 6-3。——编者注

图 A 表明生产率的提高引起生产函数的移动。在技术进步之前,利率是 r_1。公司利用生产函数 1 和投资 $I_1(r_1)$。生产率提高后,如果利率维持在 r_1,公司使用生产函数 2 和投资 $I_2(r_1)$。

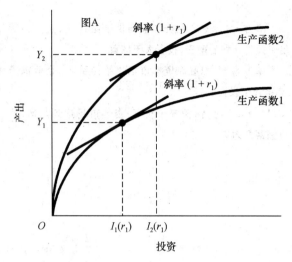

图 B 表明利率没有维持在 r_1,因为这不再是均衡利率了。生产率提高的效果是使得投资需求曲线从 1 移动到 2。在均衡状态下,生产率的提高使得利率上升至 r_2。

生产率的上升将会使投资需求曲线向右移动。

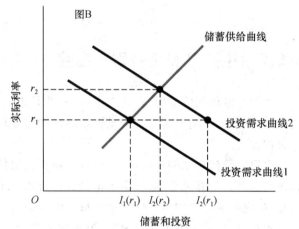

图 6-6 生产率和投资需求曲线

6.5.3 动物情绪和投资需求曲线

因为投资和生产不在同一时间进行,投资者就有可能犯错误。凯恩斯认为理性计算出一项投资未来成功的可能性是不可能的,并且在资本市场上乐观与悲观的非理性摇摆也许是比基本面更重要的驱动力。从一个投资者的角度来看,如果一项新技术(如个人电脑)还未得到证实,基于对未来生产率的错误的认识而进行的投资和后来被证明是有利可图的投资对资本市场的影响是相同的。历史上充斥着投资失败的例子。[①] 1996 年美联储主席艾伦·格林斯潘用术语"非理性繁荣"形容股票市场,他担心以标准度量方法衡量的市值过高。因为股票是未来收益流的一种要求权,其基础价值

---

① 凯恩斯"动物情绪"的摇摆并不像近来经济学中定义的"理性"那样的理性。(我们将在第 18 章谈到理性预期)。最近研究者们研究了"无论乐观还是悲观的摇摆可能都完全理性"的观点。当投资者的信念是自我实现的时候,理性的动物情绪就会出现,因为它们引起了证明原信念有理的价格的变化。自我实现的信念是近来经济研究的一个令人兴奋的新课题。

与公司获取利润的潜力有关。股票价值的一个标准量度是根据 10 年的历史平均收益除以价格得到的，而 10 年是足以抚平经济周期带来的影响的。

使用 10 年历史平均数据的依据是 10 年足以抚平经济周期数据的波动。通过利用长期的平均值，人们希望得出一个投资者在未来可期望得到的长期收益的度量。专栏 6-6 说明了标准普尔指数的价格收益比，它常被用来作为市场价值的指示器。

专栏 6-3

聚焦事实

新经济

生产率提高对经济影响的最典型例子是微电子革命带来的通信科技的巨大进步。

图 A 解释了摩尔法则，计算机科学家戈登·摩尔发现每一代芯片容量大约为上一代的两倍，后一代芯片的出现一般与上一代间隔 18—24 个月。他推断，如果这一趋势继续下去，计算能力将在一个相对短暂的时期内呈现指数增长。

在 26 年中，芯片中的晶体管增加了 3 200 多倍，从 1971 年 4004 的 2 300 个到奔腾 II 处理器的 7 500 万个。

最初人们认为计算能力的提高对于经济没有太大的影响，但在过去十年中情况发生了很大变化。图 B 显示了仅个人电脑购买就占 GDP 的 3%，这还不包括数字电话、新的通信基础物品（如激光光缆和卫星网络）以及最近大规模引入制造过程的计算机导向的生产线。如果把包括计算机辅助产品在内的所有产品包括进来，据估计这将可以解释一半的新增固定投资，而且这个份额还在增加。

图 C 显示了一国投资（政府加私人投资）在 20 世纪 90 年代从 1991 年占 GDP 的 16% 上升到 1999 年占 GDP 的 22%。所谓"新经济"使我们的生活发生了巨大的变化，有些评论者认为其潜在的重要性可以与印刷业的出现相媲美。

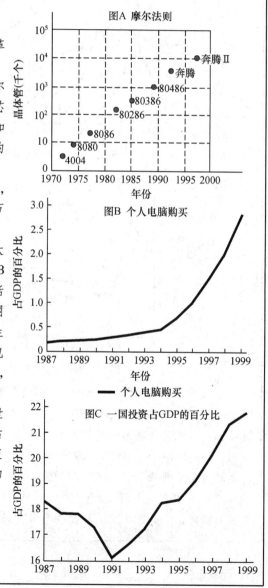

专栏 6-4

聚焦事实

投资函数还是储蓄函数?

投资函数向下倾斜,储蓄函数向上倾斜。通过研究利率如何与投资相关,我们可以得出利率的波动是由投资需求曲线还是由供给曲线的移动引起的。

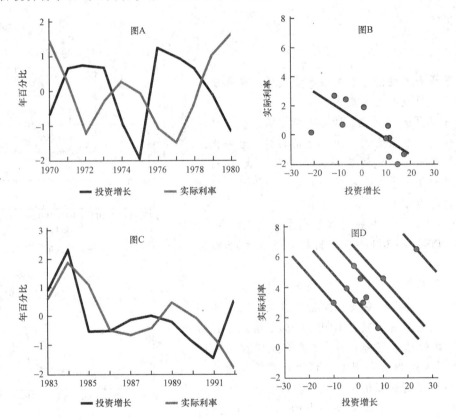

图 A 和图 B 显示了 20 世纪 70 年代美国投资增长和利率之间的关系。图 A 为时间序列,图 B 为散点图。从 1970 年到 1980 年,投资需求曲线相对平稳,大多数投资运动由储蓄供给曲线的运动引起,这可以很明显地从图 B 中大部分的点分布在一条向下倾斜的直线周围看出。

1973—1974 年和 1978—1979 年两次石油价格飙升导致了 70 年代两次大的衰退。这些衰退引起储蓄供给曲线左移,并且衰退沿着投资需求曲线运动。

图 C 和图 D 显示了 20 世纪 80 年代美国投资增长和利率的关系。在这一时期投资需求曲线非常不稳定,投资的摇摆引起投资沿着储蓄供给曲线上下运动。

图 B① 描述的情形概括了近年来大部分的美国历史,投资是 GDP 中最易变的因素,结果是利率和投资正相关。

在现代经济周期理论中,投资需求曲线的变化是经济周期波动的最重要的来源。凯恩斯主义经济学家认为这些波动来自于动物情绪。实际的经济周期经济学家认为它们来自于生产率冲击。

专栏 6-5

进一步观察

资本市场的均衡:一个数学例子

在这个专栏里,我们用专栏 6-1 和专栏 6-2 得出的储蓄和投资曲线推导均衡利率。回忆一下投资需求曲线是以下形式:

$$A - i = (1 + r) \tag{6.5.1}$$

储蓄供给曲线为

$$S = Y - 1 + r \tag{6.5.2}$$

资本市场均衡时,$I = S$。这意味着利率为

$$r = \left(\frac{A - Y}{2}\right) \tag{6.5.3}$$

储蓄和投资同为

$$S = i = \left(\frac{Y + A}{2}\right) - 1 \tag{6.5.4}$$

根据历史数据,标准普尔的价格收益比一直为 15 左右。这就意味着股票的平均价值是 10 年股票平均收入的 15 倍左右。以前市场上有两个价格收益比远高于 15 的例子。一次是在 1901 年,另一次是在 1929 年。这两次,都有知名经济学家认为这意味着经济达到新高度,从而这段历史可以被忽略。1929 年,美国经济学家欧文·费雪声称,市场已经达到一个新高度。接下来的一周市场崩溃,宣告了大萧条和经济活动史无前例的衰退。

今天的股票市场是否估价过高?两个理由可以说明这种情况并不存在:第一是我们进入了经济空前增长的新纪元。换句话说,将来的收益将远高于过去的收益。这样,价格收益比使用的是一个错误的折现指标。第二是信息时代使市场更为有效,负债和资产之间的缺口随着更多的家庭每天在市场上进行投资而不断缩小。从历史数据看,股票市场的平均支付比债券高了 3—4 个百分点。如果这种差距消失,未来收益的现值就会增加,因为市场现值与未来收益除以利率后的值相等。当利率下降时,现值上升,股票就更有价值了。

---

① 原文如此,疑为图 D。——译者注

> **专栏 6-6**
>
> ## 聚焦事实
>
> ### 非理性繁荣
>
> 图中为标准普尔指数中的价格收益比,历史情况平均为 15 左右。在 2000 年,这一比例高达 40。
>
> 当价格很高时,未来收益可能不足以支撑价格,其结果就是市场的突然大幅度下跌。
>
> 资料来源:罗伯特·希勒(Robert Shiller),http://www.aida.econ.yale.edu/-shiller/。
>
>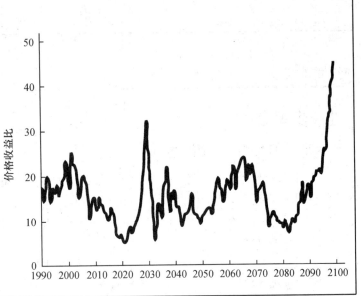

尽管这两个理由听起来很有说服力(我们会相信把钱投入到市场就会变富),历史却提醒我们并不尽然。在最近出版的《非理性繁荣》一书中,耶鲁大学经济学家罗伯特·希勒认为,目前市场的高价值反映了没有基本面支撑的"泡沫"。[①] 他提醒说,用历史的标准,价值高估的市场是内在不稳定的。他的处方包括终结社会保障金私有化的危险计划而不是仅仅进行改革,号召我们的储蓄和投资机构更合理地考虑正在出现的风险管理准则。

6.5.4 婴儿潮、退休金和储蓄

储蓄的一个重要原因是为退休提供收入。在第二次世界大战刚结束时,因为许多人拖延婚期,直到第二次世界大战结束才要小孩,美国经历了出生率的上升。战后出生率的迅速提高导致人口激增,形成所谓的婴儿潮。随着婴儿潮一代的成长,各种产品的供求都在变化,从学校与高校到快餐、音乐和衣物。婴儿潮最重要的影响表现在储蓄和投资上。

随着婴儿潮的产生,战后经济有了意外的收获,大量有生产能力的、纳税的工人涌入劳动市场。世界各国政府都利用了这些增加的税收并纷纷设立新项目计划,其中最重要的新支出计划是政府退休金的设立。

---

① Robert Shiller. *Irrational Exuberance*, Princeton University Press, 2000.

表 6-2 显示了 1939 年和 1980 年的平均退休金与平均工资之比。从表中我们可以看出,在美国,退休金从 1939 年占平均工资的 21% 上涨到 1980 年占平均工资的 44%,1980 年的退休金比 1939 年的 2 倍还多。在意大利为 4 倍多。如果政府明智地储蓄年轻人的税收并投资于股票市场,给予慷慨的退休金就不会有问题。年轻人对于退休金的贡献用于支付现在老年人的退休金。战后这个计划在政治上很受欢迎,因为这看起来每个人都是赢家。现在婴儿潮时出生的人都在变老,然而没有足够的年轻人来供给婴儿潮时的出生者们所应有的退休金。

表 6-2　几个国家退休金占工资的百分比

	1939	1980
加拿大	17	34
德国	19	49
意大利	15	69
英国	13	31
美国	21	44

资料来源:*Essays on Pension Reform*, by Max Alier, Ph.D. (thesis, University of California, Los Angeles, 1997)。

退休金制度并不是在每个国家都以美国那样的方式运行,在美国,年轻人纳税的一部分用于老年人的退休金。另一种制度是"筹足资金"制。1999 年 3 月 3 日,美联储主席艾伦·格林斯潘在国会的听证会上非常漂亮地概括了社会保障计划的资金问题。[①]

"资金问题……是任何退休制度的核心,无论是公共退休制度还是私人退休制度。简单说来,就是必须有足够的资源来为退休后的消费筹资。可以想象得到,在大多数经济未发展时期,家庭在工作期间购买和储存物品以应对退休后的消费。而在经济发达时期,这些原本应变为储存物品的资源可以转化为新的资本品。这些资本品可以在工作期间积累,生产出更多的产品和服务以备退休后消费。"

实际上,大多数制度(包括美国的制度)都没有足够的资源来为其负债提供资金。只要人口增长,这就不成为一个问题,因为总有足够的年轻人进入这一体系为国家对现有的老年人的负债纳税。但是现在人口出生率已经开始下降,人们的预期寿命延长。这已形成了一个世界性的问题,在那些退休金计划慷慨的国家中尤为突出。对老年人的退休金的承诺是政府债务一个隐含的来源,在大多数国家,这笔债务甚至高于传统的政府债务。表 6-3 比较了 5 个国家的传统政府债务和隐含的退休金债务。

---

① 前美联储主席艾伦·格林斯潘在财政小组委员会和商业委员会的声明,美国众议院,1999 年 3 月 3 日。或在 http://www.federalreserve.gov 上搜索"Greenspan"和"March 3, 1999"。

表 6-3　1990 年政府债务和退休金负债在 GDP 中的百分比

	净传统债务	净退休金负债
加拿大	52	121
德国	22	157
意大利	100	259
英国	27	156
美国	35	90

资料来源：*Essays on Pension Reform*, by Max Alier, Ph. D. (thesis, University of California, Los Angeles, 1997)。

在美国，1990 年传统债务占 GDP 的 35%，但隐含的退休金债务是它的近三倍。尽管美国的境况不好，但却绝不是最糟的例子，在意大利净退休金负债为 GDP 的 259%。许多政府开始认识到这是个大问题并采取措施，例如，1981 年智利退休金改革后，智利政府用年轻人在资本市场上的储蓄进行投资，正如艾伦·格林斯潘在国会所说的那样。这种支付退休金的方法叫做"筹足资金"制。现在智利工人退休后，政府可从投资的利息收入中支付他们的退休金。

6.5.5　社会保障信托基金和预算盈余

在美国，社会保障一部分由"**社会保障信托基金**"提供资金，这种基金从 1936 年开始稳定地积累资金，作为年轻时纳税的一部分来抵偿未来的退休金。但是与"筹足资金"制不同，社会保障信托基金不足以抵偿退休金负债，还有大量的基金无法偿还的负债。

2000 年 2 月，联邦预算送达国会，克林顿政府认为以后 15 年的 62% 的财政盈余应用于偿还社保负债。艾伦·格林斯潘坚决支持这一观点并指出，如果要使婴儿潮一代获得与父辈同等的退休金，国民储蓄（私人加政府储蓄）必须有实质性的增加。下文对于形势的估计引自《总统经济报告》，这个报告由总统经济顾问委员会在 2000 年 2 月写成。

网络浏览 6-1

"经济学家网"有关退休金改革的文章

《经济学家》杂志是有关目前宏观经济学问题的一个不错的文章来源。

你可以订阅这一杂志的纸质版，或者在 http://www.economist.com 找到电子版。

订阅后可以使用《经济学家》在线图书馆，里面有取自过刊的大量讨论经济学和政治学论题的文章。我在这个在线图书馆查找"退休金改革"，找到了 33 篇文章，其中几篇对于这一章的写作非常有益。

"许多年来,进入共同信托的年度税收超过了花费,预计这一情况将持续到 2012 年。超出部分的税收投资于一种特殊的生息国库券。这种证券像一般的国库券一样,以政府信用作为支撑。信托基金以资本本金和利息取得信用。但是在现行法律不变的情况下,从 2013 年开始,这一项目将用信托基金的利息收入来协助支付救济金。从 2021 年开始,工薪税和利息收入将不再充足。这一项目将需要用本金来弥补救济金负债。受托人预测储备资金将在 2032 年用光,到那时,每年的工薪税税收可以支付现行法律规定的救济金的 72%。

信托基金的长期的财政健康状况取决于经济和人口因素。像生产率增长引起经济增长这样的事情,将在使工人享受低失业和较高实际工资的同时增加流入信托基金的税收。但即使在对未来的生产率提高和实际工资增长的乐观假设下,人口统计学家仍预计,在劳动市场上将没有足够的工人来应对婴儿潮及随后几代人的退休花费。"

总统顾问们描述的情形之所以会出现,是因为人的预期寿命会延长以及出生率的下降。这意味着将来会是由更少的工作人口去维持相对庞大的老年人群。根据现在的预测,社会保障信托基金在 2032 年会破产。到那个时候,两件事情中的一件可能会发生:老年人所获得的退休金减少,或者年轻人的税负加重,两者都不具有吸引力。国会建议我们现在就采取行动。

幸运的是(见专栏 6-7),互联网革命所激起的技术进步导致了预算环境的转变。1991 年联邦政府有占 GDP 4% 的赤字。到 1998 年和 1999 年出现了预算盈余,并有人乐观估计这一情形会在将来无限延续。2000 年竞选总统的两位候选人都建议,如果盈余继续增加,盈余的一部分应当用于分担数额巨大的社会保障负债。1999 年艾伦·格林斯潘向国会总结了这些建议:

因此,提高我国的储蓄对于任何社会保障改革都是必要的。开始追求社会保障的无资金负债的私有化设计会大大提升国内储蓄,因此使当前的社会保障计划资金更加充裕。但是许多人认为,这种资金的单一预算盈余规模在政治上是不可持续的。认识到这种政治风险,总统提议改变预算框架以支持单一大额的预算盈余。如果此方法有效,这将是在正确方向上迈出的主要一步,它会使政府对国民储蓄的贡献持久增长。如果今后 15 年计划的大量盈余可以实现,将会大大降低因人口变化而形成的财政压力。不管国会选择哪条路,是私有化还是使社保基金充足,提高国民的储蓄率都是主要目标。

6.6 开放经济中的储蓄和投资

我们现在可以修正储蓄和投资理论以解释在开放经济条件下世界资本市场的借贷。开放经济和封闭经济模型的区别在于,在开放经济中,国内储蓄不等于国内投资。赤字由从国外的净借款形成。

专栏 6-7

聚焦事实

私人和政府储蓄

图 A 表明私人储蓄自 1985 年一直在下降,从可支配收入的 9% 降至不到 4%。这低于其他许多国家的私人储蓄率。

但国民储蓄从占 GDP 的 15% 增长到 19%,这一差别源于政府储蓄的增加(见图 B)。

图 B 显示了政府预算赤字(政府的负储蓄)。这幅图解释了当私人储蓄下降时国民储蓄为何增加。原因在于政府储蓄的大幅增长。从 1991 年开始赤字一直在下降(政府储蓄一直上升),从 1998 年开始出现预算盈余。盈余增长的出现引起了一场关于如何处理流入国库的资金的政治大讨论。

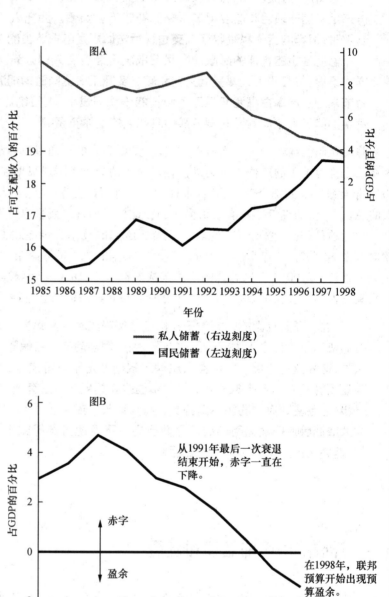

6.6.1 世界资本市场的均衡

图6-7解释了世界资本市场的均衡是如何决定的。图A从图6-5中复制了国内储蓄和投资图。我们用此表说明不同的世界利率水平下国内经济会从国外借多少钱。

右图显示了国际经济中利率如何决定。

图A显示了国内经济中的储蓄和投资,利率为 r_1 时,国内投资(私人加政府投资)大于国内储蓄,国内投资大于国内储蓄的差额在世界资本市场上由借款 NB_1(净借款)来偿付。

图A还显示了当世界利率提高到 r_2 时,国内储蓄会高于国内投资,资金从美国流入世界资本市场,净借款为负。

在图B中,横轴表示美国资本需求和世界资本供给,纵轴为世界利率。达到均衡时,美国的投资超过储蓄,差额由来自国外的净借款 NB^E 补足。

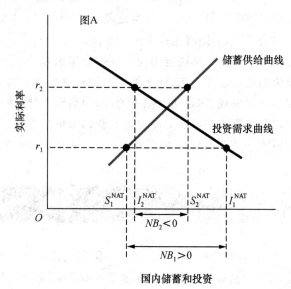

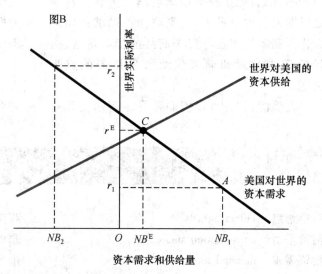

图6-7 开放经济中的储蓄和投资

例如,假设美国可以以 r_1 的利率对其他国家进行借贷。图A显示当利率为 r_1 时,美国的投资需求为 I_1^{NAT},美国自身的储蓄供给为 S_1^{NAT},右上标"NAT"提示我们表示的是国内投资和国内储蓄(私人与政府的投资和储蓄)。因为 I_1^{NAT} 大于 S_1^{NAT},在这个利率水平下美国是净债务国,借款数量为 NB_1。

假设世界利率为 r_2，图 A 显示在 r_2 的利率水平下，美国投资者在世界资本市场上需求为 I_2^{NAT}，储蓄者可供给 S_2^{NAT}，因为 I_2^{NAT} 小于 S_2^{NAT}，图 A 显示在这个利率水平下美国为净债权国，这可由净借款 NB_2 小于 0 表现出来。

图 B 为美国在世界资本市场上向下倾斜的需求曲线。这是在不同的世界利率水平下，国内投资和国内储蓄的差额。例如，利率为 r_1 时，国内投资大于国内储蓄，这一信息由图 B 中的 A 点表示。图表的纵轴表示世界资本市场的利率，横轴测度世界市场的资本供求数量。当利率为 r_1 时，国内资本需求为 NB_1（国内投资与储蓄之差）。当利率为 r_2 时，国内资本需求为 r_2，因为国内投资 I_2^{NAT} 小于国内储蓄 S_2^{NAT}，美国将是一个净储蓄国。

世界利率是如何决定的呢？每一个国家都能找到其投资和储蓄曲线。如果把所有国家的储蓄和投资曲线加总在一起，就能得出不同利率水平下其他国家应贷给美国多少资金。这一结果叫做**世界资本供给曲线**，它是向上倾斜的，因为当利率升高时，其他国家更愿意贷款给我们。世界资本供给与国内资本需求相等的点即为世界资本市场的均衡点。在图 B 中，C 点即为均衡点，利率为 r^E，美国资本需求为 NB^E。在 r^E 的利率水平下，国内资本需求为正，反映了美国是一个净债务国。

结 论

我们可以以供求为工具研究一段时间内的商品配置。投资是一种把现在商品转化为将来商品的方式，企业投资以求利润最大化。储蓄是延期消费的一种方式，家庭储蓄以求效用最大化。利率是现在与将来商品的相对价格，由投资需求数量和储蓄供给数量相等的点来决定。

在经济周期中，投资非常易变而消费相对平滑，实际的经济周期学派的新古典经济学家认为投资随创新所引起的生产率变化而波动。凯恩斯主义经济学家认为投资的许多变动是因为投资者信念的变化，叫做"动物情绪"。他们都认为资本供求模型可以解释利率的决定。

资本供求模型有助于我们理解人口变化对资本市场的影响。我们也可以用它来研究美国政府在国际资本市场借款的影响。

关 键 术 语

动物情绪　animal spirits
消费平滑　consumption smoothing
投资需求　demand for investment
基本面解释　fundamental explanation
跨期预算约束　intertemporal budget constraint
跨期生产可能性集　intertemporal production possibilities set

跨期效用理论　intertemporal utility theory
非理性繁荣　irrational exuberance
市场利率　market rate
名义利率　nominal interest rate
现值　present value
实际利率　real interest rate
自我实现的预言　self-fulfilling prophecy

社会保障信托基金　Social Security Trust Fund
太阳黑子理论　sunspots
储蓄供给　supply of saving

财富效应　wealth effect
世界资本供给曲线　world supply of capital curve

习　题

1. 写出储蓄和投资的定义。详细描述实际上被看作是储蓄和投资的一些行为。把钱投入股票市场是投资还是储蓄？
2. 储蓄供给曲线为何向上倾斜？当实际利率变化时，替代效应和财富效应的力量对比意味着什么？
3. 投资需求曲线为何向下倾斜？在决定投资需求曲线的斜率上，收益递减有什么样的作用？
4. 在解释经济周期中的投资波动方面，古典主义和凯恩斯主义经济学家有何区别？凯恩斯主义经济学家和古典经济学家在投资的改变会导致利率变化的机制问题上是否存在分歧？
5. 假设年利率为 5%，计算下列各数值在 2002 年的现值：
   a. 在 2003 年获得的 1 000 美元遗产；
   b. 在 2004 年获得的 1 000 美元遗产；
   c. 在 2003、2004、2005 年每年各支付 1 000 美元购买彩票；
   d. 以后每年都支付 1 000 美元购买彩票。
6. 设名义利率不变，但企业预期将来有一个较高的通货膨胀率。这种对未来通货膨胀的预期如何影响投资？请说明理由。
7. 如果一个经济中生产函数为 $Y = 4I^{1/2}$，这里 I 指投资水平。
   a. 求出投资的边际产出（提示：如果生产函数为 $Y = AI^{\alpha}$ 的形式，那么劳动的边际产出为 $\alpha AI^{\alpha-1}$）。
   b. 通过选择投资值说明这个经济中的总生产函数是收益递减的，并计算其边际产出会出现什么情况。
   c. 如果 r 为实际利率，用 a 中求出的投资的边际产品与投资的边际成本 $(1+r)$ 相等得出投资需求曲线。
   d. 如果储蓄供给曲线为 $S = 2(1+r)$，计算投资和实际利率的均衡值。
   e. 计算总产出 Y。
8. 在 20 世纪 80 年代，美国的投资和实际利率明显地正相关，请解释这一事实如何与投资需求曲线向下倾斜一致。
9. 你认为股票市场价值如何影响投资需求和储蓄供给？如果股票市场的变化在很大程度上依赖于对未来经济情况的预期，那么这些预期将如何自我实现呢？请解释。
10. 现行的美国社会保障制度经常被称作"现收现付"制，它与"筹足资金"的制度不同。你认为这两种制度有什么不同？在退休金制度为"现收现付"和"筹足资金"的不同国家中，投资需求、储蓄供给和利率会有何不同？
11. 你认为政府财政赤字是顺周期的还是逆周期的？这意味着国内储蓄是顺周期的还是逆周期的？请解释。
12. a. 假设一个小型开放经济中的政府在不改变政府支出的情况下提高税收，这个国家的国内投资和贸易余额会怎样？用国内资本市场图来解释。（提示：世界资本供给不随世界利率水平变化，反映在图上为一条水平线。）
    b. 现在假设很多国家在不改变政府支出的情况下提高税收。在 a 中的小国开放经济中,投资和贸易余额会怎样?用国内资本市场图来解释。

13. a. 近来许多经济学家就美国税收规则的大变革进行辩论,他们希望看到为了提高国民储蓄,用消费税来代替现行的联邦所得税。用古典模型分析这种政策的影响,讨论其对于实际和名义工资、劳动市场、价格水平、实际利率、投资和储蓄的影响,并提供相应的图来说明。

b. 如果 a 中的政策在一个小国开放市场实施,对这个国家的净出口水平有何影响?净国外借贷如何变化?用这个国家的资本市场图来说明。

第三篇

总需求和总供给的现代视角

第7章　失业

第8章　新凯恩斯主义的总供给理论

第9章　货币需求和LM曲线

第10章　货币供给

第11章　IS曲线

第12章　IS-LM模型与总需求

第13章　开放经济

　　第三篇包括七章,其内容是超越古典模型发展起来的对总需求和总供给理论的更现代的理解。我们在第7章从讨论新凯恩斯主义的失业理论开始,第8章讨论凯恩斯主义的总供给理论。

　　第9章到第12章,我们研究总需求理论的现代视角。这种视角是以凯恩斯的《就业、利息和货币通论》一书的思想为基础的。第13章,即本篇的最后一章,解释在开放经济中如何修正需求管理思想。

第7章 失业

7.1 引言

本章讨论失业。大萧条时期,凯恩斯对经济体系会快速恢复到充分就业均衡的传统观点提出了挑战,这是经济学家们首次开始对失业进行系统研究。在大萧条之前,最紧迫的宏观经济问题则是如何维持稳定的通货。之所以如此,部分原因在于第一次世界大战结束时德国、奥地利、波兰和匈牙利的恶性通货膨胀引发了许多严重的社会问题,凯恩斯就这一主题写过大量的论著。但在20世纪20年代后期,英国的失业已攀升到史无前例的水平。1929年,美国股市崩盘,宣告了大萧条从英国向北美的蔓延,并且在随后的10年中,西方世界都遭遇了这场经济灾难,这使理论家们开始重新审视古典模型。

我们现在来讨论这样的问题:什么是失业?我们将研究一个模型,它将几种现代失业理论的要素整合到一个与古典失业理论相似的框架中去。我们还将比较美国与欧洲的失业,并考察考虑了这两个地区差异的劳动市场的结构理论。

在第8章我们将讨论一个相关的问题:为什么失业会在经济周期中系统性地变化?为了解释这一点,我们将考察凯恩斯的理论如何把失业的变化和价格水平的变化联系在一起。

7.2 失业的历史

在20世纪30年代,约翰·梅纳德·凯恩斯把政府可以且应当着力控制失业率的观点引入经济学时,它还是一个相对前卫的观点。在19世纪晚期,美国经济经历了一系列与银行恐慌、投资锐减、失业率上升有关的严重衰退。最糟糕的一次是19世纪90年代,失业人口达劳动力的18%。

专栏 7-1

进一步观察

现代宏观经济学的发端

凯恩斯在卡尔·马克思去世的同一年生于英国剑桥。他在剑桥大学师从阿尔弗莱德·马歇尔,并成为经济学讲师。凯恩斯最有影响力的著作是《就业、利息和货币通论》。在这本著作里,他提出了非自愿失业的概念。凯恩斯提出了在当时被认为是很偏激的观点,主张政府可以并应当承担维持一个低失业率的责任。

凯恩斯认为,需求总是与劳动供给相等的古典均衡是经济在任何失业水平下都可保持均衡的一般情况中的特例。凯恩斯理论的创立是基于社会的整体层面而不是单个企业或家庭。他的著作宣告了新近才开始与微观经济学原理再度结合的宏观经济学这一学科的形成。

约翰·梅纳德·凯恩斯
(1883—1946)

除了专业素养高,凯恩斯还是一个有影响力和受欢迎的著述者、一个有影响力的政治家(他在组建国际货币基金组织过程中发挥了重要作用),包括利顿·斯特罗切和弗吉尼亚·沃尔夫在内的英国文化圈"布卢姆斯伯里"的成员。

19世纪①衰退的一个重要特征是公众对银行系统失去信心。这类事件反复出现,被称为"银行恐慌"。在银行恐慌期间,许多储户都同时想从银行系统取款。因为银行一般将储户存款用于长期项目,这些恐慌导致了银行破产。银行破产,储户受损失,经济就经历了产出的损失和失业的增加。联邦储备制度建立于1913年,它通过为储户的存款提供保险和在危机时为系统提供流动性来防止银行恐慌。

专栏 7-2 显示了 1890 年以来美国的失业历史。注意 19 世纪 90 年代失业人口上升到占劳动力的 18% 的大衰退。这次衰退后不久,联邦储备制度建立,美国开始系统地实施货币政策。联邦储备制度的建立是一系列政策变化的开始,这些变化逐步提高了 20 世纪政府的地位。但是直到 20 世纪 30 年代的大萧条时期,政府才开始有意识地通过提高或降低政府支出和税收来调控经济。

专栏 7-2 中的图 A 说明了 20 世纪 30 年代失业人口攀升到占劳动力的 25%。大规模失业的社会影响是灾难性的,全世界各国政府都以经济管理者的姿态力图防止失业的反复出现,所以其政治影响是深远的。约翰·梅纳德·凯恩斯为政府进行经济干预提供了理论基础。他认为在衰退期间,政府应增加而非减少支出。这与认为在困难时期,政府应减少支出的传统观念相去甚远。相反,凯恩斯认为政府应在衰退期多支出,繁荣期少支出,这叫做**反周期财政政策**,这种政策是他的需求不足理论的题中应有之意。在第 12 章,我们会研究这一理论并进一步考察这个观点。

---

① 原文此处为"18 世纪",疑为作者笔误。——译者注

专栏 7-2

聚焦事实

美国的失业历史

图 A 显示了 1890 年至 2000 年间美国的年失业率。

在上世纪的大部分时间中,平均失业率为 7% 左右。这里有两次例外值得注意。在 19 世纪 90 年代,有一次大的衰退,失业率达 18%。在 20 世纪 30 年代大萧条期间,失业率达 25%。

图 B 显示了 1968 年到 2000 年失业率的月度数据及失业的平均持续时间,阴影区为 NBER 确定的衰退。

在衰退期,失业率骤增。例如,在 1973 年石油冲击后的衰退中,失业率在 30 个月内由 5% 增加 4 个百分点至 9%。失业的下降则缓慢得多,这反映了扩张比衰退要历时更久的事实。

同样值得注意的是,从图 B 我们可以看出,失业的持续时间与失业率的变化非常相似。这反映了当许多人一起找工作时,找到工作所需的时间就会更长的事实。

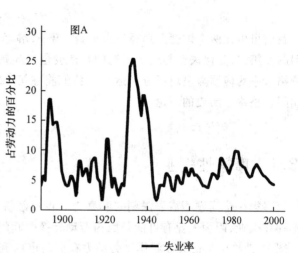

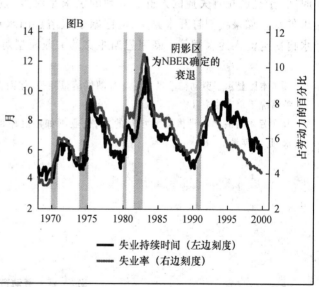

专栏 7-2 还描述了美国近期的失业历史。值得注意的是,失业在衰退期快速上升,但在扩张期却下降缓慢。失业与其他一些经济和社会变量相关,包括失业持续时间(图 B)和许多社会统计数据,如犯罪率和贫困。(见第 1 章的讨论)

7.3 失业的解释

我们可以在两个维度上解释失业问题：第一，解释为何一个人会失业的问题。本章将会解释这个问题。第二，为何失业与经济周期的其他变量一起系统性变化，尤其是从 1929 年到 1940 年，失业与价格水平为何明显呈现反方向运动。我们将在第 12 章探求这一问题，并构建一个可以解释大萧条期间价格水平历史的理论。

7.3.1 摩擦性失业

解释第一个问题不需要深刻的洞察力。古典经济学家认识到在劳动市场的供求均衡并不意味着不存在失业，因为失业有可能是因为劳动转换引起的，这种失业叫做**摩擦性失业**。

图 7-1 给出了把失业看作是劳动力在劳动市场流入流出的动态过程的观点。因为找工作需要时间，于是就总有失业的人群。劳动的供求是流量，就像水流入流出水箱；但失业是存量，就像浴缸里的水。如果我们打开水龙头，但把塞子从浴缸出水口处拿开，水就会上涨直至额外压力使流出的水再次与流入的水相等。新凯恩斯主义的失业模型对劳动市场的解释与之也有相似之处。

本图显示了劳动需求量如何与劳动供给量相等，然而在这种情况下仍存在失业。

劳动的供求数量像流入水箱的水，失业则如浴缸中的蓄水，是个存量。

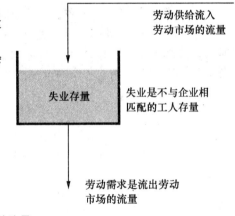

图 7-1 劳动市场的流量

7.3.2 周期性失业

摩擦性失业的存在并非我们所关注的原因，因为任何平滑运行的经济都有工人花时间从一个岗位转换到另一个岗位的特征。但当失业率达到 25% 时，如在大萧条时出现的情况，把原因归于所有失业者都在工作转换中就不可能了。因为衰退在本质上是周期性的,且失业在经济周期内系统性运动,所以在衰退期上升的失业叫做"**周期性失业**"。周期性失业引起了政治家的关注,因为它与普遍的困境和日益增多的社会问题相联系。

凯恩斯主义经济学家认为周期性失业的产生是因为经济没有对冲击作出应有的有效反应。在大萧条期间,价格水平下降但失业上升。他们用"名义价格指数没有及时调整到均衡水平"的模型来解释这一现象。我们令企业可以选择它们支付的工资来修正古典模型。这使我们可以把失业描述为一种均衡现象,而且为我们在第8章里讨论经济周期中的失业波动提供了框架。

7.3.3 失业理论

从凯恩斯写就《就业、利息和货币通论》后,经济学家们一直尝试着解释他的观点。凯恩斯首先是一个务实的人,所以他提倡的解决大萧条的政策起了作用。但是他的理论中的微观经济学并未流传开来。为了使凯恩斯主义经济学从理性行为的理论的角度说得通,他的追随者花了大量时间。这种解释凯恩斯经济学的微观基础的尝试叫做**新凯恩斯主义研究计划**。

新凯恩斯主义经济学家发问:当劳动市场均衡时,失业者蓄水池是如何形成的呢?要回答这一问题,就要介绍一下**效率工资理论**。这种理论认为,企业会支付高于古典均衡工资的工资,因为让工人幸福符合企业的最优利益。由于企业支付的实际工资高于使劳动的供求相等的工资,所以这个模型预测在均衡时还会存在失业。

7.3.4 效率工资理论

根据效率工资理论,实际工资的制定遵循企业转换成本最小化的原则。[①] 提出这一理论的经济学家认为,失业通常"过高"。"过高"意味着政府可以且必须通过管理总需求的积极的政策来降低失业率。他们认为出于自己的利益,企业支付的工资要高于古典经济中的均衡工资。高工资保证工人的努力和忠诚,从而避免招工的耗费。

效率工资理论有三个主要观点。根据第一个观点,拥有快乐、尽责劳动的企业会有更多的利润,因为这样的工人生产率更高。因此,企业就有动力去支付高工资以保证工人的生产率。效率工资的第二个观点认为,提供高工资的企业会吸引优秀的求职者,这一观点是在工人的素质并不能直接判断的假设之上得出来的。最后一个观点认为,企业把工资作为最小化转换成本的策略。如果有更少的工人辞职,那么替换工人的招工成本将降到最低。以上三点共同的基本原理是实际工资高于古典劳动市场出清工资的命题。这一命题暗含着在均衡时有一定量的失业工人存在。

---

① 有大量的文献讨论效率工资理论。最早的文献之一是 Carl Shapiro and Joseph Stiglitz, "Equilibrium Unemployment as a Worker Discipline Device," in *American Economic Review*, 74, pp. 443—444, June 1984。你可以在 George Akerlof and Janet Yellen, *Efficiency Wage Models of the Labor Market*, published by Cambridge University Press, 1987 一书中得到关于这一问题的更多信息。

7.3.5 搜寻理论

搜寻理论与效率工资相辅相成,尽管它不是新凯恩斯主义独有的方法。它研究的是工人与企业相匹配的耗时耗财的过程。就我们的目的来说,其主要思想是,一个企业的从业工人群体是一个存量,但进入和离开企业的劳动力为流量。

搜寻理论和效率工资理论中的大部分内容是高度抽象的。但有一部分内容容易与本书所讲的模型相结合。把这些观点补充到古典的劳动市场模型中,我们就可以建立一个模型,在新模型里,失业是摩擦的自然结果,而这一摩擦内生于工人和企业之间进行匹配的过程,其中失业率上升是一个固有的自然结果。

7.4 新凯恩斯主义的失业理论

我们现在引入新凯恩斯主义的失业理论。图 7-2 描述了这一理论的主要特征。在古典的劳动市场模型中,企业可以迅速、无成本地调整雇用工人的数量。与其相似,家庭也可以在不发生成本的情况下不断调整家庭中的就业人数。在这种调整无需成本的环境中,区分劳动的流量和存量是不必要的。

在本图中,劳动力是实际工资的增函数,就业量是实际工资的减函数。均衡时的工资叫做**效率工资**,注意均衡点并非两条曲线的交点。相反,均衡时的工资使成本最小。当实际工资等于效率工资时,失业处于自然率水平。

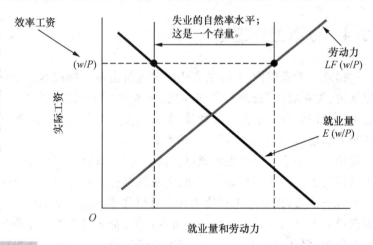

图 7-2 新凯恩斯主义的劳动市场模型

与古典模型相比,新凯恩斯主义假设企业清楚地将工人群体视为存量。任何指定的工人存量都可或快或慢地与劳动转换相结合。在一个极端,企业可以在 20 年内使用同一批工人。这样工厂几乎不必为招收新工人而花费成本;在另一个极端,企业有可能每周都招募新工人。这就面临着高额的招工费用。企业会通过调整实际工资来使得维持就业工人存量的成本最小化。①

家庭向劳动市场提供的工人存量叫做"劳动力"。因为当实际工资提高时,家庭会向市场提供更多的工人,劳动力是实际工资的增函数。由企业雇用的劳动力数量叫做就业水平。实际工资提高时,就业量将下降。在古典模型中,实际工资取决于向上倾斜的供给曲线和向下倾斜的需求曲线的交点。新凯恩斯主义与古典模型的不同在于,它的工资不是由使就业和劳动力相等而确定。相反,工资的选择会造成一部分工人失业,企业选择的工资即为**效率工资**,与效率工资相联系的失业水平叫做**失业的自然率水平**。

7.4.1 转换成本和效率工资

在新凯恩斯主义模型中,企业一定会在搜寻工人的过程中有所花费。企业必须积极搜寻工人,它们可以通过校园招聘或在杂志报纸上张贴广告来调节招聘的强度。企业支付可使它的工资账单最小化的工资水平。工资账单的一个内容是支付给每个工人的工资,另一部分是新工人的招聘费用。我们用 $C(w/P, L)$ 来表示转换费用,其中 w/P 和 L 提示企业可通过支付不同的实际工资和改变雇用工人数量来影响 C。我们说 C 是实际工资和就业人数的函数。

为了解释效率工资,我们研究转换成本方程的一个特例:

$$C(w/P, L) = c(w/P)L$$

$c(w/P)$ 为单个工人的转换成本。在这一特例中,转换成本与工人数量成正比例。这易于我们研究,因为当企业选择一个效率工资时,可以把问题分成两块来考虑:首先,企业为最小化每个工人的成本而选择效率工资。在专栏7-3的数学例子中这一问题就是选择效率工资使 $w/P + c(w/P)$ 尽可能小。其次,给出一个效率工资,企业确定 L 以最大化利润。这一问题在专栏7-4中有相应的数学例子。

为什么 C 会取决于实际工资呢?因为薪水高的工人会比较忠诚且不轻易辞职,从而降低了企业的转换成本。更准确地讲,我们假设如果 w/P 增加,C 就会减小,即转换成本为实际工资的减函数。另外,我们需要一些更强有力的假设。定义实际工资增加的边际收益等于这部分实际工资增加所导致的转换成本的减少量。在效率工资理论中我们假定实际工资上升时,边际收益减小。

---

① 给出区分劳动力市场上流量、存量的系统模型超出了本书的范围。相反,我们假设企业可以快速地调节就业量。第8章介绍了名义工资调整缓慢的观点。在新凯恩斯主义理论中重要的一点是数量调整比货币工资调整快得多。

专栏 7-3

进一步观察

得出效率工资:一个数学例子

在这一专栏中,我们引入转换成本函数,并得出效率工资。像以前章节中的数学例子一样,你可以略过它且不会影响理解本章的主旨。

方程(7.3.1)是转换成本函数的一个特例。它的特别之处在于转换成本可以分为几部分:$c(w/P)$取决于实际工资,L为工人的数量。本例中,当 $C(w/P,L) = c(w/P)L$ 时,企业可在不依赖于对工人数量选择的情况下得出效率工资。我们假设函数 $c(w/P)$ 中 $w/P<1$,若 $w/P>1$,则 $c=0$。

$$c = 1 - 2(w/P) + (w/P)^2 \tag{7.3.1}$$

这一表达式表明转换成本如何取决于实际工资

我们的例子说明了转换成本函数的两个重要特征:第一,当实际工资上升时,转换成本下降,这对要提高利润的企业来说是有利的;第二,实际工资增加,边际收益下降。

这种转换成本函数的边际收益由以下表达式给出(式(7.3.1)的导数的相反数)。我们取相反数,是因为成本的相反数为收益。

$$\text{边际收益} = -(-2 + 2(w/P)) \tag{7.3.2}$$

这个表达式描述了增加实际工资对利润的贡献

如果企业支付 w/p 的实际工资,每个工人的成本取决于实际工资,工资增加,工资账单就会等量增加。这样,增加实际工资的边际成本为1。

$$\text{边际成本} = 1 \tag{7.3.3}$$

当边际收益等于边际成本时,利润实现最大化,这一条件在式(7.3.4)中给出

$$\underset{\text{边际成本}}{1} = \underset{\text{边际收益}}{2 - (w/P)} \tag{7.3.4}$$

令边际成本等于边际收益可以得出本例中的效率工资:

$$(w/P)^* = 1/2 \tag{7.3.5}$$

这就是效率工资

7.4.2 效率工资的选择

在古典理论中,企业不能比其他企业支付的工资少,在均衡时,实际工资由企业就业需求与家庭提供到市场上的工人数相等的点决定。在新凯恩斯主义理论中,企业选定工资水平以最小化维持一定的雇用工人数量的成本。让我们从转换成本函数与工人数量成比例这样一个特例中看看效率工资理论的运行机制。

方程(7.1)是利润的新凯恩斯主义表达式。它与古典经济中的利润方程的不同在于,企业必须花费 $c(w/P)L$ 来维持 L 的工人数量。名义工资并不由市场决定而是由企业决定。支付一个高工

资,企业就会增加工资账单,也就增加了成本。但是通过增加工资可以提高工人的忠诚度,这会因降低招聘新工人的费用而降低成本。

$$\underset{\text{利润}}{\pi} = \underset{\text{商品供给}}{Y} - \underset{\text{劳动需求的成本}}{\frac{w}{P}L} - \underset{\text{转换成本}}{c\left(\frac{w}{P}\right)L} \tag{7.1}$$

图 7-3 的图 A 解释了企业实际工资的确定。增加工资可通过两方面影响利润。如果工资增加 1 美元,对于企业来说,每个工人的工资成本就会增加 1 美元,这叫做工资变化的边际成本。提高工资的第二种影响是降低了企业的人均转换费用 $c(w/P)$,这叫做工资变化的边际收益。在效率工资理论中,企业通过决定工资来最小化成本、最大化利润。这种工资叫做效率工资,由增加工资的边际成本与边际收益相等得到。

A:效率工资

黑线表示边际转换成本。当实际工资增加时,转换成本的额外收益减少。

灰线表示支付较高的实际工资时对每个工人的额外花费,它等于1,因为每增加 1 美元的工资,企业就要为每个工人多花费 1 美元。

效率工资使提高工资的边际收益等于边际成本。

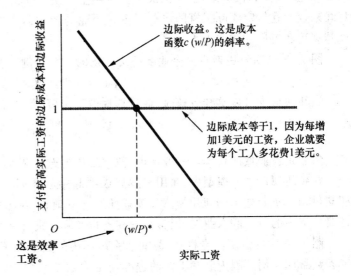

B:就业量

灰色曲线表示由古典企业所决定的工人量,它使实际工资等于劳动的边际产量。

黑色曲线表示新凯恩斯主义企业中的工人量,它使实际工资等于劳动边际产量减去转换成本 $c(w/P)$。

实际工资越高,两者的缺口越小,因为高工资意味着转换成本低。

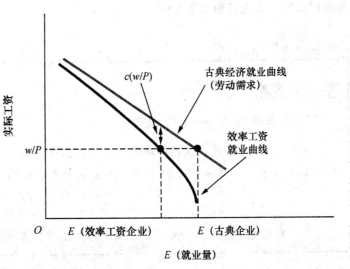

图 7-3 企业的新凯恩斯主义模型

7.4.3 选择就业量

在古典理论中,当面临既定的实际工资时,企业选择就业量来最大化利润。在新凯恩斯主义理论中,企业也是选择就业量来最大化利润。但与面临既定的实际工资不同,企业选择实际工资以最小化每个工人的工资账单。因为效率工资高于古典市场出清的工资,那么均衡时会有一定量的工人失业。

与古典模型中的企业相比,新凯恩斯主义模型中的企业会选择多少劳动力呢?我们在图7-3的图B中会解释二者选择就业量的决策。古典企业使实际工资等于劳动的边际产品,在图中用下倾的直线来表示在给定实际工资的水平下古典企业的劳动需求曲线。得出这一古典就业曲线的关键假设是雇用和解雇的成本为零。

图7-3是新凯恩斯主义企业要解决问题的一个特例。在这一特例中,转换成本为

$$C(w/P, L) = c(w/p)L$$

当转换成本可以这样分解时,通过选择效率工资,每个工人平均的最小转换成本为

$$\frac{w}{P} + c(w/p)$$

然后是就业量的选择。一般来说,效率工资的选择和就业量的选择是相互依赖的问题。

在新凯恩斯主义模型中,雇用和解雇成本起中心作用。除了实际工资 w/P,新凯恩斯主义企业还支付 $c(w/P)$,这使新凯恩斯主义就业曲线向下倾斜,在图中用黑色曲线表示。这一曲线总是低于古典经济中的劳动需求曲线,因为企业在支付实际工资外还要支付转换成本。

图7-3中的例子与专栏7-3和专栏7-4中的数学例子是一样的。在这一特例中,转换成本与工人数量成比例。因为效率工资的选择与工人数量无关,所以问题容易解决。在更多的例子中,企业同时选择工人数量和效率工资。

专栏 7-4

进一步观察

推导劳动需求曲线:一个数学例子

在这一专栏中,我们说明劳动需求在效率工资经济中如何确定。方程(7.4.1)是企业的利润表达式,这个企业与第4章专栏4-2中的企业使用同样的技术。

$$\underset{\text{利润}}{\pi} = \underset{\text{生产函数}}{L^D - (1/2)(L^D)^2} - \underset{\text{工资账单}}{(w/P)L^D} - \underset{\text{转换成本}}{c(w/P)L^D} \tag{7.4.1}$$

企业首先选择效率工资来最小化雇用每个工人的成本 $(w/P) + c(w/P)$。

当转换成本等于 $[1-2(w/P)+(w/P)^2]$ 时，企业会选择效率工资 $(w/P)^* = 1/2$。这个问题我们已经在专栏7-3中解决过了。当效率工资为1/2时，转换成本为

$$\underset{\text{转换成本}}{c} = \underset{\substack{\text{这是在不同的实际工资}\\\text{水平下如何估计转换成本}}}{1-2(w/P)+(w/P)^2} = \underset{\substack{\text{当实际工资为1/2时的}\\\text{转换成本值}}}{1/4} \tag{7.4.2}$$

给定效率工资的选择，企业选定 L^D 来最大化利润，这需要使边际产量等于实际工资加转换成本。

$$\underset{\text{边际产量}}{1-L^D} = \underset{\text{效率工资加转换成本}}{(w/P)^* + c(w/P)^*} = \underset{\text{实际工资加转换成本值}}{1/2 + 1/4 = 3/4} \tag{7.4.3}$$

问题的解如下：

$$L^D = 1/4 \tag{7.4.4}$$
这是效率工资水平时经济中的劳动需求量

在通常情况下，不可能把转换成本写成单个工人成本 $c(w/P)$ 和工人数量 L 的乘积。在更普遍的问题上，企业会着眼于工资和就业量来使利润最大化。由这一问题的一阶条件可以得到同时解出效率工资和工人雇用量的两个方程。

7.5 总体劳动市场和自然失业率

在古典理论中，实际工资和被雇用的劳动数量取决于劳动供给量和劳动需求量相等的那一点。因为在这一模型中没有摩擦，所以没有必要区分工人存量和流量。企业可以在不发生成本的条件下调整工人的数量。与之相比，在新凯恩斯主义理论中，确定实际工资是为了获得最大化利润。因为当实际工资上升时，维持一定数量工人的成本会下降，新凯恩斯主义企业会比古典企业更少地雇用工人，形成均衡时的失业。

图7-4解释了这一观点。向上倾斜的灰线代表劳动力，它向上倾斜是因为当实际工资上升时，家庭会选择增加家庭成员寻找带薪工作的人数。向下倾斜的黑线代表就业量曲线，它向下倾斜是因为当实际工资上升时，新凯恩斯主义中的企业会雇用较少的工人。因为比起古典模型，新凯恩斯主义模型中的企业会雇用更少的工人，因此就形成了均衡时的失业量。当实际工资与效率工资相等时，失业人数占劳动力的百分比就是失业的自然率水平。

新凯恩斯主义理论的最后一方面是这样一个问题：我们如何知道在均衡时存在失业？答案是，在我们提出的理论中，我们将成本方程视为既定。实际上企业的转换成本和总失业量之间存在着联系。当失业率高时，工人是不愿离开企业的；而失业率低时，他们较倾向于辞职。这样，转换成本本身就取决于劳动市场的状态。理论的这一特点保证了均衡时存在失业。

企业选择实际工资(w/P)以使利润最大化。他们在增加工资的成本和降低转换成本的收益间寻找平衡。这一问题的答案叫做效率工资,用$(w/P)^*$表示。

给定效率工资$(w/P)^*$,企业雇用工人使劳动的边际产量与其边际成品相等,企业要雇用E^*,家庭提供LF^*,失业的自然率U^*为劳动力和雇用劳动量之差。

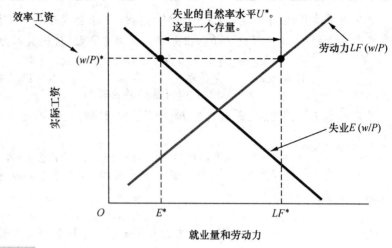

图 7-4 新凯恩斯主义模型中的劳动市场供求

7.6 失业与经济政策

为缓解失业而制定的经济政策有两种:第一,许多经济学家认为失业的自然率过高。控制自然率的政策叫做**结构性政策**,由劳动市场体制设计不合理而引起的失业叫做**结构性失业**。第二种是控制伴随经济周期波动的周期性失业(见第8章)。

专栏 7-5

进一步观察

求取失业自然率:一个数学例子

在这一专栏中,我们写出决定工人供求的方程,并用这些方程求取失业的自然率。在专栏 7-3 和 7-4 中,我们证明了效率工资为 1/2,且在这一工资水平企业会保持工人数量为 1/4。我们假设劳动市场供给由第4章研究的方程给出:

$$L^S \underset{\text{劳动供给曲线}}{} = (w/P) = \underset{\text{当工资等于效率工资时劳动的供给量}}{1/2} \quad (7.5.1)$$

失业的自然率为供求差额。

$$U^* = \underset{\text{这就是这一例子中失业的自然率}}{1/2 - 1/4 = 1/4} \quad (7.5.2)$$

7.6.1 结构性失业

对各国失业的比较研究显示了政策是重要的。我们回顾这些证据并提出一个问题:什么样的劳动市场政策可以降低失业的自然率呢?

证明政策重要的证据来源于北美和欧洲的失业历史。在20世纪的70年代和80年代,北美失业在6%到7%之间波动。在现在的欧盟成员国中,失业就高多了。例如,在1988年,欧洲平均失业率为9.7%,在一些国家,如西班牙,失业率高达19%。近来,尽管欧洲失业率与美国失业率都有所下降,但是欧洲要降到与美国相同的水平依旧是长路漫漫。

表7-1为若干欧洲国家与美国的数据。表7-1说明与法国、德国和西班牙相比,美国的失业率相当低。法国和德国的失业率10年来一直为10%左右,且在1988到1998年间呈上升趋势;美国的失业率在同期下降。更进一步,欧洲失业所引发的社会问题比美国多。例如在1998年,欧洲大约50%的失业者在1年以上的时间内没有找到工作,而美国仅有8%的失业者处于失业状态1年以上。西班牙的失业率在18%至19%之间,青年人的失业率更高。

表7-1 部分国家10年的失业率趋势(占总劳动力的百分比%)

	1988	1998
法国	10.0	11.8
德国	7.6	9.3
意大利	11.8	12.2
西班牙	19.1	18.6
英国	8.3	6.3
美国	5.4	4.5
欧盟15国	9.7	10.0

资料来源:OECD网站 http://www.oecd.org。

7.6.2 失业与技能

美国与欧洲不同的第二个方面是欧洲没有技能的人失业率尤其高。在北美则不同,那里没有技能的人会找到低薪工作。在过去的20年中,北美高技能和低技能工人的工资差距加大,但总失业量大致不变。加州大学洛杉矶分校的爱德华·利莫指出,自1960年以来,服装业(低技能职业)以及机械业、冶金业或电子行业的工资差距扩大了20%。[1] 在欧洲,高薪与低薪的差距就没有那么大,但是失业,尤其是低技能工人的失业骤增。怎样才能对欧洲和北美截然不同的变化作出解释呢?一种解释是在过去的30年里,工业化国家的劳动需求的构成发生了改变,它们对熟练工人更为偏爱。因为欧洲和北美劳动市场在结构上存在差异,这种差异导致了对两个地区就业的不同影响。专栏7-6讨论了这些差异的主要方面。

---

[1] Edward Leamer. "U.S. wages, technological change, and globalization," *Jobs and Capital*, Milken Institute for Jobs and Capital Formation, Summer 1995.

专栏 7-6

聚焦事实

失业与劳动市场刚性

表 A 显示了可解释欧洲高失业劳动市场刚性的四个度量指标。就业保护指数和劳动标准指数是在雇用和解雇工人时为其提供的法律保护措施,以及其他方面如工会抗议和最低工资法规。替代率表示用于失业补助的收入部分,救济期是接受救济金的年数。

最近,在《经济展望杂志》的一篇论文中,剑桥大学的史蒂芬·尼克尔分析了劳动市场刚性对失业率的影响(见表 A)。他基于数据分析得出的主要结论是,一些劳动市场刚性在引起高失业方面比其他因素更重要。[1]

表 A

	就业保护指数	劳动标准指数	福利(替代率%)	福利救济期(年)
法国	14	6	57	3.0
德国	15	6	63	4.0
意大利	20	7	20	0.5
西班牙	19	7	70	3.5
英国	7	0	38	4.0
美国	1	0	50	0.5

高失业与以下几个方面相联系:(1) 可以无限期获得的慷慨失业救济金使失业者没有寻找工作的压力。(2) 有争取高工资的高度组织的工会,以及工会或雇主之间在劳资集体议价中无法协调。(3) 对劳动征收的高税收。(4) 教育水平低下。

不会使得失业增加的劳动市场刚性包括:(1) 严格的就业保护立法;(2) 失业救济金等级丰富且形成找工作的压力;(3) 在工资集体议价中形成高度协调和联合,尤其是雇主之间。

[1] Stephen Nickel. "Unemployment and Labor Market Rigidities," *The Journal of Economic Perspectives*, Vol.11, no. 3, pp. 55—74, September 1997.

工业化国家劳动市场变化的形势是对有技能的工人需求增加,而对无技能的工人需求减少。对于当今的劳动市场来说,教育比 20 年前有价值得多。对这一点有两种不同的解释:一是技术变革导致市场对技术熟练工人的偏好提高,而对没有技能的工人偏好降低。例如,在现代工业中,软件工程师所需的教育水平要比操作缝纫机的工人的教育水平高得多。二是因为工业化国家减少了贸易壁垒,美国的低薪工人和发展中国家低薪工人的竞争会升级,因为中国服装业普通工人的收入只有美国服装业一般工人的 1/20(即使他们制作同样的衣服),与国外低技能劳动力的竞争程度的提高可能会扩大美国工人工资的差距。

但是,为何熟练工人和无技能工人的工资差距在美国比在欧洲更明显呢?一种解释是,欧洲劳动力市场比美国市场更有刚性。在美国,工人失去工作,受到的合法保护相对少,其领取失业救济金的量和时间均少于欧洲的许多国家。例如在美国,一个失业工人可以期望以救济金的形式拿到他工作时

50%的收入,更重要的是,只能持续 6 个月,而一个失业工人在西班牙可拿到他工作时 70% 的收入,且持续三年半。相应地,西班牙 19% 的劳动力处于失业状态,而自从大萧条过后,美国就再无此情况。似乎是欧洲劳动力市场的刚性阻碍了对无技能工人需求的减少和他们工资的下降,结果是增加了欧洲的失业率。①

网络浏览 7-1

在 http://www.oecd.org 网上找 OECD

设在法国巴黎的经济合作与发展组织(OECD),是一个让工业化民主国家在经济社会领域研究和设计最优可能政策的有特色的论坛。OECD 与其他政府组织有以下三点不同:

它既没有超国家的合法权力,也没有贷款和用于补助的资金来源,它的唯一功能是在其成员国政府间直接合作。

在 OECD,国际合作主要是国家之间通过国际往来在国内政策上合作,特别是通过国际贸易和投资。合作通常意味着成员国调整国内政策,最小化与其他国家之间的摩擦。成员国政府经常会在采取它们自己的行动之前,了解其他国家相应的政策经验,不论是立法方面的还是管理方面的。

通过汇集各种 OECD 董事会和各成员国政府部门在一些具体问题上的专家意见,OECD 获得了来自包括各种学科知识的好处。这个组织不仅处理一般的宏观经济问题,还解决具体的或部门的问题。OECD 还是一个很好的数据来源,下面的内容可在 http://www.oecd.org/eco/surv/www.htm 上找到。它包括以下 29 个国家的报告和数据链接。

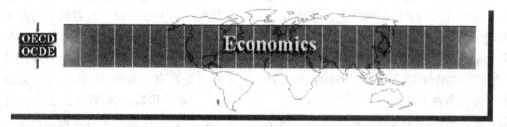

宏观经济报告和数据

OECD 并不一定认同这些数据,也不确保这些数据的准确性。

澳大利亚	芬兰	爱尔兰	荷兰	瑞典
奥地利	法国	意大利	新西兰	瑞士
比利时	德国	日本	挪威	土耳其
加拿大	希腊	韩国	波兰	英国
捷克	匈牙利	卢森堡	葡萄牙	美国
丹麦	冰岛	墨西哥	西班牙	

练习

打开 OECD 网址,选择 5 个成员国,找到它们失业率的最新数据。

---

① 关于欧洲失业问题有一篇可读性很强的概要,"Europe hits brick wall", *The Economist*, April 5, 1997。

7.6.3 缓解结构性失业的政策

如何对待结构性失业是在政策界广为讨论的问题。答案必定与其成因有关,但至今并没有达成共识。没有人认为失业应完全被消除,在一个动态的劳动市场上,工人会经常更换工作岗位来跟上科技进步,这时一定水平的摩擦性失业是必然的。一些欧洲国家的失业远高于北美,解决长期的结构性失业是这些国家的中心问题。一些经济学家认为,欧洲高失业率的主要原因是这些国家的立法保护工作,这使雇用和解雇工人变得很困难。另一些经济学家指出,最低工资法增加了失业率。尽管经济理论预测高水平的最低工资会引起失业增加,但这方面的事实证据并不清晰。经济学家的意见也有分歧。

欧洲很羡慕美国劳动市场的有效率和低失业水平,但是美国政府常因为对失业者福利的关心不够而被欧洲媒体指责。即使欧洲劳动市场政策被证明是高水平失业率的原因,但这绝不意味着这些政策应该被摒弃。许多人认为失业保险救济金是文明社会的重要组成部分,每一个有工作的社会成员都必须以高税收和高失业为代价来支付这些救济金,因为在他们的一生中也可能面临失业。

结　论

美国的失业率一般在6%—7%之间。但是在大的衰退期间,如19世纪90年代,失业率达18%,20世纪30年代大萧条时,失业率达25%。最近失业率有所下降,2000年美国失业率降至4.9%,欧洲的失业率则高得多,1998年欧盟15国的平均失业率为10%。

关于失业原因的现代理论始于约翰·梅纳德·凯恩斯,他认为整个经济体系不会向古典均衡迅速恢复。相反,凯恩斯认为经济会经历一个很长的周期性高失业率阶段,而这些阶段在他看来是无效率的。凯恩斯认为政府应负责用政府政策的实施来保证稳定的低失业率。

失业率会因各国政策的不同而不同,有些不同可受政府政策影响,这些政策包括最低工资法、失业保险救济水平和失业救济金的支付年限。现在存在关于如何处理欧洲高失业水平的积极争论,有些经济学家拥护使劳动市场更有弹性的改革。

关键术语

反周期财政政策　countercyclical fiscal policy
周期性失业　cyclical unemployment
效率工资　efficiency wage
效率工资理论　efficiency wage theory
摩擦性失业　frictional unemployment

失业的自然率　natural rate of unemployment
新凯恩斯主义　new Keynesian
搜寻理论　search theory
结构政策　structural policies
结构性失业　structural unemployment

习 题

1. 解释摩擦性失业与周期性失业的区别。这一区别在理解失业原因时为何如此重要？
2. 假设经济学家更关心失业持续时间而非失业率。在考虑经济周期内的失业行为时他们会得出不同的结论吗？试解释。
3. 看一下专栏 7-2，在过去的 100 年中失业率的标准差发生了什么变化？是否有一个假说是关于为什么会有这种变化的？
4. 在这一章，无论何时进行劳动转换，企业都会有搜寻成本的事实证明了失业的效率工资理论。结果，企业会支付高于市场出清工资的实际工资以减少劳动转换和搜寻成本。你认为当支付高于市场出清工资的实际工资时，企业还能享受到什么其他利益吗？试解释。
5. 在效率工资模型中，失业的自然率中的"自然"是指什么？为什么实际工资不会降到劳动市场出清水平而消除失业？
6. 古典劳动市场的失业常被称作自愿失业，而凯恩斯主义模型中的失业常被称作非自愿失业。当经济学家们作出此区别时，你认为他们考虑到了什么？
7. 在效率工资模型中，劳动市场是完全竞争的吗？请解释。这对于劳动需求曲线的斜率有什么影响？
8. 假设一个企业每次雇用一个新员工都要强制性地缴纳一次税，效率工资将如何变化，就业和失业量将如何变化？请作劳动市场图形来予以解释。
9. 假设一个企业每次解雇一个新员工都要强制性地缴纳一次税，效率工资将如何变化，就业和失业量将如何变化？请作劳动市场图形来解释。
10. 随着互联网的应用，许多企业发现发出一则招聘广告越来越容易和便宜，以更低的成本可招聘到更优秀的求职者。这种技术应用会使效率工资如何变化，就业和失业量如何变化？请作劳动市场图形来予以解释。
11. 设一典型企业面临以下转换成本函数：
$$c = 4(1/(w/P))$$
   a. 当实际工资 w/P 增加时，c 如何变化？这与效率工资理论一致吗？
   b. 企业 w/P 增加一单位，边际收益为多少？
   c. w/P 增加一单位，边际成本为多少？
   d. 计算均衡的效率工资。
   e. 若 $L^D = 2(1/(w/P))$，计算效率工资时的劳动需求量。
   f. 若 $L^S = (w/P)$，计算失业的自然率。
   g. 计算市场出清的实际工资，效率工资与市场出清的实际工资孰大孰小？试解释。
12. 讨论美国与欧洲失业行为的不同。详细列举尼克尔教授在解释失业行为不同时的四个原因。
13. 列出美国高、低技能两类工人工资差距扩大的三种解释。为缩小这一扩大的工资差距，你会推荐何种政策？若你的建议可实施，它对失业率也有影响吗？

第8章 新凯恩斯主义的总供给理论

8.1 引言

本章阐明新凯恩斯主义的总供给理论。这一理论之所以得到发展,是由于古典总供给理论在解释大萧条的某些特征时出现困难。根据古典理论,如果减少货币供给,那么所有的名义变量也将以同比例下降,同时实际变量却会保持不变。这就是所谓的货币中性,在古典理论中反映为垂直的总供给曲线。凯恩斯主义者并不反对将其作为货币供给减少的长期影响的一种预言。然而他们认为,经济从一个长期均衡过渡到另一个长期均衡要花很长的时间。

新凯恩斯主义的总供给理论主张,由于我们假定名义工资是**粘性**的,所以供给的产出量作为价格水平的函数,表现为一条向上倾斜的曲线。当出现一次经济冲击时,比如导致总需求曲线移动的货币供给变化或者导致总供给曲线移动的新发明出现,从一个均衡到另一个均衡的调整过程是很漫长的。新凯恩斯主义模型认为,在这样的冲击过后,名义工资和名义价格并不会立即调整到新的长期均衡水平。其结果是,当出现负向的经济冲击时,产出量下降、失业率上升;当出现正向的经济冲击时,就会引起产出量增加、失业率降低。

我们的第一个任务是解释为什么粘性的名义工资会导致向上倾斜的总供给曲线。然后我们将考察调整过程,在这一过程中经济将从一个长期均衡移向另一个长期均衡。新凯恩斯主义理论认为,如果失业率过低的话,名义工资将有上涨的压力,而如果失业率过高的话,名义工资将有下降的压力。从长期来看,新凯恩斯主义经济对于总需求变化的反应与古典经济对总需求的反应是一样的。但是就短期来说,新凯恩斯主义模型对于实际价格水平变化的反应允许存在数量上的调整。数量调整而不是价格调整的事实是名义工资粘性假定的直接结果。

自从凯恩斯的《就业、利息和货币通论》问世以来,经济学家们就一直尝试着解释他的思想。凯恩斯首先是个实干家,他所提倡的政策对于缓解大萧条是很有效的。但是他从来没有提出过什么微观经济理论,而他的追随者则花了大量的时间和精力试图从理性行为理论的角度来理解凯恩斯经济学。

> **专栏 8-1**
>
> ### 进一步观察
> #### 对凯恩斯理论的解释
>
> 唐·帕廷金(1922—1995)曾经在芝加哥大学就读,在那里他完成了他的博士论文——《货币、利息与价格》(1956)。这本书后来成为宏观经济学领域的经典著作。在这本书中,帕廷金通过引入货币的实际价值,即把货币看作一种好像能产生效用的商品,把凯恩斯的《就业、利息和货币通论》和瓦尔拉斯的一般均衡理论结合在一起。帕廷金是试图利用新古典主义的微观经济学方法来理解凯恩斯理论的第一批经济学家之一。
>
> 帕廷金对于将在本章中介绍的凯恩斯经济学的"名义刚性"的解释的贡献是很大的。根据这一解释,凯恩斯经济学中的失业之所以产生,是由于名义价格水平要调整到它的古典均衡水平的速度是非常慢的。
>
> 离开芝加哥大学之后,帕廷金到了耶路撒冷的希伯来大学,不过他与美国的同事保持着密切的联系,而且经常花时间去拜访他们。在他生命的最后几年里,帕廷金主要致力于思想史的研究,尤其是对凯恩斯理论的解释。

有很多经济学家都试图为凯恩斯的《就业、利息和货币通论》建立微观基础并作过大量的系统的尝试,其中之一就是一位以色列经济学家唐·帕廷金,他曾写过一本很具影响力的书《货币、利息与价格》。在这本书中,帕廷金指出,如果想对凯恩斯的《就业、利息和货币通论》与里昂·瓦尔拉斯的一般均衡理论的一致性提供一种解释的话,我们必须假定在经济中存在名义刚性。①

8.2 名义刚性理论

现在我们来解释新凯恩斯主义经济学家们所说的名义刚性理论的含义。这一理论有两种阐述方法:首先是**菜单成本**理论,它形成了名义价格缓慢调整的模型;其次是**工资契约**理论,它形成了名义工资缓慢调整的模型。在实践中,研究者结合这两种方法提出了总供给理论,这一理论表明所供给的产出量是价格水平的增函数。在本章,我们将提出一个刚性的名义工资理论,因为由它可以推导出一种更容易解释的总供给理论。②

---

① 因为这一原因,我认为帕廷金是第一个新凯恩斯主义者,尽管他可能会对这一称号感到不满意。凯恩斯自己坚持这样一种观点,即他的理论是建立在名义刚性这一假定上的,但是帕廷金指出名义刚性是使理论保持内在统一性的唯一方法。现代宏观经济学遵循帕廷金开创的这一途径,并且几乎所有的对于解决这一主题的方法都使用了帕廷金在芝加哥大学的毕业论文里所创立的框架,这就是后来出版的《货币、利息与价格》。

② 两种方法的结论是一样的,尽管它们对于工资在经济周期中是顺周期的还是逆周期的有不同的含义。

8.2.1 预告:古典理论与新凯恩斯主义理论比较

从图 8-1 可以看出,为什么对于新凯恩斯主义方法来说提出名义刚性理论是很重要的。在古典模型中,产出的总供给量主要取决于以下基本经济要素:偏好、禀赋和技术。根据这一理论,总供给曲线(产量作为价格的函数)是垂直于横轴的。图 8-1 中的图 A 表明,当总需求下降时在古典经济

图 A 表明如果总需求曲线从 AD_1 向下移到 AD_2 在古典经济理论中出现的情况。

均衡点从 A 点下移到 B 点。

由于产量由基本要素(偏好、禀赋和技术)决定,所以需求的下降将导致价格水平从 P_1 下移到 P_2。

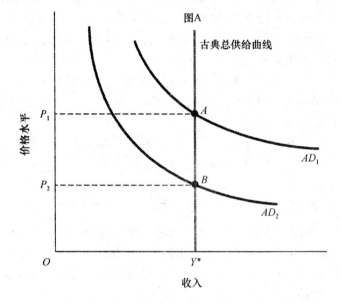

图 B 表明如果总需求曲线从 AD_1 向下移到 AD_2 在新凯恩斯主义理论中会出现的情况。

均衡点从 A 点下移到 B 点。

由于新凯恩斯主义的总供给曲线是向上倾斜的,所以总需求的下降将导致价格水平从 P_1 下移到 P_2,同时产量从 Y_1 下降到 Y_2。

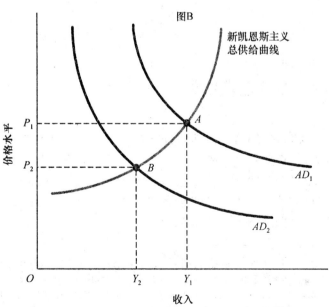

图 8-1 古典经济学与新凯恩斯主义总供给理论的比较

学模型中出现的情况。例如,假如货币供给下降,将导致总需求曲线从 AD_1 向下移到 AD_2。在古典模型中,这一需求的下降将会使名义价格水平从 P_1 下降到 P_2,但是产量的供给却没有变化。因此,这一理论不能把大萧条解释成是对于需求下降的反应。

假设我们转而用总供给减少来解释大萧条,在古典模型中,这一解释也是不正确的,因为总供给曲线向左下方移动将会导致价格的上升而不是下降。事实上,在大萧条期间,价格水平和产出水平都是下降的,只有失业率是上升的。这些现象是很难用古典理论来解释的。

图 8-1 中的图 B 说明了名义刚性理论是怎样来解释大萧条所反映出来的各种特征的。新凯恩斯主义理论认为,总供给作为价格水平的函数是向上倾斜的。根据这一理论,当价格下降时,因为企业不能迅速地调整名义工资,所以实际工资是上升的。由于实际工资的上升,企业需要减少雇用员工,因此失业率上升到自然失业率之上。图 8-1 中的图 B 通过下面的结果表明了上述特征,即总需求的一次下降将使经济均衡点从 A 点移动到 B 点。在新凯恩斯主义模型中,价格水平从 P_1 下移到 P_2,同时产量从 Y_1 下降到 Y_2。本章接下来的内容展开了该图的理论基础。

8.2.2 粘性工资理论

新凯恩斯主义的总供给理论是建立在效率工资理论的基础上的。根据这一理论,企业确定的工资是为了最小化其工资总额,同时它们确定雇用工人的人数的目的是最大化它们的利润。如果这些决定是同时作出的,则新凯恩斯主义的理论就不能解释为什么总供给曲线是向右上方倾斜的。为什么会出现这样的情况呢?假定名义货币供应量下降。因为效率工资理论决定了实际效率工资,当货币供应量下降时,会伴随着名义工资和价格水平同时下降,这样会保持所有的实际变量不变。效率工资理论与古典经济学理论相比仍然是一大进步,因为它可以解释在均衡的情况下存在失业,但是它却不能解释为什么总供给曲线是向右上方倾斜的。

新凯恩斯主义的总供给理论以效率工资作为出发点,在此基础上,它假定名义工资并不能像雇用工人人数一样容易改变。在这种模型中,名义工资是具有粘性的。这是一个很符合实际的假定,因为许多工人在签订就业合同时一般规定名义工资在一到四年中保持不变。在美国,一份就业合同的平均持续时间是两年。因为不是所有的就业合同都在同时得到修订,所以当一部分企业在签订新合同时其他企业则正在根据以前的合同支付工资。由于存在跨期合同,结果随着时间的推移实际工资逐渐偏离效率工资。

8.2.3 名义工资粘性情况下的失业和价格水平

这一节说明企业工资率的决策不会像它雇用或解雇工人那样频繁。我们来研究一个均衡状态下失业处于自然率水平的经济,同时我们假定这个经济状态服从于这样的思想试验:当总需求增加而名义工资在一段较长时期内不能迅速调整时,这对于价格水平、实际工资、就业率和产出量有什么影响呢?

假定初始的工资水平为 $(w/P)^*$,进一步假定企业支付的名义工资等于 w_1,同时价格水平等于

另一个数值 P_1,因此,$(w/P)^* = (w_1/P_1)$。这种情况将在图 8-2 中得到说明,它也显示了当失业率为自然失业率时,有 U^* 个人处于失业状态。现在,假定价格水平从 P_1 上升到 P_2,在后面我们会讨论为什么价格会上升,但是现在我们不讨论它,而只是将其作为一个给定的条件,现在我们要讨论的是企业和工人对这种情况是如何分别作出反应的。在古典模型中,为了使劳动需求量和劳动供给量保持平衡,价格的上涨马上会引起名义工资同比例上涨。但是新凯恩斯主义认为,由于名义刚性的存在,在这种情况下,名义工资的调整需要经历很长的时间。所以在短期,工资会保持在它的名义水平 w_1 上。

图 A 显示了如果价格增加到 P_2 在凯恩斯模型中会发生什么变化。因为名义工资变化慢,价格水平的上涨会导致实际工资的下降,从而就业量会上升到 L_2,失业率会下降到 U_2,这低于自然率。

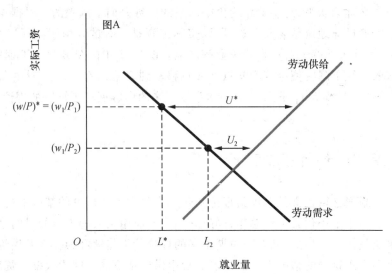

图 B 表明当价格水平下降到 P_3 时会出现的结果。因为名义工资调整缓慢,更低的价格水平造成实际工资上升。就业量下降到 L_3,同时失业率上升到 U_3,这高于自然率。

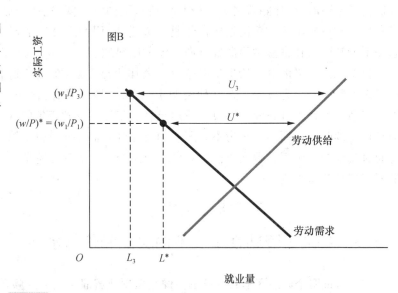

图 8-2　价格水平的变化如何影响就业

但是，由于价格水平的上涨，现在名义工资 w_1 实际上比实际的效率工资 $(w/P)^*$ 低得多。企业在这种情况下会增加雇用工人，从而形成更多的就业；同时，由于实际工资的下降，家庭的反应将会是提供更少的劳动。这两者综合起来，结果使得失业率从 U^* 降到 U_2。我们把价格从 P_1 上升到 P_2 对于失业的影响用图 8-2 中的图 A 来表示。

图 B 表明了当价格水平从 P_1 下降到更低的 P_3 时，充分就业状态发生了哪些变化。由于名义刚性，名义工资同样会保持在 w_1 的水平上；在这种情况下，实际工资增加。企业现在预期的利润减少，因此它们雇用更少的工人。就业率会从 L^* 下降到 L_3，同时失业率上升到自然率以上。

8.2.4 名义工资粘性情况下的总供给和价格水平

根据凯恩斯主义的失业理论，产出是名义价格水平的增函数，因为就短期来说，名义工资对于总需求变化的反应是很迟钝的。现在我们来解释总供给与价格水平之间的联系。

图 8-3 表明了为什么价格水平的变化会导致商品的总供给量的变化。如果价格水平开始在 P_1，此时产量水平等于长期水平并且失业率等于自然率。现在我们假定价格水平上升到 P_1 以上。因为名义工资具有粘性，价格的上升会导致实际工资的减少。当实际工资下降时，企业倾向于雇用更多的工人，因此失业率会下降到自然率 U^* 以下。图 8-3 表明，在这种情况下，产出量的供给将从 Y^* 上升到 Y_2 的水平。Y_2 之所以比 Y^* 高，是因为价格为 P_2 时的实际工资比价格为 P_1 时的实际工资低得多。此时，企业愿意雇用更多的工人。

本图表明总供给对于价格水平变化的反应。就短期来说，名义工资变化缓慢，那么价格的变化将会导致实际工资的改变。

如果名义价格上升，那么实际工资下降，同时失业率降低到自然率以下。

如果名义价格下降，那么实际工资上升，失业率上升到自然率以上。

就长期来说，名义工资是完全弹性的，同时失业率保持在自然率水平上。

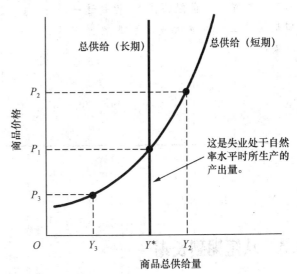

图 8-3 新凯恩斯主义的总供给理论

当价格降到 P_1 以下时，这个过程仍然适用。在这种情况下，因为名义工资在短期是固定的，因此价格的下降将导致实际工资上升，从而企业倾向于雇用更少的工人。失业率上升到自然率以上是由于更少的工人被雇用。当价格降到 P_3 时，企业愿意提供的产品量只有 Y_3。Y_3 比 Y^* 更少是因为价

格为 P_3 时的实际工资比价格为 P_1 时的实际工资高得多,此时企业愿意雇用较少的工人。

奥肯定律是以 20 世纪 60 年代的美国前总统经济顾问委员会主席阿瑟·奥肯的名字命名的,它表明了在经济周期发生过程中失业率与产出之间的联系。专栏 8-2 中的图用从 1890 年到 2000 年的数据说明了奥肯定律。

专栏 8-2

聚焦事实

奥肯定律

失业和 GDP 之间是什么关系?

在 20 世纪 60 年代,约翰逊政府的经济顾问委员会主席是阿瑟·奥肯。奥肯写了一篇颇具影响力的论文,在该文中他介绍了一个拇指规则,即现在著名的"奥肯定律"。奥肯定律认为,当失业率上升 1 个百分点时,GDP 将低于趋势水平 3 个百分点。

本图描述了美国经济从 1890 年到 2000 年符合奥肯定律的情况。尽管图上的数据描述了整整一个世纪的情况,但是这一关系却是从第二次世界大战之后的数据中估计出来的。

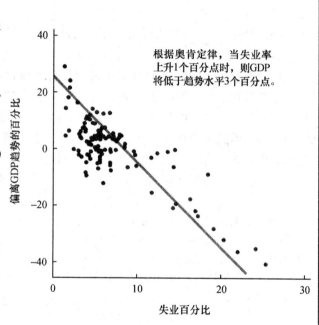

根据奥肯定律,当失业率上升1个百分点时,则GDP将低于趋势水平3个百分点。

8.3 从短期到长期

根据新凯恩斯主义的理论,总是存在一股力量在推动着名义工资逐渐向实际工资等于效率工资的方向移动。当实际工资等于效率工资时(我们指的是失业率等于自然率水平),产出量等于产出的自然率水平。自然失业率水平与自然产出率水平主要取决于如下几个基本要素:偏好、禀赋和技术。它们不取决于货币供给量以及其他一些使得总需求曲线移动的因素。就长期来说,这一模型意味着新凯恩斯主义理论与古典理论有着同样的预测。货币供应量的增加只会使所有的名义变量按同一比例增加,而所有的实际变量则保持不变。

然而就短期来说,新凯恩斯主义模型却给出了不同的预测。因为名义工资调整缓慢,价格水平的变化只使得实际工资上升或下降,于是企业也随着实际工资来调整他们雇用工人的人数,从而失业率会高于或低于自然失业率。下面我们来考察一下经济是怎然从短期过渡到长期的。

8.3.1 经济如何从短期到长期

图 8-4 显示了经济从短期均衡走向长期均衡的调整路径。当价格水平等于 P_2 时,失业率低于自然失业率,而当价格水平等于 P_3 时,失业率高于自然失业率。虚线箭头标明了失业率是怎样随着名义工资的变化而变化的。

本图表明了经济是怎样从短期到长期的。

当价格水平等于 P_2 时,实际工资太低了,从而使失业率降到自然率以下。在这种情况下,企业开始提供更高的名义工资,同时就业率开始下降,直到失业率等于自然失业率的水平 U^*。

当价格等于 P_3 时,实际工资太高了,同时失业率上升到自然失业率之上。在这种情况下,企业开始提供较低的名义工资,就业率开始上升,直到失业率等于自然失业率 U^*。

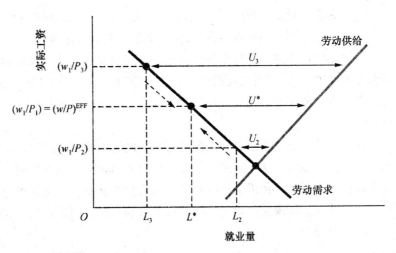

图 8-4 从短期到长期

在绝大多数最常见的动态调整理论中,都假定一部分企业在一定的时期内会调整它们的工资。那些调整工资的企业同时也调整它们的雇用工人人数。但是并不是所有的企业都能同时调整它们的工资,因为名义工资只有当劳动合同到期了需要重新谈判时才能得到修改。随着时间的推移,在一次名义冲击之后,更多的企业会调整它们的名义工资,最终使得整个经济体系的平均工资回到均衡水平。

正向的需求冲击或者负向的需求冲击所造成的结果显示在图 8-4 中。经济开始处于失业率等于自然失业率 U^* 水平上。工资 (w_1/P_1) 等于效率工资 $(w/P)^{EFF}$。对于正向的需求冲击,价格会从 P_1 上升到 P_2,实际工资从 (w_1/P_1) 下降到 (w_1/P_2),同时失业率下降到 U_2。当一个企业重新谈判并签订新的劳动合同时,它也会同时重新确定它的名义工资水平。但是并不是所有的企业都立即这样做。事实上,由于每一个企业都重新谈判并签订新的劳动合同,使得名义工资上升,从而使得整个经济体系的平均实际工资水平逐渐地升回到效率工资水平 $(w/P)^{EFF}$。

对于负向的需求冲击,价格水平从 P_1 下降到 P_3,实际工资从 (w_1/P_1) 上升到 (w_1/P_3),同时失业

率上升到 U_3。随着时间的推移,平均名义工资下降直到实际工资回到效率工资$(w/P)^{EFF}$的水平。无论是正向的冲击还是负向的冲击,就长期来说,实际工资一定会回到效率工资水平,而失业率也一定会回到自然失业率水平。

8.4 新凯恩斯理论和经济政策

8.4.1 失业与货币中性论

根据新凯恩斯主义理论,价格水平和名义工资并不总是保持在"合适"的水平上。这对于古典经济理论的中心命题之一有重要意义,这一命题就是货币中性论。

货币中性论描述的是货币供给变化引起经济变量变化。在古典模型中,货币供给量下降10%立即会导致新的均衡,因为所有的名义变量也会同比例地下降10%,从而所有的实际变量不发生改变。凯恩斯不反对货币中性在长期存在的命题,但是他认为要达到一个新的均衡需要花费相当长的时间。

认为劳动市场并不总是处在古典意义上的均衡状态,是凯恩斯引入宏观经济学的最重要的思想之一。但这不是他的唯一贡献。第二个较重要的贡献是凯恩斯的总需求理论,这一理论解释了除了货币供给因素还有其他因素使得总需求曲线发生移动。凯恩斯的总需求理论将在第9章到第12章介绍。但是为了理解这些因素之一的货币供给如何能够影响失业,我们仅仅需要凯恩斯总需求工具箱中的一部分。

8.4.2 新凯恩斯主义模型和货币非中性论

图8-5说明了新凯恩斯主义模型对于货币供给量减少是如何反应的。让我们来做一个思想实验,假定政府要求每一个家庭必须多支付100美元税收。经济的初始状态是失业率为自然失业率的均衡状态。用 w_1 表示名义工资,P_1 表示价格水平,L^* 表示就业量,Y^* 表示GDP;进一步假定平均每个家庭在一周开始的时候有500美元收入,在通常的一周期间它用收入来购买商品,在每周末它拥有的现金和本周开始时一样多。

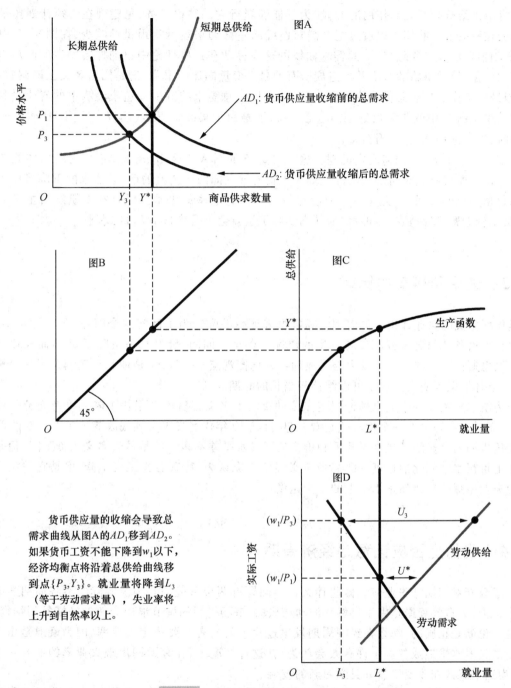

图 8-5 凯恩斯模型中的货币非中性

当货币供给减少开始起作用的时候,为了能够履行它的纳税义务,家庭现在必须计划比平时花更少的钱在商品上。我们可以通过把总需求曲线向左移动来表示货币供给减少,在图 8-5 中的图 A,总需求曲线从 AD_1 移到 AD_2。总需求曲线的这一移动在古典理论中也同样会发生。但是与古典理论不同的是,货币供给的减少并不造成所有的名义变量同比例下降,这是因为名义工资调整缓慢。相反,当经济均衡点沿着总供给曲线向下移动的时候,总需求的减少会造成经济中的就业量和产量都相应减少。图 D 中就业量减少,由 L^* 变为 L_3,这是由于实际工资由 (w_1/P_1) 上升到 (w_1/P_3) 造成的。同时,失业率也从 U^* 上升到 U_3。

短期价格水平 P_3 是如何决定的呢?这由图 8-5 的图 A 表现出来,就是新的总需求曲线 AD_2 与短期的总供给曲线相交时所形成的点。如果工资能够立即向下调整的话,总需求的下降将使得名义工资和价格同比例下调,并且失业率也会保持在自然失业率的水平。但是在新凯恩斯主义的模型中,名义工资会暂时保持在 w_1 的水平,从而实际工资就会上升到 (w_1/P_3) 的水平。

8.4.3 理论和事实的比较

凯恩斯主义的失业理论是如何用实际数据来证明的呢?为了回答这个问题,在专栏 8-3,我们会考察在大萧条期间美国劳动市场发生的情况。在这一期间,价格水平下降了 30% 而失业率高达 25%。凯恩斯认为这些事件的发生与古典理论的均衡观点不一致,于是他就重新构建了一个解释框架,这一解释框架表明高失业率可以维持相当长的时期。

因为凯恩斯主义的大危机理论假定在劳动市场上名义工资不会很快下降到维持充分就业均衡的水平,而对这一理论的一个检验就是看在 20 世纪 30 年代名义工资到底改变了多少。专栏 8-3 表明在大危机期间工资的下降水平几乎和价格的下降水平差不多。但是尽管名义工资下降,但是它并没有赶上价格水平变化的速度。凯恩斯主义经济学家认为,尽管名义工资下降,但是它并没有达到可以使失业率保持在自然率水平上的下降速度。

8.4.4 我们是否应该稳定经济周期

对于政府对周期性失业应该做些什么这个问题有两个可能的答案。实际的经济周期学派的经济学家认为,大多数衰退是由于自然率波动造成的,市场机制的调节很快会使经济恢复到均衡水平。如果这一论断是正确的,那么在经济周期发生过程中就没有必要稳定失业率,因为衰退是由于经济适应新的技术水平造成的。也许有人会认为,在这种情况下,在衰退期出现失业率的上升是个好现象,因为这是工人在改变工作并且学习新的技能。

虽然在衰退期出现一些失业率上升是可以忍受的,但是凯恩斯主义者认为,一些经济周期并不是由技术进步引起的。大萧条就是市场体系的均衡机制失灵造成衰退的一个例子。如果大多数的衰退都像大萧条那样,那么政府就应该积极地进行干预,使得失业率保持在自然失业率的水平上。不过,为了更好地理解对于政府是否应该进行干预以便稳定经济周期的争论,我们首先需要理解整个经济是如何运行的。

> **专栏 8-3**

聚焦事实

大萧条期间美国的价格和工资[1]

图 A 显示了在大萧条期间名义工资和价格水平的变化。很明显,尽管价格下降,但是其下降幅度与名义工资下降的幅度差不多,这不符合严格的凯恩斯主义的总供给理论的版本。

但是尽管名义工资下降,因为它有可能并没有下降到足以保持失业率为自然率水平的程度,所以我们并不能根据这一事实来否定凯恩斯主义的理论。凯恩斯主义的关键假定就是对于总需求的下降,实际工资上升到均衡水平以上。这种情况可以发生在名义工资完全不具有伸缩性时,但是它也可能发生在名义工资下降的幅度小于货币供给下降的幅度时。

[1] 名义价格水平是一个价格指数——GDP 平减指数。名义工资是把 GDP 账户中所有的工资支出除以就业指数(雇用的全职工人人数)得到的。然后把工资指数标准化(乘以 10),以便和价格指数的单位保持一致。

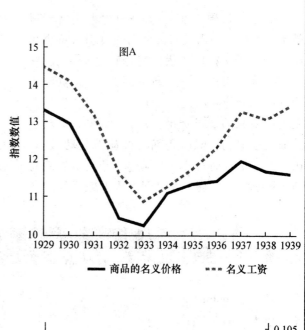

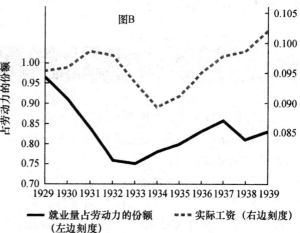

结　论

为了理解周期性失业,新凯恩斯主义者以效率工资模型为出发点。他们通过引入一个关于名义工资是粘性的假定来修正这个模型,并且这一修正引出了一个新的理论,即总供给作为实际工资的函数是向右上方倾斜的。根据新凯恩斯主义的衰退理论,总需求曲线的移动会造成就业率随着经济周期的波动而波动,这是因为名义工资面对冲击时调整得很慢。新凯恩斯主义利用这一理论解释了在大萧条时期为什么价格水平下降的同时失业率上升。

经济学家们对于政府的政策是否应该用来稳定周期性失业有不同的看法。实际的经济周期学派的经济学家认为,大多数的经济周期都是由于自然率的波动造成的,而这一波动又是由于总供给的移动引起的。新凯恩斯主义者则认为一些萧条是由于总需求的变动引起的。他们认为政府应该在稳定经济周期方面发挥作用。

关 键 术 语

合同理论　contract theory
菜单成本　menu cost

奥肯定律　Okun's Law
粘性　sticky

习　题

1. 比较古典经济学的总供给曲线与新凯恩斯主义的总供给曲线,一定要注意它们对于劳动市场的假定的不同之处。
2. 讨论名义工资具有粘性的两种原因。在现实生活中,你认为名义工资更可能向上具有粘性呢还是更可能向下具有粘性?说明你的理由。
3. 你是否认为不同的国家名义工资的调整速度不同?是什么因素影响了名义工资的调整速度?如何比较一个名义工资调整得慢的国家的总供给曲线与一个名义工资调整得快的国家的总供给曲线?请解释。
4. 讨论货币中性论到底意味着什么。在新凯恩斯主义模型中货币是否是中性的呢?请解释。
5. 假定在一个经济中,所有的工资都是通过生活成本的调整自动与价格指数联系在一起的。这种制度上的变化如何改变凯恩斯主义的总供给理论?
6. 奥肯定律是什么意思?如果失业率从3%上升到4%,你认为总产量会下降多少?
7. 利用总需求和总供给理论,讨论货币供给增加10%在新凯恩斯主义模型中的影响。考察这种货币增长的短期和长期影响,注意解释经济是怎样从短期走向长期的。
8. 利用总需求和总供给理论,检验货币供给增长 10% 在古典模型中的影响。详细讨论你的答案与第 7 题使用新凯恩斯主义模型的答案的不同之处。

9. 回忆第 5 章中的第 11 个习题。你是否认为萨伊定律对于新凯恩斯主义模型是必需的？为什么是或为什么不是？

10. 在新凯恩斯主义模型中,实际工资是顺周期的还是逆周期的？在古典主义模型中又是什么样的？这些模型是否与美国在大萧条时期的经历相符合？请解释。

第 9 章　货币需求和 LM 曲线

9.1　引言

在传统的总需求理论中,能够引起总需求曲线变化的唯一变量是货币数量。但是如果我们想要理解失业率随经济周期而波动的所有原因,就需要对传统理论进行扩展。某些经济衰退可能是由货币数量紧缩引起的,但另一些经济衰退可能是由于其他原因。因此,学习凯恩斯主义总需求理论的首要原因是它能够帮助我们理解经济周期的成因。

凯恩斯主义总需求理论是凯恩斯**需求管理**思想的精髓。需求管理是政府通过财政政策(例如改变税率或政府开支)或货币政策(例如改变利率)而实施的一种积极干预,以试图在避免深度衰退和反复出现的高通货膨胀的同时,保持稳定的经济增长率。

凯恩斯主义总需求理论与古典理论有什么不同呢? 古典理论是建立在货币数量论的基础上的,它假设家庭需要的货币数量是它们收入的一个固定部分。这一假设隐含着货币持有倾向 k 是一个常量。但是实际上,货币持有倾向是一个取决于利率的变量。一旦承认利率对货币持有倾向的影响,就必须搞清楚利率本身是如何确定的。利率的确定和总需求的确定是一个问题的两个方面。当我们在第 12 章将这两个方面放在一起来研究时,就能看出影响经济周期的所有因素,并且将获得一个可以用来建议政府如何通过财政政策和货币政策来调节总需求的工具。

9.2　持有货币的机会成本

为了便于理解现代货币需求理论,我们构建一个理想化的经济,其中利率通过改变储蓄在货币和债券之间的配置来影响货币需求。

9.2.1 流动性偏好

某些资产的利率比其他资产的利率高,即使这些资产具有相同的风险。假设在我们理想化的经济中,所有资产都能被划分为两种类型:给付利息的(如债券)和即使没有利息也被持有的(如货币)。研究为什么单个经济当事人在本当可以通过持有债券而获得利息时却偏偏持有货币的理论,叫做**流动性偏好**理论。

流动性偏好理论确信家庭之所以持有货币,是因为货币在交换服务和商品时是被普遍接受的。被其他主体在交换中接受的资产被称作**流动资产**。虽然我们只将资产划分为两种类型,但在现实世界中存在很多具有不同流动性的资产。流动性越高的资产其利率越低。例如,即便其他资产的利率高于美元纸币和银行存款,但是这两种类似的资产却都被人们持有。虽然可以把纸币存到银行获得利息,但我们大家都持有现金,这是因为它使用起来非常方便。美元纸币之所以比银行存款的流动性大,是因为当我们想要购买一个商品时,商家接受现金而不是支票。

在现实世界中,还有另外一个原因导致某些资产的利率比其他资产的利率高,即前者的风险更大。在其他条件相同时,多数单个经济当事人宁愿要稳定的收益而不是波动不定的收益,经济学家称此为**风险厌恶**。由于风险厌恶,回报不确定的股票一定具有较高的平均回报率。风险厌恶在我们的研究中是次要的,因此我们假设所有的资产具有相同的风险。

9.2.2 企业和家庭的资产负债表

我们首先给出对家庭和企业所持有的资产和负债的简化描述。[①] 家庭持有的一类资产是企业发行的债券,记为 B,称之为**公司债券**,以区别于政府债券。一种公司债券作出永久性每年给付固定回报(称为债券的**息票**)的承诺。这类债券称为**永久债券**,其价格记为 P^B。家庭持有的另一类资产是货币,记为 M。家庭持有的债券和货币之和构成家庭的净财产,也称作家庭**财富**,记为 W(勿与名义工资 w 混淆)。

在我们的模型中,假设企业拥有的唯一资产是**资本存量**。资本存量的价值等于其商品的价格 P 乘以 K,这里 K 为物质资本数量。[②] 在它们资产负债表的负债一方,企业欠家庭的公司债务为 $P^B B$,即等于发行债券的数量乘以债券的价格 P^B。家庭和企业的资产负债表如表 9-1 所示。

---

① 在我们的例子中,家庭不拥有不动产;在现实中,家庭拥有住房和耐用品。公司的负债包括股票、股票期权和期货合约。
② 在现实世界中,企业持有货币的原因与家庭持有货币的原因相同,均是用来平滑购买与销售的时间安排。为简便起见,我们假设经济中的所有现金都由家庭部门持有,企业持有的唯一资产是资本存量。

表 9-1　家庭和企业的资产负债表

家庭	
资产	负债
公司债券 $P^B B$ 货币 M	净财富 W
W	W
企业	
资产	负债
资本存量 PK	
	企业债券 $P^B B$
PK	$P^B B$

家庭拥有两种金融资产:货币和公司债券。

企业拥有一种实物资产:资本存量,它被公司债券形式的金融负债所抵消。

9.2.3　财富和收入

由于生产、消费和交换随着时间变化,从而家庭和企业的资产和负债也随着时间而改变。在一个典型的一周的开始,家庭拥有货币和债券,它们的财富构成如公式(9.1)所示。家庭财富的构成影响家庭的收入,因为债券能获得利息收入流,而货币却不能。

$$W = M + P^B B \quad \boxed{\text{财富一定以货币或债券的方式持有。}} \tag{9.1}$$

在一周当中,家庭向企业出卖劳动,购买消费品,并因为拥有企业的所有权而获得收益,该收益体现为公司债券的利息。家庭把新的收入增加到它们的货币和债券中以积累财富。因为不消费而累积的财富称为**储蓄**。储蓄、收入、消费和财富之间的关系如公式(9.2)所示。财富增量 $\Delta W/P$ 等于储蓄。

$$\frac{\Delta W}{P} = S = Y - C \quad \boxed{\text{家庭储蓄被用来增加财富}(\Delta \text{ 表示 "变化量"}),\text{储蓄 } S \text{ 等于收入 } Y \text{ 减去消费 } C。} \tag{9.2}$$

家庭决定将它们的多少收入作为储蓄。此外,它们还决定如何在可选择的资产中配置它们现有的财富,这称为**资产组合配置**。由于在我们的模型中,家庭只持有货币和债券,所以它们的资产组合配置相对简单。家庭的财富 W 必须在生息(债券)和不生息(货币)的资产之间进行划分。

为描述家庭如何在收入和流动性之间进行权衡,我们建立家庭预算约束。公式(9.3)将家庭收入划分为两部分:利率 i 乘以公司债券的实际价值(来自家庭财富的收入)以及实际工资乘以劳动时间(劳动收入)。

$$Y = i\frac{P^B B}{P} + \frac{w}{P}L \quad \boxed{\text{收益包括两部分:拥有债券所获得的收入以及劳动收入。}} \tag{9.3}$$

如果家庭将它们的所有财富分配给可以获得利息的债券,那么它们将最大化其收入。公式(9.4)给出了最大可能的收入 Y^{MAX}。但一般来说,家庭并不想获得最大收入,因为这样一来它们将不得不放弃使用货币进行交易的便利性。

$$Y^{MAX} = i\frac{W}{P} + \frac{w}{P}L \quad \boxed{\text{如果所有财富均以债券方式持有(不包括货币),那么家庭可以获得最大可能的收入 } Y^{MAX}。} \tag{9.4}$$

公式(9.5)表达了一个家庭决定将部分财富配置给货币时可以获得的收入。由于选择持有货币,该家庭将获得收入 Y,它小于最大收入。

$$Y = Y^{MAX} - i\frac{M}{P} \quad \boxed{\text{当家庭选择持有一部分货币作为财富时,将损失本可以获得的收入。损失的收入等于利率乘以家庭的平均货币持有量。}} \quad (9.5)$$

现代货币需求理论将公式(9.5)视为对家庭行为的约束。按照这一理论,家庭在获得多少收入(以持有债券的形式)和持有多少货币之间作出选择。当单个经济当事人将他的财富从货币转换成债券时,他的收入将增加,但其资产的流动性将随之减少。

9.3 货币效用理论

货币效用理论解释了一个代表性的家庭如何在其预算约束上选择一个点。为描述持有货币的理由,我们假设货币具有效用,并通过一个效用函数来表示。效用函数描述家庭在拥有货币和收入的不同组合时所获得的效用。收入具有效用是因为可以用它来购买商品。货币具有效用是因为它具有流动性,从而便于交易。在数学上,经济学家用一个函数来表示效用,该函数描述家庭获得的收入与为便于交易而持有的实际余额之间的互动如何产生效用。

9.3.1 货币需求和价格水平

由于持有货币所产生的效用是间接的,从而它有别于其他商品所产生的效用。应该用什么单位来衡量货币对效用的影响呢?一种可能的答案是用持有的美元数量来衡量货币,正如可以用果园中苹果或橘子的数量来衡量一个果园那样。但这种方式没有抓住"货币本身没有用处,它的用处只在于可以用来交换其他商品"这一思想。

如果某人在某一周拥有的货币数量是上一周的两倍,那么他就可以买卖两倍数量的商品。类似地,如果某人拥有与上一周完全相等的现金,但所有货物的价格都减半了,那么他也可以买卖两倍数量的商品。货币的用处在于我们可以用它进行商品贸易,这意味着应当以商品为单位来衡量货币。以商品为单位衡量的货币价值称为**实际货币余额**。我们通过将货币的名义数量除以一般价格水平指数来衡量实际余额,并用符号 M^D/P 表示对实际货币余额的需求。

9.3.2 货币需求和利率

按照货币效用理论,家庭持有的实际货币余额越多越好。但当家庭以现金方式持有的财富占很大比例时,每增加一个单位的现金余额所产生的效用增加将逐渐减少。这一假设类似于生产中的规模收益递减,且具有类似的原因。家庭需要持有现金以用于交换商品。对于给定的收入流,持有一定量现金的好处是非常大的,因为拥有货币,家庭就可以进行货币交换而不是物物交换。但当家庭把更多的财富由债券转换为货币时,所带来的方便性这一额外好处将变少。人们常常进行一些需要现金的小额购买行为,但多数人不必在手头上保留购买汽车、房产等大额消费所需要的足够现金。

按照货币效用理论,家庭的资产组合配置在货币和债券之间进行,以实现效用最大化。开始时资产组合配置中100%为生息的债券,这时持有现金的边际效用很大——大于利率。当家庭在资产组合配置中配置更多的现金时,每增加额外的一美元所产生的边际效用逐渐降低。如果这一过程持续进行,实际货币余额的边际效用最终将低于利率。这时,家庭可以通过将财富重新转移到债券上来增加效用。家庭将把财富转换到这样一点上,在这一点,将一美元从债券转换为货币所带来的边际效用等于所产生的成本——利率。

图 9-1 给出了货币的边际效用,其中利率 i 用纵坐标表示。家庭通过使货币的边际效用与名义利率相等来决定在资产组合配置中持有多少现金。例如,如果利率为 i_1,家庭会选择持有的现金余额为 $(M^D/P)_1$,如果利率降低为 i_2,所需要的现金余额会增加到 $(M^D/P)_2$。表示为名义利率函数的实际货币余额的数量被称作**货币需求**。

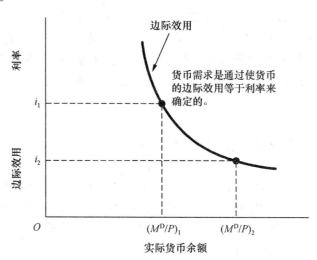

随着利率从 i_1 降到 i_2,家庭在配置资产组合中相对于债券更偏向于货币。货币的需求量从 $(M/P)_1$ 增加到 $(M/P)_2$。

图 9-1 货币需求

9.3.3 货币需求和收入

货币本身并不产生效用。它之所以被持有,是因为它有助于家庭进行交易活动。如果家庭收入较高,那么家庭将得到较高的效用,因为收入可以用于购买消费品,以及用来进行可带来较高未来收入的投资活动。流动性将增加任何给定收入流的效用。但当收入增加时,家庭必须持有更多的现金才能产生同样的效用。出于这个原因,货币需求作为利率的函数,将随着收入的增加而增长。

图 9-2 对上述命题进行了说明。以 $L(Y_1)$ 表示的向下倾斜的曲线代表当家庭收入为 Y_1 时,家

庭货币需求作为利率的函数。符号 L 表示流动性偏好。以 $L(Y_2)$ 标示的向下倾斜的曲线代表当家庭收入为 Y_2 时的货币需求（或流动性偏好）函数。因为假设 Y_2 大于 Y_1，所以 $L(Y_2)$ 位于 $L(Y_1)$ 的右侧。

这幅图表明了对实际余额的需求如何随着收入的变化而变化。

随着收入从 Y_1 增加到 Y_2，家庭出于交易的目的需要更多的现金。对货币的需求从 $(M^D/P)_1$ 增加到 $(M^D/P)_2$。

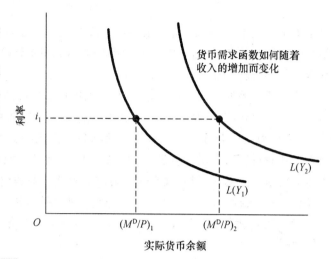

图 9-2 货币需求如何依赖于收入

9.3.4 货币效用理论的数学表达

公式(9.6)给出了货币效用理论的表达式：

$$U = U\left(Y, \frac{M}{P}\right) \tag{9.6}$$

（函数 U 象征性地表示效用理论）

前面说过，效用理论假设货币以商品为单位来衡量。这通过在公式(9.6)中以 M/P 这一比率因子而不是用 M 和 P 分别作为参数体现出来。前面讨论过的其他特性限制了我们选择函数的类型来表达效用 U。例如，由于收入越高效用越大，从而 U 必须是 Y 的增函数。换句话说，当 Y 增大时 U 必须随之增大。类似地，我们所选择的函数必须满足当 M/P 增大时 U 也增大，以体现实际货币余额带来效用这一假设。当实际余额增加时边际效用减少这一事实，意味着如果画出 U 对应 M/P 的函数关系曲线图，该曲线将随着 M/P 的增加而变得越来越平缓。①

已讨论过的特性限制了用来表达效用的函数形式，但究竟哪一种函数最适合呢？为了回答这个问题，我们需要将假设的不同效用函数的预测结果与实际数据进行比较。事实上，经济学家们选取的是与实际数据相吻合且形式最简单的函数。

---

① 该假设的数学表达为 U 是 M/P 的凹函数。

9.3.5 在凯恩斯主义模型中货币市场均衡是如何建立的

对于单个家庭来说,利率、价格水平和家庭收入是给定的,家庭在此基础上选择持有多少货币。但从整个经济体系的角度来说,需要的货币数量必须等于供给的货币数量。因此,必须调节收入、价格水平和利率,以确保能维持这一恒等性。

经济体系中流动性的大小在一定程度上取决于联邦储备体系(Fed)。例如,假设联邦储备体系打算改变其资产组合配置,从公众手中购买政府债券。因为中央银行是在公开市场上购买有价证券,所以这一行为叫做**公开市场**业务。联邦储备体系购买债券后,可供公众购买的债券数量势必减少。因为联邦储备体系是用现金进行购买的,从而公众手中的货币数量将增多。在这个例子中,联邦储备体系增加了流动性,但并没有相应地改变税收政策或财政开支。假设在公开市场进行购买之前,家庭愿意持有流通中现有的货币数量。但是现在联储却增加了流通货币的数量。我们已经讨论了(名义)货币需求所依赖的三个变量:收入 Y、利率 i 和价格水平 P。为了重新恢复均衡,可以调节其中的任何一个变量。

在古典模型中,调节价格水平可以立即使货币需求和货币供给重新相等。我们在第 8 章学过,凯恩斯主义理论认为,价格水平的调节作用见效很慢,因为经济体系存在名义粘性。收入的调节作用见效也比较慢,因为企业雇用和解雇工人需要时间。在凯恩斯主义理论中,由公开市场业务而引起的货币供给变化所产生的最快影响是改变利率。

网络浏览 9-1

货币的新形式

芝加哥联邦储备银行开办了一个网站 http://www.frbchi.org/,该网站的特点之一是其中有一个教育栏目,从中可以找到关于货币经济学各方面的文章。

经济学家发现流通速度和利率之间的关系近年来发生了变化。如今的流通速度比基于货币、收入和利率的传统关系所预测出的要高。一些经济学家推测,当技术进步使新的货币形式更具吸引力,从而对纸币的需求减少时,货币需求函数也正在发生变化。

新的货币形式有哪些呢?它们包括 ATM 机、智能卡和电子转账——所有这些都随着互联网和其他电子通信技术的飞速发展和日益重要而快速发展着。

要查找关于这些新技术以及它们可能对我们生活产生的影响这方面的优秀文章,请登录 http://www.chicagofed.org,搜索"electronic money"。

9.4 应用货币需求理论

传统理论假设货币持有倾向是固定不变的,但在现实世界中,一百多年来颇有价值的数据显示,货币持有倾向是以一种系统的方式波动的。现代理论可以解释这些波动发生的原因。

9.4.1 货币效用理论中的数学

一般来说,求解家庭的货币需求问题依赖于其效用函数的性质。与现实数据相吻合的一个函数由公式(9.7)给出。

$$U = Y \cdot \left(\frac{M}{P}\right)^h \tag{9.7}$$

其中,参数 h 衡量流动性对家庭的相对重要性。由该函数可以导出一个易于与古典模型相比较的货币需求公式。可以证明(该证明用到微积分,在专栏 9-1 中给出),具有这一效用函数的家庭,在任一时期都将选择将收入和现金的比例保持为 h/i。与传统的货币需求理论不同,在现代理论中,货币持有倾向等于参数 h 除以利率 i:

$$\underbrace{\frac{M^D}{P}}_{\text{对实际货币余额的需求}} = \underbrace{\overset{k}{\overbrace{\left(\frac{h}{i}\right)}}}_{\text{货币持有倾向}k} \cdot \underbrace{Y}_{\text{GDP}} \tag{9.8}$$

利用等式(9.8),可以像在货币效用理论中阐述的那样,对古典货币需求理论和现代货币需求理论进行比较。与古典理论一样,现代理论认为以商品为单位衡量的货币需求量等于货币持有倾向 k 乘以 GDP。而与传统理论不同的是,k 在现代理论中不是常量,而是等于参数 h 除以利率 i。

专栏 9-1

进一步观察

货币需求推导:一个数学例子

本专栏给出了一个如何从货币效用理论推导出货币需求曲线的数学示例。如同本书中所有的数学示例一样,你可以跳过本专栏而不影响对本章的学习。

我们从效用的一个特殊表达方式开始:

$$\underset{\text{效用}}{U} = \underset{\text{收入}}{Y} \cdot \underset{\text{实际余额的}h\text{次方}}{\left(\frac{M}{P}\right)^h} \tag{9.1.1}$$

预算约束由下式给出：

$$Y = Y^{MAX} - i\left(\frac{M}{P}\right) \quad (9.1.2)$$

收入　　最大收益　　持有货币的收入损失

把预算约束代入效用函数，得到

$$U = \left(Y^{MAX} - i\left(\frac{M}{P}\right)\right)\left(\frac{M}{P}\right)^h \quad (9.1.3)$$

为了得出最大化效用，我们令 U 对 (M/P) 的导数等于 0：

$$\frac{\partial U}{\partial (M/P)} = 0 \Longrightarrow -\frac{iU}{Y^{MAX} - i\frac{M}{P}} + \frac{hU}{\frac{M}{P}} = 0 \quad (9.1.4)$$

整理这些变量（用预算约束，公式(9.1.2)），得出

$$\frac{i}{Y} = \frac{h}{\frac{M}{P}} \quad (9.1.5)$$

或

$$\frac{M}{P} = \frac{h}{i} Y \quad (9.1.6)$$

此即为该效用函数的货币需求方程式。

9.4.2　现代理论的证据

为了比较古典理论和现代理论，下面介绍从 1890 年到 2000 年这一时期利率 i 和流通速度 v 的时间序列观察。流通速度是指平均面额的美钞每年在经济体系中流通的次数，单位为次/年。货币持有倾向是货币平均存量和年收入之比。V 是货币持有倾向 k 的倒数。例如，在 1993 年 k 等于 1/6 年，它反映了持有的货币相当于两个月（1/6 年）的收入。同年，流通速度等于 6，意味着平均面额的美钞在该年中流通了 6 次。

$$V \equiv \frac{1}{k} \quad (9.9)$$

以次/年为单位衡量的流通速度　　以年为单位衡量的货币持有倾向

我们之所以以 V 的变化而不是 k 的变化作为证据，是因为 i 和 V 之间的关系（两个变量朝同一个方向变化）在图形中比 i 和 k 之间的关系（两个变量朝相反的方向变化）更为明显。

货币的概念有很多种。在专栏 9-2 的图 A 中，灰色线条表示最常使用的货币概念 $M1$ 的流通速度，$M1$ 包括现金、支票账户（存款）和一些小额的货币项目。流通速度标示在图 A 右侧的坐标系中。注意，它远非一个常量，这是与传统理论相矛盾的。1942 年的流通速度降到 2，2000 年却超过 8。虽然流通速度不是常量，但是正如现代货币需求理论所预言的那样，在大多数历史记录中，它与利率线近似平行。黑色线条表示短期国库券的利率，用左侧的坐标系以年利率为单位进行衡量。注意，虽

然流通速度在一个世纪中发生了明显变化,但利率始终随之发生变化。

在大萧条时期,流通速度在几个月内从 4 降到 3,这一变化伴随着利率从 5% 到 2.5% 的骤降。在第二次世界大战结束时,利率开始攀升,同样,流通速度也开始上升。按照现代货币需求理论,流通速度的改变源自相关的利率水平上升。战后,当持有货币的机会成本增加时,人们通过将货币快速地从一人手里转移到另一人手里来减少手中持有的货币,这样一来流通速度就提高了。流通速度一直朝右上方增长,直到 1981 年利率达到 14% 的峰值。1981 年之后,利率又开始下降,这一下降又一次伴随着流通速度的下降,正如 1930 年的情形。

专栏 9-2

聚焦事实

比较货币数量论和货币需求的现代理论

根据货币数量论,持有货币的倾向 k 是一个常量。而货币需求的现代理论预言 k 依赖于名义利率。为了考察这一点,我们考察了货币流通速度(k 的倒数)的变动和 1934 年后的利率。注意,流通速度不是常量。不过,流通速度的低频运动反映了利率的低频运动。

图 B 利用散点图揭示了同样的信息。灰线是通过这些点的最佳直线。货币流通速度和利率的相关系数是 0.84。

我们能够从这些图中推断出,相对于货币数量论,货币需求的现代理论更好地描述了数据。

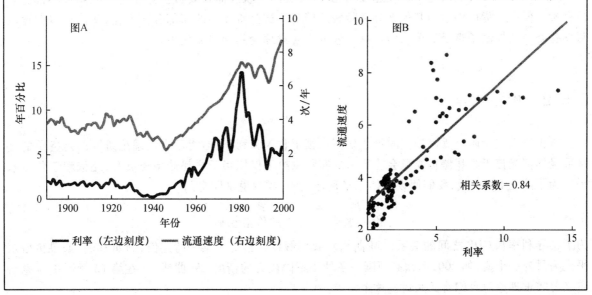

9.5 LM 曲线

联邦储备体系通过改变货币供给进而影响利率。操纵货币供给以影响利率、收入水平等内生变量的行为称为**货币政策**。为了说明货币政策对利率的影响,我们建立了一个等式,该等式解释了当货币需求和货币供给相等时利率和GDP之间的关系。该等式对应的图形被称为 **LM 曲线**①。

9.5.1 货币供给

在建立 LM 曲线的过程中,我们假设整个货币供给是受联邦储备委员会直接控制的外生变量。货币是外生变量的假设由公式(9.10)表示,其中符号 M 上加了横线,表示每个阶段所选取的一个固定数量,它被视作一种政策工具。

$$\underset{\text{货币供给}}{M^s} = \underset{\text{外生的货币供给}}{\overline{M}} \tag{9.10}$$

货币供给是外生变量这一假设过度简化,因为实际上联邦储备委员会只能直接控制一小部分货币存量。但由于货币供给的其他部分紧随联邦储备委员会所控制的那部分而变化,从而可以假设联邦储备委员会控制了整个货币供给。这一假设将使对理论的阐述简化很多。

9.5.2 价格水平

货币需求理论研究货币的实际价值如何依赖于收入和利率,但货币供给理论研究的是货币的名义数量如何受控于联邦储备委员会。货币的实际供给不仅依赖于联邦储备委员会,还依赖于价格水平。为了建立 LM 曲线,我们假设价格水平是外生的,或者说是固定的。

$$\underset{\text{价格水平}}{P} = \underset{\text{外生的价格水平}}{\overline{P}} \tag{9.11}$$

为了推导利率和GDP之间的关系(LM 曲线),我们假设价格等于某一特定值,例如100。如果价格水平变为另外一个值,如200,那么必须画一条处于不同位置的新的 LM 曲线。(在第 12 章讨论凯恩斯主义总需求理论时我们将回来讨论这个观点。)

---

① 名称"LM"来源于流动性偏好(liquidity preference)等于货币供给(money supply)(L = M)。

9.5.3 LM 曲线的推导

图 9-3 显示了如何推导 LM 曲线,其中每个子图的纵坐标都代表名义利率,而横坐标分别代表不同的变量。图 A 为名义利率和收入之间的关系,图 B 为名义利率和货币需求量及货币供应量之间的关系。

我们知道,以商品为单位衡量的货币需求量是名义利率的函数。由于每一收入水平对应不同的货币需求函数,我们用符号 $L(Y)$ 来表达当收入水平为 Y 时所对应的货币需求函数。图 B 中画了两条这样的函数曲线,分别对应两种收入水平。因为 Y_2 大于 Y_1,所以 $L(Y_2)$ 位于 $L(Y_1)$ 的右边。对每一个利率值,$L(Y_2)$ 对应的货币需求较大,相应的收入值也较大。图 B 中的竖线条描述以商品为单位所衡量的货币供给。注意曲线 $L(Y_1)$ 和 $L(Y_2)$ 与直线 M^s/P 交于不同点。

通过在两个子图之间来回转换可以推导出 LM 曲线。从图 A 开始,首先选择一个特定的 GDP 值,如 Y_1。接着转移到图 B,并画出货币需求在给定收入为 Y_1 时作为利率函数的图形。对于该货币需求函数,均衡利率(也就是货币供给量等于货币需求量时的利率)等于利率 i_1。根据 i_1,回到图 A,找到 LM 曲线上的点 A。通过对收入水平 Y_2 重复上述步骤,可以找到 LM 曲线上的第 2 个点 B。当收入水平较高时,均衡利率也较高,所以点 B 位于点 A 的右上方。换句话说,LM 曲线向上倾斜。

在图 9-3 中,自然率产出水平为 Y^*。很容易认为名义利率将取决于 Y^* 与 LM 曲线的交点,但这并没有道理,因为就短期来看,收入可能与自然率水平不同。名义利率和收入之间必然存在一种关系,使货币需求量等于货币供给量,但是我们不能说哪一种收入和利率的组合在均衡态下被决定。我们将在第 12 章对这个问题进行研究。

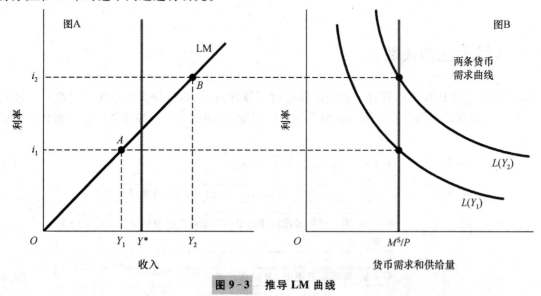

图 9-3 推导 LM 曲线

本图说明了如何推导 LM 曲线。图 B 说明了对于不同的收入水平有不同的货币需求曲线。图 A 描绘了 LM 曲线。在 LM 曲线上的每一点,货币需求量等于货币供给量。

9.5.4 LM 曲线的重要性

为什么位于 LM 曲线上的收入和名义利率组合与其他组合有所不同呢？这是因为，只有位于 LM 曲线上的 Y 和 i 组合才是流通中愿意持有的货币数量。换句话说，在 LM 曲线上，货币需求量等于货币供应量。

如果在某一给定的收入水平下利率过高或过低的话会出现什么情况呢？首先，假设利率高于 LM 曲线。在这种情况下，家庭将发现它们持有的货币太多，因此它们将试图把一些现金转换成债券。但由于市场上所供给的债券是有限的，债券的卖方（借钱的企业）可以给予较低的利率并仍然能找到买方。当利率回到 LM 曲线上时，由货币转换为债券的过程将终止，这是因为在这一点的货币存量是人们愿意持有的。现在假设发生相反的情况，即利率低于 LM 曲线。在这种情况下，家庭发现它们缺乏足够的流动资金，因此它们会卖掉一些债券，以持有更多满足它们日常交易需求的货币。由于家庭争相卖出债券，一些企业将无法借到它们投资所需要的全部资金。为了把货币重新吸引到资本市场上来，企业将抬高债券利率。这一利率升高的过程只有当名义利率返回到 LM 曲线上时才会终止。总之，LM 曲线上的点表示愿意持有的流通中的货币存量。

LM 曲线平衡两个相反的力量。考虑曲线上的一点，当收入增加而利率保持不变时，货币需求量将增加，因为这时家庭需要更多的流动资金来应付额外交易。但货币供给是由联邦储备委员会控制的，如果收入继续增加，货币需求量将超过供给数量。要恢复相等，可以提高利率使债券更具吸引力，从而吸引家庭购买债券。较高的收入水平由较高的利率进行补偿，因为这两个变量将货币需求量拉向不同的方向，这就是为什么 LM 曲线是向上倾斜的。

9.5.5 LM 曲线的代数式

从公式(9.12)到(9.15)，我们对效用函数进行了特殊假设，以推导 LM 曲线的代数式。该假设与专栏 9-1 中的假设相同。对效用函数斜率的不同假设，将导出不同的描述货币需求函数的确切形式。

$$M^S = M^D \quad \text{第 1 步：货币需求量等于货币供应量} \tag{9.12}$$

$$M^S = \overline{M} \quad \text{第 2 步：用外生变量（联邦储备委员会决定的）替换货币供应量} \tag{9.13}$$

$$\frac{M^D}{P} = \frac{h}{i}Y \quad \text{第 3 步：用现代货币需求理论中的货币需求函数替换第 1 步中的货币需求量} \tag{9.14}$$

$$i = \frac{hP}{M}Y \quad \text{第 4 步：整理变量得出 LM 曲线的等式} \tag{9.15}$$

如上所示，LM 曲线通过 4 步推导出来。第 1 步令货币需求量等于货币供应量。如果家庭持有太多货币，它们可以选择把收入花费在购买商品、服务或债券上。类似地，如果家庭持有的货币太少，它们可以选择减少收入的花销或在金融市场上卖掉一部分债券。第2步假设货币供应量由联邦储备委员会设定。第3步中的公式表示货币需求量是收入和利率的函数。最后,第4步把需求和供给放在一起生成一个等式,该等式刻画了货币需求等于货币供给所要满足的利率值和GDP水平,这就是LM曲线。

9.5.6 货币政策和LM曲线

要理解货币供给的变化如何影响经济,必须首先理解LM曲线的位置如何随着货币政策的变化而改变。①

因为货币本身没有意义,它的价值在于可以用来购买商品,所以LM曲线的位置和斜率取决于货币供给的实际价值。货币供给实际价值的变化要么是因为货币名义数量M的增加,要么是因为商品价格P的下跌,这两种情况都使货币供给的实际价值提高。下面让我们来描述货币供给的实际价值的增加对家庭的影响。

当货币供给的实际价值增加时,家庭发现它们持有的货币多于它们日常交易所需要的,因此,一些家庭将试图通过把货币借给企业来减少多余的现金,但这会导致在当前的利率下借出多于借入,从而使企业发现可以用较低的名义利率来吸引更多的资金。因此,货币数量增加的净影响是名义利率的下降。这由图9-4中LM曲线向右偏移所反映——每个收入值对应较低的均衡利率。

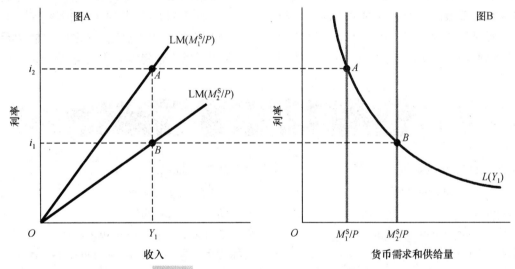

图9-4 货币供给增加如何移动LM曲线

本图说明货币供应量变化如何移动LM曲线。图B表示当货币存量增加的时候利率如何变化。图A表示LM曲线如何相应移动。

---

① 第12章将给出除LM曲线之外的第二个平衡关系,即IS曲线,并显示这两个曲线如何用于分析货币和财政政策对整个经济均衡的影响。

图 9-4 中的图形显示了为什么货币供应量增加会导致 LM 曲线的偏移。图 A 中的两条 LM 曲线对应两种货币供应量。点 A 位于货币供应量为 M_1 时的 LM 曲线上,点 B 位于货币供应量为 M_2 时的 LM 曲线上。注意当货币供应量较大时,在每一收入水平下,使货币需求量与货币供应量趋同的均衡利率较低。这可以由图 B 中的 A、B 两点来说明,这两点是收入水平为 Y_1 时的货币需求曲线分别与供给 M_1 和 M_2 所对应的货币供给曲线的交点。

结 论

根据在交换中的作用,各种资产具有不同程度的流动性。流动性较低的资产可以产生较高的利率,以吸引人们去持有它们。我们的模型假设有两类资产:生息的债券以及不生息的货币。

为了解释家庭为什么使用货币,我们假设货币的实际价值产生效用。持有货币是有代价的,因为如果持有债券会获得利息收入,这一收入可以用于购买商品。家庭在实际货币的边际效用和持有货币而产生的利息损失之间进行权衡。本章所得到的货币需求函数承认流通速度(货币持有倾向的倒数)对利率的依赖性,从而推广了货币数量论。数据表明,货币效用理论超越了认为流通速度固定不变的货币数量论。通过观察一个世纪的数据,我们发现流通速度直接受利率的影响。

在均衡状态下,货币需求量等于货币供应量。收入的增加会导致货币需求量的增加,因为家庭将持有更多的货币以应付额外的交易。而利率的增加会导致货币需求量的下降,因为这时从未来收入角度来说,持有货币的成本增加了。收入对应利率的关系图形是向上倾斜的,该图形即为 LM 曲线,它描述了使货币需求量和货币供应量相等的收入与利率组合。

关 键 术 语

资本存量　capital stock
公司债券　corporate bonds
息票　coupon
需求管理　demand management
货币需求　demand for money
流动资产　liquid assets
流动性偏好　liquidity preference
LM 曲线　LM curve

货币政策　monetary policy
公开市场　open market
永久债券　perpetuity
资产组合配置　portfolio allocation
实际货币余额　real money balances
风险厌恶　risk aversion
储蓄　saving
财富　wealth

习 题

1. 当实际余额增加时货币余额的边际效用是增加还是减少？请解释为什么回答这个问题对理解货币需求效用理论中的货币需求曲线的形状非常关键。

2. 当债券的价格提高时变量 Y^{MAX} 会如何变化？为什么？这一改变如何影响家庭的预算约束？

3. 流通速度和货币持有倾向是什么意思？请解释这两个变量之间的关系。每个变量用什么单位来衡量？

4. 货币效用理论在解释过去 100 年来美国流通速度变化时的效果如何？请将之与货币数量论对这些波动进行解释的效果进行对比。

5. 在货币效用理论中，名义利率还是实际利率更重要？请对你的答案进行解释。

6. 对比利率，包括名义利率和实际利率，在古典货币数量论和新凯恩斯主义货币效用理论中分别是如何确定的。

7. 当中央银行增加货币供给时，按照货币效用理论，名义利率将发生什么变化？你认为这与现实世界的情形相符吗？并给出解释。

8. 当中央银行增加货币供给时，按照古典货币数量论，名义利率将发生什么变化？你认为这与现实世界的情形相符吗？并给出解释。

9. 你认为当圣诞节临近时货币需求通常会发生什么变化？LM 曲线会发生什么变化？联邦储备体系如果想要保持利率不变应该相应采取什么措施？

10. 为什么 LM 曲线向上倾斜？请用货币市场图形来进行说明。

11. 假设在古典货币数量论的条件下，LM 曲线是什么形状？它与用货币需求效用理论导出的 LM 曲线有什么不同？

12. 请用货币需求效用理论分析价格水平下降所产生的影响，利率会怎样变化？LM 曲线会怎样变化？并给出解释。

13. 假设货币供给和价格水平都增长了 25%，这一变化将对货币市场和 LM 曲线产生什么影响？

14. 下面的公式描述了一个经济体的货币市场：

$$\frac{M^D}{P} = Y - 200i$$

$$M^S = 1\,000$$

$$P = 5$$

请推导出该经济体的 LM 曲线。

15. 请给出当货币效用以下面的公式表达时 LM 曲线的表达式：

$$U = \frac{\left(\frac{M}{P}\right)^{1-\lambda} + \theta Y^{1-\lambda}}{1-\lambda}$$

第 10 章 货币供给

10.1 引言

现代社会的货币供给具有不同的形式。有些社会用黄金或白银作为货币,而有些社会却使用纸币甚至电子货币。在现代资本主义社会,货币的主要形式是商业银行体系提供的银行货币。商业银行在过去的 500 年中演化发展了多种形式的货币,例如银行存款和信用卡,这些形式的货币在资本主义之前的社会中是不存在的。

现代社会如何控制货币供给?在商业银行体系之上是国家的中央银行,在美国即为联邦储备体系。中央银行并不能直接控制货币供给,因为一部分货币供给受控于具有创造货币能力的商业银行。但是,通过设定纸币和硬币在流通中的存量,以及限定私人银行在中央银行的存款数量,联邦储备委员会可以间接控制货币供给。本章对这一过程进行阐述。

专栏 10 - 1

聚焦事实

什么是货币?

物物交换在当今不常见,但它曾经是交换的主要模式吗?货币的使用是如何起源的?历史上存在哪些类型的货币?未来可能存在哪些类型的货币?[1]

世界上的大部分地方,使用货币进行交换已非常普遍,以至于我们想象不出用任何其他方法来交换商品。但事情并不总是这样的,即使现在,在相当一部分非洲国家中,仍有 60%—70% 的交易是在没有使用货币的情况下完成的。15 世纪至 18 世纪期间,物物交换统治世界上大部分地区,在美国革命时期物物交换也非常普遍。下面的引文出自 Clavier 和 Brissot,他们是法国革命时的著名人物。[2]

> "美国农民更习惯通过直接的互惠交换来满足自己的需求,而不是让货币不间断地、来回地在手中流通。裁缝和鞋匠到召唤他们的农民家中做活,农民为他们提供原材料并用物品作为报酬。"

货币交换在全世界都是从金、银、铜发展起来的,并逐渐开始在交换中有规则地应用。铜的使用通常限定在国内的小额贸易中,金和银主要用在国际贸易中。

[1] 关于货币发展史的介绍可以参阅 The Structures of Everyday Life by Fernand Braudel (Siân Reynolds, Trans. Harper and Row, 1981)。本书第 1 版 1979 年在法国巴黎出版。

[2] 同上书,第 447 页。

10.2 什么是货币

货币具有三个重要功能:价值贮藏、交易媒介和计价单位。**价值贮藏**的功能是指用作货币的物体必须能持久保留其价值,因为它将长期被用在独立的交换当中。贵金属非常适合于用作货币,因为它们具有耐久性,而冰淇淋很不适于用作货币,因为它会融化。

货币作为**交易媒介**的功能可以用下面一段话来很好地描述,这段话引自银行和通货分委会的文献:

> 货币是指人们在交换物品和服务时予以接受的任何形式的东西,因为人们相信他们或早或晚可以用这些东西再去换取其他物品或服务。任何可以计量的东西——包括纸 IOUs——都可以用作货币。在当今美国,人们使用硬币、通货(纸币)和银行存款(支票货币)作为货币。①

计价单位是衡量价值的一种标准,通常也作为流通媒介来使用,但并不总是如此。在恶性通货膨胀时,常常使用一种通货作为流通媒介,而用另一种通货来贮藏价值。例如,在以色列 1984 年的恶性通货膨胀中,虽然谢克尔是以色列的交易媒介(至少对小额交易来说),但市场中通常以美元进行报价。

10.3 货币历史的简要回顾

在第 9 章我们区分了两种金融资产:货币和债券。如果一种资产在交换中比另一种资产更受欢

---

① 引自 169 Questions and Answers on Money——A Primer on Money 的附录,它是银行和通货分委会于 1964 年 9 月 21 日向第 88 届众议院第 2 次会议所提交的报告。

迎,我们就说这种资产的流动性更高。因为货币通常在交换中比债券更受欢迎,所以货币比债券的流动性高。超市在出售杂货时接受美国银行券(现金或支票),但它不会接受美国政府债券。类似地,现金比支票的流动性高,因为在很多交易中现金往往被接受而支票不能。在现实中有很多种金融资产,它们均具有不同程度的流动性。

银行体系扮演的一个角色是把流动性相对较低的资产转化为在交换中更易被人们接受的资产。银行通过用自己的负债替换经济体系中其他实体的负债来创造流动性。银行贷款给企业的过程就是创造流动性的一个例子,企业可以用获得的贷款来购置资本。通过赋予企业一个可以在其上开具支票的存款,银行产生了一项负债。通过这一过程,银行体系用交易中可被接受的负债(可以开具支票的银行存款)替换了不被接受的负债(企业的贷款)。

10.3.1 早期的货币形式

一切社会都从事贸易,并且都使用某一种形式的货币。最早的货币形式是易于携带并具有可分性和耐久性的商品。在多数社会中,这种商品(货币)为贵金属。尽管黄金和白银的相对重要性不断发生变化,但它们自罗马时代开始就在欧洲被用作交换手段。到中世纪,随着贸易的发展,商人开始出于安全的需要在金匠处保存他们的财富。这样,就可以在买卖商品时无须有形地移动黄金本身,而是由买方给金匠开具票据,金匠根据票据将黄金的所有权转移给卖方。这种业务最终演变为现代的银行制度。

10.3.2 银行如何创造货币

当今世界的很多地方,货币是以在银行账户上的存款形式存在的,而不是以纸币或硬币的形式。在某一账户上开具支票的做法,是中世纪金匠开具票据这一做法的现代翻版。

银行把一些顾客的资金保存在它们的金库中,称为**准备金**。在历史上,银行家们发现,他们只需把顾客存款的很少一部分作为准备金的方式保存起来。根据这一事实,他们把顾客的钱按一定的利率向外借出,从而获取收益。由于创造了资产(对一个新顾客的贷款)和负债(一笔新的存款),因此,当商业银行借出货币时导致了新货币的增加。因为新的存款可以作为交易媒介(顾客可以在新账户上开具支票),所以银行创造了货币。

表10-1描述了一个例子。一个新开办的银行开始时吸收了200万美元的顾客存款(硬币和纸币),这时该银行有200万美元的通货储备,以及以顾客账户形式存在的200万美元存款(表A)。由于银行的储户不要求每天都动用资金,所以银行没有必要使保存的准备金百分之百等于存款额。顾客不会持续不断地取现这一事实部分归因于银行体系所提供的服务。银行可以将货币从一个账户转移到另一个账户,而不必取出现金并将之转移到另一地点。如果收款账户在同一个银行,那么这一过程除了要对两个顾客的账户进行记账外,不需要进行其他任何操作。如果收款账户在另外一个银行,那么可以将银行券和硬币从一个银行的金库转移到另一个银行的金库,但从整体来看,货币并

没有离开银行体系。

表 10-1 商业银行的货币创造

表 A 发放贷款前的商业银行资产负债表		表 B 发放贷款后的商业银行资产负债表	
资产	负债	资产	负债
准备金 2		准备金 2	
贷款 0	存款 2	贷款 8	存款 10
2	2	10	10

所有数字的单位都是百万美元。

假设银行发现准备金只需达到平均存款额的20%。这样一来,它可以通过以账户形式发放商业贷款的方式创造新的存款,新存款的数量可以最大到使总存款额为准备金的5倍(20%的倒数)之多。在我们的例子中,银行可以创造800万美元的存款,这使得银行的总负债和总存款数额均为1 000万美元,而准备金为200万美元,如表B所示。那么为什么银行发放的贷款不能超过800万呢?这是因为如果超过的话,银行的准备金将低于存款总额的20%,从而银行将缺乏足够的准备金以应对其顾客的日常需要。

银行业看起来利润很高,因为银行似乎可以任意创造货币。但这只是一个幻想,商业竞争使银行不可能获得暴利。如果个别银行获利很多,就会有新银行进入这一行业,并通过支付存款利息来吸引顾客。对顾客的竞争将使存款利率升高而贷款利率降低。竞争所导致的平衡使银行体系整体上能够赚取足够的贷款利息,用来支付顾客的存款利息。①

在多数国家,由政府来规定私有银行体系的准备金数量。在美国,联邦储备体系担当这一角色,它要求商业银行的准备金和存款的比例不能小于某一最小值。作为联邦储备政策的一部分,这一比例被周期性地调整。

10.3.3 法定货币的发展

虽然货币体系最初基于商品,但从商品货币到**法定货币**的转变是一个稳定的、全球化的趋势。法定货币并不代表任何有形的商品,而是由法律作为支撑,要求人们在一切交易中予以接受。即使在商品货币时期,通常也存在以银行券为形式的黄金流通,且数量往往大于真正存在的黄金数量。从效果上看,这些就是法定货币,因为如果所有银行券持有者都同时要求兑换黄金的话,世界的黄金存量将无法满足需求。由黄金作为部分支撑的钞票系统是现代支付系统的起源,在现代支付系统中,货币100%都是不可兑换的。

中世纪把黄金委托给金匠的业务是纸币的起源,纸币最初表示对存放在金匠处的黄金的一种索取权。**银行券**类似于支票,不同之处只是它可以从一人之手转移到另一人之手。商业银行没有理由

---

① 不考虑银行运营费用的话,贷款利率、存款利率和准备金之间的关系很简单。例如,如果银行持有存款的20%作为储备,那么它的贷款利率必须比存款利率高20%才能保本。如果银行必须考虑运营费用,这一差额应更高。

不发行银行券,历史上的确曾有私人钞票得以流通的时期。然而在多数社会中,发行银行券是政府的垄断权力。发行货币是一种创造财政收入的活动。在一些社会中,创造货币几乎是财政收入的唯一来源,因为这些政府缺乏有组织、有效率地税收征收系统,从而课税能力不足。①

20世纪30年代以前,货币一直普遍地由商品作为支撑,或至少部分地由商品作为支撑。从19世纪开始,黄金在相当长的时期中是主流的商品货币。流通的货币部分采取金币的形式,但货币多数是由代表黄金索取权的纸币所构成。可以转换为黄金的国家通货被称为按**金本位制**运作。在金本位制流行的时候,多数国家承诺可以按照固定的价格将本国的通货兑换为黄金。在第二次世界大战结束时,多数国家同意维持一个固定的黄金交换率,但这个制度同时具有一定的灵活性,允许一个国家针对国内外汇短缺的情况,周期性地调整它们的黄金交换率。1973年,**浮动汇率**制建立,从那时起,除了美国政府的信用外,美元的价值就没有了任何其他支撑。

只要政府想要保持纸币和黄金之间的可转换性,那么政府创造更多货币的能力就会受到限制。中央银行必须保持相当数量的黄金储备,以满足公众的需求。这就好比今天的私有银行由于必须保持一定的现金储备,从而创造存款的能力受到限制一样。在20世纪30年代,金本位制无可挽回地、一个接一个地崩溃了,世界上所有国家都丧失了转换本国通货的能力,因此,影响国家创造货币的限制因素也不复存在了。在过去60年中,世界货币制度已经逐渐走向纯粹的法定货币制度。随着世界货币制度1973年转变到浮动汇率制,现在除了政府的选择外,流通中每种货币的数量已经不受其他什么限制了。

10.4 中央银行的作用

流通中的货币存量在某一时刻是固定的,因为在贸易过程中货币总是从一人转移到另一人手中,不可能所有人在同一时刻都减少货币持有量。因此,货币需求一定完全等于货币供给。虽然货币存量在某一时刻是固定的,但这一数量在不同时期会发生变化。下面将解释这是如何发生的。

10.4.1 联邦储备体系

世界上多数国家都有**中央银行**,它是政府的一个分支部门。在美国,中央银行不是一个单一的机构,而是一个由12个区域构成的系统,每个区域拥有自己的**联邦储备银行**(见图10-1)。**联邦储备体系**创建于1913年,目的是调节国家的货币供给和像银行家一样管理商业银行。当时人们普遍关注利率的波动。那时的利率不仅随经济周期变化,而且受季节的影响。政治家们创建联邦储备体

---

① 在阿根廷,创造货币所产生的收入是政府财政收入的重要组成部分,也是20世纪70年代、80年代和90年代初发生周期性恶性通货膨胀的原因(见第5章中的图5-8)。

系的一个最初目的,是利用它通过在信用市场进行积极地借贷活动来稳定利率波动。19 世纪发生了一些银行恐慌事件,储户在同一时间从商业银行提取他们的存款,迫使这些银行倒闭。在危机发生时,通过及时向整个系统提供储备,人们普遍认为联邦储备体系可以防止上述事件的再次发生。

联邦储备体系被划分为 12 个区域,每个区域有自己的联邦储备银行。这些银行作为本地区商业银行的贷款人,并发行联邦储备券。大多数区域在本区域的联邦储备银行下有 1—5 个联邦储备分支银行。全国共有 25 个分支银行。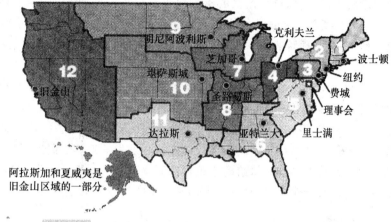

图 10-1 12 个联邦储备区域

¹这幅图下载自联邦储备委员会的网站 http://www.federalreserve.gov/otherfrb.htm。

在一些国家是由选举产生的官员决定货币政策,中央银行对政府的独立性很小。例如,直到最近,英国的中央银行才有独立性。在美国,货币政策由一个委员会来操纵,即联邦储备体系的**联邦公开市场委员会**(FOMC)。联邦储备体系由**联邦储备委员会**负责运作。委员会由 7 名委员组成,他们由总统提名并由参议院确认。每个委员任期最长 14 年。委员会主席从 7 名委员中选出,任期为 4 年。

FOMC 每年召开 8 次全体会议,并负责货币政策的日常运行。拥有投票权的成员包括联邦储备委员会的 7 名委员、纽约联邦储备银行的总裁以及另外 4 名联邦储备银行的总裁。这 4 名有投票权的联邦储备银行总裁是由除纽约联邦储备银行以外的 11 个联邦储备银行的总裁轮流担当的。虽然只有 5 名联邦储备银行总裁参与投票,但所有总裁都将出席会议,从而也可以影响政策的制定。与多数国家的单一中央银行模式不同,美国的系统之所以这么设计,是为了在区域和多个利益集团中分配调节货币供应量的权力。1913 年,美国人对东海岸金融利率的权力深表怀疑,此外,之前两次设立中央银行的尝试也已经以失败而告终。①

10.4.2 联邦储备体系是如何运作的

美国的货币供给包括公众手中持有的纸币和硬币,以及诸如商业银行支票账户类的项目等等。当商业银行在日常运作中进行借贷活动时,它们扩大或减少了银行存款的数量。例如,当一个商业银行为顾客提供贷款时,同时它就创造了一笔存款。要理解中央银行的运作,关键是要认识到私有

---

① 第一美国银行于 1811 年解散,第二美国银行于 1836 年废止。

银行所能创造的存款不是无限多的。私有银行创造的存款数量取决于它们的现金和通货的准备金。通过扩大或减少可以获得的准备金,FOMC 就能有效地控制整个国家的货币供应量。

货币的定义可以只包括支票账户,或者也可以包括所有金融机构中的各类存款。下面给出美国关于货币的不同定义,这些定义的覆盖面逐渐扩大。最常使用的定义称为 M1,它包括公众手中的现金(cash)和通货(currency)、商业银行中的支票存款以及其他一些小额货币。另一个定义称为 M2,它包括储蓄存款,而称为 M3 的定义范围更广。M1 中包括的所有项目都在 M2 中,M2 中的项目又都在 M3 中。所有这些关于货币供给的概念都可以或多或少地通过操控银行体系储备来进行控制。

联邦储备体系控制银行体系的准备金有三种方式。第一种是,FOMC 要求商业银行必须以现金和通货的准备形式至少保留一定比例的存款,这一存款的最小比例称为**法定准备率**。① 通过不时地调整法定准备率,FOMC 就可以控制商业银行创造货币的能力。第二种是,联邦储备体系充当**最后贷款人**的角色。意思是如果商业银行的准备金发生短缺,联邦储备将把货币借给它们以帮助它们渡过难关。联邦储备体系借款给商业银行的利率称为**贴现率**。② 联邦储备体系控制准备金的第三种方法是通过公开市场业务,这是近年来储备体系实施控制的主要模式。

网络浏览 10-1

在互联网上检索联储委员会

联邦储备委员会大楼位于华盛顿特区。下面的信息来自管理委员会的网站 http://www.federalreserve.gov/otherfrb.htm。

联邦储备体系是美国的中央银行。它于 1913 年由国会创立,目的是为国家提供一个更安全、更灵活和更稳定的货币和金融体系。几十年来,它在银行业和经济中的作用进一步扩大了。

现在,联储的职能大致包括四个方面:

1. 通过影响货币和信用卡在经济体系中的状态来调整国家的货币政策,以追求充分的就业和稳定的价格。

2. 监督和管理银行机构,以确保国家银行和金融系统的安全和可靠,以及保护消费者的信用权利(联储规定)。

3. 保持金融系统的稳定,以及控制金融市场可能发生的系统风险。

4. 为美国政府、公众、金融机构和外国官方机构提供可靠的金融服务,包括在国家支付系统中扮演主要角色。

---

① 这些准备金也可以以私有银行在联邦储备体系中的账户的形式体现。

② 从联邦储备银行刚一建立的 1913 年到大萧条开始时的 1929 年这段时间,私有银行可以无条件地按贴现率从联邦储备银行借钱。这一政策的后果是联邦储备银行丧失了基于公开市场业务调控货币的能力,因为无论联邦储备银行何时想减少私有银行没有借走的那部分储备金(通过在公开市场出售债券),私有银行都会用从联邦储备银行借来的资金替代损失的资金。从二次世界大战开始,联邦储备委员会不再鼓励私有银行利用这一便利。

10.4.3 公开市场业务

联邦储备体系任何时候购买的资产都会转变为货币。FOMC通过在公开市场买卖金融资产,具备了创造或削减货币的能力,这种能力解释了联邦储备体系如何能够扩大或减少全国的货币供应量。

政府的日常金融业务由财政部来操办,财政部负责征集税收、承担政府开销和转移支付。财政部的开销总是大于或小于它的税收收入。超过收入的开支计划导致**赤字**,小于收入的开支计划导致**盈余**。为了平衡赤字或盈余,财政部将在资本市场上买卖债券。在任一时刻,都存在一个给定数量的政府债务 B^T,其中一部分是对私人机构的债务 B^P,另一部分是对中央银行的债务 B^F。我们用符号 B 来表示债券。公式(10.1)将政府债务分别划分为联储和公众所持有的部分。

$$\underset{\text{政府总负债}}{B^T} = \underset{\text{联邦储备体系持有的政府负债}}{B^F} + \underset{\text{公众持有的政府负债}}{B^P} \qquad (10.1)$$

联储购买任何一项资产,都会使公众手中产生同等数量的货币。尽管联邦储备体系的资产有黄金储备、外汇储备等项目,但政府的债务是它的主要资产。联邦储备体系的负债包括联邦储备券和商业银行存款。如果不考虑由于商业银行体系的存在而导致的复杂性,我们可以认为世界上货币的唯一形式是银行券。在这一简化世界中,中央银行印制银行券并把这些银行券交给财政部,从而财政部将之用于平衡自身债务。同时,财政部再用银行券从公众那里购买商品。

$$\underset{\text{给财政部的贷款}}{B^F} = \underset{\text{基础货币}}{M} \qquad (10.2)$$

> 联邦储备体系的资产由给财政部的贷款组成。这些贷款由联储持有的政府负债组成。在没有商业银行的世界中,联储的负债将等于货币供给。在现实世界中,这些负债等于基础货币,在基础货币的基础上建立了更广泛的货币概念。

公式(10.2)说明了在没有商业银行体系的世界中,政府负债和货币之间的关系。在这个世界中,货币的概念是唯一的,并且它等于联邦储备体系的负债。这些负债仅仅包括在公众手中流通的银行券。

在现实世界中,联邦储备体系的负债称为基础货币。企业和家庭持有一部分在流通中的联邦储备券,而剩余的联邦储备券构成商业银行体系的准备金。私有银行在持有准备金的基础上,通过向企业或家庭发放贷款来创造新的存款。由于私有机构可以在其账户上开具支票,所以商业银行体系创造了额外的货币。由于存款和基础货币的比例是固定的,所以实际上,中央银行可以通过操纵基础货币来控制货币供给(包括商业银行存款)。

10.5 基础货币和货币乘数

通过为商业银行提供可以创造额外流动资产的准备金,联邦储备体系的负债为整个商业银行体系创造了基础。在我们前面描述的世界中,联邦储备体系的负债只包括银行券。然而在现实世界中,联储的负债还包括另一个重要组成部分:联邦储备体系账户中的商业银行准备金。这些账户是商业银行的资产,也是联邦储备体系的负债,就如同私有银行的账户是其所有者的资产,也是该账户所在银行的负债。我们用符号 R(表示准备金)来代表这些存款。这些存款是在联邦储备银行的账户项目上存在的,还是以商业银行金库中银行券的形式存在的,并没有什么区别。在任何情况下,商业银行都可以很快把它们提取出来,从而向顾客提供银行券。

10.5.1 谁持有基础货币

公式(10.3)给出了在一个考虑了商业银行的模型中联邦储备体系的资产与负债之间的等式。我们再次假设联邦储备体系在其资产组合配置中只持有政府债券 B^F。然而联储的资产负债表的负债一方将不再等于货币供给,因为货币供给不仅包括流通中的通货,而且包括可以用支票支取的商业银行的存款。在这个更加现实的环境中,联邦储备体系的负债被当作基础货币。公式(10.4)将基础货币划分为两个组成部分:流通中的通货 CU(联邦储备券),以及商业银行的准备金 R。这些准备金一部分以现金形式储存于商业银行的金库中,一部分以账户形式储存于联邦储备体系中。公式(10.5)把货币供给 M 定义为公众手中的通货 CU 与商业银行中的支票账户(存款)D 之和。

$MB = B^F$	联邦储备体系的负债称为基础货币 MB。资产由财政部的负债 B^F(联邦储备体系持有的那部分政府负债)组成。	(10.3)
$MB = R + CU$	基础货币一部分为银行体系持有的准备金 R,一部分为公众手中的现金 CU。	(10.4)
$M = D + CU$	货币供应量 M 包括客户在商业银行的存款,加上公众手中的现金 CU。	(10.5)

10.5.2 货币供给和基础货币

货币供给可以描述为基础货币的倍数,称为**货币供给乘数**。货币供给乘数背后的思想是现金与存款的比例以及准备金与存款的比例都是相对稳定的。如果我们把这些比例视为常数,那么货币供给乘数也是常量,联邦储备体系外生地控制货币供给。

为了推导货币供给乘数,我们首先给出两个定义:令 cu 为现金与存款之比,rd 为准备金与存款之比。

$$cu = \frac{CU}{D}, \quad rd = \frac{R}{D}$$

根据货币供给的定义(公式(10.5))和基础货币的分类定义(公式(10.4)),货币供给是基础货币的固定倍数。表10-2显示了货币供给与基础货币之间的关系。第1步(公式(10.6)),在基础货币的定义公式两边同除以 D。第2步(公式(10.7)),在货币供给的定义公式两边同除以 D。第3步(公式(10.8)),取第2步和第1步之比,并分别用 rd 和 cu 替换 R/D 和 CU/D。公式(10.9)把由公众持有的通货和商业银行的活期存款账户所构成的货币供应量,定义为基础货币的倍数 m。由于联邦储备体系可以利用公开市场业务来控制基础货币,从而只要货币乘数保持稳定,它也可以对整个货币供给进行控制。

表10-2　货币乘数的推导

10.6	$\frac{MB}{D} = \frac{R}{D} + \frac{CU}{D} = rd + cu$	第1步:在基础货币的定义公式两边除以存款
10.7	$\frac{M}{D} = \frac{D}{D} + \frac{CU}{D} = 1 + cu$	第2步:在货币供给的定义公式两边除以存款
10.8	$M = \left(\frac{1+cu}{rd+cu}\right)MB$	第3步:取第2步和第1步之比,替换 cu 和 rd 的定义
10.9	$m = \left(\frac{1+cu}{rd+cu}\right)$	第4步:得到 m,此即为货币供给乘数的定义

10.5.3　货币供给乘数的重要性

在本章中很多地方,我们强调了一部分货币供给由私有银行体系控制这一事实。当银行向外借出比自身准备金更多的资金时,这个过程创造了新的支票存款。由于要求私有银行必须持有准备金,这一过程受到了限制。因为私有银行创造货币的能力有限,所以货币供给最终还是受控于联储。

表10-2显示整个货币供给(存款加上流通中的通货)是基础货币的 m 倍,该倍数和准备金与存款的比例以及现金与存款的比例之间具有稳定的关系。如果这些比例保持固定不变,那么无论联储何时改变基础货币,货币供给的增加都将为基础货币的 m 倍。实际上,准备金-存款比率和现金-存款比率并非是固定不变的,但它们的变化是可以预测的。事实上,准备金-存款比率和现金-存款比率是利率的函数。实际上,当联储调整基础货币时,它承认货币乘数受这一隐含依赖关系的影响而变化。

结 论

商业银行起源于为了安全而在金匠处保存黄金和白银这种业务。由于顾客通常不会同时提取他们的金币,所以金匠可以按一定的利率把黄金和白银借给其他人,从而创造了以约定票据为形式的可流通的存款。现代银行体系是这一中世纪体系的镜像,所不同的是用硬币和纸币替换黄金作为最终的支付方式。

联邦储备体系可以通过设置贴现率和准备金的要求来控制货币供给,但它控制货币供给的主要工具是公开市场业务,即在公开市场上买卖政府债券。公开市场业务会导致联邦储备体系的主要负债发生变化。联邦储备体系自身的债务称为基础货币,它一部分由商业银行持有,一部分由公众以流通中银行券的形式持有。货币供给包括公众手中持有的、正在流通的通货,以及企业和家庭在商业银行中的存款。虽然联邦储备委员会不能直接控制货币供给,但它能够控制基础货币。由于货币供给是基础货币的倍数,从而联储能够间接控制货币 M1。

关 键 术 语

银行券　bank note
联邦储备委员会　Board of Governors of the Federal Reserve System
中央银行　central bank
赤字　deficit
贴现率　discount rate
联邦公开市场委员会　Federal Open Market Committee (FOMC)
联邦储备银行　Federal Reserve Bank
联邦储备体系　Federal Reserve System
法定货币　fiat money

浮动汇率　flexible exchange rates
金本位制　gold standard
最后贷款人　lender of last resort
交易媒介　medium of exchange
基础货币　monetary base
货币供给乘数　money supply multiplier
法定准备率　required reserve ratio
准备金　reserves
价值贮藏　store of value
盈余　surplus
计价单位　unit of account

习 题

1. 你认为为什么美国的银行体系常常被看作是分散的储备银行体系?

2. 什么是金匠?他们和现代银行有什么关系?

3. 什么是物物交换经济?请给出物物交换经济

比货币交换经济效率低的三个理由。
4. 设想发放了一张额度为 5 000 美元的信用卡的某一金融机构的资产负债表。分析当家庭使用信用卡消费了 4 000 美元之后,这家金融机构资产负债表的资产方和负债方。信用卡是货币吗?信用卡里的余额(1 000 美元)是货币吗?
5. 下面是某一银行的资产负债表:

单位:美元

资产		负债	
总储备金	100 000	存款	180 000
贷款	40 000		
政府债券	40 000		

   a. 如果法定准备率是 10%,该银行未来可以发放的新贷款的最大数量是多少?
   b. 如果从该银行中取走了 10 000 美元,该银行未来可以发放的新贷款的最大数量是多少?
   c. 如果向该银行存入了 20 000 美元,该银行未来可以发放的新贷款的最大数量是多少?
6. 使用和第 5 个问题相同的资产负债表。假设联储通过该银行进行了一笔 20 000 美元的公开市场购买业务,该银行现在可以发放的新贷款的最大数量是多少?
7. "金本位制"是什么意思?这种制度的潜在优点是什么?潜在缺点是什么?
8. 第二次世界大战之前的平均通货膨胀率(每年大约 0%)比战后的(每年大约 3%)低很多,请对这一现象进行解释。
9. 请给出基础货币和货币供应量的定义。中央银行可以完全控制这些变量吗?为什么?
10. 假设联邦储备委员会在公开市场上卖出了日元,请解释这一交易将如何影响 LM 曲线的位置。
11. 什么是 FOMC?谁在 FOMC 中拥有投票权?它开会的频次是多少?
12. a. 请列出联储可以用来增加货币供应量的三种方法。
    b. 为什么基础货币的较小改变会导致货币供应量较大的增长?如果联储提高法定准备率,货币乘数将发生什么变化?
13. a. 假设法定准备率为 10%,如果通货与存款的比例固定为 20%,货币乘数为多少?如果基础货币为 1 亿美元,货币供应量为多少?
    b. 假设通货与存款的比例为 15%,法定准备率为 5%,整个银行体系的存款为 10 000 美元,基础货币、货币供应量和货币供给乘数分别为多少?
    c. 使用和 b 相同的条件,现假设对银行体系安全性的悲观态度增加,导致人们把通货-存款比率提高到 25%,中央银行应如何反应以保持货币供给不变?反应程度为多少?
14. 假设货币供给乘数 $m(i)$ 是利率的递增函数,并假设联邦储备体系控制基础货币,(提示:在这种特例中,货币供给是内生的)
    a. 这一改变如何影响 LM 曲线的斜率?它将变得更平缓还是更陡峭?为什么?
    b. 在现实世界中,货币供应量一定与利率相关,你能解释原因吗?
15. 请阅读瑞德福得(R. A. Radford)发表在《计量经济学丛刊》(*Economica*)第 12 卷第 194—198 页(1945 年 11 月)上的"战俘营的经济组织"(The Economic Organization of a P. O. W. Camp)一文,回答以下问题:
    a. 在战俘营里是什么东西在充当货币?
    b. 战俘营经济中货币的功能是什么?
    c. 什么是格雷沙姆法则(Gresham's Law,又译"格雷欣法则")?它在这种经济中如何发生作用?
    d. 请描述货币供给和货币需求的变化如何影响战俘营经济的价格水平。
    e. 请描述这个战俘营经济走向纸币经济的过程。

第 11 章　IS 曲线

11.1　引言

　　古典主义经济学家作出了许多假定,这些假定使得他们能够按照一系列独立的步骤把经济中存在的各种问题结合在一起。这其中有两个最重要的假定:一是就业率等于自然率,二是货币需求量与利率水平没有关系。在现实生活中这两个假设条件是不成立的。就业率围绕充分就业水平上下波动,利率也并非与劳动市场的均衡无关。一旦我们不再考虑这些古典经济学的假定,就需要重新回到总需求理论并对其作出新的阐释。本章将完成这一任务的第一步。
　　我们将回到第 6 章所研究过的资本市场理论,同时我们结合新凯恩斯主义的失业理论来对这一理论作出修正。根据新凯恩斯主义理论,产出并不总是保持在充分就业的水平上。这一观点意味着利率不再受储蓄等于投资这一假定约束。相反,我们会在下面说明利率与产出之间存在着一定的关系,这就是著名的 **IS 曲线**。在这条曲线上的每一点,资本市场达到均衡。在第 12 章我们将把 IS 曲线和 LM 曲线(在第 9 章介绍的)结合在一起讨论。通过这两者的结合,我们就可以提出凯恩斯主义的总需求理论。

11.2　资本市场理论

　　根据古典经济学的资本市场理论,实际利率为投资和储蓄刚好相等时的水平。为了决定利率,古典经济理论没有考虑产出水平,因为它认为产出量永远固定在充分就业的水平上。但是,在凯恩斯主义模型中,产出不是固定的,而是上下波动的。当我们要提出一种决定利率的理论时,必须解释产出存在波动的可能性。为了解释这些事实,古典主义的资本市场理论必须加以修正,下面我们将寻求进行修正的方法。

11.2.1 实际利率的两个定义

首先我们先复习一下我们在第 6 章学习过的一个题目；通过它，我们学会了如何区分实际利率和名义利率。回忆一下我们可以通过用货币购买力来调整名义利率从而得到实际利率，就是这一实际利率影响了储蓄和投资决策。然而，尽管资本市场的均衡决定了实际利率，但是我们直接观察到的却是名义利率。如果名义利率保持不变，那么通货膨胀将会降低实际利率。事实上，如果通货膨胀是没有预期到的话，这种情况就会发生。为了区别预期到的通货膨胀的作用和未预期到的通货膨胀的作用，我们将学习实际利率的两种定义。

经济当事人预期的实际利率叫做**事前实际利率**。而事实上发生的实际利率叫做**事后实际利率**。我们已经研究过事后的实际利率了。它被定义如下：

$$r = i - \frac{\Delta P}{P} \quad \boxed{\text{这一公式定义了事后的实际利率}} \tag{11.1}$$

i 表示名义利率，$\Delta P/P$ 表示贷款持续期间的通货膨胀率。事后的实际利率可以用名义利率减去实际发生的通货膨胀率得到。"事后"表示"实际发生之后"，其含义是直到贷款被全部还清我们才能找到事后的实际利率。

因为实际的通货膨胀率在借款人和贷款人刚进入资本市场的时候双方并不清楚，所以在资本市场上，家庭和企业必须对未来的通货膨胀率形成预期。这一观察可以让我们得到另一个实际利率的定义，即事前的实际利率，它是用来定义名义利率与预期的通货膨胀率之间的差额的。

$$r^E = I - \frac{\Delta P^E}{P} \quad \boxed{\text{这个等式定义了事前的实际利率 } r^E\text{，上标"E"代表预期}} \tag{11.2}$$

如果家庭和企业能够非常准确地预期到未来的价格水平的话，事前的实际利率将会与事后的实际利率保持一致。但是这种情况是非常少见的，或者说几乎不存在。随着时间的推移，由于预期不到通货膨胀率，事后的实际利率和事前的实际利率将会存在很大的差别。例如，1973 年和 1979 年的石油价格上涨后的一段时期里，通货膨胀率以没有人能够预期的速度迅速上涨，无论是债权人还是债务人都感到非常吃惊。对债权人来说，由于他们获得的价值（按照货币的商品购买力）低于他们放款时所预期的价值而受到损失，但是许多债务人却因此而获得意想不到的收益。例如，一个家庭也许曾经借了一笔钱买房子，是 30 年期固定利率的抵押贷款。在 1970 年抵押贷款的利率不到 8%，但是到了 1980 年它已经涨到 15%。按固定利率抵押借款的家庭发现通货膨胀率的上涨增加了房子的价值，然而他们的借款成本却保持在名义利率水平，在相对短的时期内许多债务人变得相当富裕。

专栏 11-1

进一步观察

如何购买一所房子：研究利率和通货膨胀率的一个案例

预期通货膨胀率会在利率上反映出来，因为如果贷款者预期价格会上涨，他们将会要求更高的名义利率作为还款时的货币购买力损失的补偿。可以通过比较长期利率与短期利率的不同来测量市场参与者对不同水平的通货膨胀率的预期。一定程度上，在你的一生中所面临的一个决定就是如何为购买一所房子而进行融资。一般来说，你有两种选择：进行长期贷款或者进行一系列的短期贷款。本图表明如果你从1971年5月开始借款，你以后每月应该还款多少。

短期抵押贷款的利率一般比短期利率高出2—3个百分点，3个月期的

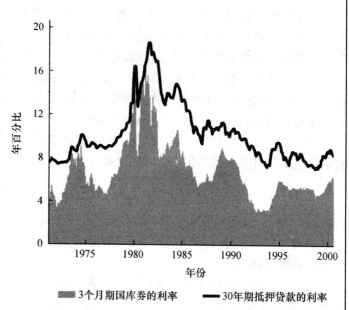

国库券所支付的利率可以看作是短期利率。在本图中画出了3个月期的国库券的利率，以及30年期的贷款利率。如果你在1993年10月借了30年期的贷款，你必须按每年6.8%的固定利率偿还贷款。

在1981年9月，利率非常高，购买房屋的家庭面临着两种选择。它们可以按18.4%的抵押贷款利率借30年期的贷款，而一系列短期抵押贷款的结果将导致潜在的节约，因为利率在1981年到1986年间显著降低。

在1979年1月，这一情况却大不一样，30年期的抵押贷款可以以10.39%的利率获得，但是5年期的短期利率却上涨到15.02%。如果借款100 000美元，高出的约5%的利率会使购房家庭每月必须多支出416美元用于还贷，这使年轻家庭的预算变得很紧张。因此固定利率的抵押贷款是一个比较好的选择。

遗憾的是，关于什么时候长期贷款比较好什么时候短期贷款比较好并没有一个又快又准确的判断准则。它仅仅取决于你是否比其他的市场参与者更善于预测未来的通货膨胀率。

11.2.2 什么是 IS 曲线

在古典理论中,收入是由如下假定决定的,即不存在失业。按照这一假定,储蓄函数是用一条向右上方倾斜的曲线表示的,在这个图上,储蓄是利率的函数,而产出保持在充分就业的水平。根据古典理论,实际利率的均衡点将会在储蓄与投资相等的水平上达到。

在凯恩斯主义模型中不存在唯一水平的收入。相反,收入可能是在充分就业的水平,也可能高于充分就业的水平,或者是低于此水平。收入围绕经济周期波动的事实影响了利率,因为富裕的家庭比贫穷的家庭更愿意储蓄。当收入水平高(失业率低)的时候,在资本市场上就会有相对较多的储蓄,企业就不需要支付更高的利率来吸引债权人,因此高的收入将会与低的利率结合在一起。如果相反,收入较低(也就是失业率较高),投资者将会由于储蓄量较少而相互竞争,而他们也愿意支付较高的利率来获得贷款。因此低收入将与高的利率均衡点联系在一起。在凯恩斯主义的模型中,我们可以通过总结这一思想而形成一幅图,这就是图 11-1 所描绘的 IS 曲线。在该图中,纵轴表示名义利率而横轴表示收入水平。在 IS 曲线上的每一点,资本市场都处于均衡状态。①

本图描绘了 IS 曲线,它是一条向右下方倾斜的曲线,它表示了利率与收入的组合关系,在这条曲线上资本市场是均衡的。

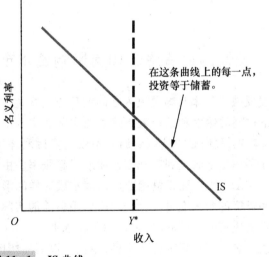

图 11-1 IS 曲线

---

① "IS 曲线"这一术语来自于以下事实,即在一个没有政府的封闭经济模型中,在该曲线上的每一点投资(I)等于储蓄(S)。

网络浏览 11-1

方便使用的经济图表

你是否需要一个经济数据表来填写一个报告或者帮助你完成一个学期项目呢?到计量经济学网站上来,它是一个由阿拉巴马州大学商学院的泰德·波斯创建的网站:http://www.economagic.com。

这张表示联邦基金日利率(货币政策工具的一个重要的指示器)的表是在这个网站上可获得的众多的图表之一。你可以选择许多已经制作好的图表,也可以利用页面制作自己的图表。

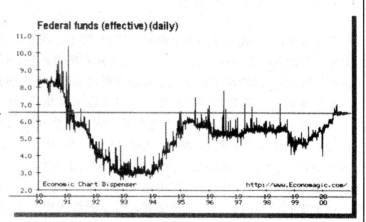

11.2.3 预期的通货膨胀如何影响资本市场

IS曲线反映了利率与国民收入之间的反方向变化关系,而这一关系使得资本市场达到均衡。但是在第6章得到的储蓄和投资表是建立在实际利率水平上的,而不是建立在名义利率上的。为了得到IS曲线,首先,我们必须认识到储蓄不仅与实际利率有关而且与国民收入有关。其次,我们必须认识到实际利率等于名义利率减去预期通货膨胀率。由于有了这些修正,储蓄函数可以表示成这种形式:$S(Y, i - \Delta P^E/P)$,而投资函数可以表示成这样的形式:$I(i - \Delta P^E/P)$,这里的Y和$i - \Delta P^E/P$是影响储蓄和投资的两个变量。我们之所以用事前的实际利率而不是用事后的利率,是因为我们在作出储蓄和投资决策时,并不知道未来的价格水平。

为了说明名义利率是如何决定的,我们可以画一幅图(见图11-2),它表示名义利率与投资需求量和储蓄供给量之间的关系。我们可以做出两条储蓄曲线和两条投资曲线。把第一条标为S_1,它描绘的是,在国民收入保持在Y^*的水平而预期的通货膨胀率保持在$\Delta P^E/P_1$的水平的情况下,横轴表示的储蓄供给量与纵轴表示的名义利率之间的关系。现在我们来考察标为I_1的投资曲线。它表示当企业所预期的通货膨胀率为$\Delta P^E/P_1$时,横轴上的投资需求量与纵轴上的名义利率之间的关系。在这样的通货膨胀水平下,使得储蓄供给量与投资需求量相等的名义利率为i_1^*。

当预期的通货膨胀率从 $\Delta P^E/P_1$ 上升到 $\Delta P^E/P_2$ 时,在收入为 Y^* 时,使储蓄和投资相等的利率将从 i_1^* 上升到 i_2^*。在均衡的条件下,名义利率的上升幅度刚好等于预期通货膨胀率的增长幅度。

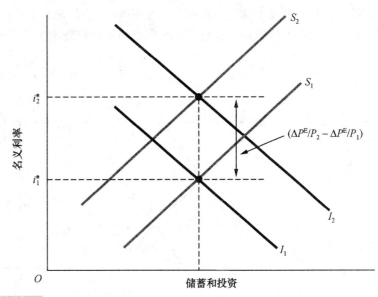

图 11-2 预期的通货膨胀与资本市场

当企业和工人对通货膨胀率的预期发生改变,即预期的通货膨胀率从 $\Delta P^E/P_1$ 上升到更高水平的 $\Delta P^E/P_2$ 时,资本市场会发生什么变化呢?① 在这种情况下,我们必须做出一条新的储蓄曲线 S_2 和一条新的投资曲线 I_2。我们可以发现储蓄曲线 S_2 正好是由储蓄曲线 S_1 向上移动得到的,而移动的幅度刚好是预期的通货膨胀的增长水平($\Delta P^E/P_2 - \Delta P^E/P_1$)。类似地,新的投资曲线也是把前面的投资曲线 I_1 向右上方移动同样的距离得到的。出现上述情况的原因在于,影响投资和储蓄的是实际利率,当名义利率由于预期的通货膨胀率的变化而上升时,家庭提供的储蓄和企业需求的投资与通货膨胀率上升以前保持一致。在通货膨胀率上升以前,i_1^* 在均衡水平上,所以后来得到的 $i_2^* = i_1^* + (\Delta P^E/P_2 - \Delta P^E/P_1)$ 也必须保持在均衡的水平上。

11.3 IS 曲线的推导

我们现在利用资本市场理论来推导收入与利率之间的关系——IS 曲线。

11.3.1 图表中的 IS 曲线

在图 11-3 中我们推导了 IS 曲线。在图 A 中,我们把名义利率标在纵轴上。同时,我们把储蓄

---

① 我们本来也应该分析当企业和家庭对通货膨胀率有不同的预期时的情况。因为我们没有充分的理由作出下面的假设,即企业的预期应该与家庭的预期存在系统上的不同,所以我们只好假定所有的市场参与者所形成的预期相同。

的供给量和投资的需求量标在横轴上。在图 B 中,我们把名义利率同样标在纵轴上而把国民收入标在横轴上。两个曲线图都是在给定一个预期的通货膨胀率水平下做出的。

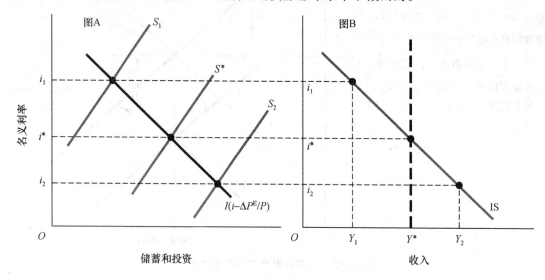

图 11-3 投资、储蓄和 IS 曲线

图 A 表示了资本市场在三个不同的收入水平上达到均衡。当收入等于 Y_1 时,家庭愿意储蓄的量用曲线 S_1 表示。同样,当收入为 Y^* 和 Y_2 时,所对应的储蓄函数分别为曲线 S^* 和 S_2。图 B 表示的是 IS 曲线。在这条曲线上的每一点,所需求的投资量和所供给的储蓄量是相等的。在更高的收入水平上,均衡的利率就更低,这是因为此时每个家庭在每一个利率水平上都愿意储蓄更多。在 IS 曲线上的每一点,投资和储蓄都相等。

不像古典模型,凯恩斯主义模型认为储蓄不仅取决于利率,同时也取决于收入。家庭在拥有较高收入时比它们拥有较低收入时更愿意储蓄。从图 B 开始,假定收入水平处于充分就业水平即 Y^* 上。为了表示储蓄也取决于收入水平,我们为每一个不同的收入做出不同的储蓄曲线。给定储蓄曲线为 S^*,我们从图 A 中看到当收入为 Y^* 时,使得储蓄供给量与投资需求量相等的利率是 i^*。我们能够把这个利率转换到图 B 中并且在 IS 曲线上做出 $\{Y^*, i^*\}$ 这一点。

不同的收入值对资本市场会产生哪些影响呢?假定收入不等于 Y^*,我们要问的是:当 Y 低于或者高于 Y^* 时,利率如何使得资本市场达到出清?在图 11-3 中,我们已经在 IS 曲线上找到了另外两点。我们把其中的一点标为 Y_1,在这一点,收入比充分就业时的产出水平 Y^* 低;另一点标为 Y_2,这一点的收入比充分就业时的产出水平 Y^* 高。当 $Y = Y_1$ 时,在每一个利率水平上,家庭所愿意提供的储蓄均低于 $Y = Y^*$ 时的水平。我们用储蓄曲线 S_1 来表示这种情况,这条储蓄曲线正好是曲线 S^* 向左上方移动所得到的。在点 Y_1 处,家庭的收入比在 Y^* 处少,所以它们愿意为资本市场提供的储蓄也少。因为投资曲线是向下倾斜的,当 $Y = Y_1$ 时,使得储蓄和投资相等的利率 i_1 就比 i^* 高。我们可以把这个均衡的利率转换到图 B 中的 IS 曲线上,可以得到另外一点 $\{Y_1, i_1\}$。最后,我们可以通过重复上面的方法得到当 $Y = Y_2$ 时的情况,此时 Y_2 高于充分就业时的产出水平。类似地,在这种情况下,均衡时的利率水平 i_2 比 i^* 低,我们也可以把这个利率转换到图 B 中的 IS 曲线上,得到第三点 $\{Y_2, i_2\}$。

在图 B 中竖直的虚线代表了充分就业时的收入。在古典模型中,经济总是处于充分就业水平,但是在凯恩斯主义模型中,经济中的产出可能低于也可能高于充分就业水平时的产出 Y^*。到底是哪些因素导致了经济不能保持在充分就业水平上运行呢?货币的供求结合 IS 曲线分析可以确定偏离 Y^* 的需求水平。但是我们在研究现实中货币的作用之前,先要研究到底哪些因素促使了 IS 曲线的移动。这些因素可以帮助我们理解政府政策如何通过改变税率以及政府支出与私人经济相互作用,从而影响就业和 GDP。

11.3.2　使 IS 曲线移动的变量

许多外生变量通过影响 IS 曲线从而影响整个经济。这些变量包括政府支出、税收以及影响投资者对未来生产力的信心的因素。我们现在来研究在资本市场上这些变量的影响效果。①

假如政府计划推行赤字预算政策。政府赤字将影响均衡利率,这是因为政府在与投资者竞争私人储蓄。同时,赤字还可以通过移动储蓄曲线来影响资本市场的均衡——当政府通过扣除转移支付后的净税收拿走一部分私人收入时,使得家庭的**可支配收入**减少。考虑到政府对资本市场的影响,我们应该把资本市场均衡方程式修正如下:

$$I(i - \Delta P^E/P) + D = S(Y, T - TR, i - \Delta P^E/P) \tag{11.3}$$

式(11.3)的左边是企业和政府借债的总需求,即企业通过在资本市场上借债融资得到 $I(i - \Delta P^E/P)$,加上政府为弥补预算赤字而在资本市场上借债融资的 D。右边的 $S(Y, T - TR, i - \Delta P^E/P)$ 表示储蓄是以下变量的函数,即收入 Y、净税收 $(T - TR)$ 和预期的实际利率 $i - \Delta P^E/P$。

11.3.3　政府购买与 IS 曲线

政府赤字增加会产生哪些影响呢?这部分取决于政府是由于增加购买产品和服务而增加赤字还是由于降低净税收而产生赤字。让我们来研究下面的情况:政府购买增加,并且假定政府所购买的产品和服务不容易被私人消费替代。这通常是一个很合理的假定,虽然不是绝对的。因为一些政府购买是很容易被私人购买替代的,比如说教育,当政府增加对教育的投入时,私人的储蓄就很可能会增加,因为这时他们更愿意将他们的孩子送到公立学校而不是私立学校去上学,于是他们就会将他们本应该花在学费上的收入用作储蓄。但是现在我们要讨论的不是这种特殊情况,而是当政府购买增加时,私人的储蓄曲线不发生变化。我们把政府购买增加对 IS 曲线的作用描述在图 11 - 4 中。

在图 11 - 4 的图 A 中,我们画出了私人投资需求加上政府为了两项不同数量的政府购买而对资金产生的需求。当政府购买为 G_1 时,资本市场上的投资总需求表示为 $I + D_1$;当政府购买上升到一个更高的水平 G_2 时,资本市场上的投资总需求表示为 $I + D_2$。符号 D_1 是指当政府支出等于 G_1 时政府的预算赤字,同样地,D_2 表示当政府支出等于 G_2 时的政府预算赤字。为了找到在不同的政府购

---

① 在第 13 章,我们通过允许国家借外债来修正这个分析。

买的情况下 IS 曲线的不同表现,我们必须首先选出一个收入水平作参照,然后我们才能做出合适的储蓄曲线。于是我们选择充分就业时的收入水平 Y^* 作参照。因为我们不能明显地看出税收和转移支付在图中的变化,所以我们不考虑储蓄对净税收的依赖关系,同时我们把"当收入 $Y = Y^*$ 时"的储蓄曲线叫做"S^*"。

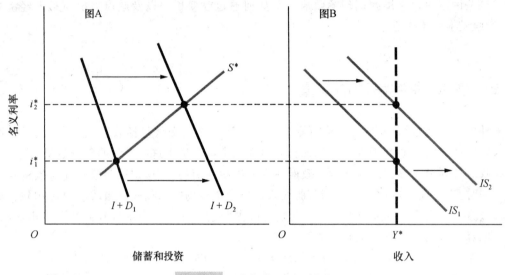

图 11-4 政府购买与 IS 曲线

箭头表示当政府购买从 G_1 增加到 G_2 时,$I+D$ 曲线和 IS 曲线的移动,图 A 表示对于两个不同的政府预算赤字值 D_1 和 D_2,资本市场的均衡状态。而储蓄曲线是在收入 $Y = Y^*$ 的情况下做出的。由于假定 D_2 比 D_1 大,在本图中赤字增加是因为政府支出已经从 G_1 增加到 G_2。当政府赤字增加时,政府与企业竞争私人储蓄,从而推动利率从 i_1^* 上升到 i_2^*。这表现为图中的 $I+D$ 曲线的移动。图 B 显示了政府支出增加使得 IS 曲线向右移动。

当收入等于 Y^* 时,在资本市场上等于均衡水平的名义利率是多少呢?如果政府购买等于 G_1,则当收入 $Y = Y^*$ 时,均衡利率为 i_1^*,因为这一利率使得政府资金需求量加上企业投资需求量等于家庭所提供的储蓄量。但是如果政府购买增加到 G_2,收入 $Y = Y^*$,此时的均衡利率将上升到 i_2^*,第二个利率比第一个利率高是因为政府与企业竞争私人储蓄资金,从而导致资本市场达到均衡时的利率升高。

11.3.4 税收、转移支付和 IS 曲线

为了分析净税收的变化对 IS 曲线的影响,假定税收是按定量税对每个家庭和企业进行征收的,并且忽略了税收收入会随着收入增加而增长的事实。由于它允许我们不考虑税率变化对劳动供给的影响,所以分析起来就比较简单了。我们还假定净税收只是通过影响可支配收入来影响储蓄。图 11-5 说明了在这两个假定下净税收提高时 IS 曲线移动的方式。

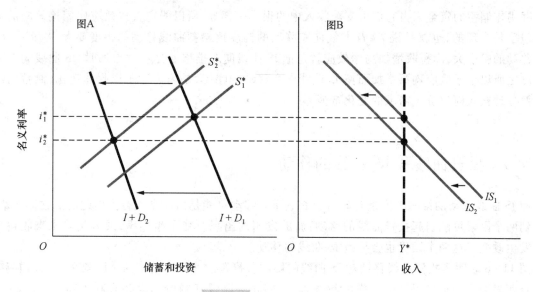

图 11-5 税收和 IS 曲线

箭头表示,当税收收入从 T_1 上升到 T_2 时,$I+D$ 曲线和 IS 曲线的移动。图 A 表明对两个不同的政府预算赤字值 D_1 和 D_2(假定 D_2 比 D_1 小),资本市场如何达到均衡状态。在本图中,赤字的下降是因为税收从 T_1 上升到 T_2。当政府赤字下降时,政府与企业竞争私人储蓄的力度降低,从而也影响到实际利率,使它下降。我们通过 $I+D$ 曲线向左移动来描述这一影响,即借款者(包括政府和企业)对资本市场上的资金需求减少。同时,还有一个抵消作用,因为当税收增加时,家庭愿意提供给资本市场的储蓄也减少;因为它们的可支配收入减少了。这种影响表现为储蓄曲线从 S_1^* 向 S_2^* 移动。净效应是把均衡利率 i_1^* 减少到 i_2^*,但是这个减少幅度并没有由于政府购买减少从而导致预算赤字减少的幅度那么大。图 A 同样是在假定 $Y=Y^*$ 的前提下做出的储蓄曲线。当税收收入增加(对于收入水平 Y^*)时,均衡利率将从 i_1^* 减少到 i_2^*,图 B 表示税收收入增加的影响是使得 IS 曲线向左移动。

图 11-5 画出了与我们曾经分析过的政府购买如何使 IS 曲线移动(见图 11-4)相同的两个坐标图。对于净税收变化的这种情况,我们需要考虑税收增加对资本市场的两种效应。第一,直接效应。由于当净税收增加时,政府在资本市场上所需要的资金减少,这一直接效应使得 $I+D$ 曲线向左移动。第二,间接效应。由于净税收增加,家庭的可支配收入减少,从而它们的储蓄减少。让我们来考察这两种效应以及它们如何影响资本市场的均衡。

从图 B 开始我们提出这样一个问题:当收入处于充分就业状态时,资本市场处于均衡状态时的利率是多少?首先我们分析税收增加的直接效应,从图 A 可以看出:当税收等于 T_1 时,企业和政府对资金的需求由曲线 $I+D_1$ 来表示,这里的符号 D_1 意味着当税收收入等于 T_1 时政府的赤字是多少。当税收增加到 T_2 时,政府在资本市场上借款更少了,这一减少的资金需求通过向左移动 $I+D$ 曲线表示出来,即从 $I+D_1$ 移动到 $I+D_2$。这里的 D_2 是指在每一个利率水平上都比 D_1 小的值,因为当税收收入更高时政府借的款也就越少。

现在考察净税收增加的间接效应。首先,我们把当税收等于 T_1 时所形成的储蓄叫做 S_1^*,现在使税收上升到 T_2,这一增加的影响使储蓄曲线向左移动到 S_2^*,因为家庭用作储蓄之源的可支配收入更少了。但是分析到此,我们要问,到底哪一种效应更大呢?是直接效应还是间接效应?因为传统上家庭用作储蓄的资金只占它们可支配收入中的很小一部分,所以假定直接效应比间接效应的力度更大似乎是合理的,也就是说 $I+D$ 曲线向左移动的幅度比储蓄曲线移动的幅度要大。① 因为 $I+D$ 曲线移动的幅度大,净税收增加的净效应就是把 IS 曲线向左推移。当税收增加时,IS 曲线向左移动的幅度之所以小于政府购买增加而使 IS 曲线向右移动的幅度,是因为对于税收的变化,储蓄曲线的移动部分地被政府对资金需求的变化抵消。

11.3.5 投资曲线和 IS 曲线的移动

使 IS 曲线移动的第三个变量与政府没有关系。移动可能是由于私人行为引起的。在第 6 章,我们看到两个因素可能引起投资曲线的移动:新的发明的出现改变了生产率,或者是对未来收益率的预期发生改变。这两个因素也会导致 IS 曲线的移动。

图 11-6 表明了投资曲线移动对 IS 曲线的影响。投资曲线可以由于两个因素之一而向右移动。如果企业得到了一种能提高生产率的新技术,它们就会购置新的资本设备来利用新技术。20 世纪 80 年代出现的计算机工业的扩张和 20 世纪 90 年代生物技术的进步推动了投资需求,从而使得 IS 曲线向右移动。这些推动因素之所以能使 IS 曲线发生移动,是因为它们增加了投资者对于未来技术能提高生产率的信心。如果企业和家庭预期通货膨胀率会上升,并且相对于那些在未来生产的产品,目前的名义利率看起来也显得较低,那么 IS 曲线也会发生移动。预期通货膨胀率上升之所以能使 IS 曲线发生移动,是因为它降低了借款者的预期成本。

11.3.6 动物情绪与生产率变化

投资是 GDP 中最容易变化的一个组成部分。图 11-6 说明,投资支出变化是 IS 曲线移动的一个最重要的推动因素。对于导致这些移动的原因不同的经济学家有不同的看法,他们无法互相说服对方。一些经济学家认为,投资变动是理性地预期到的波动,这种波动来源于投资者对未来生产率变化的预期。另外一些经济学家则相信,商人的预期通常是错误的,他们常常被从众心理因素左右。

从图 11-6 中的图 C 可以看到,20 世纪 90 年代,作为 GDP 的组成部分的投资显著增长。而投资的增长也在很大程度上解释了目前经济周期的扩张。但是它是可持续的吗?

根据实际的经济周期理论的观点,这些投资的快速增长是因为存在一些正在充分利用由互联网和相关技术创造的新机会的理性的、有远见的投资者。这一轮快速增长可能会有一个终点,而一旦终点到来了,这是因为这些机会的价值已经被完全发掘了。没有任何东西可以保证繁荣将永远持续下去。1974 年和 1979 年出现的两次衰退都是由于石油价格的突然飙升引起投资支出的突然

---

① 哈佛大学的罗伯特·巴罗认为,在这种情况下储蓄曲线的移动等于 $I+D$ 曲线的移动,从而 IS 曲线根本就不会移动。巴罗的论点叫做李嘉图等价定理,我们将在第 14 章讨论。

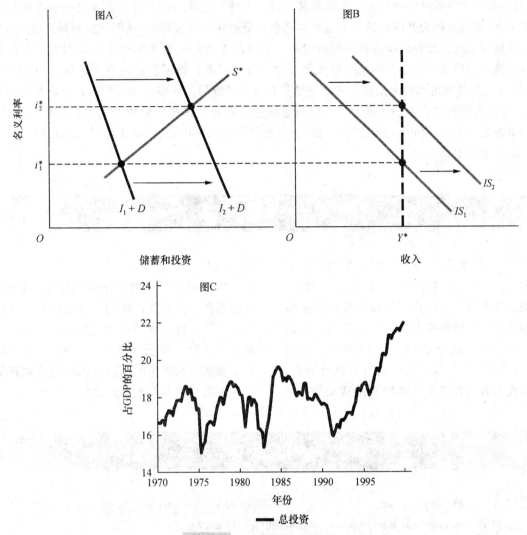

图 11-6 投资的变动与 IS 曲线

箭头表示当投资者预期生产率将会提高或者未来会有更高的通货膨胀时，$I+D$ 曲线和 IS 曲线发生的移动。图 A 表明对于两条不同的投资曲线 I_1 和 I_2，资本市场达到均衡，而储蓄曲线是在收入 $Y = Y^*$ 的情况下做出的。假定 I_2 比 I_1 大，当投资增加时，企业间为争夺私人储蓄而竞争激烈，从而推动了利率从 i_1^* 上升到 i_2^*。这些通过 $I+D$ 曲线的移动得到说明。图 B 显示了投资增加使 IS 曲线向右移动。

图 C 表明作为 GDP 的一部分的投资自 1970 年以来是如何波动的。注意到 20 世纪 90 年代投资是如何增长的。如果投资像 1974 年和 1979 年一样又一次急剧减少，那么经济可能会又一次进入衰退。

一些经济学家认为，20 世纪 90 年代以新技术投资为代表的投资的快速增长会引起未来 GDP 的大幅增加。这些增长是对未来新技术的成果的预期，比如说互联网。而其他一些经济学家则认为，这些增长的投资中的一部分可能是由错误信念引起的，一些投资者对新技术的可能回报过于乐观。

减少而爆发的。这些衰退在本质上是古典型的，因为它们的产生是由于生产机会的改变。在 20 世纪 70 年代和 80 年代，石油对于经济的平稳运行是至关重要的。虽然对于目前的经济来说这并不太真实,因为在许多行业已经开发出了石油的替代品。即使石油供给冲击对于今天来说也许不起决定性作用了,但是其他各种基本面的冲击也很容易使投资的快速增长结束,从而导致一场衰退。

凯恩斯主义对于投资波动有着不同的看法。当然凯恩斯主义者并不否认基本面的冲击是重要的。但是他们相信这些冲击并不是引起投资波动的唯一因素。根据凯恩斯主义的观点,在20世纪90年代,有充分的理由说明大量投资支出的增长是不可持续的。许多企业仓促进入市场开发新的技术,但是并不是所有的企业都获得了成功。凯恩斯主义者相信这些新企业中的大多数都失败了;由于这些事情的发生,投资也会随之减少。因此,这就可能带来一场衰退,而这也可能通过股票市场价值大幅跌落表现出来。

结　论

在这一章,我们学到了实际利率的两个不同的定义:一个是事前利率,一个是事后利率。我们利用两个事实——投资依赖于实际利率以及储蓄依赖于实际利率和收入——得到一条向下倾斜的曲线叫做 IS 曲线。在 IS 曲线上的每一点,投资都等于储蓄。我们说明了政府支出、税收和投资者的预期是导致 IS 曲线移动的三个不同因素。

推导 IS 曲线需要做许多没有明显的直接回报的工作。但是现在我们理解了这些工作的作用。我们将可以利用我们得出的观点来解释凯恩斯主义的总需求理论(第 12 章)。这一理论对于经济周期产生的原因和用来稳定经济周期的各种政策都具有丰富的含义。

关键术语

可支配收入　disposable income
事前实际利率　ex ante real interest rate
事后实际利率　ex post real interest rate
IS 曲线　IS curve

习　题

1. 解释事前实际利率和事后实际利率的不同之处。哪一个利率对企业和家庭作出投资和储蓄决策更重要?
2. 解释没有预期到的高通货膨胀如何影响实际利率,以及这又如何反过来影响借款者和贷款者,他们中间到底谁受益,谁受损?
3. 为什么 IS 曲线是向下倾斜的?利用资本市场上的一个坐标图进行说明。
4. 如果投资需求对于利率变化变得更加敏感,这如何影响投资需求曲线的斜率?这又如何影响 IS 曲线的斜率?
5. 如果储蓄对于利率变化变得更加迟钝,这如何影响储蓄供给曲线的斜率?这又如何影响 IS 曲线的斜率?

6. 解释 IS 曲线在下述情况下如何反应：
   a. 税收增加，借以减少政府的预算赤字。
   b. 政府支出减少，借以减少政府的预算赤字。
   c. 全国流行着一股悲观主义情绪改变了许多企业目前的投资计划。

7. 预期的通货膨胀率降低 1% 将如何影响资本市场？作为结果，名义利率将如何变化？当预期价格水平下降时，IS 曲线将有哪些变化？

8. 如果企业预期将有更高的通货膨胀，但是家庭并不这样认为，IS 曲线会向左移还是向右移？请对你的答案作出解释。

9. 在 20 世纪 90 年代，为什么投资需求会快速增长？它是暂时的还是永久性的？就这些问题讨论一下凯恩斯主义的观点和古典（或者是实际的经济周期学派）的观点。

10. 下面的方程式描绘了一个经济的资本市场：
$$C = 100 + 0.75(Y - T)$$
$$I = 50 - 25i$$
$$T = G = 50$$
其中，C 表示总消费需求，I 表示总投资需求，T 表示税收，G 表示政府购买，而 i 表示利率。为这个经济做出一条 IS 曲线。

11. 点击你的浏览器，登录到下面的网站：http://www.economagic.com/。利用网址上的制图器，为 20 世纪 90 年代制作一个包含 5 个不同利率序列的表。只要你愿意，你可以选择任意 5 个序列。写下你发现的这些序列的不同之处。你能对这些序列进行排序吗？是不是总有一个序列高于其他序列？是不是总有一个序列比其他序列更不稳定？试着解释你所发现的不同之处。

第 12 章 IS-LM 模型与总需求

12.1 引言

在第 12 章,我们将解释凯恩斯主义的总需求理论。根据这种理论,总需求不但取决于货币的供给,还取决于政府的财政政策以及家庭与企业对未来的预期。

我们将分两步阐述该理论。首先,我们将价格水平视为固定,然后将 IS 曲线与 LM 曲线结合在一起形成一种叫做 IS-LM 模型的分析工具,使用这种工具可以告诉我们,如何同时决定利率与收入水平。其次,我们将放松有关价格不变这一假设,说明如何利用 IS-LM 模型来解释总需求的决定,凯恩斯主义的总需求曲线与新凯恩斯主义的总供给曲线结合在一起就可以用来解释不同的冲击对总产出、失业以及价格水平的影响。此外,还可以为政府制定各项旨在管理总需求、消除经济波动的政策提供理论依据。

12.2 IS-LM 模型

现在我们准备将凯恩斯主义总需求理论中的两部分:IS 曲线和 LM 曲线结合在一起。在 LM 曲线上的每一点,货币的需求量和供给量都相等。在 IS 曲线上的每一点,都意味着资本市场达到均衡。我们将会发现,一个经济体对所有商品的总需求由 IS 曲线和 LM 曲线的交点决定。

构建 IS-LM 模型的过程与古典模型中推导总需求曲线的过程非常相似。在第 9 章,为了画出 LM 曲线,我们假定价格 P 始终保持不变。为了构建 IS-LM 模型,我们同样需要作出类似的假设。把 IS 曲线与 LM 曲线放在一起,我们就可以描述当产品市场与货币市场同时达到均衡时(**IS-LM 均衡**),名义利率与总产出是如何同时被决定的。而且我们还可以轻易地超越 IS-LM 的分析框架。只要我们认识到,当价格是个变量时,对每一个价格,都存在着一个 IS-LM 均衡状态。这样在价格与均衡收入(IS-LM 均衡下的总收入)之间的一一对应关系就叫做**凯恩斯主义总需求曲线**。

12.2.1 理性预期:哪个变量是外生的

在解释如何决定凯恩斯主义理论中的总需求之前,让我们先弄清楚在我们的分析之中,哪一个变量是固定的,哪一个不是。回忆一下,我们把由模型以外的因素所决定的变量称为外生变量,而把由模型本身所决定的变量叫做内生变量。特别是在"**理性预期**"这个概念出现之后,内生和外生的划分在现代政策分析之中就显得格外重要了。理性预期是指家庭、企业对未来价格与收入水平的预测必须由模型内生地决定。

在本章,我们不将预期内生化。相反,用模型得出任何的结果时,我们都要假设:人们的预期并不随着政策的变化而改变。例如,我们假设货币供应量的增加不会改变预期的通货膨胀。

我们将会假设联邦储备委员会所决定的货币供应量 M 固定不变,因为如果 M 变化,那么 LM 曲线的位置也会变化。我们将会说明货币政策的变化如何改变 LM 曲线的位置,货币供应量 M 的变化如何影响利率、收入和就业。同样,我们也将假设政府所决定的政府购买 G、转移支付 TR 以及税收 T 固定不变。我们也将说明,对应于每一个 G、TR 或者 T,都会有不同的 IS 曲线存在。了解了财政政策如何改变 IS 曲线的位置之后,我们就可以预测不同的财政政策会对利率、收入和就业产生怎样的影响了。

我们将分两个步骤对价格进行处理。在建立 IS-LM 模型时,我们将视价格 P 为既定的。在后面,当我们将总需求与总供给结合在一起时,我们将说明价格 P 是如何在一个完整的模型中被决定的。为了在理性预期的框架中完整地描述清楚 IS-LM 均衡,各种政策必须被定义为一些不变的规则,以便使得家庭、企业能够对这些政策未来的影响作出预测。

在第 18 章,当学习了用动态经济学更细致地处理问题之后,我们将继续发展上述这种思想。

12.2.2 IS-LM 均衡

在图 12-1 中,我们把在第 9 章获得的 LM 曲线与在第 11 章获得的 IS 曲线放在一起。回忆一下,LM 曲线的特殊性在于,在它所代表的利率与收入水平下,人们愿意持有的货币数量正好等于流通中的货币数量,换个说法就是,货币需求等于货币供给。同样,IS 曲线则是所有使资本市场达到均衡的利率与收入的组合。

IS-LM 模型的均衡状态出现在 IS 曲线与 LM 曲线的交点 A 点上。只有在 A 点,才能使得在资本市场达到均衡的同时,人们愿意持有的货币数量正好等于流通中的货币数量。A 点以外的点能否使经济达到均衡呢?答案显然是否定的,因为存在着两种力量可以使经济恢复到 IS 曲线与 LM 曲线的交点上。首先,假设经济处于 IS 曲线下方的某一点:先在 IS 曲线上找一点,然后在保持产出水平固定不变的条件下,降低利率。利率下降,导致投资水平上升,而储蓄下降;因此在 IS 曲线下方的点,投资大于储蓄。这样,投资者就会争相叫出更高的利率以期能够获得所需的资金,这个过程的结果就使利率升高。反之,当经济状态处于 IS 曲线的上方时,储蓄会超过投资,从而会使投资者压低利率。

IS-LM 模型的均衡在 IS 曲线与 LM 曲线的交点处达到。在 LM 曲线上,每一点都意味着货币的需求等于货币的供给。在 IS 曲线上,每一点都意味着资本市场处于均衡。只有在 IS 曲线与 LM 曲线的交点处,货币市场和资本市场才能同时达到均衡。注意,IS-LM 的均衡不一定能使产出达到自然率的水平。

箭头表示一个回到均衡的可行路径。

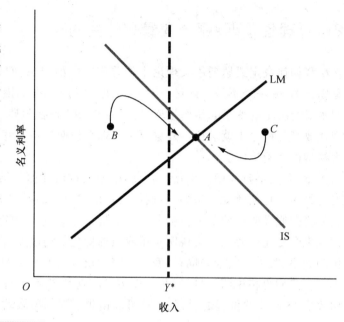

图 12-1 完整的 IS-LM 模型

LM 曲线之外的点又是怎样的呢?当经济处于 LM 曲线的左侧时,收入较低,但利率不变。由于收入下降了,所以对货币的需求量下降。这意味着家庭实际持有的货币数量超过了它们为了应付日常的交易而愿意持有的货币数量,于是家庭将花更多的钱去购买更多的商品,这样整个社会对商品和劳务的总需求将会增加。当需求增加后,企业就会雇用更多的工人,从而就业与收入就会增加,直到经济恢复到均衡状态,即回到 LM 曲线上。当经济处于 LM 曲线的右侧时,会有同样的恢复机制:由于存在着人们对货币的超额需求,所以人们就会减少消费,从而社会总需求下降。当总需求下降时,企业就会解雇工人,于是就业与收入就会下降,直到经济状态回到 LM 曲线上。A 点之所以特殊是因为经济体具有自动恢复到 IS-LM 均衡的力量。

12.2.3 凯恩斯主义总需求曲线

现在,放松价格不变的假设,我们将通过寻求不同的价格所对应的不同的 IS-LM 均衡收入来描述出完整的凯恩斯主义总需求理论。我们将推导出一条总需求曲线,该曲线将价格水平与商品的总需求量联系起来。

图 12-2 利用两幅图来描述总需求曲线。在图 A 中,我们画出的曲线代表的是价格与收入之间的关系。注意,这条曲线是向右下方倾斜的。这与我们在第 5 章从古典模型中导出的总需求曲线非常相似。但是这两条曲线是有区别的,因为在凯恩斯主义理论中,总需求曲线的位置不仅取决于货

币供给,还取决于财政政策和人们的预期。在图12-2的图B中,我们将说明如何利用IS-LM模型推导出这条总需求曲线。

在总需求曲线上的每一点:
1. 资本市场处于均衡;
2. 货币的需求量等于货币的供给量。

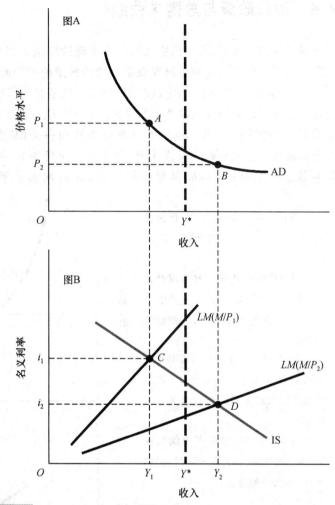

图 12-2 推导总需求曲线的过程

从图 A 开始,我们选定一个价格水平 P_1。在该价格下,多大的总需求能够达到 IS-LM 均衡?为了回答这个问题,我们回到 IS-LM 模型。我们必须了解价格与 IS-LM 模型之间的关系,那就是实际货币供应量的大小在很大程度上取决于价格水平。在图 B 中,在给定的价格水平 P_1 下,LM 曲线就是图中的 $LM(M/P_1)$,IS-LM 均衡点就是图中的 C 点。此时的均衡收入为 Y_1,画一条虚线向上至图 A,我们可以确定总需求曲线上的一点(A 点)。在 A 点,货币的供给等于货币的需求,所以资本市场处于均衡状态。

为了确定 AD 曲线上的第二个点,我们让价格从 P_1 下降到 P_2。当价格下降后 LM 曲线移到了 $LM(M/P_2)$,均衡收入水平也相应地从 Y_1 增加至 Y_2。新的 IS-LM 均衡点在 D 点上。将新的均衡收入 Y_2 引到图 A 上,我们就可以画出总需求曲线上的第二个点 B 点。因为价格水平的下降导致 LM 曲线向右移动,所以总需求曲线向右下方倾斜。

12.2.4 财政政策与总需求曲线

在解释经济波动方面,凯恩斯主义的总需求理论提供了一个比古典理论更完备的解释。只需要研究总需求曲线的位置如何随着财政政策和货币政策的改变而改变,就可以将凯恩斯主义理论应用于现实。这里,我们先看一下,当财政政策改变时,它是如何影响总需求的。

假设政府对产品和劳务的购买水平从 G_1 增加到 G_2。图 12-3 描绘的就是这一改变所产生的影响。在图 12-3 的图 B 中,我们画出了两条 IS 曲线和一条 LM 曲线。其中 LM 曲线的位置始终不变,代表着我们假设价格水平始终保持在 P_1 水平上。而两条 IS 曲线分别代表在不同的政府购买水平下的 IS 曲线。于是通过 IS-LM 模型我们看到,政府购买水平为 G_2 时的均衡收入要大于政府购

当 G 从 G_1 增加到 G_2 时,IS 曲线从 $IS(G_1)$ 的位置向外移动到 $IS(G_2)$ 的位置。

当价格等于 P_1 时,LM 曲线处在 $LM(M/P_1)$ 的位置,在这个价格水平下,C 点和 D 点代表了 IS-LM 模型的均衡点。

当 $P = P_1$ 时,A 点是总需求曲线上对应财政政策 $G = G_1$ 的点。B 点是总需求曲线上对应财政政策 $G = G_2$ 的点。

当 $G = G_1$ 时,总需求曲线处在 $AD(G_1)$ 的位置;而当 $G = G_2$ 时,它则处在 $AD(G_2)$ 的位置。

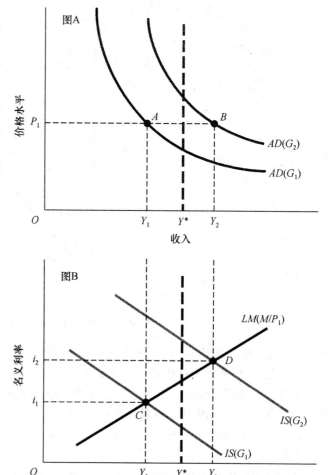

图 12-3 财政政策如何影响总需求曲线的位置

买水平为 G_1 时的均衡收入。在价格水平不变的前提下,增加政府购买的效果是:均衡状态从 C 点移至 D 点。将新旧两个均衡状态下的收入水平引到图 A,我们就可以确定两个点,它们分别对应在同一个价格水平下的两个均衡收入。而这两个点应分别处在两条不同的需求曲线上。A 点对应着政府购买为 G_1 时的均衡状态,B 点则对应着政府购买为 G_2 时的均衡状态。

12.2.5 货币政策和总需求曲线

图 12-4 分析了货币扩张的结果。图 B 画出了一条 IS 曲线和两条 LM 曲线。这两条 LM 曲线对应着在价格水平保持为 P_1 时,名义货币供应量分别为 M1 和更大的 M2 时的情况。

当 M 从 M1 增加到 M2 时,LM 曲线从 $LM(M1/P_1)$ 旋转到 $LM(M2/P_1)$,IS 曲线的位置既定不变,C 点和 D 点代表 IS-LM 模型的均衡点。

当价格水平为 P_1 时,A 点是总需求曲线上对应货币政策为 $M = M1$ 时的一点;B 点是总需求曲线上对应货币政策为 $M = M2$ 时的一点。

当 $M = M1$ 时,总需求曲线处在 $AD(M1)$ 的位置。当 $M = M2$ 时,它则处在 $AD(M2)$ 的位置。

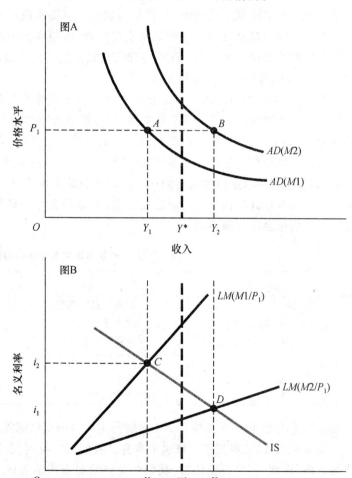

图 12-4　货币政策如何影响总需求曲线的位置

首先,我们考虑当货币供应量为 M1 时,什么样的收入水平才能够使得在资本市场达到均衡的同时货币的供给量等于货币的需求量。为了回答这个问题,我们必须在图 B 中画出一条对应着货币供应量 $M1$、价格水平 P_1 的 LM 曲线:$LM(M1/P_1)$。这条曲线与 IS 曲线交于 C 点。由 C 点我们可以知道达到 IS-LM 均衡时的收入水平是 Y_1。用虚线将 Y_1 向上引到图 A 中,这样我们就能够确定总需求曲线上的一点,即 $AD(M1)$ 上的一点(A 点)。为了找到该曲线上的其他点,我们只需要在不同的价格水平下,用同样的货币供应量 $M1$ 重复上述工作即可。

当货币供应量提高到 $M2$ 时,会有另外一条总需求曲线与之对应,即图中的 $AD(M2)$。要画出这条曲线我们仍然要做与刚才相同的工作。现在我们再次从图 A 开始,并且假设初始价格水平为 P_1。当货币供应量为 $M2$ 时,图 B 中的 LM 曲线为 $LM(M2/P_1)$。由于货币供应量增大了,所以与最初的 $LM(M1/P_1)$ 相比,$LM(M2/P_1)$ 向外侧移动到了更远的位置。曲线 $LM(M2/P_1)$ 与 IS 曲线的交点(D 点)就是新的均衡点,此时的均衡收入就是 Y_2。显然,与货币供应量为 $M1$ 时的情况相比,收入水平提高了。用一条虚线将 Y_2 引到图 A,我们就确定了总需求曲线 $AD(M2)$ 上的一点(B 点)。当那些能够改变 IS 曲线或 LM 曲线位置的变量发生变化时,用同样的方法,我们就可以分析出这些变化会对经济产生怎样的影响。例如,当税收下降时,其效果仍然是使得总需求曲线向右侧移动,因此在既定的价格下,IS-LM 模型中的均衡收入水平将会上升。

表 12-1 总结了当 IS-LM 模型中的各种外生变量发生变化时对总需求的影响。除了价格以外,能够导致总需求曲线位置发生移动的变量,就是那些能够移动 IS 曲线和 LM 曲线的变量。如果政府购买增加、税收下降,或者是人们预期未来的通货膨胀会加剧,都会使 IS 曲线向右侧移动。正是由于这些变量的如此变化导致了 IS 曲线向右侧移动,所以就导致了在任何价格水平下均衡收入的提高,从而导致了总需求曲线也向右侧移动。同样的结论也适用于货币供应量增加的时候。如果联储增加了货币供应量,LM 曲线就会向右侧移动,而这种变化会导致任何价格水平下的总需求增加,因此总需求曲线也会向右侧移动。

表 12-1 导致总需求曲线移动的因素

	变量	移动的方向
$\Delta P^E/P$	预期的通货膨胀	向右
G	政府支出	向右
I	投资	向右
TR	转移支付	向右
T	税收	向左
M	货币供给	向右

当我们说所有能使 IS 曲线和 LM 曲线发生位移的变量都能导致总需求曲线发生同样的移动时,有一个变量是例外的,那就是价格水平本身。我们可以看到,总需求曲线所在的平面坐标系,其纵坐标就是价格,因此,当价格变化时,其影响是导致总需求沿着既定的总需求曲线发生变化,而不是使整条总需求曲线发生位移。

12.3 总需求和总供给

现在我们可以介绍一个更为完备的经济周期理论。该理论是在古典理论的基础上加以改进而得到的。

12.3.1 什么引起了经济周期

在前面第8章中,我们学习了短期和长期的总供给曲线,而在图12-5中,我们把这两条曲线与总需求曲线结合在一起。我们用这样的图来检验凯恩斯主义模型的预测能力,并且将理论的预测与三个历史时期的经济数据进行对比。大多数经济学家都同意:在我们所说的第一个历史时期,即从1929年到1939年的这段时间里,经济的波动是由总需求的波动引起的(图B)。第二个历史时期,从1970年到1989年,经济的波动则是由总供给的波动引起的(图D)。第三个时期,如图E所示,经济波动也是由总供给的波动引起的。

12.3.2 凯恩斯主义者、货币主义者和大萧条

图12-5中的图A画出了两条总需求曲线、一条短期总供给曲线和一条长期总供给曲线。图A显示了当总需求曲线向左侧移动时(从AD_1移动到AD_2),对经济产生的影响。实际上,许多经济学家都认为历史上的"大萧条"就是这样引起的。但是又是什么原因导致了总需求曲线产生如此大的移动呢?对于这个问题,经济学家们并没有达成一致意见。凯恩斯认为,是投资者信心的崩溃,导致了对资本品需求的下降。但是米尔顿·弗里德曼——这位货币主义者的领袖则认为,联邦储备委员会应该对需求下降负责。尽管如此,两派都同意,问题的根源是总需求的下降。

按照货币主义者对发生在20世纪20年代到30年代的大萧条的解释,联储的过错就在于,它没能在大萧条产生的前夕增加货币供应量。在1921年到1929年期间,曾经有过投资及GDP大幅增加的情况,这导致了人们对货币需求的增加。在经济快速增长的时候,没有及时增加货币的供给就等同于在经济平稳的时候,减少货币的供给。例如,假定Y^*向右移动(初始情况类似于图12-5图A中的A点)。现在,短期均衡就处在短期总供给曲线与总需求曲线的交点上,但该点处于长期总供给曲线的左侧。

凯恩斯注意到了对大萧条的货币原因的解释,但是他反对这种观点。理由是,他相信在1929年即使增加货币供给也不会解决问题。在20世纪30年代早期的时候,短期资产的名义利率已经下降到了不足0.5个百分点,所以凯恩斯主义者认为那时联储已经无法通过降低利率的办法来影响总需求了。

图A: 需求冲击的影响

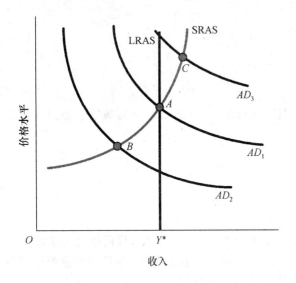

图B: 第二次世界大战前的通货膨胀与增长 (1921—1939)

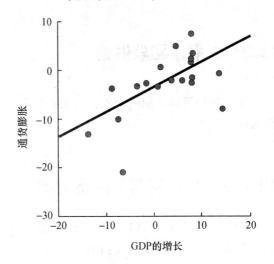

图C: 供给冲击的影响

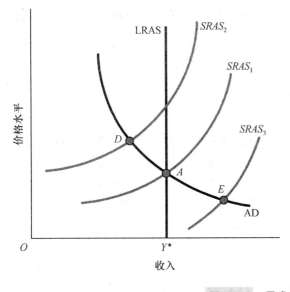

图D: 通货膨胀与增长 (1970—1989)

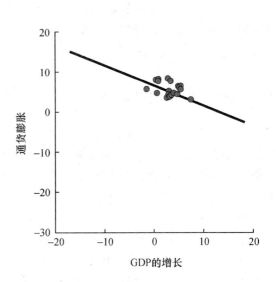

图 12-5　需求冲击与供给冲击

图 A 表明在完整的凯恩斯主义模型中需求冲击的影响。如果大部分的冲击都来自于需求方面,那么我们应该能够通过数据观察到一条向右上方倾斜的供给曲线。图 B 则告诉我们,从 1921 年到 1939 年这段时期里,我们确实看到了这样的曲线。图 C 显示了短期的供给冲击也能够造成产出的波动。如果一段时期内的冲击主要体现在总供给曲线的移动上,那么我们应该能够通过数据观察到一条向下倾斜的总需求曲线。

图 D 告诉我们,从 1970 年到 1989 年,我们确实观察到了这样的一条曲线。一个供给冲击的例子就是 1973 年原油价格的上涨。因为原油是重要的生产要素,当原油变得非常紧缺的时候,总生产函数就会向下移动,这意味着美国以现有的劳动和资本的投入数量,要想生产出与原来同样多的产品,将会变得更加困难。

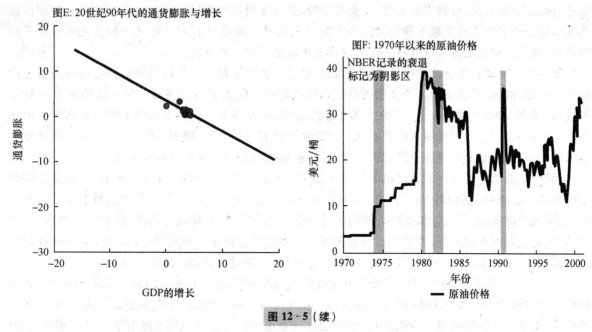

图 12-5（续）

图 E 说明了从 1990 年到 2000 年这段时期,在众多冲击里,来自供给方面的冲击再次成为主角。就像 20 世纪 70 年代和 80 年代一样,这段时期的冲击导致了通货膨胀与产出的增长一同变化。

如果经济周期是由需求冲击引起的,那么价格的波动将是顺周期的。而如果经济周期是由供给冲击引起的,那么价格运动的方式将会是逆周期的。按照这种思路进行分析,我们发现在第二次世界大战之前主要是需求冲击,而战后则主要是供给冲击。

图 F 显示了自 1970 年 1 月开始的原油价格月度数据曲线图。1973 年 12 月,当石油输出国组织的成员国勾结在一起,为了提高利润而开始限制其产量时,美国西得克萨斯中档原油的价格从每桶 4.30 美元猛涨到 12.10 美元。其结果是造成了西方国家经济的普遍衰退。当原油价格再次从 1979 年 1 月的每桶 14.85 美元猛涨到 1980 年 4 月的 39.50 美元时,另一次衰退随之而来。

1999 年年底,原油价格再次上涨,但是到目前为止,还没有衰退发生。可能的解释是,这次原油价格的上涨是由于对原油需求的增加,而不是由于其供给的下降。如果事实真是如此,那么这次原油价格的上涨将不会引发衰退。

12.3.3 顺周期运动和逆周期运动的价格

通过研究通货膨胀与产出增长之间的关系,并对模型的数据进行比较,我们就能够洞察经济周期的原因了。首先,考虑大萧条时期的价格与产出的历史表现。这段时期价格与产出之所以有如此表现,如图 12-5 的图 B 中所体现的那样,是用总需求曲线发生了类似于图 A 中那样的移动来解释的。

根据需求变动理论,大萧条之所以发生是因为总需求曲线从 AD_1 移动到了 AD_2。由于货币工资很难进行调整,经济就沿着短期总供给曲线向下移动到了 B 点,在 B 点,实际工资上升,所以企业对劳动的需求下降,价格水平下降,失业率超过了自然率。当美国卷入第二次世界大战时,总需求迅速增加,总需求曲线向右移动到 AD_3。于是在 C 点达到了新的均衡。在 C 点,实际工资下降,所以企业愿意雇用更多的工人,价格水平上升,失业率下降,直至降到自然率以下。上世纪幅度最大的经济波动可以用总需求曲线的大幅下移和美国介入第二次世界大战后总需求曲线又大幅上移来给以很好的解释,而且这种理论还可以解释为什么价格与产出沿着同一方向变化。

战后历史时期的经济波动则是完全不同的,许多经济学家都认为这段历史时期的经济波动是产生于总供给方面的暂时冲击。一个典型的供给冲击的例子就是原油价格的上涨。这种冲击在1973年、1979年和1990年都出现过,而每次都伴随着 NBER[①] 的衰退。在投入同样多的劳动和资本的条件下,原油价格的上涨导致现有的技术水平只能生产出更少的商品,因为,现有的生产技术严重依赖着原油产品,无论是直接进入生产过程的投入品,还是类似交通这样的间接投入品。

理论上,供给冲击对价格和产出的影响在图 12-5 的图 C 中得到。如该图所示,当短期总供给曲线 $SRAS$ 从 $SRAS_1$ 移动到 $SRAS_2$ 时,将导致衰退的发生。同理,当短期总供给曲线移动到 $SRAS_3$ 时,将导致经济高涨。注意,如果经济波动主要由供给冲击所引起,那么价格将以"顺经济周期"的方式运动,因为在这种情况下,经济状态将沿着向下方倾斜的总需求曲线运动[②]。但是,从 A 图我们看到,如果大多数冲击来自于总需求的改变,那么价格就会"逆经济周期"运动。

图 12-5 的图 B、D 和 E 显示了战前和战后美国的经济数据。注意,从 1921 年到 1939 年,大多数经济周期都源于总需求的改变,但是战后时期,来自于供给方面的冲击则更多一些。在 1970—1989 年和 1990—2000 年这两个时期内,四分之三的衰退都与原油价格的上涨有关。在图 F 中,画出了原油价格的变化历程以及从 1970 年开始的历次 NBER 记录的衰退。

原油价格的变化能否再次引起一场衰退呢?在 1999 年 12 月,原油价格为每桶 12 美元,可到了 2000 年 10 月,价格猛涨到每桶 33 美元。原油价格的这种变化当然有可能再次引发美国经济的一次严重衰退,但是也有可能经济体已经学会了如何适应油价的波动,比如,许多行业早已经开始选择那些对原油的依赖不那么强的生产技术。如果是这样,那么化石燃料对我们这个经济体的影响将会与以前大不相同。

12.3.4 大萧条能否再次发生

如果我们接受凯恩斯主义关于经济周期的理论,那么显然会得出这样的结论:政府干预能够熨平经济波动。实际上,凯恩斯的《就业、利息和货币通论》一书的主旨就是认为政府能够,并且是应当对总需求进行管理以防止大规模衰退的发生。认为政府应该对保持高水平且稳定的就业状况负责的这一思想直接来源于凯恩斯,并且成为战后经济政策的主要内容。那么这种思想能否变成现实呢?

将图 12-5 的图 B、图 D 和图 E 进行对比就会发现一个非常有趣的事实:第二次世界大战后的经济波动幅度明显要比两次世界大战期间的经济波幅小得多。对此,一个乐观的解释是:由于受到凯恩斯主义需求管理思想的直接影响,我们在战后对经济的管理工作做得更出色;联储从大萧条中吸取了教训,它使得银行倒闭事件不再像 20 世纪 30 年代那样容易发生。专栏 12-1 介绍了明尼苏达

---

① 美国"国民经济研究局"的缩写。——译者注
② 原文为"向下方倾斜的总供给曲线",疑误。——译者注

联邦储备银行主席加里·H.斯特恩对此类观点的综述与评论。①

专栏 12-1

进一步观察

大萧条能否再次发生？

1987年10月,道琼斯指数在一天之内下降了20%。它所造成的价值缩水可以与1929年那场引起大萧条的股灾相提并论。于是股指的这一下跌在当时引起了许多分析家的担心:大萧条是否会再次发生？

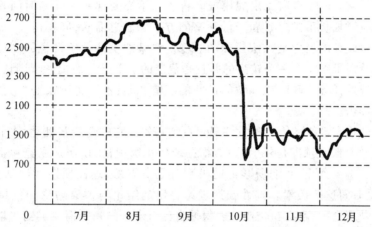

1987年的实际情况对上述疑问给出了否定的答案。尽管股票市场上发生了大规模的价值缩水,但它最终并没有引发一场大的衰退。那么1987年发生的事情与1929年发生的事情有什么不同呢？

明尼阿波利斯联邦储备银行主席加里·H.斯特恩认为,由于人们从1929年的大灾难中吸取了四个主要的教训,所以在1987年我们才成功地避免了大萧条的发生。

这四个主要的教训包括:
1. 维持银行系统的稳定性;
2. 支持正常的信贷扩张业务,平稳运作金融市场;
3. 保证货币供应量适度增长;
4. 保持并促进国际贸易。

可以阅读加里·H.斯特恩的文章"实现经济稳定:从1929年的大崩溃中吸取的教训"。文章来源于 http://www.woodrow.mpls.frb.fed.us/ 中讲话栏目的加里·H.斯特恩年度报告系列。作为12个联邦储备银行的主席之一,加里·H.斯特恩积极参与美国货币政策的制定,他的许多关于需求管理的观点来自于实践中的经验。

---

① 另一种不太乐观的观点来自于加州大学伯克利分校的克里斯蒂娜·罗默。通过使用战前的统计方法来重构战后的数据,她得出了整个历史时期的可以前后比较的时间序列。通过对这些数据进行比较,罗默发现,所谓战后的经济"明显的"稳定,只是一种错觉,产生这种错觉的原因是战后我们使用了更精确的统计方法。

12.3.5 政府在稳定经济周期中的作用

毋庸置疑,政府可以通过改变财政政策和货币政策来干预经济,但是这种干预到底是缓解了经济波动还是加剧了经济波动,则是一个有争议的问题。稳定经济的政策是如何起作用的? 首先,政府必须能够认识到衰退的发生。而做到这一点已是非常不容易了,因为对经济的统计需要经过收集数据、整理数据等过程,而这一过程是需要一段相当长的时间的。况且,即便最初对某个季度的 GDP 作出的是最好的预测,时隔三四年之后作出修改也是常事。一旦经济被认定为处于衰退状态,政府就必须设法刺激总需求。改变政府支出规模或者税收水平需要起码一年的时间才能通过国会的批准。如果联储想通过增加货币供应量和降低利率的方法刺激总需求,同样需要一段很长的滞后期,因为私人部门对这些政策的反应是无法预知的。稳定政策的支持者争辩说,这些滞后并不严重,政府有能力也应该将总需求维持在一个较高的并且是稳定的水平上。而批评者则认为,稳定经济的目标是一个不可能实现的任务。政府能够做的最好的事情就是:不要将政策变来变去,从而避免对经济体系造成更多的冲击。

对主动出击型的稳定政策的第二种批评显得更加巧妙。它的理论基础是:人们的预期不是外生的(而在本章,我们总是假定预期是外生的)。根据现代均衡理论,预期是家庭和企业处于经济均衡时的一种理性行为。迄今为止,我们所学习的模型都是静态的,理性预期学说则是动态的,也就是说,该理论考虑的是时间这一因素。理性预期理论得出的结论与古典理论和凯恩斯主义理论都不同。这是因为在这种理论中,家庭和企业可以根据自己对未来的判断而在当前采取预防的措施。人们对未来的预期以显著的方式影响人们今天的经济决策,这一点颇具意义,而我们现在才开始逐渐地理解这些意义。在第 18 章,我们将学习理性预期理论,到那时我们将会理解世代交替均衡理论如何影响关于政府在经济管理中所扮演的角色的争论。

结 论

实际利率等于名义利率减去预期的通货膨胀率。投资取决于实际利率,储蓄取决于实际利率和收入。能够使投资与储蓄相当的利率随着收入的变化而变化,所有这样的利率与收入的组合构成了 IS 曲线。IS 曲线之所以向右下方倾斜是因为:当利率下降时,企业会增加投资。为了使储蓄仍然等于已经增加的投资,收入就不得不增加。当预期的通货膨胀率、政府购买、税收还有转移支付发生变化时,IS 曲线的位置就会发生移动。比如当政府购买或者转移支付增加时,或者税收降低时,或者预期的通货膨胀率增加时,IS 曲线就会向右侧移动。

IS-LM 均衡意味着,此时的收入与利率能够使得资本市场达到均衡,同时也能够使得货币市场达到均衡,即人们愿意持有的货币数量等于实际持有的货币数量。这种均衡状态出现在 IS 曲线与 LM 曲线的交点上。由于 LM 曲线的位置要受到价格变化的影响,所以,不同的价格就会有不同的 IS-LM 均衡与之相对应。而价格与 IS-LM 均衡收入的全部组合就构成了凯恩斯主义的总需求曲线。凯恩斯主义总需求曲线的位置取决于政府购买、政府的转移支付、税收、预期通货膨胀,以及名义货币供应量。

完整的凯恩斯主义理论通过总需求曲线和总供给曲线的移动来解释收入与价格的变化。如果是总需求的变化导致了经济的波动,那么价格的变化将会是顺周期的。第二次世界大战前的情况基本就是如此。如果经济波动主要是由总供给的变化所引起,那么价格的变化将会是逆周期的。而这就是第二次世界大战后发生的情况。经济学家们争论的焦点是政府能否通过积极的干预来熨平经济周期。

关 键 术 语

IS-LM 均衡　　IS-LM equilibrium
凯恩斯主义总需求曲线　　Keynesian aggregate demand curve
理性预期　　rational expectations

数学附录:凯恩斯主义总需求理论的代数说明

本附录属于选读部分,它适合于那些习惯于用数学来阐述理论的读者。我们将在一系列关于储蓄与投资的简单假设下,推导 IS 曲线和总需求曲线。假设储蓄函数如下:

$$S = s(Y + TR - T) \quad (12.1)$$

其中,$s(Y + TR - T)$意味着,用s(它界于 0 和 1 之间)乘以可支配收入。该表达式意味着储蓄与利率无关,而仅取决于可支配收入。可支配收入对储蓄影响的大小体现在参数s上,我们把s叫做边际储蓄倾向。这样的假设意味着储蓄函数的几何表示将是一条垂直线。①

储蓄函数表示的是在实际利率为$i - \Delta P^E/P$时,家庭愿意借给贷款者的货币数量,这代表着资本市场的供给方。而资本市场的需求方则由企业的投资需求以及政府的需求组成,所谓政府的需求指的是财政赤字。我们用 $I + D$ 表示企业和政府对这笔资金的需求,从而有 $I+D$ 函数:

$$I + D = \left[\bar{I} - e\left(i - \frac{\Delta P^E}{P}\right)\right] + (G + TR - T)$$
$$(12.2)$$

这里我们假设投资函数$I(i - \Delta P^E/P)$取决于两个因素:$\bar{I}$ 和 e。参数 $\bar{I}$ 代表的是自发投资,即不由利率决定的投资量。参数 e 代表着投资函数的斜率。

为了推导出 IS 曲线,我们必须要找到能够使资本市场达到均衡的利率与收入。IS 曲线的表达式是在为找到对应每一个 Y 的 i,而解方程

$$s(Y + TR - T)$$
$$= \left[\bar{I} - e\left(i - \frac{\Delta P^E}{P}\right)\right] + (G + TR - T)$$
$$(12.3)$$

时得到的。方程(12.3)的左侧是储蓄,右侧是投资加上政府的借债。方程(12.3)也可以写成我们需要的形式:

---

① 在利率为纵轴、收入为横轴的坐标图中。——译者注

$$i = \frac{\Delta P^E}{P} + \frac{1}{e}[\bar{I} + G + (TR - T)(1 - s)] - \frac{s}{e}Y \quad (12.4)$$

IS 曲线的斜率为 $-(s/e)$。当 e 变大或者 s 变小时,曲线就会变平。IS 曲线在纵轴上的截距是

$$\frac{\Delta P^E}{P} + \frac{1}{e}[\bar{I} + G + (TR - T)(1 - s)]$$

如果这些变量发生改变,那么 IS 曲线的位置就会发生改变。

现在,让我们转到总需求函数上。回忆一下,在第 8 章里,我们建立的 LM 方程

$$i = \frac{hp}{M}Y \quad (12.5)$$

将式(12.4)和式(12.5)结合在一起,通过变形,我们就得出了总需求函数

$$P = \frac{M}{h}\left\{\frac{\frac{\Delta P^E}{P} + \frac{1}{e}[\bar{I} + G + (TR - T)(1 - s)]}{Y} - \frac{s}{e}\right\}$$

这个方程的几何表示就是一条向右下方倾斜的曲线,并且在 $Y = 0$ 时,价格趋向于无穷,其在横轴上的截距是

$$Y = \frac{e}{s}\left\{\frac{\Delta P^E}{P} + \frac{1}{e}[\bar{I} + G + (TR - T)(1 - s)]\right\}$$

习 题

1. 用 IS-LM 模型说明,预期的通货膨胀率增加对经济的影响,以及这种变化对总需求曲线的影响。
2. 用 IS-LM 模型说明,当 LM 曲线变为垂直时,财政政策无法影响总产出水平。解释上述事实在完整的凯恩斯主义模型中如何影响财政政策改变总需求的方式。你的答案与总需求的古典理论有何关系?
3. 解释为什么 AD 曲线向右下方倾斜?为什么增加货币供应量会改变 AD 曲线的位置?说明这种变动的经济机制。
4. 详细说明,在凯恩斯主义模型与古典模型中,改变总需求曲线位置的因素有什么不同?
5. 什么因素能够影响总需求曲线的斜率?请解释当投资对利率的变化变得更加敏感时,总需求曲线的斜率将如何变化?对比两种情况:一种情况是当利率提高 1% 时,导致投资下降了 1%(其他因素保持不变);另一种情况是,当利率提高 1% 时,导致投资下降 2%。
6. 什么是凯恩斯所说的"动物情绪"?利用 IS-LM 模型和 AD-AS 模型,说明"动物情绪"能够造成经济波动。
7. 如果造成经济波动的原因是总需求曲线的变动,那么价格的运动方式将会是"顺周期"的还是"逆周期"的?美国在大萧条时期,价格的运动方式是怎样的?你的回答能否为大萧条的成因提供答案?
8. 20 世纪 70 年代,价格的运动方式是"顺周期"的还是"逆周期"的?90 年代又是怎样的呢?价格的这些运动方式能否为当时的经济波动提供一种解释呢?
9. 从 1990 年春天到 1991 年春天,美国的利率下降了将近 2 个百分点,但与此同时产出也下降了,怎么解释这一现象?利用 IS-LM 图形加以说明。
10. 比较凯恩斯主义者和货币主义者对大萧条

的不同解释。两个学派对如何摆脱大萧条各自提出的对策是什么？

11. 解释凯恩斯主义的需求管理思想。在什么情况下，政府应该刺激经济？如何刺激？

12. 赞成政府为了稳定经济周期而进行主动干预的论据是什么？不赞成的论据又有哪些？

13. 如果中央银行的目标是稳定经济，那么你认为中央银行应该如何应对来自供给的负面冲击？请利用 AD-AS 模型的图示来解释你所提出的政策会有怎样的效果。能否看到你所主张的政策会有哪些潜在的负面影响？

14. 下面的表格列出了 GDP、价格水平和名义利率的数据。你认为引起 GDP 变化的原因是什么？尽可能详细地证明你的结论。如果让你提出一种财政政策或者货币政策，它将会是什么样的？

年份	GDP	价格水平	名义利率
1996	150	100	6.5%
1997	142	80	5.6%
1998	140	75	6.0%
1999	128	72	4.7%
2000	111	61	3.1%

15. 考虑下面的经济：

$$C = 100 + 0.8(Y - T)$$
$$I = 50 - 25i$$
$$G = T = 50$$
$$M^s = 400$$
$$M^d = Y - 100i$$
$$P = 2$$

a. 推导出 IS 和 LM 曲线。简要解释这两条曲线为什么向上或向下倾斜。

b. 计算均衡时的产出水平和利率水平，即 Y 和 i。

c. 假设中央银行将货币供应量从 400 增加到 500。计算新的均衡收入和利率，并画图表示这一变化。

16. 考虑下面的经济：

$$C = 400 + 0.75(Y - T)$$
$$I = 400 - 20i$$
$$G = 300$$
$$T = 400$$
$$M^s = 1000$$
$$\frac{M^d}{P} = 0.25Y - 10i$$
$$P = 2$$

a. 推导出 IS 和 LM 曲线。简要解释这两条曲线为什么向上或向下倾斜。

b. 计算均衡时的产出水平和利率水平，即 Y 和 i。

c. 假设政府决定通过选择如下两种方式的一种来消除财政赤字：i. 削减税收 100；ii. 增加政府购买 100。两种政策的后果分别是什么？哪种政策可以导致产出产生更大的变化？对你的计算结果进行解释。

17. 阅读加里·斯特恩的文章(http://woodrow.mpls.frb.fed.us/pubs/ar/ar1987.html)，并针对他的主要观点写一篇短文。

第 13 章 开放经济

13.1 引言

在世界范围内,货币政策赖以运行的体制有两种:固定汇率制和浮动汇率制。在固定汇率制下,一个国家的货币与其他国家的货币可以以一种不变的汇率进行交换。从 1948 年到 1973 年,整个世界就是在这样一种汇率安排下运行的。之后,汇率制度转变成了浮动汇率制。在浮动汇率体制下(即目前的汇率制度),两个国家货币之间的相对价格总是在不停地波动。

13.2 固定汇率和浮动汇率

13.2.1 汇率制度

货币是一种在交换时被普遍接受的商品。如果整个世界只使用一种货币,那么国际贸易就变得相对容易了。但是,实际上,每个国家都使用不同的货币,这些货币彼此之间的相对价格总是在不停地变化。一种货币与另一种货币的交换比例就叫做**汇率**。

表 13-1 列出了 2000 年 12 月 1 日美元对 8 个国家货币的比价。在这一天,1 美元可以购买 2 204.31 意大利里拉,但却只能购买到 2.226 58 德国马克。

表 13-1　2000 年 12 月 1 日的汇率表（1 美元兑换其他货币的数额）

国家	货币种类	汇率
加拿大	加元	1.545800
德国	德国马克	2.226580
法国	法郎	7.467630
意大利	里拉	2 204.310000
欧洲货币联盟	欧元	1.138430
日本	日元	111.220000
英国	英镑	0.693866

　　在第二次世界大战前,大多数国家的货币都可以兑换成黄金,因此货币的价值被锚定在固定的比率上。1944 年,在美国新汉普郡的布雷顿森林召开了一次重要的国际会议。在这次会议上,来自世界上主要发达国家的代表们讨论了战后国际经济秩序的问题。**布雷顿森林会议**的成果是确定了一种新的制度:美元与黄金挂钩,即固定了美元与黄金的比价。在此比价上,美国保证美元对黄金的承兑。而其他国家则将自己的货币按照一个固定的比率与美元挂钩。在布雷顿森林体系下,世界上其他国家的货币与美元之间的比价可以作不定期的调整。这种汇率制度被称为金汇兑本位制。正是这种制度保证了其后 20 年间汇率的相对稳定。也就是在这次会议上,成立了**国际货币基金组织(IMF)**,该组织就像一个世界的中央银行,负责监管布雷顿森林体系的运行。从 1948 年到 1973 年,这是一个**固定汇率**的时代,因为在这段时期里,不同货币之间的交易是在汇率具有相当程度可测性的条件下进行的。

　　固定汇率制是在参与国的央行都积极干预的情况下才得以运行的。每个国家的中央银行都保证在某一个固定的汇率下买卖本国的货币。为了能够成功地干预汇市,各国的央行都需要有大量的外汇储备,当市场上本币的供给超过了需求时,央行就会抛出手中的储备;如果存在对本币的超额需求,那么央行就会买进外汇,抛出本币,这样外汇储备就会增加。为了保证这个体系能够有效运行,市场上的供给与需求必须要基本上保持相等。然而,事实上,有些国家会发现自己的外汇储备严重不足,从而也就没有能力维持官方所宣布的汇率。于是这些国家的货币就会**贬值**,也就是说它们提高了以本币为单位的外币价格(或者说,降低了以外币为单位的本币价格),这样一来就使得本国出口产品的价格下降,从而增加对本币的需求。

网络浏览 13-1

在网上看汇率

　　今天,100 美元可以兑换多少加拿大元?能兑换多少阿拉伯里亚尔? 2000 年 1 月 1 日,星期六,100 美元能够购买 375.080 阿拉伯里亚尔。你可以在 http://www.xe.net 上,利用世界货币兑换器,查询一下当前的汇率情况。

　　当不同的国家实施不同的货币政策时,固定汇率制就日益失效了。有些国家(比如法国和英国)以相对更快的速度扩张货币供给,而与此同时,另一些国家(比如德国和日本)则严格控制货币增长的速度。因为所谓汇率是指一国的货币与另一国货币之间的交换比率,所以当其他因素相同时,一国的货币供应量超过了另一国的货币供应量,那么该国的货币就会贬值。法国和英国就是属于这种情况,两个国家都不得不将本币贬值(法国在1956年将本币贬值,英国在1965年将本币贬值)。最终,正是由于不同的国家实施不同的货币政策,从而导致了固定汇率制的崩溃。到1973年,**浮动汇率制**正式取代了固定汇率制。在新的制度下,一国的汇率是由市场的供求情况决定的。

由于美元被广泛接受为国际贸易的媒介,所以一国的汇率通常都以美元记价。在美国,则是以能够购买到1美元的外币数量作为汇率的表示。用e代表能够购买到1美元的外币数量,我们可以讨论汇率变动的四种方式。在固定汇率制下,汇率的变动很少发生。在这种制度下,如果e增加了,我们称之为外币**法定贬值**(之所以称之为贬值,是因为现在1美元可以购买更多数量的外币,从而美元变得相对昂贵)。类似地,如果一个国家调低了e,那么在这种制度下,我们称之为**法定升值**(re-valuation),因为现在美国人用1美元只能购买到较少的外币,而这就意味着外币变得相对昂贵。在浮动汇率体制下,汇率的变化是以天计的。在这种情况下,如果e提高了,我们就称之为外币**贬值**(depreciation),如果e下降了,我们则称之为外币**升值**(appreciation)。在表13-2中,我们对这些术语进行了总结。

表13-2　讨论汇率问题时所使用的术语

概念		固定汇率制	浮动汇率制
e的定义:1美元能够购买到的外币数量	e增加	外币法定贬值	外币贬值
	e下降	外币法定升值	外币升值

在图13-1中,说明了从固定汇率制转变到浮动汇率制后的影响。图中画出了**七国集团**(G7)成员国的汇率。七国集团(G7)包括:加拿大、法国、德国、意大利、日本、英国和美国。图13-1中的汇

在1973年以前,不同货币之间的相对购买力平价是很少变动的。在过去实行固定汇率制的大部分时间里,汇率是相对稳定的。1973年以后,汇率完全由市场决定。将1950年的汇率标准设为1。

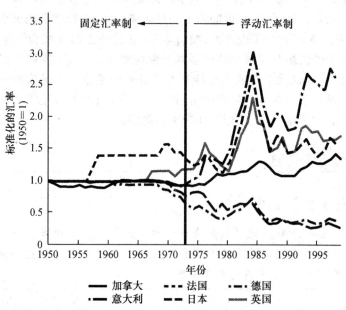

图13-1　G7工业化国家间的汇率

资料来源:*International Financial Statistics*, series ae. International Monetary Fund, http://www.imf.org。

率都是以 1950 年的汇率水平为基数，进行换算之后得出的。注意，在 1973 年之后的浮动汇率制时代，与固定汇率制时代相比，汇率的易变性有多么大。

13.2.2 实际汇率与购买力平价

为了丰富需求和供给理论以使其能够将国际贸易也包容进去，方法之一就是将在不同地点生产的产品看作不同的商品。例如，在纽约的道路上行驶的一辆德国汽车与在慕尼黑的道路上行驶的一辆德国汽车是不同的。将单一产品模型作如此简单的扩展之后，就会将不同国家生产的产品视为具有各自价格的不同商品。

按照这种分析贸易的方法，美国人就不只是生产和消费一种商品，而是要消费美国产品、日本产品、墨西哥产品以及其他国家的产品。当一种国外产品的相对价格发生变化时，美国人对该商品的购买量也会相应地发生变化。用一揽子美国商品的实物数量为单位计算出的一揽子外国商品的价格就叫做**实际汇率**。实际汇率的变化将会改变美国人对本国产品的需求，因为美国人会用本国产品来替代外国产品（或者本国产品被外国产品替代）。当外国产品是本国产品的替代品时，外国产品的价格下降，将会导致进口占 GDP 的比重增加。此外，如果外国产品是美国本土产品的互补品，那么外国产品价格的下降将会导致国内支出中用于进口的份额下降。

图 13-2 显示了七国集团成员国的实际汇率在战后发生的变化。每幅图都展示了一揽子外国商品的成本与一揽子美国商品的成本二者之间的比值。这里的一揽子商品都是每个国家在编制本国的消费者价格指数时所采用的商品组合。由于这些商品组合所包含的内容可能是不一样的，所以不应该对这几组实际汇率进行直接的严格对比，而是应该观察这一揽子商品在一段时期是如何变化的，是变得昂贵了还是变得便宜了。图 13-2 所显示的最大特征就是：一揽子商品在不同国家之间的相对价格呈现出巨大的波动。例如，在东京的一名美国旅游者在 1970 年所能够买到的商品数量是 1990 年的 3 倍。于是，对美国旅游者来说，日本商品比过去变得更加昂贵了，而意大利商品则比过去便宜了。

实际汇率的定义由式 (13.1) 给出。国内的价格指数是以美元计量的一揽子美国商品的价格，这里的一揽子商品是形成消费者价格指数的商品组合。外国价格指数 P^f 是用外币计量的一揽子外国商品的价格。最后，名义汇率是指 1 美元所能购买的外币的数量。把上述这些因素放在一起就清楚了，所谓实际汇率就是指一揽子美国商品所能够购买到外国商品的"揽子数"。

$$re \quad = \quad e \quad \cdot \quad \frac{P}{P^f} \tag{13.1}$$

实际汇率　　名义汇率　　国内价格指数与
　　　　　　　　　　　　外国价格指数的比率

购买力平价理论认为，实际汇率应该等于 1，因为自由贸易能够导致所有相同商品的价格趋于一致。更多的时候，人们喜欢该理论的更"弱"一点的形式——**相对购买力平价**理论。这种理论认为，随着时间的推移，任何两个国家的 GDP 平减指数的相对价值不会有系统性的变化。相对购买力平价意味着一国的实际汇率不会有或涨或跌的系统性改变。我们从图 13-2 可以明显看出，实际上，实

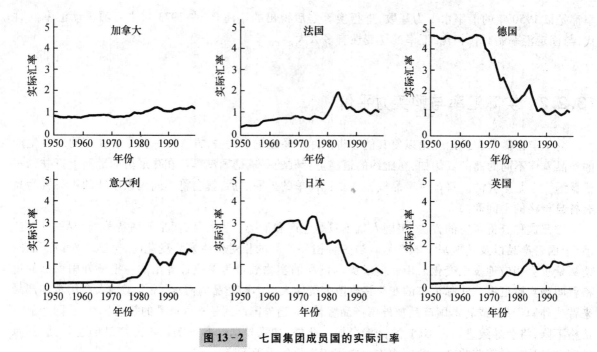

图 13-2　七国集团成员国的实际汇率

本图比较了美国与其他六个国家的相对购买力,这里的相对购买力是指,美国的一组商品能够购买到的外国的一组相同商品的数量。图形显示出不同国家之间的相对价格在一段时期内的巨大变化。例如,普通美国人会发现 1999 年的意大利商品比 1950 年时要便宜很多,但是日本商品却比过去昂贵了很多。当实际汇率像图中那样在很长的一段时期内都在不停地变化时,经济学家们说**购买力平价理论失效**了。

资料来源:《国际金融统计》(*International Financial Statistics*),名义汇率序列和表示消费价格序列 64。国际货币基金组织,网址 http://www.imf.org。

际汇率随着时间推移在显著地变化。现实并没有与经济学理论相悖,因为没有理由相信不同的商品会有相同的价格,所以只需要将不同地点的商品(即使是一样的商品)看作是不同的商品,那么上述情况就可以得到解释了。在秘鲁首都利马理发,其价格要比在纽约理发便宜,但是利马的理发服务是无法运到纽约的。即使是易于运输的同质商品也可能由于商标的不同而被人们看作是不同的产品。例如,德国汽车被人们视为名气的代名词,这时即使一辆类似的美国车也具有同样的质量,人们仍然认为两者不一样。所以,没有理由认为不同国家的产品,其相对价格应是一个平稳序列。总之,购买力平价作为一种标准,是一个非常有用的概念。

13.2.3　名义汇率和利率平价

尽管购买力平价理论没有得到数据的支持,但是有一种与其高度相关的概念——**非套补利率平**

价却得到了更多实际数据的印证。① 非套补利率平价是指在世界范围内,所有可比较的资产,其回报率都应该是一样的。如果德国的利率是美国利率的2倍,那么美国人就会将自己手中的货币转移到德国以获得更高的回报。

看到图13-3,你或许会认为应该将你的货币投资于国外。该图显示了七国集团中的六个国家,其隔夜拆借利率的月平均值与美国利率之间的差异。以意大利为例,看起来它是一个比较好的投资目标国,如果你1973年到意大利投资,你将会获得比美国平均高出6%的回报率。如果你真的进行了这样的投资,那么结果多半会让你失望,因为上述的投资分析忽略了一个重要的因素——汇率的变化。考虑如下两种投资策略:

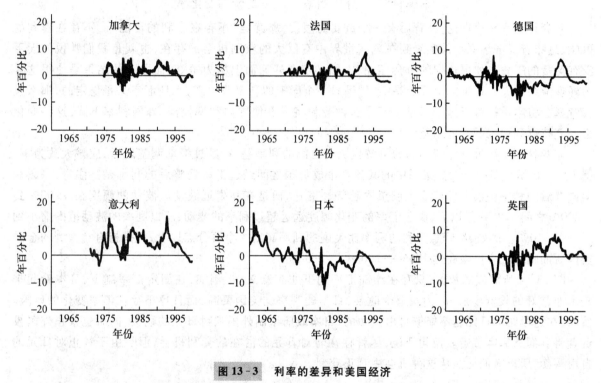

图13-3　利率的差异和美国经济

本图显示了从1960年到1999年,六个国家的利率与美国利率之间的差异。在某些年份里,这种差异能够达到10%以上。当投资于外国债券能够获得更高的回报时,为什么人们仍然要买美国债券?答案是:这与汇率的变化有关。

资料来源:《国际金融统计》(International Financial Statistics),序列60b。国际货币基金组织。以年利率表示的月度数据。

1. 在1990年1月1日,用1 000美元购买美国政府债券,到1991年1月1日将国债变现,获得本金和利息。按照这种投资策略,其回报率等于美国的利率i。

---

① 可以对非套补利率平价的命题进行统计检验。但事实上,对这个命题的严格检验结果并不理想。不过,经济学家们并不太在意这些检验的结果,因为这个命题的严格形式不认可大多数投资者都是风险厌恶型的,而现实中却正是如此。换句话说,如果在国外进行投资的风险很高的话,外国利率可以比国内利率高一些。肯尼斯·弗鲁特(Kenneth Froot)和理查德·塞勒(Richard Thaler)合写的文章对利率平价的经验研究成果作了很好的综述,该文发表于《经济展望》(Journal of Economic Perspectives),1990年夏。

2. 在 1990 年 1 月 1 日,用 1 000 美元购买意大利里拉,并用这笔里拉购买意大利的国债。到 1991 年 1 月 1 日将国债变现,获得本金和利息。然后将这笔以里拉的形式持有的本利和兑换成美元。按照这种策略进行投资,将会获得的回报率是 $i^f - \Delta e/e$,这里 i^f 是意大利的利率,$\Delta e/e$ 是从 1990 年到 1991 年汇率的改变。

为了评价哪一种策略更好,我们必须预测意大利里拉在未来到底是升值还是贬值。一般情况下,一国的国内利率等于外国的利率减去汇率的预期变化率,这种关系就称作非套补利率平价。① 方程(13.2)定义了两个国家之间的非套补利率平价。

$$i = i^f - \Delta e/e \quad (13.2)$$
本国利率　外国利率　汇率的预期变化率

非套补利率平价理论,其背后有一个重要的假设,那就是"**不存在套利的可能**"。不存在套利的可能,意味着经济学家不希望看到在现实世界中有巨大的获利机会的存在,也就是我们常说的天下没有免费的午餐。如果这样的机会存在,人们必定会蜂拥而上尽力争夺,而争夺的结果是使得这样的好处最终消失。在国际货币交易中,如果另一个国家的利率非常高,而且汇率又是稳定的,那么投资者就会将本币投资于这个国家。于是这种行为将会促使国内利率提高、外国利率下降,这种变化会一直持续到两国的利率相等。

非套补利率平价意味着不同的可替代资产之间的利率差,在经过汇率调整之后,应该大致为零。图 13-4 显示了美国与七国集团中的其他六个成员国之间经过汇率调整后的利率差。注意,该图表明调整后的利率差没有任何或正或负的趋势性变化,而是在 0 附近波动。波动的幅度在 +200% 到 -200% 之间。1973 年以后,由于汇率的变化幅度远远超过利率的波动,所以利率的波动范围缩小到了 5%—10%。例如,尽管意大利的利率比美国的利率高出 6 个百分点以上,但是持有意大利的金融资产所面临的汇率风险高达 180%—200%。

图 13-4 所对应的数据,只有在浮动汇率制下才有意义。② 例如,在固定汇率制下,日本看起来是个非常好的投资场所,因为在那个时期,日本的利率比美国要高,而且也不存在汇率变化的风险。然而,在这段时期日元是不能够自由买卖的,日本政府限制外国人对日元的购买,同时也禁止外国投资者将利润从日本带走。换句话说,尽管存在着对日元的潜在的套利机会,但是由于禁止对日元的自由买卖,所以人们无法从这种机会中真正获利。

---

① 只要计划好在未来时点上能够以一个事先约定好的价格进行外汇的买卖,那么在意大利投资所获得的利益就没有任何汇率风险。外汇的远期交易市场已经发展得很成熟了,跨国公司会在这个市场上进行规避汇率波动风险的交易。因此,毫不奇怪,当货币可以在期货市场上交易时,各国的利率就会趋于一致。而这一事实被称为有套补利率平价。方程(13.2)表示的则是有风险的非套补利率平价。

② 图中所示的利率是指货币市场上的隔夜基金利率。在美国,这种利率叫做联邦基金利率。这种基金的主要借贷者是商业银行,借贷的目的有一部分是为了补充准备金。1973 年以前,国际货币市场的发展还不成熟,在一些国家里甚至没有这种市场。

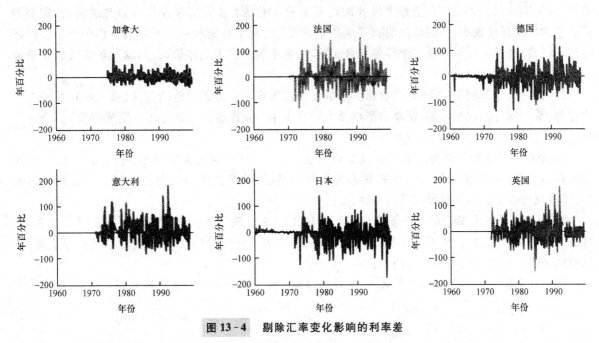

图13-4　剔除汇率变化影响的利率差

本图表示的是剔除汇率波动后,各国回报的差异。比较图13-4和图13-3中纵坐标的单位,你会发现,对外汇进行投机所获得的回报(或损失),其数量级要比国内外的利差大10倍。投资于外国债券的风险会非常之大。

资料来源:《国际金融统计》(*International Financial Statistics*),序列60b。国际货币基金组织。以年利率表示的月度数据。

13.3　开放经济的管理

1973年,世界经济转变为浮动汇率制。但是在此之前,世界上的大多数国家都将本国的货币钉住美元。由于各个国家都有着各自不同的甚至是对立的政策目标,所以原有的汇率制度被证明是低效率的。下面我们将看看经济理论是如何解释这种变化的。

13.3.1　封闭经济中的资本市场与小型开放经济中的资本市场

资本市场是一个将家庭的储蓄提供给私人企业或者政府使用的渠道。在一个封闭经济中,国内企业和政府的借款正好等于国内家庭的储蓄。可是在一个开放经济中,情况就不是这样了。企业与政府的借款可以超过国内的储蓄,超过的部分就是由国际资本市场提供的。

有少数经济体,如美国、日本,是国际金融市场上重量级的参与者,当美国政府在国际市场上借款时,其影响可以大到足以改变整个世界的利率水平。但是大多数国家并没有如此的实力,它们的借贷活动规模都比较小,不足以影响到其他参与者彼此之间的借贷利率水平。当我们分析小型经济体时,我们就假设实际利率是一个外生变量。反之,如果我们作了上述假设,那就意味着我们在研究**一个小型的开放经济**。

产出水平、名义利率、汇率以及价格水平都是如何决定的?为了分析的方便,我们要对某些个体的行为、某些现行的政策体制、汇率水平以及人们对未来通货膨胀的预期作出一定的假设。

这些假设如下:

1. **预期通货膨胀率为零**。我们假设通货膨胀率为零,并预期在未来仍然为零。这样的分析使我们很容易将研究扩展到预期通货膨胀率为常数的情况,但是这样做只会使得我们的分析变得复杂,而对理解理论的本质并没有任何帮助。

2. **汇率的预期是静态的**。市场参与者不会期望汇率会朝着某一个方向系统地变动。记住,在自由的资本市场里,国内利率是由非套补利率平价决定的。例如,如果市场参与者预计汇率会贬值,他们将要求一个更高的利率作为回报。

图13-5将一个封闭经济的资本市场(图A)与一个小型开放经济的资本市场(图B)进行了对

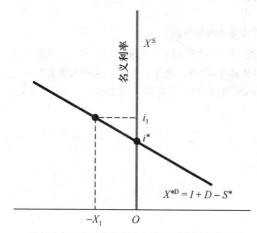

用本币表示的对世界资本市场的需求量与供给量

图A 封闭经济的资本市场

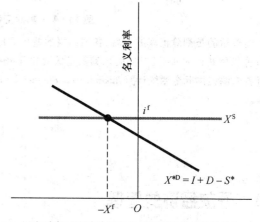

用本币表示的对世界资本市场的需求量与供给量

图B 开放经济的资本市场

图 13-5 封闭经济中的资本市场与小型开放经济中的资本市场

上面两个图分别描绘了封闭经济中的资本市场与小型开放经济中的资本市场。

图A代表一个封闭经济的资本市场。曲线 X^{*D} 是当产出等于充分就业下的收入水平 Y^* 时,国内经济对世界范围内的资本的净需求。它等于国内的投资需求加上政府借债减去充分就业的国内储蓄 S^*。

如果国内的借款者能够以 i_1 的利率水平在国际市场上借到资金,那么整个国家(包括私人部门和政府部门)就会选择向国际市场供给 X_1 水平的资金。这意味着该国的净需求是负的。

一个封闭经济是不可能向外界借款的。这种假设是由垂直的资本供给曲线 $X^S = 0$ 表现出来的。当利率等于 i^* 时,将达到国内均衡。

图B对上述情况作了一定的修正,它考虑到国家可以在世界利率水平 i^f 下,借到或贷出资金的情况,这种情况被称为"小型开放经济"。之所以称为"小型"是因为世界的资本供给是水平的。这意味着该国对资本需求的改变不足以对世界利率水平产生影响。

当世界的利率水平是 i^f 时,国内经济是世界市场的资本净供给者,其供给量为 X^f(净需求等于 $-X^f$)。

比。在图 A 和图 B 中,向下倾斜的曲线 X^{*D} 就是世界市场上对资本的净需求曲线。这种需求是以本币计算的,其值可正可负,其大小等于私人企业的投资所需(I)加上政府为弥补赤字所需(D),再减去国内家庭储蓄所提供的资金数额 S^*。由于对资本的净需求取决于国内的收入,所以我们用加"星号"的方式以提示,S^* 是指充分就业下的储蓄,X^{*D} 代表充分就业下对资本的需求。

图 A 表示一个封闭经济。在这种情况下,对该经济体而言,世界市场上的资本供给就应为零,表现在图中就是一条垂线。图 B 代表一个小型的开放经济,在这种经济中,国内的居民可以在当前的世界利率水平下借到他所愿意借到的全部资本。在这种情况下,世界市场上的资本供给曲线就是一条水平线。图 B 描绘出的情况是:在现有的利率水平 i^f 下,国内居民将成为世界市场上的资本净供给者。也就是说,此时该国对资本的需求是负数,即 $-X^f$。

13.3.2 开放经济中的 IS-LM 模型

在第 12 章,我们将资本品市场的均衡与金融资产市场的均衡结合在一起,研究当经济处于 IS-LM 均衡时,收入和利率的决定。之后,再研究价格在短期内和长期内的决定问题。现在我们用类似的分析来研究小型的开放经济。

在一个封闭经济中,IS 曲线表示能够使资本品市场达到均衡的所有收入与利率的组合。当收入增加时,家庭的储蓄也就越多。储蓄的增加导致均衡利率的下降,所以 IS 曲线是向右下方倾斜的。在一个开放经济中,储蓄的增加仍然会导致均衡利率的下降,但是利率是在世界市场上决定的。当家庭的收入提高时,它们会储蓄更多,但是这些钱将会流向国外,贷给外国的借款人。在一个开放经济中,IS 曲线是一条水平线,其位置的高低取决于世界的利率水平 i^f。

为了得到一个小型开放经济中的 LM 曲线,我们必须使货币的需求等于货币的供给。这与封闭经济中的分析本质上是一样的。只是,此时能够导致 LM 曲线移动的因素就增多了,因为现在各个市场上都有来自外国的竞争者。

我们知道,LM 曲线的位置取决于货币的供给量和价格水平。在封闭经济中,价格是由国内的因素决定的,而在开放经济中,实际汇率的变动要受到竞争的限制。在我们的分析中,将作出一个极端的假设,那就是购买力平价成立。在此假设下,因为有 $P = P^f/e$,所以购买力平价成立意味着实际汇率等于 1。我们在图 13-2 中看到,在现实世界里,七国集团国家的汇率在过去 50 年中有着剧烈的变动,有些国家的货币在贬值,有的则在升值。导致实际汇率在长期升值或贬值的因素是各国生产率的变化,而导致生产率变化的因素有:新技术的采用、自然资源的发现,以及其他能够导致一国产出持续变化的因素。

网络浏览 13-2

罗伯特·蒙代尔开创了开放经济的研究

1999年,加拿大经济学家罗伯特·蒙代尔因为"对不同汇率制下的货币和财政政策的分析以及最优货币区理论的研究"获得了诺贝尔经济学奖。

蒙代尔是开放经济下货币和财政政策研究的开拓者。诺贝尔奖委员会在描述他的贡献时是这样说的:

"罗伯特·蒙代尔建立的理论,是现实中的开放经济在考虑如何制定货币和财政政策时所依据的主要理论。他在动态的货币理论和最优货币区理论上所做的工作激励了几代学者和研究人员。事实上,早在几十年前,罗伯特·蒙代尔的贡献就已经非常杰出了,并且早已成为国际经济学课程的核心内容。

蒙代尔的研究,领域非常广泛,影响力异常持久。之所以如此,是因为他将实证研究、敏锐的直觉以及政策实践的结果很好地结合在一起。

除此之外,在预测国际货币体系和资本市场的未来发展上,他对研究课题的选择具有超乎寻常的、近乎先知般的准确。蒙代尔的贡献是一个极好的提醒,它使我们认识到了基础研究的重要性:在一段时间内,学术研究的成果看起来好像只是少数人才能了解的秘密传承之物,但是过不了多久,它就会在实践中产生重大作用。"

你可以阅读蒙代尔在诺贝尔颁奖典礼上的演讲,网址为 http://columbia.edu/%7Eram15/nobe-Lecture.html。

如果购买力平价成立,就会使我们的分析大为简化,因为这意味着国内对货币的需求只取决于国外的价格和汇率。

13.3.3 在一个开放经济中,充分就业均衡是如何被恢复的

图13-6展示了一个开放经济中的IS-LM图。初始状态的货币供应量为M。外国的价格水平是外生的,其大小等于P^f,汇率为e。短期内,经济在超过充分就业的状态下运转。这种状态在图形上就是LM曲线LM_1与水平的IS曲线的交点。此时,LM曲线的位置取决于Me/P^f,因为来自国外供给者的竞争保证了国内的价格水平$P = P^f/e_1$。

本图展示的是在一个开放的经济中,充分就业均衡是如何恢复的。在初始状态下,收入水平是 Y_1,超过了充分就业时的水平。国内的价格水平等于外国的价格水平除以汇率,即 $P = P^f/e$。当国内的价格水平上升时,下面两种情况必有一个会发生:

1. 汇率下降;
2. 货币供给下降。

如果是在一个可变汇率的国家,则均衡可以通过汇率的贬值来达到(e 下降)。

如果是在一个固定汇率的国家,则均衡可以通过货币供给下降来达到(M 下降)。

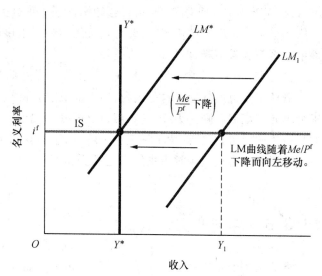

图 13-6 在开放经济中恢复充分就业均衡

如图 13-6 所示,初始时刻的价格水平过低了,因为当 $P = P_1$ 时,LM 曲线与 IS 曲线在 $Y = Y_1$ 时相交,而 Y_1 处于充分就业收入 Y^* 的右边。在收入等于 Y_1 时,就业率超过了自然率。产出的高涨导致了争夺劳动力的竞争加剧,而这势必引起工资的上涨,从而对国内价格造成压力。当国内价格开始上涨时,净出口会下降。因为国内商品相对于外国商品而言变得昂贵了。净出口需求的减少导致了对本币需求的减少。之所以如此,是因为当出口下降后,外国购买者不再需要将外币兑换成本币。这里有两种机制可以导致均衡的最终恢复:一个是在浮动汇率制下,另一个则是在固定汇率制下。

13.3.4 浮动汇率制下充分就业均衡的恢复

首先,让我们研究在浮动汇率制下的情况。在这种背景下,国内的货币供应量是由中央银行决定的,我们设其在 M 水平上固定。在初始的均衡收入 Y_1 下,出现过度就业。这给名义工资和总体价格水平带来了巨大的压力。当国内价格水平开始上升时,对本币的需求会发生暂时的短缺,这是因为出口开始下降,进口开始上升。对本币需求的减少导致了本币汇率(本币的相对价格)下降,从而恢复了外汇市场的均衡。国内实际产出的下降可以通过价格水平的提高和使本币汇率贬值的方法达到。

13.3.5 固定汇率制下充分就业均衡的恢复

首先,在固定汇率制下,中央银行放弃了对货币供应量的控制。取而代之的是,央行会为了保证汇率水平固定不变,随时准备买卖外汇。当央行购买一种资产时,它将增加其资产负债表中的资产项目,但是为了支付所购资产,央行会印刷钞票。正因为如此,央行购买外汇的结果是增加了货币的供给。当央行卖出一份资产时,会有相反的结果。当银行卖出外汇时,它接受的是本币,从而造成流通中的本币数量下降,即货币供给下降。

在图 13-6 中,当收入等于 Y_1 时,存在着过度的就业和国内价格上涨的压力。与此同时,这也给汇率造成了贬值的压力。这是因为,出口商发现国际市场对昂贵的国内产品的需求下降。但是中央银行不允许汇率下降。为此,它会用自己的外汇储备去买回本国货币,以维持原有的汇率水平不变。这种行为的后果是,国内货币供应量下降,而这会导致 LM 曲线向左移动。在固定汇率制下,实际余额的下降可以通过减少货币供给来达到。

13.3.6 冲销和支付危机

名义汇率像国内货币供应量一样都只是一个名义变量。当一国维持汇率固定不变时,我们就说该国采取了**钉住**汇率的政策。设想一个小型开放经济,在试图钉住汇率的同时又要维持国内的货币供给。那么该国如何才能达到这一目标呢?为此,我们假设经济体已经处于充分就业的均衡状态,收入为 Y^*,利率为 i^f。如图 13-6 所示,这是经济体在长期所处的位置。现在,让中央银行在公开市场上买进政府债券。即使中央银行采取了钉住汇率的政策,这种行为在短期内也是可以做到的。因为,中央银行的资产组合中既有政府债券又有外汇储备。卖出外汇的同时,买进政府债券,这种行为被称为"冲销"。因为这种行为可以阻止钉住汇率的政策所引起的国内货币供给的波动。

看起来,由于有了"冲销"的方法,国内货币供应量就可以不受汇率的影响而独立地被很好地加以控制。但是这种方法是不可能长期有效的。原因是,当中央银行增加货币供应量时,LM 曲线就会向外侧或右侧移动,这会导致产出超过充分就业时的收入水平,从而就有了价格上升的压力。正如我们在前面所看到的,这将对汇率产生促其下降的压力,而为了维持原有汇率的水平不变,中央银行必须出售其所拥有的外汇储备,买进本国货币。但是,现在这种策略的缺陷是显而易见的:中央银行的外汇储备是有限的,当外汇储备用完时,中央银行就会失去对货币供给和汇率的控制能力。

当中央银行干预外汇市场以维持其钉住汇率的政策时,它就必须要么买进要么卖出自己的资产。如果在钉住的目标汇率水平上,央行是一个本币的净需求者,则我们就说此时存在着**国际支付赤字**,如果央行是一个本币的净供给者,则我们就说此时存在着**国际支付盈余**。

13.3.7 封闭经济和小型开放经济中 IS-LM 的比较

表 13-3 比较了封闭经济和小型开放经济中的 IS-LM 分析。在封闭经济中,IS 曲线向右下方倾斜;而在小型开放经济中,则是水平的。在这两种经济中,LM 曲线的位置取决于实际余额,如果产出超过充分就业的产出水平,则 LM 曲线向左侧移动。在封闭的经济中,当对劳动的超额需求造成工资和价格水平上升时,这种情况就会发生。而在浮动汇率的小型开放经济中,这种情况也会发生。在这种经济中,国内价格的上升将会伴随着本币的贬值。在固定汇率的小型开放经济中,由于中央

银行卖出外汇储备而造成的货币供应量的减少,将会导致 LM 曲线向左侧移动。

表 13-3 封闭经济和小型开放经济中的 IS-LM 模型

	封闭经济	小型开放经济
IS 曲线	IS 曲线向右下方倾斜	IS 曲线是水平的
LM 曲线	其位置取决于 M/P	其位置取决于 Me/P^f
产出超过 Y^* 的影响	LM 曲线向左侧移动,价格水平上升	LM 曲线向左侧移动,本币汇率贬值(e 下降),这也导致价格上升

总而言之,在一个开放的经济中,汇率或者货币供应量会不断地调整,直到 LM 曲线与 IS 曲线相交于充分就业的产出水平。利率是由世界市场利率 i^f 决定的,在充分就业的均衡状态下,一个国家既有可能成为世界资本市场上的借款者,也有可能是贷款者。

13.4 布雷顿森林体系的崩溃

我们可以利用开放经济中的借贷分析来理解自 1948 年以来世界金融体系的发展历程。当布雷顿森林体系在第二次世界大战后正式生效之后,体系中的每个国家都同意将本国的货币按照一个固定的比率与美元挂钩。虽然该体系允许各个国家为了矫正长期的对外不平衡而进行法定贬值或者法定升值,但是按照当初的设想,这种情况应该是很少发生的。在布雷顿森林体系正式运行之际,诞生了国际货币基金组织。该组织的职责是:监督国际货币体系的运行;并在成员国发生支付危机时,为该国提供紧急贷款。

当一个国家采用的是固定的汇率制度,而对资本市场没有任何限制时,那么该国国内的借款者和贷款者可以在无须担心汇率风险的条件下,在世界市场上进行交易。如果中央银行钉住的利率水平低于世界的利率水平,那么国内的贷款者将会把资金投资于外国的债券;同理,如果央行钉住的利率水平高于世界的利率水平,那么国内的借款者将会到世界的资本市场上去筹措资金。所以,一国的中央银行可以通过钉住汇率方式干预汇市,但不可同时选择利率水平。

但是有一个国家例外,它的央行可以有选择利率水平的自由。在布雷顿森林体系中,各国的汇率不是钉住黄金,而是钉住美元。这种制度安排给予了美国独立安排货币政策的能力,因为它可以依赖其他国家来维持当前的汇率。在固定汇率制下,只可以有一个国家能够自主决定自己的利率水平,而在战后的 1944 年到 1973 年这段时期,这个国家就是美国。

在一个固定汇率的世界里,国际支付表现为央行外汇储备的变化。而这种变化是央行为了维持固定的汇率而对汇市进行干预的结果。在布雷顿森林体系中,一国的货币政策会与许多其他国家的国际支付平衡相抵触。因为各个国家只在固定汇率上达成了一致,但在货币政策的协调上并没有达成一致。一些国家,比如日本和德国,扩张货币供应量的速度相对较慢。而其他国家,比如意大利和法国,为了刺激国内的经济而选择了迅速扩张货币供应量的政策。在长期,那些导致经济恢复到自然率状态的力量会使通货膨胀率的增长速度与货币扩张速度相一致。这就是说,那些选择了快速增加货币供应量的国家实际上就是选择了高通货膨胀的策略,而货币供应量增长较慢的国家实际上就是选择了低通货膨胀的策略。

如果是在一个浮动汇率的世界里,那么各个国家选择不同的通货膨胀水平是没有问题的。但是在一个固定汇率的世界里,不同货币的购买力发生变化会直接反映在汇率的改变上。实际上,类似德国和日本这样的执行非扩张性货币政策的国家就会积累起大量的外汇储备,因此这些国家的货币就会面临升值的压力。而像法国和英国这样的执行扩张性货币政策的国家就会不得不频繁地借入大量的外汇以弥补储备的不足;因此这些国家的货币就会面临贬值的压力。当这一过程在1973年达到极限时,布雷顿森林体系就崩溃了。整个世界进入到浮动汇率的时代。

13.4.1　浮动汇率制下的长期均衡

在浮动汇率制下,各国的中央银行可以追求各自的货币政策而不会陷入国际支付危机。如果一国的央行选择放弃对汇率的控制,那么它就可以控制利率水平。然而这种可能性本身会给从事国际贸易的经济主体带来很大的不确定性,因为他们意识到汇率水平是由各个央行的货币政策最终决定的。例如,如果意大利的央行决定选择一个高于英国的利率水平,那么里拉必须相对于英镑贬值;否则,世界的投资者将会投资于里拉。在现实世界中,为了追逐套利的机会,货币的移动规模是非常巨大的,国际投资者每天从一个国家转移到另一个国家的资金有4 300亿美元之巨,大约是美国每天GDP的20倍。①

非套补利率平价认为汇率是由预期的未来政策的变化所决定的。例如,假设你生活在一个确定性的世界里,并且你知道意大利的利率始终比美国的利率高6%,那么这个世界的均衡状态就应该是这样:里拉以每年6%的速度不断地贬值。只有这样才能补偿不同的利率给投资者带来的损失。但是如果你不能确定意大利中央银行未来的政策变化,情况会是怎样的呢?如果意大利的利率变化了,那么汇率也注定会变化以反映出新的贬值轨迹。正是货币价值的这种不确定性造成了自世界进入浮动汇率制以来汇率的大幅度变化。在浮动汇率制下,这些问题势必会出现,而亚洲金融危机就是这些问题最新的例证。

在浮动汇率制下,一国政府永远不会经历国际支付危机的局面,因为汇率是由资本市场上的供求关系决定的。取而代之的是,这个系统会因为微观主体尽力地猜测中央银行的未来货币政策而导致汇率的剧烈波动。

---

①　这些数据是1989年的数据,摘自"Foreign Exchange," by Kenneth Froot and Richard Thaler. *Journal of Economic Perspectives*, Summer 1990。

13.5 固定汇率与浮动汇率的比较

13.5.1 开放经济的宏观经济学

浮动汇率制相对来说还很年轻。所以,尽管对于浮动汇率制如何运行我们已经有了一些认识,但在许多方面我们仍然在不断地探索。经济学家们相当清楚固定汇率制对国内政策的制约。

专栏 13-1

聚焦事实

亚洲危机

在整个 20 世纪 80 年代以及 90 年代前半期,许多亚洲国家和地区都以惊人的速度保持经济增长。这些国家和地区包括:中国香港地区、韩国、新加坡、印度尼西亚和泰国。在这些国家和地区中,高速的经济增长伴随着高水平的外国投资。但是,在 1997 年,亚洲经济经受了严重的金融危机。

1997 年 1 月,韩国大型财阀韩宝钢铁公司(Hanbo)因欠下 600 亿美元的债务而崩溃标志着危机的开始。这是十几年来韩国财阀的第一次倒闭。1997 年 2 月,泰国最大的公司因无力还债而宣布破产。由此,恐慌开始在亚洲市场上迅速扩散。投资者纷纷将资金从泰国、菲律宾、韩国和马来西亚撤出,造成了这些国家和地区的货币大幅度贬值,金融业企业大量倒闭。

亚洲国家和地区因金融危机而造成的衰退,其规模可以和 20 世纪 30 年代发生在欧洲和美国的大萧条相比。对于造成这次危机的原因,大家还没有一个一致的看法,但是部分原因

	平均增长率[1]	
	1980—1996 年	1997—2000 年
中国香港地区	6.360588	0.4950
印度尼西亚	6.433529	-2.6375
韩国	7.800588	1.6500
马来西亚	7.041176	0.9650
菲律宾	2.340588	2.4225
新加坡	7.877647	3.5475
泰国	7.823529	-1.1075

本表展示了七个亚洲国家和地区在金融危机前后的 GDP 增长情况。除了菲律宾以外,其他六个国家和地区在整个 20 世纪 80 年代以及 90 年代前半期都经历了快速的经济增长。当金融危机在 1997 年发生之后,这些国家的增长率都显著地下降了。

[1] 数据来自 the IMF World Economic Outlook。可以在 http://www.imf.org/external/pubs/ft/weo/1999/02/data/index.htm 得到。

应该归结为近几十年来这些国家和地区资本市场的开放,允许资本自由地流入流出。

下面对于这场危机的观点来自于麻省理工学院保罗·克鲁格曼的文章(在 http://web.mit.edu 上检索 Krugman)。

问题出在金融中介的结构上。因为它们有政府作为担保,所以自我管制松懈,借贷行为非常不规范,从而导致了严重的道德风险问题。这些金融机构过多的高风险贷款导致了通货膨胀——不是普通产品的通货膨胀,而是金融资产的通货膨胀。风险贷款越多,就越推动着金融资产价格的上涨,而金融资产价格的上涨又使得金融机构的资产状况看上去出奇地好,于是就形成了一种恶性循环,而正是这种循环维持着金融资产价格的高涨。

泡沫破裂。于是,一种相反的循环又出现了:金融资产价格的下降,导致了金融机构的资产负债的对比情况迅速恶化,资不抵债的状况迫使它们不得不停止运营,而这样一来导致了金融资产的价格进一步下降。这种循环可以解释这场危机的严重性以及亚洲经济在面对这种自我实现的危机时所表现出来的明显的脆弱性——这场危机反过来有助于我们理解为何看起来没有什么联系的不同经济体之间会出现这么强的"传染"现象。

如果想了解这场危机的病因并获得更多的相关文章和数据,可参见诺瑞尔·卢比尼在斯特恩商学院的网站:http://www.stern.nyu.edu/globalmacro/。

教训一:如果中央银行希望维持一个固定的汇率水平,那么它就不能够控制国内的利率水平

在具有固定汇率制度的开放经济里,所有国家的利率都应该相等。因为我们假设家庭和企业都可以自由地向国外进行投资,我们还假设中央银行可以有效地控制汇率的水平,所以一个国家的利率必定与其他任何一个国家的利率都一样。如果不是这样,投资者一定会将资金转移到能带来更高回报的国家。由此会压低高利率、抬高低利率。

对这个教训有一个重要的限定。尽管在完全自由的国际资本市场上,套利行为可以使不同国家的利率趋于一致,但在 1948 年到 1973 年之间,许多政府都尽力阻止这种套利行为的发生。许多国家的政府对货币的兑换实行了严格的限定:限制个人或企业可以兑换的货币额度。

图 13-7 描绘的是长期利率,即政府发行的长期债券的收益情况。由于这些债券都是类似的资产,因此我们有理由预期,在开放资本市场、固定汇率的世界里,这些债券的收益率应该一样。从图中我们可以清楚地看到,尽管这些债券的收益率在固定汇率的时期内也并不一样,但是它们的相近程度比 1973 年实行浮动汇率制以后要大得多。在固定汇率的历史时期,收益率不相等的原因主要就是各国政府对货币兑换的限制。然而这些收益率运动的相似程度则说明政府对货币兑换的限制作用是非常有限的。

本图描绘了 1950 年到 1999 年期间,七国集团成员国的政府债券的名义利率的变化。

注意,在固定汇率时期(1973 年以前),这些利率总是一起变动的;而在浮动汇率时期(1973 年以后),不同国家的名义利率的差异变得非常大。

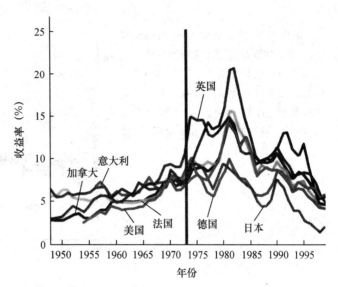

图 13-7 七国集团的利率(政府债券的收益率)

教训二:在固定汇率制下,中央银行无法控制货币的供给

认为一国的利率水平是由世界的经济状况所决定的这一思想暗含了一个重要含义,那就是对中央银行对本国货币存量的影响力的判断。

布雷顿森林体系的崩溃并不是不可避免的。它之所以崩溃主要应归因于各国追求各自不同的货币政策。法国和英国本可以通过向国外借外汇来干预外汇市场,从而维持固定的汇率水平;或者接受较低速度的货币扩张,从而会有较低的通货膨胀。但是它们并没有这么做,而是选择了其他的政策(见第 18 章)。经济学家们在短期与长期之间划出了明确的界限:短期是指当价格来不及变化时,产出由 IS 曲线和 LM 曲线的交点来决定的时间长度;长期则是指价格可以自由变化而产出是由垂直的供给曲线决定的时间长度。低速货币供给增长的根本问题是,尽管在长期内它可以降低通货膨胀速度,但是在短期内,较低速的货币供给增长会导致衰退的发生。

教训三:在固定汇率制下,中央银行在长期无法控制通货膨胀

固定汇率制所暗含的第三个含义是:在长期,一国无法控制自己的通货膨胀率。这一判断来自以下事实:在长期,一国的通货膨胀率取决于货币供给的增长速度。因为在固定汇率的开放经济里,各国的货币增长速度是一样的,因此长期内,通货膨胀的速度也一定相等。在固定汇率制下,各国的货币政策紧密地联系在一起。因为任何一种货币都可以在一个固定的汇率上兑换成其他任何一种货币,因此实际上整个世界就只有一种货币。而在浮动汇率制下,每个国家的货币政策都是独立的。

图 13-8 描述了七国集团的成员国通货膨胀率不同而产生的影响。在固定汇率的时代,除了 1956 年法国发生较大的通货膨胀,因此法郎进行法定贬值之外,不同国家的通货膨胀率很紧密地共同变化。在 1973 年以后,由于各国货币政策的联系不再紧密,而且这种政策上的差异又势必体现在汇率的变动上,所以各国的利率差异变得越来越大。

本图描述了从 1950 年到 1993 年,七国集团成员国的通货膨胀率变化的情况。在固定汇率制下(1973 年以前),各国通货膨胀率基本上是一起变动的;而在浮动汇率制下(1973 年以后),它们开始独自变化。

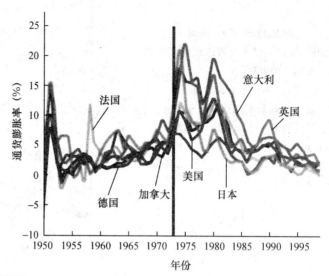

图 13-8 七国集团的通货膨胀率

13.5.2 通货膨胀与越南战争

从国际经济中得出的以上三个教训看上去相对比较简单,但是实际上却有重要的含义。例如,20 世纪 70 年代后期和 80 年代初期,大多数国家都经历了一段使金融市场陷入混乱的高通货膨胀和高利率的时期。高通货膨胀并不仅仅意味着所有的价格都上涨,它往往还意味着相对价格波动率的提高;意味着各种商品的名义价格跳跃式的蹿升,并且这种蹿升并不是均衡地发生在所有的商品上。经济学家们还没有完全弄清楚为什么相对价格的波动率会提高,但是他们知道这种变化会损害价格体系的功能。价格体系调节着货币从储蓄者手中流到投资者手中。在高通货膨胀时期,储蓄者不愿意贷出货币,因为价格波动率的提高导致他们对未来回报的预期变得不确定了。

由于 20 世纪 70 年代的通货膨胀几乎是普遍发生的,所以人们自然希望寻找到一个共同的原因。导致这次世界性通货膨胀的最可能的原因是美国政府为了应付越南战争而在 60 年代后期开始的大规模的借债活动。那时,美国的货币政策是维持一个较低的利率水平。当政府借债的数量扩大时,大部分债被联储买走。换句话说,政府债务的增加转变为货币供给的增加。在固定汇率制下,美国货币供给的扩张很容易就影响到了其他国家,但是外国的中央银行不愿意接受持续的货币扩张,于是这个矛盾最终导致了固定汇率制的崩溃。图 13-8 清楚地表明了固定汇率制结束得太晚了,以至于没能阻止持续十几年的世界性通货膨胀的发生。

13.5.3 欧洲货币联盟

欧洲经济共同体(EEC)的 15 个国家正围绕着是采取固定汇率制还是浮动汇率制争吵不休。目前 EEC 中包括的国家有:奥地利、比利时、丹麦、芬兰、法国、德国、希腊、爱尔兰、意大利、卢森堡、荷兰、瑞典、葡萄牙、西班牙和英国。这份名单在今后几年中还会不断增加,主要是从前苏联集团中分裂出的 12 个国家正在争取加入该组织。EEC 中一些政治家预测欧洲会发展成为像美国一样的单一的联邦制国家,而另一些政治家则希望其能够发展成一个更松散的联邦,相比之下每个成员国的权利要大一些。

作为一体化的一部分,欧洲议会拥有有限的(但却是不断增加的)立法权和执法权。在 1999 年 1 月,EEC 15 个成员国中的 11 个国家采用了统一的货币——欧元。这意味着它们采用了无法更改的固定汇率制。而 15 个欧盟(EU)成员国中英国、丹麦和瑞典还没有进入该货币联盟,它们保留了自己的货币。希腊在 2001 年成为联盟中的一员,从而使该联盟的成员数量从 11 个增加到 12 个。

在统一货币发行之前,欧盟在欧洲内部实行的就是一种固定汇率的制度。该制度被称为"欧洲货币体系"(EMS),它是欧元产生前的运行体系。该体系与布雷顿森林体系非常相似,只是规模小一些。在布雷顿森林体系中,有一个国家(美国)有能力制定并执行独立的货币政策。而在 EMS 中,扮演这个角色的是德国,其他国家则只能接受德国中央银行(德意志联邦银行 Bundesbank)所实施的货币政策。1989 年,柏林墙倒塌,不久德国重新统一,为了重建东德,德国政府借了大量的债务。但是与 20 世纪 70 年代的美国不同,德意志联邦银行不准备用扩张货币的办法为德国的重建买单。换句话说,它没有让货币供给随着政府债务的增加而增加。作为私人部门被迫支持政府借债的结果,德国的利率提高了,而通过 EMS 体系,提高利率这一举动影响到了欧洲的其他国家。

就像美国为应付越战而增加其债务,结果导致布雷顿森林体系崩溃一样,当意大利与英国在 1991 年将各自的货币贬值并相继退出货币联盟之后,EMS 也面临着同样的命运。EMS 和布雷顿森林体系的实际结果给未来的欧洲提出了一个重要的教训:如果想让一个固定汇率的制度(为统一货币作准备)有效地运行,那么成员国之间必须要协调好各自的财政政策。

13.5.4 国际经济学:欧洲与北美

传统上,欧洲比美国更重视对开放宏观经济学的研究。原因很简单:在战后的世界秩序中,相对于其他国家,美国较少受到国际因素的束缚。造成这一局面的原因有两个:一是美国相对而言是一个比较封闭的经济体,即使是现在,它的出口也只占其 GDP 的 15%,可想而知过去这个数额就更小了。第二,美国是战后货币秩序的领导者,联储可以自由地追求独立的货币政策,而无须考虑汇率问题。然而现在这两个因素的作用都在逐渐减弱。我们生活在一个越来越一体化的世界里,在整个世界的范围内,贸易占 GDP 的比重不可避免地在上升。贸易的增长促进着专业化生产的深化。我们已经看到了这种一体化的效果,例如制造业正加速转移到低工资的国家和地区,而高工资的国家,如美国则专业化于服务业、信息业和通信运输业。作为贸易不断增长的结果,我们需要发展出一个更优越的贸易体系,以保证我们的商品交易能够在一个波动不太剧烈的价格下有效进行。目前,整个世界正在对浮动汇率制进行试验,但是看起来世界上货币的种类有下降的趋势,因为有许多区域性组织,例如 EEC,正在尝试在区域内实行统一的货币。

结　论

汇率被定义为一美元所能够购买到外国货币的数量。根据这种定义,我们就可以定义什么叫升值、什么叫贬值,以及什么叫法定升值和法定贬值。当汇率上升时,我们就称之为外币贬值;当汇率下降时,我们就称之为外币升值。同样的变化如果发生在固定汇率制下,我们相应地称之为法定贬值和法定升值。

除此之外,我们还定义了"实际汇率",并对"绝对"和"相对"购买力平价理论进行了检验。根据绝对购买力平价理论,实际汇率应该在各个国家都相等。而相对购买力平价理论则认为,相等的应该是各个国家实际汇率的波动。在现实世界中,无论哪种结论都得不到数据的支持,原因是不同的国家生产的一揽子商品其内容是不同的,此外实际数据表明各国商品的相对价格在过去的25年中有着很大的差异。最后,我们检验了非套补利率平价理论,根据这种理论,不同国家的利率在经过预期汇率变动的调整后应该相等。

在固定汇率制下和浮动汇率制下世界经济的行为有着很大的不同。对固定汇率制下的国内IS-LM模型所作的主要修正是中央银行无法控制国内的利率水平,因为中央银行的政策目标是维持固定的汇率水平。如果汇率被确定在一个错误的水平上,那么在固定汇率制下,国内的货币政策和汇率目标就会有冲突。这种矛盾导致了固定汇率体系在1973年的崩溃。在浮动汇率制下,国家可以制定独立的货币政策,世界利率不再需要步调一致地变动。

本章除了介绍和定义了一些国际经济学中的重要概念之外还总结出一个重要的结论:除了一个国家之外,对于其他所有的国家而言,国内宏观经济政策的功能在固定汇率制下和在浮动汇率制下有着很大的差别。固定汇率制的主要优点是减少了向国外投资的风险,从而促进了贸易往来。而该体系的主要代价是剥夺了各国追求各自货币政策和财政政策的能力。只要我们生活在一个由不同国家组成的世界里,那么上述所说的好处与代价就会存在,而在缺乏各国政府间的协调机制的情况下,我们还会继续看到许多不同的货币同时存在。

关 键 术 语

无套利　absence of arbitrage
升值　appreciation
国际收支赤字　balance of payments deficit
布雷顿森林会议　Bretton Woods conference
国际收支盈余　balance of payments surplus
有套补利率平价　covered interest rate parity
贬值　depreciation
法定贬值　devaluation

汇率控制　exchange controls
汇率　exchange rate
固定汇率　fixed exchange rates
浮动汇率　floating exchange rates
七国集团(G7)　Group of Seven (G7)
国际货币基金组织　International Money Fund
钉住　pegs
购买力平价　purchasing power parity

实际汇率　real exchange rate
相对购买力平价　relative purchasing power parity
法定升值　revaluation
小型开放经济　small open economy
冲销　sterilization
非套补利率平价　uncovered interest rate parity

习　题

1. 解释名义汇率与实际汇率的区别。哪一个决定了一个经济体长期的进出口水平？
2. 简要解释法定贬值与贬值的区别。如果里拉将要贬值，你会用美元兑换更多的里拉还是减少里拉的持有？
3. 什么叫购买力平价？该理论对实际汇率的长期水平有何结论？看图 13-2，购买力平价理论是否准确地描述了现实？为什么？
4. 什么叫"非套补利率平价"？该理论对国外和国内名义利率之间的关系有何结论？观察图 13-4，非套补利率平价理论是否准确地描述了现实？为什么？
5. 假设你发现日元对美元在过去的一年里持续升值，而且你预期这种情况还会持续，那么
   a. 如果你是一个准备去日本旅游的美国人，上述情况对你会有什么影响？
   b. 你认为美国的名义利率相对于日本的名义利率会有怎样的变化？为什么？
   c. 如果购买力平价保持不变，这两个国家之间的实际汇率在长期会出现什么样的结果？为什么？
6. 假如一揽子消费品在美国的价格是 100 美元，而同样的一揽子商品在日本的价格是 8 000 日元，如果目前的汇率是 1 美元兑换 100 日元，那么根据购买力平价理论，目前的汇率会如何变化？根据购买力平价理论计算美元对日元的汇率水平。
7. 我们假设存在一个名叫"鲁巴尼亚"的假想国家，该国使用的货币叫做 lotty。下面的表格给出了一些关于美国和该国的人为制作的数据。假设在 1951 年，鲁巴尼亚退出了布雷顿森林体系，并且决定实行一个封闭的浮动汇率制。

年份	美国			鲁巴尼亚			Lotties/美元
	一揽子美国商品的美元价格 P	i		一揽子鲁巴尼亚商品的 lotty 价格 P^*	i^*		e
1950	100	3		100	3		25
1951	102	3.5		51	3.5		25
1952	104	4		78	7		30
1953	108	4.5		108	9		60

   a. 计算从 1950 年到 1953 年，鲁巴尼亚每年的实际汇率。汇率的衡量单位是什么？
   b. 请说出 lotty 发生贬值、升值、法定贬值和法定升值的具体年份。
   c. 计算从 1950 年到 1952 年，两国之间的利率差。
   d. 计算从 1950 年到 1952 年，经汇率波动调整后，两国之间的利率差。如果你投资于鲁巴尼亚的债券，那么哪一年你所获得的好处大于投资于美国债券？
   e. 美国旅游者是在 1951 年去鲁巴尼亚好还是在 1952 年去好？
   f. 鲁巴尼亚与美国之间的汇率是否符合购买力平价理论？
8. 什么叫"冲销"？当一国准备冲销本国的货币供给时，该国的外汇储备将会扮演什么样的角色？请予以解释。
9. 假设美国与英国决定在两国之间采取固定的

汇率制度,那么当美国的通货膨胀率为1%而英国为5%时:

a. 如果两国决定维持现有的固定汇率,那么两国之间的实际汇率会发生怎样的变化?这两个国家能够一直维持现有的固定汇率吗?为什么?

b. 假设两国放弃了固定汇率而允许汇率自由浮动,那么名义汇率与实际汇率会发生怎样的变化?这两个国家的利率会发生怎样的变化?

10. 在一个小型开放的经济中,恢复到自然失业率的过程与在一个封闭经济中的同样过程有何不同?解释如下两种情况:

a. 经济处于超过充分就业的状态;

b. 经济处于低于充分就业的状态。

11. 考虑一个小型开放经济,其对外贸易处于平衡状态(赤字或盈余均为零),分析下列情况对该经济体的产出、贸易平衡以及汇率有何影响?用 IS-LM 图形加以说明。

a. 国内货币供给增加;

b. 世界利率水平提高;

c. 外国的价格水平提高。

12. 考虑一个小型开放经济,其对外贸易处于平衡状态(赤字或盈余均为零)。假如七国集团的成员国为了减少财政赤字都采取了增加税收的政策,则

a. 对该小型开放经济的汇率和贸易平衡会有怎样的影响?用 IS-LM 图形加以说明。

b. 如果这个小型开放经济的目标是维持固定的汇率,那么你对该国的货币政策会提出什么建议?用 IS-LM 图形加以说明。

13. 固定汇率体系的代价是什么?优点是什么?货币联盟的优点与不足各是什么?

14. 描述布雷顿森林体系是如何运行的。详细讨论为什么该体系最终会崩溃。

第四篇

动态宏观经济学

第 14 章　政府预算
第 15 章　新古典增长理论
第 16 章　内生增长理论
第 17 章　失业、通货膨胀和经济增长
第 18 章　预期和宏观经济学
第 19 章　我们知道的和不知道的

　　第四篇包含共同关注经济动态学的五章，经济动态学是一个说明经济如何从一期运动到下一期的理论。第 14 章介绍了差分方程的思想，差分方程是我们用来研究经济随时间运动的工具。第 15 章和第 16 章利用差分方程解释经济增长。

　　在第 17 章和第 18 章，你将学到如何将新古典模型扩展到动态环境。第 17 章将动态学引入到新古典模型中，在第 18 章，我们将会学习理性预期理论，这个理论是对货币政策作用进行现代分析的基石。

　　第四篇的第六章，即第 19 章，是一个简短的概括，说明了我们知道什么和未来的经济挑战。

第 14 章　政府预算

14.1　引言

在前面各章,我们分析了在给定的时点上,经济是如何运行的,这叫做**静态分析**。现在,我们引入**动态分析**——对经济在不同时点上如何运行进行研究。尽管静态分析能在回答经济学家和政策制定者感兴趣的问题上有所作为,但是宏观经济学中的一些议题确实是动态的。在本章,我们分析这样一个议题——债务和赤字的经济意义。

随着《就业、利息和货币通论》的出版,凯恩斯主义经济学家开始主张实行稳定政策。他们建议当失业率高时,政府应当增加支出;当失业率降低时,则应降低支出。第二次世界大战之后,对这些政策的追求使得赤字增加,因为政府发现,与增加税收相比,增加支出在政治上更有利可图。差分方程让我们能够理解这些赤字是如何累积起来的,以及其是如何导致 20 世纪 90 年代早期的危机的,这次危机成为政府增加税收以平衡预算的导火索。

14.2　债务和赤字

14.2.1　债务与赤字之间的关系

政府预算方程是差分方程的一个例子,它显示了一个变量是如何从一个时期变化到下一个时期的。我们能够利用这个方程来研究一国政府债务和政府预算赤字之间的联系。

$$B_t = B_{t-1} \cdot (1+i) + D_t \qquad (14.1)$$

新的政府债务的　　未偿付的政府债务的　　1+名义利息率　　政府原始预算赤字
名义价值　　　　　名义价值

方程(14.1)假设政府债券都是一年期的。① 这意味着政府每年都发行在下一年以名义利率 i 偿付的债券。本年度的变量以下标 t 表示，前一年的变量以下标 $t-1$ 表示。例如，B_{t-1} 代表现存的政府债务的名义价值，这一债券是从 $t-1$ 年结转过来的，B_t 是 t 年发行的新债。为了简化，我们假设每年的利率是相同的。

变量 D_t 是**原始赤字**。这个原始赤字等于政府支出加上转移支付的价值，再减去政府收入的价值。它不同于报纸上公布的赤字，原始赤字剔除了为未偿付的债务所支付的利息。表14-1用1993年和1999年的数据来表明原始赤字和公布的赤字之间的关系。在这一时期，预算从约750亿美元的赤字变化到3540亿美元的盈余。

表14-1　联邦政府的收入和支出　　　　　　单位：10亿美元

	1993年	1999年
收入	1 197.3	1 874.6
包括债务利息的支出	1 471.5	1 750.2
不包括债务利息的支出	1 272.8	1 520.5
债务利息	198.7	229.7
公布的赤字（盈余）	274.1	-124.4
原始赤字（盈余）	**75.5**	**-354.1**

表14-1列出了以10亿美元计的联邦政府支出和收入的组成部分的价值。第一列是1993年的数据，第二列是1999年的数据。1993年的原始赤字为755亿美元，1999年的原始赤字是-3540亿美元。1999年的这一负数表示收入超过支出，原始预算处于盈余状态。**公布的赤字**在1993年是2741亿美元，1999年是-1244亿美元。公布的赤字包括为未偿付债务所支付的利息：1993年，这些利息支付达到1 987亿美元，1999年达到2 297亿美元。把债务利息加上原始赤字就得到公布的赤字。这个赤字就是你在报纸上看到的公布的赤字，但是在研究债务如何随时间累积时，原始赤字更有用。

图14-1说明了在20世纪90年代中期，为什么债务和赤字受人关注。一个明显的特点是由该图下方的黑色实线表示的国债在20世纪80年代急剧增长。一个相关的问题是从1940年到1970年，政府预算平均来说大致是平衡的；但是在20世纪80年代，赤字有显著增长。从1970年至1997年，每年都有公布的赤字（黑色虚线）。

尽管20世纪80年代的债务增长的确是一个问题，但是图14-1事实上把这个问题有多重要表现得言过其实了。图14-2通过提供以GDP的百分比来衡量的相同数据，把预算数字放在一个更恰当的背景下来考察。为了理解为什么把债务和赤字与GDP比较是恰当的，我们来考虑一个类似的问题。在这个问题中，一个学生带着100美元的信用卡账单离开了大学，设想这个学生允许他的信

---

① 债券的期限是指到本利和必须偿还之前的时间长度。政府发行有许多不同期限的债务。由于考虑不同期限带来的复杂性不会增加对这个问题的意义，故本章我们只考虑这样一种情况，即所有债券都是一年期的。

政府债务在第二次世界大战后持续增长。黑色实线是债务,虚线是赤字,灰线是不包括债务利息的赤字。这被称为**原始赤字**。

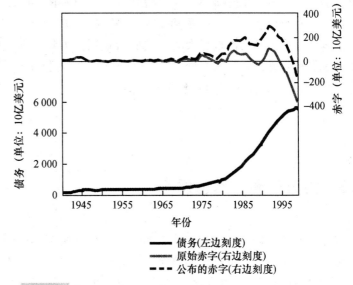

图14-1 债务和赤字

政府债务从第二次世界大战后期到1981年持续下降。在20世纪80年代开始增加,不过从1993年后开始下降。

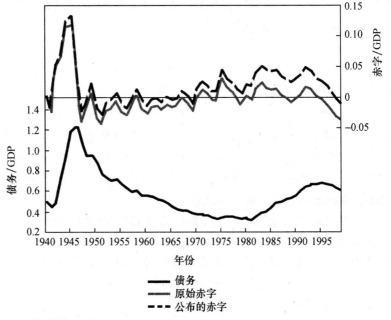

图14-2 GDP、债务与赤字的比较

用卡账单每年增长2%。这种债务的增长是否是一个问题,取决于这个学生的收入是否能以足够的速率增长,以使其能够支付债务的利息并最终偿还债务本金。只要这个学生的收入每年增长超过2%,那么,债务对收入的比率实际上将降低。就如同应该用这个学生的信用卡债务与他的偿还能力相比较来衡量这笔债务一样,国债也应该用债务与政府的偿还能力相比较来衡量。由于政府偿还债务能力的最终来源是政府对GDP征税的能力,因此,对美国的债务和赤字的恰当衡量是将它们与

第14章 政府预算 267

GDP 比较。尽管政府债务名义上每年都在增长,但是图 14-2 表明债务在 1946 年达到顶峰,达到 GDP 的 1.2 倍还略微多一点。虽然 1946 年的债务-GDP 比率比现在要高得多,但是这是有正当理由的。政府为偿还第二次世界大战期间所借款项而大量举债。因为战争支出会给当时的税收支付者和未来的税收支付者带来好处,所以在战时用赤字筹资是有意义的。20 世纪 80 年代的情形是不同的,因为当时政府赤字在和平时代增加了。

14.3 为政府债务增长建模

现在我们准备以方程(14.1)为蓝本写一个数学模型,它将显示国债如何与预算赤字产生关系。政府预算方程是一个差分方程。政府预算方程不同于普通代数方程的特征是变量 B 和它的时间下标 t,也就是说,对应于 t 的值,有一个不同的 B 的值。政府预算方程告诉我们,在任一给定的年份,债务如何与那一年的赤字、利率以及前一年的债务产生关联。一旦我们知道了赤字、利率和初始债务水平,方程(14.1)就可以允许我们计算出随后每一年的债务存量。给定一个债务的初始值,寻找随后每一年的债务值牵涉到解差分方程。

14.3.1 使用 GDP 作为度量单位

自从美国开始举债以来,以美元计量的政府债券几乎每年都在增长。但是美国经济中其他所有的以美元计量的变量也都在增长。因为这一原因,方程(14.1)不是一个十分有用的工具:它不能告诉我们与政府的偿还能力相比较,债务是否增长过快。一个更有用的方法是,用与 GDP 相比较的债务和赤字来对政府预算方程的形式进行变换。

为了使我们的分析简单一些,我们假设名义 GDP 的增长率 n、名义利率 i 和原始赤字与 GDP 的比例 d 都是常数。名义 GDP 的增长是由于实际增长和通货膨胀引起的,这两者都已被包含进 n 这一项中了。赤字-GDP 比例是常数的假设意味着固定作为 GDP 的一部分的政府原始赤字的规模,这一固定值等于 d。最后,我们假设联储通过在公开市场上买卖债券将利率固定在 i 上。

$$b_t = d + \frac{(1+i)}{(1+n)} \cdot b_{t-1} \qquad (14.2)$$

新债务在GDP中　　赤字在GDP中　　利率与增长率的　　现存债务在GDP中
所占的份额　　　　所占的比例　　　　比值　　　　　　所占的份额

方程(14.2)通过将 GDP 作为计量单位,①重写了政府的预算约束。变量 b_t 是今年的债务在今年的 GDP 中所占份额的值,b_{t-1} 是去年的债务与去年的 GDP 的比值。债务-GDP 比率因为两个原因而增长:第一,政府必须发债以弥补原始赤字,这就是 d 项,它测算了赤字对 GDP 的比例;第二,政府必须为现存的债务支付利息,这由系数 $(1+i)/(1+n)$ 来表示。

假定原始赤字为零,亦即,政府把税收提高到恰好足够满足不包括利息支出的水平上。债务对 GDP 的比例将发生什么变化呢?政府必须保证债务以因子 $(1+i)$ 的速度增长以支付未偿付债务的利息。这个因子使债务-GDP 比率增加。但是名义 GDP 自身以 $(1+n)$ 的速率增加,从而增加了政府通过税收获得收入的能力。这使得债务-GDP 比率下降。这两个因素的净效应由比例 $(1+i)/(1+n)$ 表示。如果 i 大于 n,债务-GDP 比率将增加;如果 i 小于 n,这一比例将缩小。

14.3.2　用图形分析差分方程

差分方程刻画了一个随时间变化的变量(**状态变量**)是如何根据其自身的过去值和许多参数来决定其变化的。方程(14.2)中的状态变量是债务-GDP 比率 b,参数是 d,i 和 n。参数 d 表示截距,复合参数 $(1+i)/(1+n)$ 是图形的斜率,这个图形标出了 $t-1$ 年的债务-GDP 比率与 t 年的债务-GDP 比率。

差分方程的解是一个状态变量的值的一览表,每个值对应一个未来日期。为得出解,我们需要知道债务-GDP 比率的初始值。然后,我们重写方程(14.2)以产生这一变量连续的未来值。当我们改变赤字或当利率上升或下降时,审视方程的解如何变化使我们能预期什么样的政策是必要的,这个政策能在特定的年限内把债务降低到任一特定的水平。这正是当前吸引政治家注意的一类问题,为回答这些问题,必须要解差分方程。

差分方程的解能展示十分丰富的形态。例如,b_t 的值可以无限制地增长。或者它可以增长一段时间,然后在一个固定值上停下来。这两种情况都是可能的,这取决于参数的值。一个找到差分方程的运动方式的简单方法是使用示意图,示意图在一个图的两个轴上标出连续时期内的状态变量的值。政府预算方程的示意图在图 14-3 中给出。向上倾斜的黑色直线是差分方程即政府预算方程

$$b_t = d + \frac{(1+i)}{(1+n)} b_{t-1}$$

的图。与轴成 45 度的灰线是稳态条件 $b_t = b_{t-1}$,连续的呈之字形前后运动的细黑线是当初始债务等于 b_0 时预算方程的解。

---

① 方程(14.2)由方程(14.1)两边同除以 t 期的名义 GDP 得到。令 Y_t^N 代表名义 GDP,我们得到表达式

$$\frac{B_t}{Y_t^N} = \frac{D_t}{Y_t^N} + (1+i)\frac{B_{t-1}}{Y_{t-1}^N}\frac{Y_{t-1}^N}{Y_t^N}$$

我们在右边第二项乘以和除以 Y_{t-1}^N,原因在于 B_{t-1} 被定义为 B_{t-1}/Y_{t-1}^N。将 Y_t^N/Y_{t-1}^N 定义为 $(1+n)$,D_t/Y_t^N 定义为 d,我们便可以得到方程(14.2)。

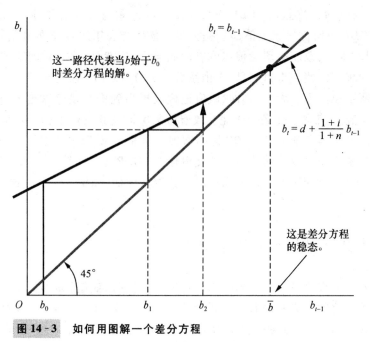

图 14-3 如何用图解一个差分方程

粗的黑线和灰线相交的点是**稳态解**。稳态解是状态变量的值,它满足政府预算方程(14.2),并且是与时间无关的状态变量的值。这两个要求被概括进了方程(14.3),方程(14.3)重新表述了方程(14.2),方程(14.3)中变量 b 没有下标 t,重写方程(14.3)可以得出用参数 d、i 和 n 表示的稳态解的表达式;我们指的是用符号 $\bar{b}$ 表示的稳态,并在方程(14.4)中解释了这一稳态解。这个稳态解十分特殊,因为不论何时,只要 b 总是等于 $\bar{b}$,解的结果永远不会变。

$$b = d + \frac{(1+i)}{(1+n)}b \qquad \text{用差分方程的稳态来解这个方程} \qquad (14.3)$$

$$\bar{b} = \frac{(1+n)}{(n-i)}d \qquad \text{把 } b \text{ 项集中到方程的一边就可以得到稳态方程} \qquad (14.4)$$

稳态解是差分方程的一个可能的解,在这个稳态解中,b 从 $\bar{b}$ 开始并停留在这个解上。但是,如果这一变量从小于 b,如 b_0 开始,情况将会怎样?b 的随后的值将会怎样?图 14-3 能够回答这个问题。

对任意给定的时期,令变量 t 代表一个具体数字。例如,假设我们让 t 等于 1。然后,我们可以在图的横轴上标出 b_0,当点 b_1 在直线 $b_1 = d + (1+i)/(1+n)b_0$ 上时,我们可以在隔一段距离的地方读到 b_1 的值。b_1 点在 b_0 的正上方。令 $t=2$,这一过程重复进行,我们可以沿着横轴标出 b_1 的长度,并以同样的方式从直线 $b_2 = d + (1+i)/(1+n)b_1$ 上读出 b_2 的值。解的第一步在图的纵轴给出了 b_1。为了在横轴上标出同样的长度,我们用线 $b_t = b_{t-1}$(45°线)来把点 b_1 从纵轴转换到横轴上。在直线 $b_t = d + (1+i)/(1+n)b_{t-1}$ 和 45°线之间作之字运动,我们可以找到差分方程全部的解。这个解由呈之字形的标有黑色箭头的图形代表。

14.3.3 稳定和不稳定的稳态

稳态的一个特性,我们称之为**稳定性**。如果政府预算方程的稳态是稳定的,那么与不稳定相比,赤字问题就不那么紧迫了。

图 14-4 中的图 A 和图 B 刻画了两个差分方程的解。两者都是方程(14.2)的特殊情况。图 A

在稳定的稳态中,n 大于 i,差分方程从上方与 45°线相交。随着时间的推移,差分方程的解逐渐接近于稳态。

在不稳定的稳态中,i 大于 n,差分方程从下方与 45°线相交。随着时间的推移,差分方程的解逐渐远离稳态。

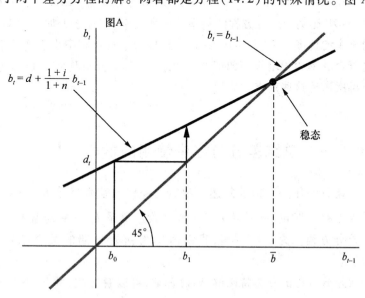

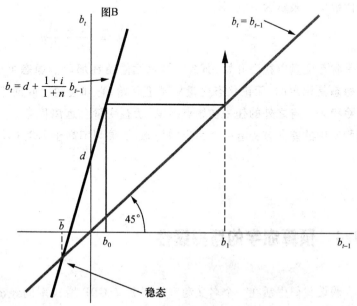

图 14-4 稳定的稳态和不稳定的稳态

中的差分方程的斜率是一个在 0 和 1 之间的正数;在图 B 中,斜率是大于 1 的正数,在两幅图中,差分方程的截距都是相同的数 d。

两个方程斜率的不同使得它们解的行为也不相同。图 A 中的稳态是稳定的,而图 B 中的稳态是不稳定的。为了理解为什么是这样的,我们来看看从某个正值 b_0 开始的变量 b_t 的路径。在图 A 中,这个路径由不断接近稳态的带箭头的之字形线表示。对比图 B 中的情形,在图 B 中,带箭头的之字形线随着时间的进展不断地离开稳态:b 无限制地增长。在图 B 中,稳态是不稳定的。

在图 14-4 的图 A 和图 B 中,d 是相同的值这一事实意味着在两种情况下,政府操纵着相同的赤字-GDP 比例。差分方程的斜率是一个比率,它等于 1 加上利率 $(1+i)$ 对 1 加上名义 GDP $(1+n)$ 的增长率的比率。在图 A 中,斜率小于 1.0,这符合利率小于增长率的情形。在图 B 中,斜率大于 1.0,这符合利率大于增长率的情形。稍后,当对比分析稳定的稳态与不稳定的稳态的经济后果时,我们将再次讲述这些观点。

14.3.4 总结差分方程中使用的数学

让我们作一个简要复述。我们已经仔细观察过了 $b_t = d + (1+i)/(1+n)b_{t-1}$ 形式的方程,这里 b 是状态变量,同时 d、i 和 n 是参数。解是 b_t 一系列值的一览表,对应于一个 t 值的一个解满足差分方程。为了解方程,我们需要为初始日期的某个给定的 b 的值提供所有未来日期的 b_t 的值。

差分方程的一类特殊解,即稳态解,可以解方程;并且,这个解在任何时点都是相同的。这个解用代数形式表示为

$$\bar{b} = \frac{(1+n)}{(n-i)}d$$

如果状态变量以稳态开始,那么它将永远停留在那里。稳态可以是稳定的,也可以是不稳定的。如果稳态是稳定的,无论状态变量从哪里开始,它都会随时间向稳态靠近;如果稳态是不稳定的,从一个除稳态本身之外的任一初始点出发,状态变量会远离稳态。如果利率低于名义 GDP 的增长率,我们所使用的差分方程有一个稳定的稳态;如果利率高于名义 GDP 的增长率,则稳态是不稳定的。

14.4 预算赤字的可持续性

假设我们生活在一个名义利率低于名义 GDP 增长率的经济中,而与之相反的是一个利率超过增长率的经济。在这两种情形中,债务和赤字的行为是十分不同的。

图 14-5 列举了来自战后美国经济的数据。注意在从 1940 年到 1979 年的时期里,政府能够

以低于名义 GDP 增长率的利率借款。尽管政府债券每年都在增长，但是政府的来自税收的收入以更快的速度增长，因此债务对 GDP 的比例在下降。在 20 世纪 80 年代，即 1993 年的赤字削减法案颁布之前，短期国库券的利率常常是超过名义 GDP 的增长率的。在此期间，当政府借款偿还未偿债务的本息时，政府债券就以利率的速度增长。但是政府收入的增长却没有那么快，这是由于政府的税收收入与 GDP 同比例增长，同时，1980 年到 1993 年，名义 GDP 的增长率低于利率。

图 14-5 被两个非常重要的政策事件分为三个时期。1979 年 10 月，美国中央银行的主席职位发生了变化，保罗·沃尔克接替阿瑟·伯恩斯掌管中央银行。沃尔克提高了利率，试图应对通货膨胀，但是他的这一行动也对国家的财政状况产生了显著影响。利率在 10 年中首次高于名义 GDP。政府债券占 GDP 的百分比开始攀升，直到国会 1993 年通过了综合预算调节法案，这一法案提高了高收入的个人和公司的税率。随着 1993 年的立法改革，赤字占 GDP 的百分比有了相当大的下降。平均来说，自 1993 年以来，利率已经再次低于名义 GDP 的增长率，这是不争的事实。

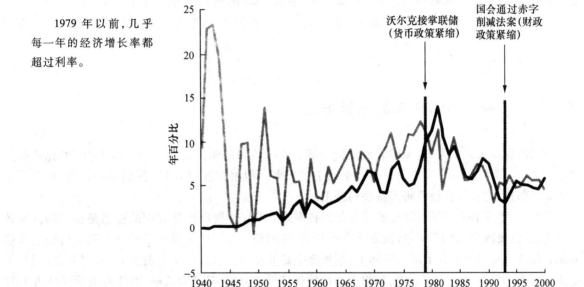

图 14-5 1940—2000 年美国的名义利率和名义增长率（%/年）

表 14-2 概括总结了这三个不同阶段的赤字-GDP 比例、利率和名义增长率的数据。在第一阶段，即 1950 年到 1979 年，平均而言，税收略微高于原始支出，并且，有一个占 GDP 1.2% 的小额原始盈余（赤字为负）。名义 GDP 的平均增长率是 7.5%，短期政府债务的平均利率是 4.1%。名义 GDP 的平均增长率超过平均利率 3.4 个百分点，这个平均利率就是政府借款的利率。

表 14-2　1950 年以来的美国财政数据

	1950—1979 年平均值	1980—1993 年平均值	1994—1999 年平均值
d	-1.2%	0.7%	-1.9%
n	7.5%	6.8%	5.5%
i	4.1%	7.5%	4.9%
$(1+i)/(1+n)$	0.97	1.01	0.99

对比一下 1979 年之前的情况与 1980—1993 年的情况，后者是指联储政策发生变化之后到预算调节法案颁布之前的这段时间。1981 年，里根政府开始扩大国防开支，同时开始减税，这导致到 1983 年，原始赤字增加到接近 GDP 的 2.5%。注意，在这一时期占 GDP 1.2% 的原始盈余变成了占 GDP 0.7% 的原始赤字。同时，赤字增加，政府债券的利率从 1979 年之前的平均 4.1% 升至沃尔克上任之后的平均 7.5%。国会在 1993 年批准增加税收，因此，情况看上去很像 1979 年之前的时期。在这一更近的时期中，联邦政府再次有了原始盈余，名义 GDP 的增长率再次超过了名义利率。

d、n 和 i 的数字在表 14-2 中给出。表中最后一行计算了 1979 年前后两个时期的差分方程的斜率。

14.4.1　1946—1979 年的预算方程

第二次世界大战结束时，美国政府的债务等于 GDP 的 120%。此后 30 年，债务-GDP 比率稳步下降。这一下降之所以会发生是由于利率低于增长率。利用方程(14.4)，我们能计算出，如果利率和增长率保持不变，经济最终将停留在稳态上。

在 1946 年到 1979 年间，政府预算方程的斜率是 0.97，这表示预算方程的稳态是稳定的。在此期间，债务缓慢减少，到 1979 年，债务下降到 GDP 的 31%。图 14-6 展示了差分方程如何被用来描述发生在这一时期的债务下降。实际上，原始赤字是波动的。原始赤字有时为正，有时为负，但从未超过 GDP 的 3%。这一数字表明，如果利率继续保持低于名义 GDP 增长率，而政府继续保持占 GDP 1.2% 的小的盈余，债务将如何变动。在这种情况下，政府最终会还清债务，并积累起相当于 GDP 38% 的正数的资产。① 在 1979 年之前的情况下，政府保持一个永久赤字也许是可能的。在这种状况中，在稳态下，政府最终将会拥有大量永久债务，这一债务持续占有 GDP 的一部分。当增长率超过利率时，由于收入增长总是高于债务增长，因此政府无须平衡预算。

如果 20 世纪 90 年代的名义 GDP 增长率继续超过利率 3.4 个百分点，且赤字-GDP 比例仍保持不变，那么政治家将不会关注平衡预算问题。然而，名义 GDP 的增长在 20 世纪 80 年代大大下降了，其原因部分是生产率增长的下降，部分是削减通货膨胀的结果；同时，平均利率有大幅增长，这样形势就严峻了。

---

① 方程(14.4)给出了稳态的债务比例与赤字的确切关系。在 1946 年到 1979 年（除去战后的最初几年），$(1+n)/(n-i)$ 等于 $(1.075)/(0.075-0.041)$，约等于 32。若 d 等于 $-0.012(1.2\%)$，那么 $\bar{b}$ 等于 $-0.012 \times 32 = -0.384$。

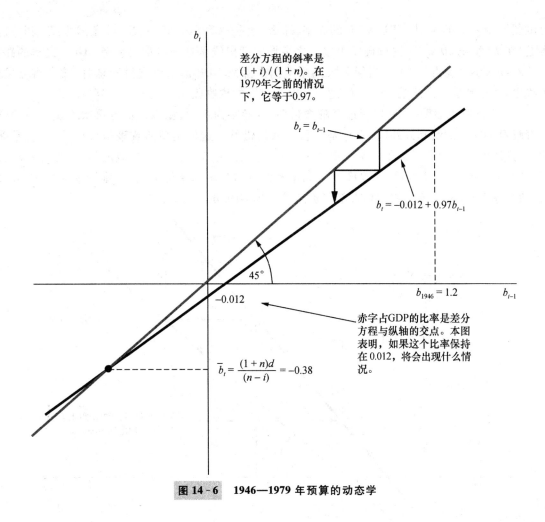

图 14-6 1946—1979 年预算的动态学

14.4.2 20世纪80年代的预算危机

当利率超过名义 GDP 的增长时,预算方程的稳态必定会包含负的原始赤字或负的债务。① 这有重要的经济含义。

图 14-7 表明了从 1979 年到 1993 年这一时期的情况,其中联储在 1979 年提高利率以控制通货膨胀,国会在 1993 年通过议案增税。1979 年,债务-GDP 比率大约为 30.0%,但是利率比名义 GDP 的增长率高 0.7%。差分方程(黑线)的斜率是 1.01,它比灰色的 45°线要更陡一些。因为名义 GDP 以一个低于利率的速度增长,所以,正的原始赤字是无法维持的。这幅图表明,在这些条件下,如果

---

① 数学注释:记住稳态由下面的表达式给出:

$$\bar{b} = \frac{(1+n)}{(n-i)}d$$

我们知道 $(1+n)$ 为正。若 i 大于 n,这个表达式的分母为负。若 d 为正,则 $\bar{b}$ 一定为负;若 d 为负,则 $\bar{b}$ 为正。

第 14 章 政府预算　275

政府试图维持一个正的、占 GDP 0.7% 的赤字,那么,债务-GDP 比率将飙升,最终,美国政府将破产。事实上,在 20 世纪 80 年代,这的确发生过。之字形的细黑线是这一时期的债务-GDP 比率的路径。由于政府收入不可能大于 GDP,当债务大到用美国全部的 GDP 都不能支付利息时,破产将会发生。在实践中,在达到这一点之前,破产就会发生,因为政府的税收收入大大少于 GDP。

图 14-7 同时也表明,当利率超过经济增长率,且赤字为正时,稳态的债务再次为负。负的债务意味着政府必须借款给私人部门,而不是向私人部门借款。这种类型的政策是可行的,并且是能成功的,其方法就是使政府增加税收至支出之上,用这笔收入首先还清现存的政府债务,然后从私人部门那里购买金融资产。在 1979—1993 年的利率和经济增长率的结构下,为了维持永久的占 GDP 0.7% 的预算赤字,政府需要累积的私人部门资产将达到 GDP 的 107%。

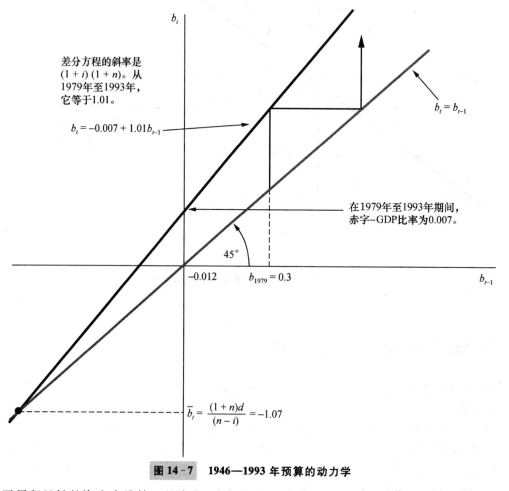

图 14-7 1946—1993 年预算的动力学

为了累积足够的资产来维持正的赤字,政府将需要多年保持一个数额大的原始盈余。另一项容易达到目的的政策是容忍目前的债务水平,同时增加足够的收入来支付利息。这项政策被称为**平衡预算**。在 20 世纪 80 年代,有许多热门话题是关于通过一项旨在要求政府部门平衡预算的宪法修正案的。在一项平衡预算的政策下,政府将试图把公布的赤字设定为零。它通过每期增加足够的税收收入来支付未到期债务的利息,这项政策使得债务-GDP 比率不至于飙升。由于对债务的利息支付是正数,因此公布的赤字为零意味着政府需要保持原始盈余,就像1946年到1979年那样。

14.4.3 1993年以来的预算盈余

1993年,国会通过了综合预算调节法案,试图控制赤字。结果,平均占GDP 0.7%的赤字转变为占GDP 1.9%的盈余。同时,财政状况得到了改善。之后,联储又开始降低利率,并且自1993年以来,平均经济增长率再次超过平均利率。最近的时期看上去与战后最初的时期很相像。图14-8表明了自1993年以来,债务-GDP比率发生的变化。在此期间,平均而言,名义GDP的增长率超过利率0.6%,平均预算盈余已达到GDP的1.9%。假如这些条件继续存在,债务-GDP比率将稳定在-33%,即政府将还清其债务并开始累积等于GDP 33%的正的净资产。

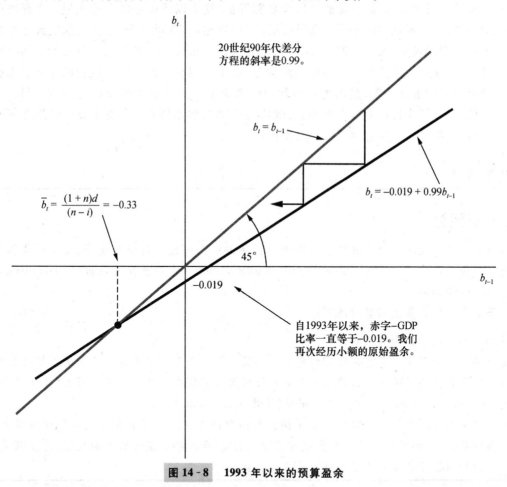

图14-8 1993年以来的预算盈余

14.5 关于债务与赤字的不同观点

14.5.1 李嘉图等价

在本章,我们一直都坚决主张发生在20世纪80年代的债务增长是一个需要说明的问题。但是,一批经济学家认为这是错误的,少量的债务本身并不是一个问题。这一看法的主要支持者是哈佛大学的罗伯特·巴罗;巴罗的立场被称作**李嘉图等价**,这是以英国经济学家大卫·李嘉图的名字命名的,巴罗把自己的观点追溯到了李嘉图那里。① 巴罗相信20世纪80年代的问题源于增加的政府支出。根据巴罗的观点,大体上说,政府支出是通过债务还是税收筹资是不重要的。如果政府支出通过债务筹资,家庭将选择持有这些增加的债务,而不会减少它们贡献给投资的储蓄。家庭之所以愿意以这种方式增加其储蓄,是因为它们预期将来为了支付增加的税收,它们需要额外的财富。这些家庭认识到,为了支付债务本金和利息,政府最终将会增加税收。尽管李嘉图的观点不被政策制定者广泛接受,但是它在学者中间却相当流行。

> **网络浏览 14-1**
>
> **如何平衡预算**
>
> 由加州大学伯克利分校社区经济研究中心提供的一个网址可以让你选择,为了平衡预算,是削减支出还是增加收入。你能在 http://www.berkeley.edu 上找到预算模拟器(budget simulater),查找:"budget simulater"。
>
> 以下信息引自预算模拟器的网页:
>
> 欢迎参与国家预算模拟实验!
>
> 这个简单的模拟实验会让你更好地感受到公民和政策制定者必须作出的平衡预算的权衡。
>
> 国家预算模拟实验是加州大学伯克利分校社区经济研究中心的一个研究项目,由安德斯·施奈德曼(Anders Schneiderman)和内森·纽曼(Nathan Newman)创立。
>
> 这个模拟实验要求你为了达到预算平衡而削减财政赤字。为了作出我们在结清预算过程中必须面对的选择,我们假设你在一年内削减赤字。你也可以在一些领域增加支出,这些领域是你认为在现阶段的预算优先安排中资金不足的领域。

---

① 关于这些问题很值得一读的资料是1989年春天《经济展望》(Journal of Economic Perspectives)刊发的李嘉图等价的拥护者和批评者之间的对话。尤其请见 Robert J. Barro, "The Ricardian Approach to Budget Deficits," pp.37—54;以及对该文的回应:B. Douglas Bernheim, "A Neoclassical Approach to Budget Deficits," pp.55—72; and Robert Eisner, "Budget Deficits and Reality," pp.73—94.

14.5.2 预算和利率之间的关系

1979年之后的阶段在性质上与1979年之前的阶段不同,其原因有两个:第一,预算赤字在GDP中所占的份额逐渐上升;第二,同时也是更重要的,利率开始系统地超过名义GDP的增长率。为了简化我们的分析,我们在前面的分析中认为这两个原因相互独立。实际情况可能并非如此。我们有充分的理由认为,美国预算赤字的增加可能会引起利率的提高。不过,我们不能由于这两者同时发生,就匆忙得出结论说一个变量是引起另一个变量的原因,我们应该考虑一些国际证据。

为什么美国政府的借款增加会推动美国利率的提高呢?有一些似乎合理的理由说明了这是为什么。如我们在第6章讨论的那样,一个简单的借贷经济模型可以说明这种影响。然而,在美国利率开始高于经济增长率的同时,相似的现象也出现在七国集团中的其他国家。图14-9提供了来自七国集团中其他六个成员国的证据,这六国是加拿大、法国、日本、意大利、德国和英国。注意,这些国家的模式与美国的经历具有可比性。1979年之前,在这六个国家,利率几乎年年都低于名义GDP的增长率。1979年之后,情况发生了逆转。

为什么美国的情况从1979年以后就不同了呢?我们已经指出了联邦政策的变化。这也说明了由于新技术发现速度的变化,在1979年生产率增长变慢了。

哪一个解释是正确的呢?这些图说明缓慢的经济增长和高利率是世界性的。七国集团中的每一个国家都经历了相似的困境。这可能是由于生产率的增长是世界范围的,也可能是由于世界资本市场是相互联系在一起的,美国的高赤字通过世界经济影响了利率。

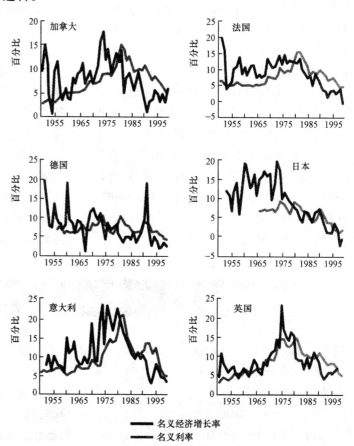

—— 名义经济增长率
—— 名义利率

图14-9 七国集团(不包括美国)的利率和经济增长率

所有这一切都表明,有一个共同的原因在起作用。美国预算赤字的增加或许要对国内利率的提高负责。这是对所发生事件的变化的一个可能的解释——甚至考虑到国际证据——因为美国在国际金融市场上占据了独一无二的地位,许多货币事实上是和美元联系在一起的,即使原则上在浮动汇率时代,它们之间并无明确的联系。七国集团(除美国外)的中央银行经常会为了不使本国货币对美元的汇率剧烈变动而采取行动。这种国际联系暗示着美国的利率提高会对全球的名义利率提高施加压力。

结　论

总之,由于利率与经济增长率在许多国家都表现出相似的模式,因此,20世纪80年代美国经历的赤字问题是一个全球性问题。这一问题是伴随着美国政府在20世纪70年代增加其原始赤字而产生的。这项政策可能会对美国的利率产生影响,这种影响又传递到其他国家。但这不是唯一可能的解释,目前,对这个问题并无充分的研究,因此也没有定论。

差分方程用来刻画随着时间的变动,一个状态变量如何变化。差分方程的解是一组数字,这些数字描述了状态变量在连续时期中的值。差分方程的稳态解是特殊的,因为它在每一期都是相同的。稳态可以是稳定的,也可以是不稳定的。如果稳态是稳定的,对任何初始值,状态变量都将收敛于这个稳态;如果稳态不稳定,状态变量会离散它。

政府债务与政府预算赤字的关系由一个差分方程表示,在这个差分方程中,债务-GDP比率是状态变量。这一方程的形态取决于利率对经济增长率的比例。如果利率超过经济增长率,稳态就是不稳定的;如果利率低于经济增长率,稳态就是稳定的。

1979年之前,美国的债务-GDP比率可由一个稳定的差分方程来刻画;1979年到1993年,它是不稳定的。1993年,美国开始增税,从那以后,预算回到与1979年之前相似的情况。1979年之前,政府有少量预算盈余。1979年之后,利率超过增长率,政治家为了平衡预算被迫削减赤字。同样的现象发生在全球各地,这可能有一个共同的原因;即由于美国赤字的增加引起利率提高,利率提高通过国际资本市场传递到世界其他国家。

关 键 术 语

平衡预算　balancing the budget
差分方程　difference equation
动态分析　dynamic analysis
原始赤字　primary deficit
公布的赤字　reported deficit

李嘉图等价　Ricardian equivalence
稳定性　stability
状态变量　state variable
静态分析　static analysis
稳态解　steady-state solution

习 题

1. 解释政府债务与政府预算赤字的区别。
2. 解释原始赤字与公布的赤字的区别。一个总是比另一个大吗?如果是,为什么?如果不是,又是为什么?
3. 与单独的债务和赤字水平相比,债务-GDP比率和赤字-GDP比例为什么更适合度量一国债务?
4. 包括美国在内的发达国家都经历着人口平均年龄的不断增长。这可能会如何影响未来的预算赤字或盈余?请解释。
5. 就下列每一个方程
   i. $x_t = 1.5 + (2/3)x_{t-1}$
   ii. $x_t = 1.5x_{t-1}$
   iii. $x_t = 3 + 2x_{t-1}$
   iv. $x_t = 2 + 0.5x_{t-1}$
   v. $x_t = 1 + x_{t-1}$
   a. 画出 x_t 对 x_{t-1} 的图;
   b. 找出稳态值;
   c. 说明这种稳态是稳定的还是不稳定的。
6. 给出"稳定的稳态"的定义。在本章的赤字差分方程(方程(17.2))中,为生成一个稳定的稳态,什么条件必须存在?你能解释这个条件背后的推理吗?
7. 利用预算差分方程,考虑 $d = 0.1$, $i = 3\%$ 和 $n = 4\%$ 的情形。
   a. 计算债务-GDP比率 b 的稳态水平。
   b. 假设目前的债务-GDP比率为1,那么明年政府的债务偿付额将是多少?
   c. 现在假设 i 增至 5%。计算新的稳态。这个新的稳态稳定吗?为什么?
8. 根据预算赤字的稳定性来讨论 1980—1993 年这一时期与 1994—1999 年这一时期的区别。用恰当的预算差分方程图来说明。1993 年左右发生了哪三个变化改变了预算形势的稳定性?
9. 1995 年意大利政府把预算赤字控制在 8%,
   a. 如果意大利的利率为 5%,名义 GDP 增长率为 6%,计算债务-GDP 稳态比率。
   b. 假设政府征收的税收最大可达到 GDP 的 50%。假定利率等于 5%,GDP 的名义增长率等于 6%,那么,在什么赤字水平上,政府对稳态债务支付的利息将超过政府通过税收筹资来支付这些利息的能力?
10. 假设预算差分方程有一个不稳定的稳态。如果政府不能改变利率,也不能改变经济增长率,你能想出一个办法来解决债务激增的问题吗?用预算差分方程图来表示你的解决方法。
11. 给出"李嘉图等价"的定义。假设在一个经济中,削减 10 亿美元的赤字融资税。根据理性预期假说,利率和国民储蓄将会发生什么变化?变化多少?
12. 利率与预算赤字之间的关系如何?用资本市场的图形在古典模型中讨论这个问题,用 IS-LM 曲线图在凯恩斯主义模型中讨论此问题。
13. 利用 GDP 核算恒等式($Y = C + I + G + NX$)推导出开放经济中的投资、私人储蓄、政府预算赤字和贸易平衡之间的关系。在这些关系的基础上,令其他条件不变,预算赤字和贸易赤字之间的相互关系如何?请解释。
14. 利用 http://garnet.berkeley.edu:3333/budget/budget.html 上的国家预算模拟器来编制美国的财政预算。

第15章 新古典增长理论

15.1 引言

经济增长理论是经济学研究中一个十分活跃的领域。直到最近,经济增长理论经济学家都致力于对经济增长的源泉的论证。我们知道,20世纪美国人均收入以平均1.89%的速度增长。这1.89%中有多少是源于人口的增长呢？有多少是源于资本存量的增长呢？又有多少是源于新发现和创新呢？这些问题的主要研究工作是在20世纪50年代进行的,主要贡献者是罗伯特·索洛和T. W. 斯旺。索洛和斯旺指出,新资本的投资和人口的增长本身不能导致持续的人均收入的增长。而他们认为经济增长要归因于那些能使劳动生产率提高的新技术的发明。由于在索洛和斯旺模型中没有解释这些创新的来源,[①]因此他们的理论被认为是**外生增长理论**。

从20世纪50年代到80年代末,经济增长理论的研究处于一个停滞不前的阶段。这种局面由于以下两个原因而完全改变了。

第一,在宾夕法尼亚大学工作的一组经济学家完成了一个被称为"**宾夕法尼亚世界表[②]**"的项目。这个综合的国民收入和产量数据库始于1950年或1960年(视国家情况而定),包括世界上的每一个国家。最初的数据截止到1988年,但现在它被定期更新。宾夕法尼亚世界表是创新的,因为它报告的数据是可以跨国比较的,并且承认各国产品的GDP商品篮子的组成不同的事实。宾夕法尼亚世界表以1985年的美元作为一个共同的计量单位来记录每个国家的国民收入。数据表明世界正以一种史无前例的方式变化着。在19世纪初期,一些国家就开始经历持续稳定的人均收入的增长。20世纪,经济增长逐渐成为普遍的现象,新的数据库使我们可以比较不同国家和地区的经济增长率。

20世纪80年代增长理论研究复兴的第二个原因是广泛的资料来源激起了新一轮的研究浪潮,理论家们于是有了一种验证他们有关增长理论的推测是否正确的方法。在增长理论研究的复兴中,

---

① T. W. Swan. "Economic Growth and Capital Accumulation," *Economic Record*, No. 32, pp. 334—361, November 1956. Robert M. Solow. "A Contribution to the Theory of Economic Growth," *Quarterly Journal of Economics*, No. 70, pp. 65—94, February 1953.

② Robert Summers and Alan Heston. "The Penn World Table," *Quarterly Journal of Economics*, pp. 327—368, May 1991.

两篇理论研究论文起到了极为重要的作用:一篇出自斯坦福大学的保罗·罗默,另一篇出自芝加哥大学的小罗伯特·卢卡斯。[①] 卢卡斯和罗默认为,早先由索洛和斯旺提出的经济增长的外生解释存在着缺陷,而他们是要探索技术进步来源的解释。新增长理论中的一个重要思想是,创新是伴随着工作中的学习过程而发生的,而这个学习过程会引起知识的积累。经济学家们把这种知识的积累称为**人力资本**。由于新增长理论解释了总收入增长的原因,而不是把这种增长视为外生的,因此新增长理论也被称为**内生增长理论**。

15.2 经济增长的源泉

增长理论的假设前提是,GDP 与总资本和劳动是通过生产函数相联系的。为便于研究,假定经济的总产出是由单一的投入产生的。[②] 图 15-1 提供了 1929 年至 1999 年美国人均投入和产出的数据。人均产出是以千为单位的 1987 年人均美元计量的 GDP,人均投入则是以图中描述的合并资本和劳动的方式计量的。

1999 年的生产函数比 1929 年的生产函数更为陡峭。

生产函数的斜率增加是因为技术进步使我们用既定的投入可以生产出更多的产出。

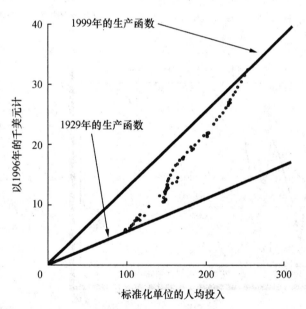

图 15-1 1929—1999 年美国的投入与产出

这个数据清晰地表明,更多的投入将带来更多的产出。区分外生增长理论和新的内生增长理论

[①] Paul M. Romer. "Increasing Returns and Long-Run Growth," *Journal of Political Economy*, No. 94, pp. 1002—1037, October 1986. Robert E. Lucas, Jr. "On the Mechanics of Economic Development," *Journal of Monetary Economics*, No. 22, pp. 3—42, July 1988.

[②] 实际上有许多投入。在宏观经济学中,它是高度综合的,我们通常至少考虑两种投入:资本和劳动。在这里引入更多的投入会使问题变得更复杂,但又不会改变主题:外生和内生增长理论的经济学家在生产函数的形式上意见不一。

的关键问题就是如何解释这个数据。两种理论都认为在给定的时间点和一定的技术水平下,产出应通过生产函数与投入相联系。然而,外生增长理论认为,随着时间的推移,技术水平并不是保持不变的。这种观点意味着图 15-1 中的各个点来源于不同的生产函数。

网络浏览 15-1

宾夕法尼亚世界表在线

宾夕法尼亚世界表在互联网几个不同的网址上都可以找到。其中最易于进入的网址之一是多伦多大学提供的网址 http://www.utoronto.ca,可在这个网址上搜索"Penn World Tables"。多伦多大学网址提供了一个绘图选择,使你能够绘出任何数据序列的图形。这些数据目前包括 152 个国家的 29 个变量。

宾夕法尼亚世界表 5.6
由宾夕法尼亚大学的艾伦·赫斯顿和罗伯特·萨默斯制作

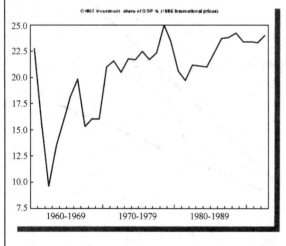

本图中的图形可以从多伦多大学网址上下载。它提供了 1960 年到 1993 年中国的投资占 GDP 的比例。

外生增长理论假定生产函数符合**规模报酬不变**(**CRS**)的情况。在单一投入的生产函数中,规模报酬不变意味着生产函数必须是一条通过原点的直线。由于图 15-1 中的点不是位于通过原点的一条直线上,所以生产函数的斜率必定是逐年发生变化的。图中的两个生产函数分别是 1929 年的生产函数和 1999 年的生产函数。注意,1999 年的生产函数比 1929 年的生产函数更为陡峭。根据外生增长理论,这个斜率度量了生产率的大小。生产率的提高来源于新技术的发明和发现。由于早期对经济增长理论的研究没有试图解释发明和创新对经济增长的影响,所以生产率被视为外生变量。相反,内生增长理论否认规模报酬不变并考虑到了图 15-1 中的各点均来源于同一个生产函数的可能性。

15.2.1 生产函数和规模报酬

在实际研究中,我们通常具体指定一个特殊的函数形式为生产函数。一个被经常使用的函数形式是**柯布-道格拉斯函数**,因为它可以成功地解释数据中的许多特点,如式(15.1)所示:

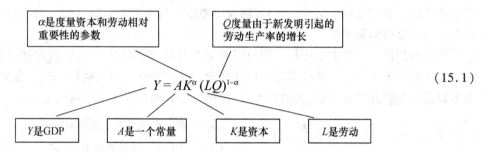

$$Y = AK^{\alpha}(LQ)^{1-\alpha} \tag{15.1}$$

其中,Y、K 和 L 分别代表 GDP、总资本量和总就业量,Q 代表劳动的效率。我们注意到生产函数中有两个投入量——资本量 K 和随劳动效率增加的劳动量 L。

柯布-道格拉斯生产函数包含两个参数,从而决定了它的形状。常数 A 是使计量单位保持相互一致的一个规模参数。参数 α 度量生产一个单位产出的资本量和劳动量的相对重要性。如果生产函数包含对一个生产过程所有相关投入的完整描述,则这个过程就可以在任何规模下再现出来。换句话说,如果生产函数的全部投入以一个不变的倍数增加,那么产出就应该以相同的倍数增加。这就是规模报酬不变的性质。在柯布-道格拉斯生产函数中,规模报酬不变意味着资本和劳动的指数和为 1。①

15.2.2 新古典分配理论

新古典分配理论解释了一个社会的产出是如何分配给生产要素的所有者,即劳动和资本的所有者的。它还有助于我们分析劳动和资本作为生产性的投入的重要性。这一理论认为,各种要素报酬由其边际产量来支付(见第 4 章)。要素的边际产量是指当企业多雇用一单位要素所带来的产出的增加量。换句话说,也就是如果增加一小时劳动用于生产,企业使用这一小时劳动所获得的产出量。

---

① 数学注释:要检查柯布-道格拉斯生产函数是规模报酬不变的,我们需要用一个常数同时乘以资本和劳动,然后看看 GDP 是否也乘以这个数:

$$A(nK)^{\alpha}(nLQ)^{1-\alpha} = AK^{\alpha}(LQ)^{1-\alpha}n^{1-\alpha+\alpha} = nY$$

资本扩大 n 倍引起 GDP 扩大 n^{α} 倍,劳动扩大 n 倍引起 GDP 扩大 $n^{1-\alpha}$ 倍。加总这两个效应得到:GDP 扩大了 $n^{\alpha+(1-\alpha)}$ 倍,即扩大了 n 倍。

类似地,如果增加一小时资本用于生产,边际产量就是这一小时使用的资本所生产的产出量。如果生产要素由边际产量支付报酬,我们便可以通过考察劳动和资本要素被支付了多少来衡量它们对经济增长的贡献的大小。

15.2.3 分配理论和柯布-道格拉斯生产函数

新古典分配理论假定产出是由很多相互竞争的企业所生产的,并且这些企业的生产函数是完全相同的。如果我们假定这个生产函数是柯布-道格拉斯式的,那么我们可以得到企业利润最大化原则的表达式。运用这些表达式,我们可以通过考察支付给工人的国民收入的份额来推断生产函数中的每个关键参数的重要性。

因为我们假定所有的企业都使用相同的生产函数,所以边际产量公式描述了两个总量之间的关系。追求利润最大化的企业使劳动的边际产量(MPL)等于实际工资(w/P)。如果是这样的话,就业量乘以劳动的边际产量,然后再除以收入,应该等于劳动在收入中所占的份额:

$$MPL \frac{L}{Y} = 1 - \alpha = \frac{wL}{PY} \quad \boxed{\text{在柯布-道格拉斯生产函数中,劳动的收入份额等于} 1 - \alpha} \quad (15.2)$$

对于大多数生产函数而言,MPL 的表达式是一个关于资本和劳动的复杂函数;而在柯布-道格拉斯函数中,劳动的边际产量有一个简单的形式。① 在这个函数中,劳动的边际产量乘以劳动投入量然后除以产出等于 $1-\alpha$。这个表达式度量一定的劳动投入增长的百分数将带来的产出增长的百分数,我们称之为生产函数的**劳动弹性**。②

同样,我们也可以找到一个表达式来描述生产函数的**资本弹性**。这个资本弹性表示一定的资本投入增长的百分数将带来的产出增长的百分数,在柯布-道格拉斯函数中,它是 α。由于劳动弹性和资本弹性决定了产出的增长率和要素投入增长率之间的关系,所以知道这两个弹性的大小是非常重要的。通过式(15.2),我们可以求得 $1-\alpha$,从而得到 α,于是我们便可以计算人均 GDP 的增长有多少是由人均劳动和资本的增长带来的。

式(15.2)的右边是工资在收入中所占的份额,左边是生产的劳动弹性。一般地,没有理由认为这个式子是常数。但是在柯布-道格拉斯函数中,这个式子是常量,它由表达式 $1-\alpha$ 给出。也就是说,我们可以直接测算工资在收入中所占的份额,并用上述计算方法求得 $1-\alpha$,即生产的劳动弹性。

如图 15-2 所示,从 1929 年到 1999 年,国民收入中劳动的份额大约保持在 2/3 左右。于是当测

---

① 数学注释:通过求生产函数对劳动的导数得到劳动的边际产量。在柯布-道格拉斯生产函数中,劳动的边际产量 $MPL = (1-\alpha)Y/L$。

② 数学注释:另一种表示边际产量的方式是 $\Delta Y/\Delta L$,其中 Δ 是指"变化量"。生产函数的劳动弹性 e_L 等于 Y 变化的比例与一定的 L 变化的比例这二者之比,即

$$e_L = \frac{\Delta Y/Y}{\Delta L/L}$$

也可以写作 $MPL \cdot (L/Y)$。

算资本和劳动的增长与人均 GDP 的增长的关系时,我们可以认为 α 等于 1/3,1 - α 等于 2/3。

自 1930 年以来,国民收入中支付给劳动的份额大约为 66%。

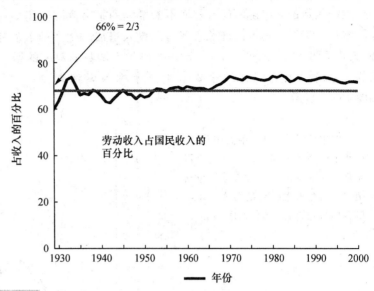

图 15-2　国民收入中劳动所占的份额

15.2.4　增长核算

在图 15-1 中,我们看到了人均投入和人均 GDP 的关系。为构造一种计算人均投入的方法,我们把资本、就业量和实际 GDP 分别除以人口 N_t,从而得到人均概念的数据。现在我们来解释这种构造。

式(15.3)是人均的柯布-道格拉斯生产函数。由于我们可以推断(通过国民收入账户)资本的指数为 1/3,劳动的指数为 2/3,因此我们把劳动和资本合并为一种单一的人均投入的衡量标准。为构造这个衡量标准,我们将人均资本的 1/3 次幂和人均劳动的 2/3 次幂相乘,这个构造把人均产出和人均投入联系起来了。

$$\underbrace{\left(\frac{Y_t}{N_t}\right)}_{\text{人均产出}} = \underbrace{\left(\frac{K_t}{N_t}\right)^{1/3}\left(\frac{L_t}{N_t}\right)^{2/3}}_{\text{人均投入}} \underbrace{(Q_t^{2/3}A)}_{\text{全要素生产率(生产函数的斜率)}} \quad (15.3)$$

人均产出等于人均投入乘以**全要素生产率**①。如果我们像公式中那样构造总投入,那么生产函数的图形就是一条通过原点的直线。在这个图形中,人均 GDP 与人均投入相对应,全要素生产率与生产函数的斜率相一致。在图 15-1 中,我们发现,如果我们在生产函数上标出不同年份的点,这些点的连线并不是一条通过原点的直线。索洛把这个事实看作是生产率提高了的证据,也就是说,生

---

① 全要素生产率不同于劳动生产率,后者是 GDP 与使用的劳动时数的比率。

产函数的斜率是随时间的推移而不断增大的。

生产函数的斜率随时间推移而不断增大的事实意味着不能用劳动和资本的增长来解释全部的经济增长。劳动和资本的增长表现为总投入增加时生产函数的移动。除了生产函数的这种移动以外，人均 GDP 增长中的一部分一定是由以生产函数的斜率的增大来衡量的全要素生产率的变化带来的。经济学家们把这种全要素生产率称为**索洛剩余**①。根据时间标示的索洛剩余的图形如图 15-3 所示。

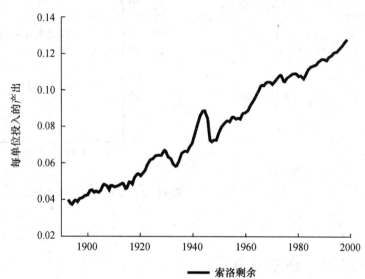

图中标示了 1890 年到 1999 年每年生产函数的斜率。这个斜率以索洛的名字命名为"索洛剩余"，索洛提出了这个概念。它是衡量劳动与资本相结合的生产率的尺度。

图 15-3　美国的索洛剩余

以分离出索洛剩余为基础的理论被称为**增长核算**，因为它通过把人均 GDP 增长率划分成它的组成部分解释了增长的源泉。图 15-4 中的饼形图反映了美国 1890 年至 1999 年经济增长因素的分布情况，人均 GDP 以平均每年 1.89% 的比例增长，其中 0.63% 是由人均资本的增长带来的，0.13% 是由人均劳动的增长带来的。由于资本和劳动的增长总共占 0.76%，因此剩下的 1.13% 就一定是由生产率的提高带来的。

图 15-4 中的数据是一个世纪的数据的平均结果。尽管一个世纪的平均结果是很有意义的，但是它可能在很大程度上掩盖了年与年之间的变化。例如，第二次世界大战后人均劳动的大部分增长是更多的女性加入了劳动力队伍的结果。图 15-4 还表明，尽管在这一个世纪，经济使用了更多的生产要素，但这并不是人均 GDP 增长的主要来源，人均 GDP 增长的最主要来源是生产率的提高。

---

①　罗伯特·索洛因在经济增长理论方面的贡献获得 1987 年诺贝尔经济学奖。他最初的成果"对经济增长理论的贡献"(A Contribution to the Theory of Economic Growth)发表在《经济学季刊》(Quaterly Journal of Economics)，1956 年 2 月，第 65—94 页上。用来构造索洛剩余的方程是

$$SR_t = \frac{Y_t}{(K_t)^{1/3}(L_t)^{2/3}}$$

本图说明了1890年到1990年劳动、资本和生产率增长对GDP增长的相对贡献。

平均说来,人均生活水平每年提高1.89%,其中0.63%是由资本存量增加带来的,0.13%是由妇女进入劳动力队伍带来的,余下的0.76%归因于新发明。

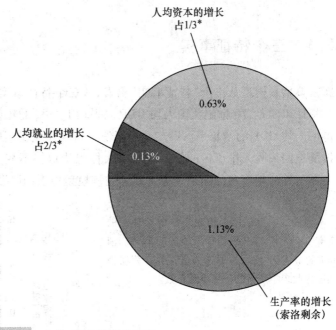

图15-4　人均GDP增长的源泉

15.3　新古典增长模型

我们描述引起人均GDP增长的因素,并通过一个世纪的数据衡量了每个因素的相对贡献。其中一个因素是人均资本的增长,它是一个随投资增加而增加的变量。这就带来一个显而易见的问题:我们能够通过增加更多的投资来提高一个国家的经济增长吗?为了回答这个问题,我们需要构造一个模型来分析投资和增长之间的关系。这个建立在新古典分配理论的假设基础上的模型被称为**新古典增长模型**。

如果一个国家想要实现生活水平的持续增长,那么生产率的提高就是非常必要的。你可能会认为我们可以简单地通过建造更多的工厂和机器来实现持续的增长,但是资本本身并不能带来更多的产出,资本必须与劳动相结合。如果一个经济在短期内提高它的投资率,那么它将经历一个更高的增长。但是由于更多的资本加到了固定的劳动量上,产出的增加量就会减少。新古典增长模型表明,一个有着规模报酬不变的固定的生产函数的经济不可能永远增长。

---

* 说明文字与图中数据不符,系英文原书有误。——译者注

15.3.1 三个特征事实

新古典增长模型从三个"特征事实"出发,这三个特征事实是以美国的数据为代表概括出来的。第一个特征事实是,20世纪美国人均GDP以平均1.89%的比率增长,由图15-5中图A的直线的斜率可得出人均GDP的增长率。第二个和第三个特征事实是,消费在GDP中所占的份额(图B)以及劳动报酬在国民收入中所占的份额(图C)大体上均保持不变。新古典增长模型将这些不变量加到一个以竞争性的生产和分配理论为基础的经济模型中去,并用它来解释人均GDP的增长率。

本图说明了索洛用来构建经济增长理论的三个事实。人均GDP平均每年增长1.89%。消费和储蓄在GDP中所占的份额是常数。劳动报酬在国内收入中所占的份额也是常数。

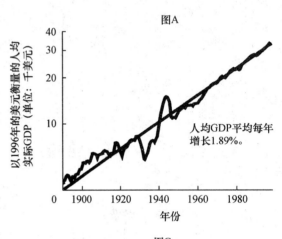

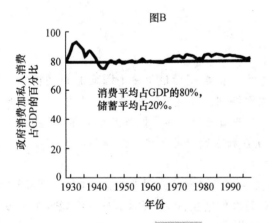

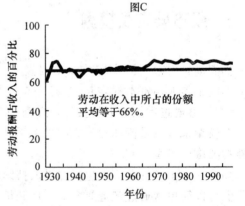

图15-5 用来构建新古典增长模型的三个事实

15.3.2 新古典增长模型的假设

增长模型是用一个与我们在第 14 章考察政府预算时曾用过的差分方程相类似的差分方程来描述的。这个差分方程由式(15.4)、(15.5)、(15.6)和(15.7)推导出来。式(15.4)和(15.5)是恒等式,它们来自定义。式(15.6)和(15.7)更重要。式(15.7)是柯布-道格拉斯生产函数,式(15.6)反映了关于行为的假设。

$$S_t = I_t \tag{15.4}$$

$$K_{t+1} = K_t(1-\delta) + I_t \quad \text{这两个方程式是恒等式,由定义给出。} \tag{15.5}$$

$$\frac{S_t}{Y_t} = s \quad \text{这个方程式假定储蓄率不变,并以三个特征事实之一为基础。} \tag{15.6}$$

$$Y_t = A(K_t)^{1/3}(Q_t L_t)^{2/3} \quad \text{这是柯布-道格拉斯生产函数,它把新古典分配理论和劳动报酬在收入中的份额保持不变这一特征事实结合在一起。} \tag{15.7}$$

式(15.4)说明储蓄 S_t 等于投资 I_t。在现实世界中,美国的储蓄要么用作国内投资,要么用作国外投资。国内的储蓄额并不严格等于国内投资额,两者之差等于净出口。实际上,净出口只是 GDP 中相对很小的一部分,因此把这部分假定为零是合理的。

式(15.5)定义了在不同的时点 t 上总投资 I 和资本存量 K 之间的关系。下一年的资本存量等于这一年折旧后的资本存量加上新投资 I。δ 代表折旧率,我们假定它为 6%。

式(15.6)代表一个重要的有关经济行为的假设。它认为 GDP 中用于储蓄,从而用于投资的部分是一个常数,用 s 表示。这个假定符合三个特征事实之一。对于美国经济而言,s 是 0.2(GDP 的 80% 被政府、家庭和企业消费,20% 用于储蓄)。

式(15.7)是柯布-道格拉斯生产函数,α 值参数化为 1/3。资本的产出弹性的值由劳动报酬在国民收入中所占的份额为 2/3 这一事实得出。这个方程式包含了许多假设,其中一些假设是有争议的(见第 16 章)。不过,在给定新古典分配理论的条件下,生产函数是柯布-道格拉斯型的意味着劳动报酬在国民收入中所占的份额不变。

15.3.3 简化模型

从式(15.4)到式(15.7)都是新古典增长模型的重要组成部分。现在我们给出三个不是必需的但可以有助于简化表述的三个假设。

第一个假设是,经济中的每个人均向市场上提供恰好一单位的劳动。用 L 代表经济中的总就业量,用 N 代表总人口,我们可以将这个假设用公式 $L/N = 1$ 表示。美国的数据表明,一个世纪以来,人均就业量是增长的。但是人均就业量的增长对经济增长的贡献是相对很小的,所以我们在模型中忽略这一点是无关紧要的。①

第二个假设是,人口是不变的:我们用字母 N 表示人口规模。尽管人口增长不能解释人均 GDP 的增长,但它显然是 GDP 增长的一个来源。由于我们的兴趣是解释人均 GDP(这是表示我们生活水平提高的变量)的增长,所以我们就暂时忽略人口的增长。

第三个假设是,劳动效率不变。我们用字母 Q 表示不变的劳动效率。Q 固定不变的情况比技术进步引起 Q 提高的情况更容易理解,并且 Q 固定不变有助于我们理解为什么技术变革对新古典理论如此重要。

15.3.4 边际产量递减

在上述三个假设前提下,我们可以说明,当劳动一定、资本增长时,人均产量将会怎样变化。为了得到式(15.8),我们把生产函数两边同除以人口,从而得到人均生产函数,它反映了人均产量和人均资本之间的关系。② 我们用小写字母代表人均变量:y 代表人均产量,k 代表人均资本。人均生产函数描述了企业计划增加更多的资本到固定的劳动供给上所面临的技术。

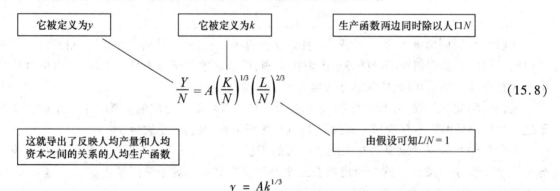

$$y = Ak^{1/3}$$

人均生产函数曲线如图 15-6 所示。注意到曲线随着 k 的增长变得平缓。这反映了资本的边际产量随着更多的资本加入到经济中而逐渐变小。尽管生产函数满足规模报酬不变,但它也表明资本的边际产量递减这一事实。不要混淆这两个概念。规模报酬不变是说如果资本和劳动都以一个固定的百分比发生变化,那么产量也将以相同的百分比变化。资本的边际产量递减是说如果资本以一个固定的百分比发生变化,而劳动的投入不变,那么产量会以一个较小的百分比变化。

---

① 由于现在妇女在市场上工作而不是在家里工作,这个假设比 20 年前更有代表性。这种经济组织的转换已经导致了以人均小时衡量的就业量的扩张。实际上,扩张了的人均小时就业量对人均 GDP 增长的影响很小。图 15-4 说明,这种影响在一个世纪的人均 GDP 增长 1.89% 中只占 0.13%。

② 规模报酬不变(CRS)的假设使我们可以这样做。回忆一下,如果我们用一个定数来乘以资本和劳动,CRS 意味着我们要用这个数来乘以 GDP。这里我们选择的数是 $1/N$。

本图是一个人均生产函数图。人均产出标在纵轴上，人均资本标在横轴上。

注意，随着经济把更多的资本增加到固定数量的劳动上（k提高），人均生产函数的斜率越来越平缓。

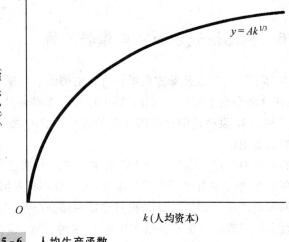

图15-6　人均生产函数

15.3.5　推导新古典增长方程的三个步骤

新古典增长方程是一个差分方程，它描述了任何连续两年的人均资本之间的关系。在第14章，我们看到，差分方程可以有不同的变化方式。例如，一个由差分方程决定的变量可以无限增长，也可以收敛于一个稳定的状态。新古典增长方程有一个稳定的稳态，对于任何初始的人均资本存量，经济都要收敛于这种状态。人均GDP仅由人均资本决定，所以人均GDP也必须收敛于一个稳定的状态。但是，由于人均GDP收敛于一个稳定的状态，所以新古典增长模型无法解释长期的经济增长。新古典增长方程由以下三步推导出来：

第一步　$K_{t+1} = k_t(1-\delta) + i_t$　　这是投资恒定式，它定义了资本是如何积累的。

第二步　$K_{t+1} = k_t(1-\delta) + sy_t$　　这一步假定投资（等于储蓄）与产出成比例。　　　(15.9)

第三步　$K_{t+1} = k_t(1-\delta) + sAk_t^{1/3}$　　这一步用生产函数替换产出，从而得到新古典增长方程。

推导新古典增长方程的第一步是再次以人均的形式表示资本本身。第一步，下一年的人均资本k_{t+1}等于减去折旧后的当年的人均资本$k_t(1-\delta)$再加上新的人均投资i_t；第二步，用人均GDP y_t的固定比率s来替换人均投资，这里使用了投资等于储蓄，并且储蓄在GDP中所占比例不变的假设；第三步，用人均生产函数替换人均GDP（y_t）。由此，我们得到了只有一个变量k的差分方程，它和我们在第14章曾经学过的方程非常相似。我们可以用式(15.9)来描述人均资本和人均GDP是如何随着时间变化的。

15.3.6 用图形表示新古典增长方程

在图15-7中,曲线是新古典增长方程的图形。与横轴成45度夹角的直线代表差分方程中的稳态条件;在这条直线上的每一点,$t+1$年的人均资本存量等于t年的人均资本存量。新古典增长方程与和X轴成45度夹角的直线的交点是这个模型的稳态:在稳态下,经济中的人均资本是零增长,一个正的稳态记作$\bar{k}$。

我们可以使用这个图形来分析经济随着时间的推移所发生的变化。图15-7说明,当经济最初的资本存量k_1小于其稳态资本存量$\bar{k}$时,人均资本将如何变化。在第一期,经济中的资本存量为k_1,它生产的人均产量为$Ak_1^{1/3}$。如果我们储蓄一部分产量,并将它加到没有折旧的资本上,下一期的资本存量就会增长到一个更高的价值k_2。由这种方式,经济就实现了增长。虽然每一期经济都在增长,但是它每一期增长的数量是逐渐减小的。这是因为经济将更多的资本加到固定的劳动量上,以这样的方式增加的GDP会随着资本报酬的递减而逐渐减小。经济收敛于的稳态是这样一种状态:每一期新投资只够用来替换由于折旧而减少的资本。这种稳态出现在$\bar{k}$。

本图说明人均资本如何从下方收敛于稳态$\bar{k}$。开始时经济拥有的资本小于其稳态值,然后每年积累资本,直到最终k_t从下方逼近$\bar{k}$。

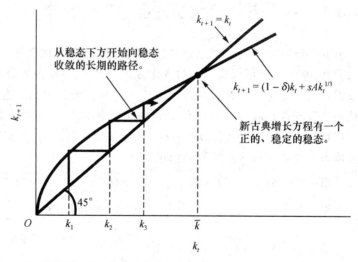

图15-7 经济的初始资本很少时的人均资本收敛

图15-8说明当最初的资本存量k_1大于其稳态资本存量$\bar{k}$时经济将如何变化。在这种情况下,由于资本水平较高,所以新投资不足以用来替换由于折旧而减少的资本。在下一期,资本水平会下降。最终,经济将萎缩到这样一点:人均GDP中被储蓄的不变部分恰好足够用来替换由于折旧而减少的资本,这就是稳态的人均资本存量$\bar{k}$。

从经济学的观点来看,稳态是有趣的,因为它是稳定的。如果经济运行了相当长的一段时间,我们会预期它将会达到一个稳定的状态。经济的哪个特征将告诉我们稳态会位于什么地方呢?式(15.10)给出了稳定状态的方程式,并定义了两个影响稳态下的人均资本(因而影响人均GDP)大小的参数。

本图说明人均资本如何从上方收敛于稳态 $\bar{k}$。开始时经济拥有的资本大于其稳态值，然后资本逐年减少，直到最终 k_t 从上方逼近 $\bar{k}$。

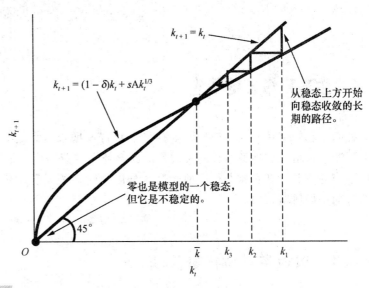

图 15-8 经济的初始资本很多时的人均资本收敛

$$\bar{k} = \bar{k}(1-\delta) + As\bar{k}^\alpha$$

根据模型的参数解新古典增长方程（当 $k_{t+1} = k_t = \bar{k}$ 时）找到稳态。 (15.10)

如果储蓄率提高，那么稳态下的 k 值也将增大。

$$\bar{k} = \left(\frac{sA}{\delta}\right)^{\frac{1}{1-\alpha}}$$

如果折旧率提高，那么稳态下的 k 值将变小。

一个储蓄率很高的经济，它的人均资本和人均 GDP 水平也应该是很高的。投资的增加不能带来经济的增长。这个模型预言，投资的增加会带来人均 GDP 水平的提高，但是不会影响稳态增长率。这是因为经济总是增长到新的投资恰好够用来替代由于折旧而减少的资本的那一点。如果在替代折旧的资本后投资还有剩余，那么经济就将进一步增长。但是随着它的增长，经济就需要投入更多的资本来替代由于折旧而减少的资本，于是用于经济进一步增长的部分就会变少。在稳态下，投资恰好能够用来替代由于折旧而减少的资本，在这一点，经济增长停止。

稳态下的储蓄流量恰好足够用来替代折旧的资本，这是新古典模型的第二个特点。一个折旧率较高的经济需要投入更多的储蓄来替代消耗了的资本，于是用于增长的部分就变少了。在储蓄率一定的条件下，一个较高的折旧率会降低稳态的资本存量，这是因为保持既定的资本存量需要更多的储蓄。一个折旧率很高的经济会有一个低水平的人均 GDP。

15.4 生产率增长的效应

我们已经知道在一定的初始资本存量下新古典增长模型是如何运行的。我们也知道了人均产出不可能永远增长。理解增长的关键是能够解释人均劳动投入是如何增长的,包括人均工作小时数固定不变的情况。新古典增长模型通过区分以小时数衡量劳动供给和以效率单位衡量劳动供给来解释劳动是如何增长的。

15.4.1 以效率单位衡量劳动

并非所有的劳动者都是一样的。比如说,同样工作一小时,一个脑外科医生对 GDP 的贡献大于体力劳动者的贡献。脑外科医生需要相当大的培训投资,而体力劳动者所从事的是相对容易的、不需要太多技巧的、任何人都可以做的工作。一种说明脑力劳动生产的产品具有更高的市场价值的方法是论证一小时脑力劳动提供给生产函数的投入价值大于一小时体力劳动提供的价值。脑力劳动者提供以时间单位衡量的同量的劳动,当以效率单位衡量时,他们提供更多的劳动。

在某一时点上,一些劳动比另一些劳动具有更高的生产率,这导致在不同的时点上劳动的平均生产率不同。例如,21 世纪一般的美国工人比 19 世纪一般的美国工人有更高的技能。今天的大部分工人是受过教育的,能够操作复杂的工具,并掌握很多甚至在几十年前还不为人们所知的技能。由于这个原因,劳动时间或许不是衡量生产函数中投入的合适方法,更好的方法应该是以效率单位,即用劳动效率乘以劳动时间来衡量。

$$E = N \cdot Q \qquad E \text{ 是劳动供给总量,用效率单位衡量。} \qquad (15.11)$$

式(15.11)以效率单位衡量劳动供给,劳动供给等于劳动人数(他们每个人都提供一单位时间的劳动)乘以劳动效率 Q。虽然我们假定人口不变,并且每个人工作的时数一定,但是以效率单位衡量的每个人的劳动供给有可能是增长的。这个认识是非常重要的,因为根据新古典理论,劳动效率的提高是经济增长的最终原因。

15.4.2 衡量相对于劳动的变量

之前,我们推导了人均新古典增长方程。我们也可以用一个类似的方程来描述一个人口和生产率都逐年增长的经济增长。我们需要重新定义增长模型中的状态变量。我们用 k 表示相对于用效率单位衡量的劳动供给的资本,而不再用它表示相对于人口的资本。

表 15-1 通过变量的定义描述了增长模型。在该表的前两行我们重新解释了变量 y 和 k,并增

加了一些新的概念来定义劳动效率、人口和生产率①的增长率。

表 15-1　用来衡量增长率的符号

变量	公式	定义
k_t =	$\dfrac{K_t}{Q_t N_t}$	每效率单位劳动的资本
y_t =	$\dfrac{Y_t}{Q_t N_t}$	每效率单位劳动的产出
$(1+g_Q)$ =	$\dfrac{Q_{t+1}}{Q_t}$	g_Q 是劳动效率的增长率
$(1+g_N)$ =	$\dfrac{N_{t+1}}{N_t}$	g_N 是人口增长率
$(1+g_E)$ =	$\dfrac{E_{t+1}}{E_t}=\dfrac{Q_{t+1}}{Q_t}\cdot\dfrac{N_{t+1}}{N_t}$	g_E 是以效率单位衡量的劳动增长率

在人口和劳动效率增长的情况下,推导增长方程需要更多的步骤。这些步骤会在本章结尾的附录中列出。描述增长的方程和我们已经学过的简单情况相似。

$$k_{t+1}=k_t\frac{(1-\delta)}{(1+g_E)}+\frac{sA}{(1+g_E)}k_t^{1/3} \quad \boxed{\text{新古典增长方程}} \quad (15.12)$$

式(15.12)是一个与式(15.9)作用方式相同的差分方程。但其中的状态变量 k 被重新定义为资本与以效率单位衡量的劳动的比率。随着投资不断增加到资本中,k 由初始的较低水平收敛于一个稳定状态。如果开始时 k 在这个稳定状态之上,经济将不可能每一期都有足够的投资来保持较高的初始资本存量,于是每效率单位劳动的资本就会下降。在任何一种情况下,经济都将收敛于一个稳态值 k。与没有增长的模型不同,一个稳态的 k 值并不意味着人均 GDP 不变;相反,它意味着人均 GDP 恰好和外生的生产率保持同步增长。

我们已经说明新古典增长方程收敛于一个稳态,并以此来论证该模型不能解释人均 GDP 的持续增长。现在我们重新定义了方程中的状态变量,并论证即使这个新的变量收敛于一个稳定状态,模型仍然可以解释增长。式(15.13)和(15.14)将解释上述看似矛盾的问题。

---

① 数学注释:可以根据劳动效率和人口推导出生产率,因为劳动的增长$(1+g_E)$是其他两个变量的增长的乘积。因此,大体上可以说,劳动增长率等于人口增长率与生产率增长率之和。定义这三个增长率之间关系的严格的方程由下式给出:
$$(1+g_E)=(1+g_Q)(1+g_N)$$
这个方程可以进一步写作 $g_E=g_Q+g_N+g_E g_Q$。因为 g_Q 和 g_N 都是小数,其乘积 $g_Q g_N$ 小于 g_Q 和 g_N,因此,近似地,$g_E=g_Q+g_N$。

> 变量 k_t 收敛于一个稳态常数。

> 这个被定义为 y_t 的变量也收敛于一个稳态常数。

$$\left(\frac{K_t}{N_t}\right)\frac{1}{Q_t} = \bar{k} \qquad \left(\frac{Y_t}{N_t}\right)\frac{1}{Q_t} = \bar{y} \qquad (15.13)$$

> 如果 k_t 和 y_t 是常数,那么 K_t/N_t 和 Y_t/N_t 必定以同样的增长率 Q_t 增长。

$$\left(\frac{K_t}{N_t}\right) = Q_t \bar{k} \qquad \left(\frac{Y_t}{N_t}\right) = Q_t \bar{y} \qquad (15.14)$$

式(15.13)和(15.14)用字母 $\bar{k}$ 和 $\bar{y}$ 分别表示稳态下每效率单位劳动的资本和GDP的值。在这个模型中,每个变量都将收敛于一个稳态。但是,当生产率增长时,每单位劳动的产出收敛于一个稳态,不是说人均产出收敛于一个稳态。人均产出和每单位劳动的产出是不同的。在稳态下,由于以效率单位衡量的劳动在增长,所以人均资本一定增长。随着外生的技术进步引起劳动效率增长,家庭积累资本会使资本和劳动的相对比例保持不变。

结　论

新古典生产理论和分配理论可以用来衡量人均GDP增长的来源。资本和劳动的增长本身不能解释人均GDP的增长,而人均GDP的增长应归因于劳动效率的提高。虽然并非全部的增长都可由资本和劳动的增长来解释,但其中一部分可以由它们来解释。在新资本上投资可能会带来更快的增长。为了证明这是否可能,我们构造了一个把各种增长因素联系起来并解释它们之间相互关系的经济增长模型。

新古典增长模型以三个事实为基础:第一,20世纪人均GDP的平均增长率为1.89%;第二,工资在GDP中所占的份额保持不变;第三,消费在GDP中所占的份额不变。如果我们承认后两个事实,则模型就可以解释第一个事实。

为了解释经济增长,我们使用了一个状态变量是资本与用效率单位衡量的劳动之比的差分方程。这个状态变量收敛于稳态。这个模型是否可以预测人均产出的增长取决于我们是否考虑到生产率的外生增长。通过区别以上两种情况,我们可以说明,人均GDP增长的最终源泉是劳动效率的外生增长。

生产率增长是新古典模型的核心,因为规模报酬不变意味着产出的成比例增长要求资本与劳动都成比例增长。一个资本增长而劳动存量不变的经济,其资本的边际产量最终会递减,并且资本产出增加的比例要小于资本增加的比例。投资是产出中一个固定不变的部分,但是每一期产出的增加都小于前一期产出的增加。随着资本存量逐渐接近一个稳态,经济增长最终一定会停止。新古典模型回避了这样一个事实:在人均劳动时间供给一定的条件下,生产率的外生增长可以引起由效率单位衡量的劳动的增长。

关 键 术 语

资本弹性　capital elasticity
柯布-道格拉斯函数　Cobb-Douglas function
规模报酬不变　constant returns to scale（CRS）
内生增长理论　endogenous growth theory
外生增长理论　exogenous growth theory
增长核算　growth accounting
人力资本　human capital

劳动弹性　labor elasticity
新古典增长模型　neoclassical growth model
新古典分配理论　neoclassical theory of distribution
宾夕法尼亚世界表　Penn World Table
索洛剩余　Solow residual
全要素生产率　total factor productivity

附录：包含生产率增长的增长方程

下列方程式说明了推导式（15.12）的步骤：

$$\left(\frac{K_{t+1}}{N_{t+1}Q_{t+1}}\right)\left(\frac{Q_{t+1}N_{t+1}}{Q_t N_t}\right)$$

$$= \left(\frac{K_t}{Q_t N_t}\right)(1-\delta) + \left(\frac{I_t}{Q_t N_t}\right)$$

这是定义了资本是如何积累的投资恒等式。变量都是用效率单位衡量的（而不是用人口衡量的）。

$$k_{t+1}(1+g_E) + k_t(1-\delta) + sAy_t$$

当效率单位随着时间的推移而增长时，等式左边就会多一个解释增长的项。

$$k_{t+1} = k_t \frac{(1-\delta)}{(1+g_E)} + \frac{sA}{(1+g_E)} k_t^{1/3}$$

包含生产率增长和人口增长的新古典增长方程与不包含增长的模型有两点不同：
1. 变量 k 衡量的是效率单位劳动的资本，而非人均资本。
2. $1+g_E$ 为方程式右边的分母。

习　题

1. 新古典增长理论的三个事实用来解释什么？
2. 解释规模报酬不变和边际产量递减的概念。一个生产函数能否同时出现这两种情况，如果可以，举例说明。如果不可以，请解释原因。
3. 考虑生产函数

$$Y = KL^{1/2}$$

这个函数是否是规模报酬不变的？它是否是资本报酬递减的？分别计算 GDP 中用于资本和用于劳动的份额，实际工资和实际租金率是否等于劳动的边际产量和资本的边际产量。

4. 将柯布-道格拉斯生产函数改写为人均概念

的函数。根据这个新的函数,新古典增长模型的人均增长的三个来源是什么?其中哪个因素最重要?每个因素的贡献是如何随着时间变化的?

5. 解释全要素生产率。它用来计算什么?是如何计算的?准确性如何?

6. 画出差分方程 $x_{t+1} = 2x_t - 3x_t^{1/2} + 2$ 的曲线图。这个方程式有几个稳态?找出每个稳态值并解释它是否稳定。

7. 在新古典增长方程 $K_{t+1} = (1-\delta)K_t + sK_t^\alpha N^{1-\alpha}$ 中,假定 $\alpha = 1, N = 1$,画出这个方程的曲线图。这个方程有稳定的稳态吗?它有不稳定的稳态吗?假定 $\delta = 0.1, s = 0.2$,经济能实现增长吗?如果能,请解释为什么这个例子与本章的模型不同?在这个经济中,GDP 中劳动所占的份额是多少?

8. 现在有两个经济 A 和 B,除了 A 的折旧率高于 B 的折旧率以外,二者的其他方面完全相同。经济 A 和 B 中哪一个人均 GDP 的稳态水平较高?哪一个经济的增长率较高?画图说明。

9. 一个经济的储蓄率为 0.16,折旧率为 0.1,人口增长率为 0,$A = 1$,GDP 中劳动所占的份额为 50%,假定这个经济的生产率的增长率为 0,则稳态 k 值为多少?

10. 一个新古典增长的经济由以下信息来描述: $s = 0.45, \delta = 0.1, n = 0.05, \alpha = 0.5$。假定这个经济生产率的增长率为 0,则稳态 k 值为多少?如果 $k_0 = 7$,计算下一期的人均资本 k_1,并说明这个经济的增长比它的长期增长率是快还是慢?

11. 考虑两个经济,其每年的劳动生产率均外生增长 2%,假定这两个经济开始均处于稳定状态。除了经济 A 的储蓄率下降到低于经济 B 以外,两个经济完全相同。

    a. 在短期内,哪个经济更富裕?长期呢?画图说明。

    b. 在短期内,哪个经济增长更快?长期呢?画图说明。

    c. 画图说明两个经济的增长,横轴为时间,纵轴为经济增长率,并说明经济增长率随时间如何变化?

12. 在新古典增长模型中,画图说明人口增长的影响:

    a. 在短期和长期人均 GDP 的变化?

    b. 在短期和长期 GDP 总量的变化?

    c. 在短期和长期人均 GDP 增长率的变化?

13. 根据新古典增长模型,一个国家的储蓄率/投资率和稳态的人均增长率之间的关系如何?你认为这种预测与事实一致吗?请解释你的看法?

14. 一些经济学家认为新古典增长模型预测了"有条件的收敛"。你如何理解"收敛"的含义?又是如何理解收敛的条件的?请解释。

第 16 章　内生增长理论

16.1　引言

20 世纪 50 年代提出来的新古典增长模型是用来解释美国经济的特征事实的。在那时,只有极少数国家系统地收集数据。近来这种情形已经开始改变,现在我们已经掌握了许多国家 1960 年以来的数据。为了检验新古典增长理论的可靠性,研究者比较了这些数据与模型的预测结论。他们研究了各个国家增长率和人均 GDP 的情况,并分析了储蓄率、增长率和相对生活水平之间的关系。他们发现最简单的新古典模型的一些预言与事实不符。

新古典增长模型和内生增长模型均作了以下简单的假设,即世界上的各个国家都生产相同种类的商品。由于这个原因,它们没有考虑商品的国际贸易,但是模型考虑了国家间相互借贷的资本流通。

内生和外生增长理论把增长解释为劳动效率 Q 的增长。因为新古典模型假定 Q 是外生的,而内生增长理论解释了 Q 为什么逐年增长。内生增长理论的主要观点是,Q 衡量劳动力在生产商品过程中获得的知识和技艺。随着经济制造出更复杂的机器,工人学会操作这些新的机器,从而获得了知识。这些知识随着时间不断积累并对增长过程作出了贡献。

16.2　新古典模型和国际经济

新古典增长模型假定只有一种商品,但是在现实世界中,有许多不同种类的商品和服务。国际贸易的主要动机之一就是根据不同国家技术水平和能力的差异生产不同的商品和服务。① 例如,日本向美国出口小轿车,但进口牛肉。新古典增长模型排除了商品贸易,因为这个模型只涉及一种产品。

第二种贸易是**跨时贸易**——两个不同时点间的贸易。跨时贸易发生在一个国家的消费加上投资大于它的国内生产总值的情况下,它通过从国外借款支付超出的部分。跨时贸易的发生有三种可能的原因:第一,一个国家的人可能比另一个国家的人更能忍耐。根据新古典增长模型,这意味着这个国家的储蓄率会高于另一个国家,于是更能忍耐的国家的人就会通过国际资本市场借款给相对缺乏耐心的国家的人。第二,一个国家的人口增长率可能高于另一个国家。人口增长率较高的国家需要以更快的速度投资以保持一个固定的资本-劳动比率。这个国家于是可以吸引更多的国外投资作为世界储蓄流入以满足其对新资本品的需求。第三,当一个国家比另一个国家更富裕时,较富裕的国家通过资本投资的方式借款给相对较穷的国家。

第四个可能出现跨时贸易的原因被下列假设排除了:不同的国家可能使用不同的生产函数。如果一个国家的技术水平较高,其他国家的储蓄者就会愿意投资给这个国家,以期从更大的获利机会中获利。虽然技术水平的差异可以解释短期的国际借贷机会,但是由于在长期技术水平易于模仿,因此它不能用来解释长期的借贷模式。由于这个原因,我们假定所有的国家均使用相同的生产函数。

在本章,我们把世界视为国家的集合,每个国家都使用相同的生产函数生产相同种类的商品。国家之间存在差异只有以下三个原因:它们有不同的储蓄率、不同的人口增长率,或不同的初始资本存量。

16.2.1 对世界贸易建模

我们可以用两种方式对国际资本市场上的贸易进行建模。第一种是假设国际资本市场是开放的,这意味着世界上任何国家的人都可以自由地借贷。相反,如果假设国际资本市场是封闭的,就意味着各个国家的人只能在本国内进行借贷。事实是介于这两种极端情况之间的,国际资本市场既不是完全开放的,也不是完全封闭的。但由于这两种极端情况易于分析,所以我们考察在这两种极端情况下新古典模型对数据的解释。

16.2.2 包含开放的资本市场的新古典增长模型

国际资本市场是开放的这一假设被称为**完全的资本流动性**。当存在完全的资本流动性时,各个国家的人均GDP是相同的。宾夕法尼亚世界表(见第15章网络浏览15-1)表明,具有完全的资本流动性的模型预测的很多结果与数据不符。我们可以推断完全的资本流动性不能很好地描述和解释事实。显然,新古典模型是需要修改的。

修改新古典模型的第一项工作是考虑各个国家之间可以相互借贷这一事实。在开放的经济中,国内储蓄不一定等于国内投资,因为一个国家的储蓄可以用来增加国内资本,也可以用来增加国外

---

① 在国际经济学中,这个思想被称作"比较优势原理"。比较优势原理是说,每个国家出口那些在生产上相对有效率的产品。

资本,所以,应该是世界总储蓄等于世界总投资。

在(16.1)式中,S 和 I 分别代表国内储蓄和国内投资,S^f 和 I^f 分别代表国外储蓄和国外投资。当个人可以自由地在国内外进行投资时,一个国家的储蓄就不一定等于该国的投资。但事实证明,国内储蓄与国内投资有着密切的联系。

$$S + S^f = I + I^f \quad \boxed{\text{世界储蓄等于世界投资}} \tag{16.1}$$

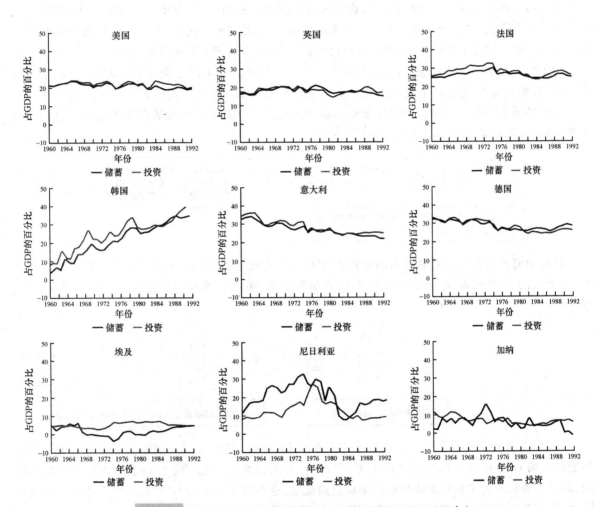

图 16-1 9个国家的投资和储蓄占GDP的比率(1960—1992年)

投资率和储蓄率的变动非常接近。

马丁·费尔德斯坦(Martin Feldstein)和查尔斯·霍瑞卡(Charles Horioka)在发表于《经济杂志》(*Economic Journal*)(1980年6月)上的一篇文章中指出,国内储蓄与投资之间存在不规则的关系。我们说明这种关系所用的数据来自宾夕法尼亚世界表5.6,在写作本书时,这些数据是最新的。

图 16-1 提供了 9 个国家逐年的数据。在每一年,每个国家的国内储蓄都非常接近于国内投资。并且对我们所挑选的国家来说,没有一个国家的情况是例外的,所有国家的模式都是相同的。由于新古典增长模型不能解释在开放的资本市场上国内储蓄非常接近于国内投资这一事实,所以我们对理论的假设产生了怀疑。

新古典模型的第二个含义是,在完全的资本流动性下,投资在各个国家之间的自由流动最终会使利息率相等。如果一个国家的利息率高于另一个国家,资本就会流向这个利率高的国家,因为投资者试图通过在该国购建厂房和机器来获取高利率所带来的利益,但是随着资本的流入,资本的边际产量就会下降,企业会使借款利率等于资本的边际产量;随着资本边际产量的下降,投资者对资本索要的利率也会随之下降。各国间资本的自由流动会使整个世界的回报率相等。

对于新古典生产函数来说,回报率仅取决于资本与劳动的比率,①也就是说,如果不同国家的回报率相同,那么资本–劳动比率也一定相同。在式(16.2)中,K 和 N 分别代表一个国家的资本和人口,K^f 和 N^f 分别是另一个国家的相应变量。假定劳动效率 Q 和生产函数的资本弹性 α 在这两个国家是相同的,我们还假定人均就业量为 1②。

$$MPK = \alpha \left(\frac{K}{NQ}\right)^{\alpha-1} = MPK^f = \left(\frac{K^f}{QN^f}\right)^{\alpha-1} \tag{16.2}$$

（这是通过柯布-道格拉斯生产函数得到的资本的边际产量的公式。）

（如果资本市场是完全的,那么各国的边际产量就应该相等,也就是说人均资本也应相等。）

我们如何验证各个国家的资本的边际产量是否相等呢?如式(16.3)所示,一个间接的检验表明,由于人均 GDP 仅取决于人均资本,所以各国的资本–劳动比率相等就意味着各国的人均 GDP 相等。

$$\left(\frac{Y}{QN}\right) = A\left(\frac{K}{QN}\right)^{\alpha}\left(\frac{QN}{QN}\right)^{1-\alpha} = A\left(\frac{K}{QN}\right)^{\alpha} \tag{16.3}$$

（每效率单位劳动的产出……）（……由每效率单位劳动的资本决定。）

图 16-2 描述的是以下五个国家的经济事实:美国、英国、墨西哥、土耳其和印度。纵轴表示每个国家的人均 GDP 相对于美国人均 GDP 的百分比。如果包含完全的资本市场的新古典模型是正确的,那么随着资本为了获得最高的回报率而自由流动,这些国家的人均 GDP 最终都应相等。但是实际上,我们看到像印度这样较穷的国家仍然较穷,而像美国这样的富国却始终较富。

---

① 数学注释:这里假定规模报酬不变。通过求对资本的偏微分,我们从生产函数中得到资本的边际产量的方程。对于柯布-道格拉斯生产函数 $AK^{\alpha}L^{1-\alpha}$,资本的边际产量为 $\alpha A(K/L)^{\alpha-1}$,这里使用的就是这个方程。

② 只要就业量和人口成比例,并且这个比例是常数且在这两个国家相同,这个观点就可以成立。通过选择适当的衡量单位,这个常数总是等于 1。

如果世界资本市场是开放的,我们预期美国、英国、墨西哥、土耳其和印度都会有相同的人均 GDP 水平。事实上,在这些国家之间没有人均 GDP 均等化的趋势,即便时间跨度是 32 年。

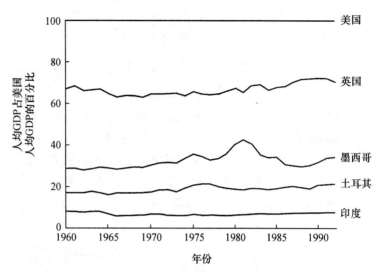

图 16-2 (选取的 5 个国家)人均 GDP 与美国人均 GDP 的比较

16.2.3 包含封闭的资本市场的新古典增长模型

尽管事实证明资本不能在国家之间自由流动,一个不同版本的新古典模型仍可以解释事实。我们来研究**零资本流动性**的情况,即假定资本市场是封闭的。在零资本流动的情况下,资本不可能在国与国之间发生借贷,所以一个国家的国内储蓄一定等于国内投资。① 如同在开放的资本市场假定下一样,我们根据封闭的资本市场的假定来分析国际经济事实。

首先,我们考察两个国家的资本和人均 GDP 的预测关系,这两个国家的唯一不同是其中一个国家的储蓄多于另一个国家。为比较这两个经济,我们需要再次分析新古典模型是如何解释稳态的资本水平的。根据式(16.4),我们可以得到稳态的资本存量的表达式。

$$\underbrace{sY_t}_{\text{储蓄}} = sAK_t^\alpha (Q_tN_t)^{1-\alpha} = \underbrace{K_{t+1} - (1-\delta)K_t}_{\text{投资}} \tag{16.4}$$

我们用 g_E 表示效率单位劳动的增长率,用一个代数表达式来表示稳态时的每效率单位劳动的资本的数量。② 我们想说明的是,相对于劳动量而言,决定一个国家资本量的因素是什么。

稳态下的资本-劳动比率的代数表达式揭示了决定资本量的四个因素,它们分别是储蓄率、折旧率、效率单位的增长率和资本的产出弹性。式(16.5)显示了这些因素如何影响资本-劳动比率。

---

① 一些国家的出口占其 GDP 的 60%,怎么说世界经济是封闭的呢?答案是贸易的主要动机涉及生产不同商品的比较优势。在我们的模型里不包含这种动机,因为我们作了一个很强的、简化的假定:只生产一种商品。国内储蓄等于国内投资的事实意味着出口等于进口,这不是说出口或进口在 GDP 中所占的比例很小。

② 这是我们在第 15 章用来推导新古典增长模型的稳态的代数式。

$$\frac{K}{QN} = \left(\frac{sA}{g_E + \delta}\right)^{\frac{1}{1-\alpha}} \qquad (16.5)$$

衡量稳态时每效率单位劳动的资本 ← $\frac{K}{QN}$

$\left(\frac{sA}{g_E + \delta}\right)^{\frac{1}{1-\alpha}}$ → 是个常数，取决于储蓄率 s 和劳动增长率 g_E

因为我们假定各个国家使用相同的生产函数，所以已经排除了各国折旧率 δ 和资本弹性 α 不同这两个影响因素。于是还剩下两个因素——储蓄率和用效率单位衡量的劳动的增长率。

式(16.5)说明在稳态下，储蓄较多的国家会积累更多的单位劳动的资本。但是我们如何将这个结论转化为对生活水平的预测呢？式(16.6)给出了单位劳动的 GDP 和单位劳动的资本之间的关系，这个等式说明，人均 GDP 由储蓄率决定。换言之，如果储蓄率上升了，稳态的人均 GDP 也会上升。

$$\frac{Y}{QN} = A\left(\frac{sA}{g_E + \delta}\right)^{\frac{\alpha}{1-\alpha}} \quad \text{单位劳动的产量（部分）取决于储蓄率} \qquad (16.6)$$

在资本市场开放的情况下，各个国家的人均产出应该相等。相反，如果资本市场是封闭的，人均产出就不会相等，因为人均产出取决于各个国家使用资本的相对数量，而不同国家的储蓄率的不同会导致人均资本的不同。如果 A 国的储蓄率高于 B 国，则

$$\frac{Y^A}{N^A} > \frac{Y^B}{N^B}$$

A 国的人均 GDP ・ B 国的人均 GDP

作为对这个预言的检验，专栏 16-1 中的图 A 描述了 1960—1988 年 17 个国家的人均 GDP 的平均值与投资-GDP 比率的平均值。如果新古典模型是正确的，那么这些数字之间就应该是正相关的；但是事实上，它们之间只有极小的相关性或者根本没有相关性。

专栏 16-1

聚焦事实

投资和人均 GDP

新古典增长模型预言，高储蓄率和投资率的国家会有高的人均 GDP 稳态水平。图 A 说明这个预言与数据事实不符。不存在高投资率的国家有较高的生活水平的趋势。

图 B 调整了投资率，以便考虑到人口按照这个模型的稳态方程预言的方式增长。本图说明投资率和人均 GDP 之间没有相关性不能由人口增长率的不同来解释。

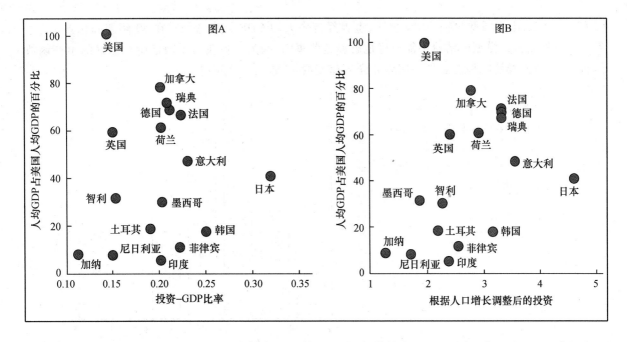

也许图 A 忽略了各个国家除了储蓄率不同外还可能有其他方面的不同。各国的人口增长率也不同。为检验人口增长率是否掩盖了这些数字之间的真实关系,图 B 根据人口增长重新调整了这些数据。然而,图 B 表明,这些国家的数据并没有出现新古典模型的稳态所描述的关系。

新古典模型预测人均 GDP 应与储蓄率相关,但是数据并不支持这个观点。模型对人均 GDP 增长率的预测也不正确。尽管新古典模型承认储蓄率较高的国家会有较高的人均 GDP 水平,但是它仍认为各国人均 GDP 的增长率应该相同。为什么呢?因为这个模型认为全部增长最终都可归因于外生的技术进步。

假定两个国家 A 和 B 有不同的储蓄率和人口增长率。式(16.7)表明这两个国家在稳态下会收敛于不同的单位劳动的 GDP 水平,我们把这两个不同的稳态分别表示为 $\bar{y}_A$ 和 $\bar{y}_B$。

$$\frac{Y}{N_A Q} = \bar{y}_A \quad \text{A 国每单位劳动的产量收敛于一个常量。}$$
$$\frac{Y}{N_B Q} = \bar{y}_B \quad \text{B 国每单位劳动的产量收敛于另一个常量。}$$
(16.7)

尽管稳态水平是不同的,但是它们都是常量。那么两个国家的人均 GDP 增长率是如何不同的呢?由于两个国家的生产函数相同,所以它们的劳动效率 Q 的增长率是相同的,Q 的变化最终会引起增长。式(16.8)表明在稳态下,不同国家的人均产出会以相同的速度增长,这是因为不同国家的生产函数相同,于是劳动效率的增长就相同。

$$\frac{\Delta(Y_A/N_A)}{(Y_A/N_A)} = \frac{\Delta Q}{Q} \quad \frac{\Delta(Y_B/N_B)}{(Y_B/N_B)} = \frac{\Delta Q}{Q} \quad \text{A 国和 B 国人均 GDP 水平不同,但其中任何一个国家的人均 GDP 的增长率都等于劳动效率的增长率。}$$
(16.8)

这个结论如何与事实相符呢?图 16-3 提供了以 17 个国家为样本的人均 GDP 增长率(相对于美国人均 GDP 增长率)的频数分布。其中日本和韩国 1960 年至 1988 年的平均增长率比美国高 4%

第 16 章 内生增长理论

到5%,而加纳比美国低2%。数据表明,世界经济中人均GDP的年增长率在30年期间相差7%之多。简单的新古典模型的结论不能很好地解释这些事实,因为新古典模型假定所有国家的生产函数相同,因而各国经济在稳态条件下应以相同的速度增长,这与事实不符。

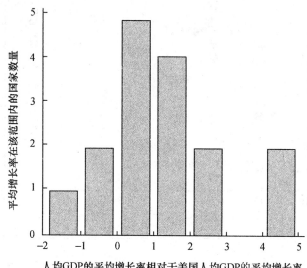

本图说明,在17个样本国家中,2个国家的年平均增长率比美国高4%到5%,1个国家比美国低2%。

所有的国家都会按照相同的速度增长,但事实并非如此。

图16-3 相对增长率的频数

新古典模型的一个含义是,储蓄率较高的国家的人均GDP水平也应较高。第二个含义是,所有国家都会按相同的速度增长。但是事实并非如此,新古典模型不能解释这些数据,即使是在资本市场是封闭的极端假定下也不能。

16.2.4 收敛

新古典模型认为所有国家的增长率相同。一些经济学家认为这种情况只有在世界上的所有国家都达到稳态水平时才能实现,而在达到稳态水平的过程中,各国的人均GDP是不同的。如果事实是这样,那么当我们控制了诸如储蓄和人口增长这些影响国家达到稳态的因素时,我们应该看到初始资本存量较低的国家的增长速度快于初始资本存量较高的国家。

日本、德国、意大利这三个战后增长较快的国家为初始资本存量可能起重要作用提供了例证。这三个国家的固定资产在第二次世界大战中都遭到了严重的破坏,战后它们的增长速度快于美国可能是由于资本重置带来的,这种思想被称作**重建假说**。尽管重建假说听起来似乎是合理的,但是宾夕法尼亚大学的富缪·海亚希和西北大学的劳伦斯·克里斯亚诺新近的研究表明,重建假说不能解释所有的事实,例如日本。克里斯亚诺证明,根据模型预测的人均GDP收敛于稳态水平的速度应快于战后日本的实际情况。①

第二种验证初始资本存量是否起重要作用的方法是分析各个国家的人均 GDP 水平是否越来越接近。新古典模型预测初始 GDP 水平较低的国家的增长应快于初始人均 GDP 水平较高的国家,这种思想被称作**收敛假说**。一些经济学家通过分析人均 GDP 增长率和人均 GDP 初始水平之间的统计关系来检验这个收敛假说。大部分研究表明,收敛假说并不能解释各个国家的实际情况。但是,有一些证据表明存在**条件收敛**。也就是说,如果我们给变量附加条件,比如受教育的年限、政治的稳定、政府的类型等因素,我们就可以解释增长率的一些差异。一个重要的发现揭示了即使增长率像新古典理论预测的那样收敛时,这个收敛的速度也会比简单的新古典模型预测的慢得多。②

16.3 干中学模型

新古典理论把增长归因于劳动效率的增长,但是一些新的理论提出了与新古典模型不同的解释。由于劳动效率的增长不能被其他经济变量解释,所以新古典增长理论就是一个外生的理论。最近,一些经济学家开始研究另一种方法,即假定工人在学习一种新技术的过程中会获得技能。以这种方式获得的技能称为人力资本,并且根据内生增长理论,人力资本的积累带来人均 GDP 的增长。

16.3.1 内生增长理论与外生增长理论

人力资本的获得可以使工人操作复杂的机器或加入到其他有技能的工人组成的工作小组中去。例如,一个医生就比一个蓝领工人拥有更多的人力资本,于是这个医生生产的产出就相应地更有价值。人力资本的积累方式同物质资本一样,都是把资源用于投资。在物质资本中,投资意味着建造厂房和机器,而在人力资本中,投资意味着获取知识(技能)。

虽然人力资本和物质资本是相似的,但两者也有着重要的区别:人力资本不仅可以通过正规的求学获得,也可以通过生产活动本身获得。这种获取知识的方法被称为**干中学**。当发明出新产品或采用了新技术时,随着企业掌握了生产这些产品的最优方法,生产成本就会下降。工人通过在工作场所的实践获取这些知识。

---

① Fumio Hayashi. "Is Japan's Savings Rate High?" *Federal Reserve Bank of Minneapolis: Quarterly Review*, pp. 3—9, Spring 1989. Lawrence J. Christiano. "Understanding Japan's Savings Rate: The Reconstruction Hypothesis," *Federal Reserve Bank of Minneapolis: Quarterly Review*, pp. 10—25, Spring 1989. 这两篇文章容易阅读,推荐它们作为本章的补充读物。

② 例如,可参见 N. Gregory Mankiw, David Romer, and David N. Weil. "A contribution to the empirics of growth," *Quarterly Journal of Economics*, No. 100, pp. 225—251, February 1992; and Robert J. Barro and Xavier Sala-i-Martin. "Convergence," *Journal of Political Economy*, No. 100, pp. 223—251, April 1995。

16.3.2 内生增长技术

内生增长理论在新古典生产函数上作了一个微小的改动,它假定总量生产函数是由柯布-道格拉斯技术描述的,在这种技术下,GDP的资本弹性等于1。内生增长技术由式(16.9)给出:

$$Y = K^1 L^{1-\alpha} \qquad \boxed{\text{根据内生增长理论,生产函数中的资本系数为1。}} \qquad (16.9)$$

如果产出的资本弹性等于1(而非1/3),就意味着经济不再面临着资本的边际产量递减,资本增长与GDP的增长是成比例的。由于作了这样的修改,人均GDP可以永远增长,增加一单位资本的生产能力不会减少。即便没有外生的技术进步来持续地提高劳动效率,经济也可以增长。

为什么这个理论不能早一点提出来呢?答案在于外生增长理论的基础。我们回忆一下新古典模型使用的方程

$$Y = AK^\alpha (QL)^{1-\alpha}$$

其中,参数 α 等于1/3,这个1/3来源于新古典分配理论,α 必须等于收入中的资本份额。如果内生增长理论把主要参数确定为一个不同的值,它就必须解释这个值如何与收入中的资本份额为1/3的事实相一致。这就是干中学理论的任务。

16.3.3 社会技术与私人技术

干中学理论调和了资本的规模报酬不变的假定和分配理论。这是通过区分社会整体可用的生产函数——**社会技术**和单个企业可用的生产函数——**私人技术**,得以实现的。劳动具有更大的生产能力,不是因为外生的技术进步,而是因为知识的积累。社会建造新的工厂和机器,个人学会新技术,他们获取的知识体现在人力资本的增加上。人力资本的获得是一个社会过程,其效果超过了个人自身的生产率。一个企业发明出一种新的方法,另一个企业就会复制这种方法。当一个人掌握了一种更快捷、更容易解决问题的方法时,另一个人就会模仿这种方法。干中学理论包含这样的思想:技术进步 Q 是社会工业化水平的一个函数。

我们假定一个经济有 M 个企业,每个企业的生产均使用与新古典增长模型中的柯布-道格拉斯生产函数相同的私人技术。令 Y、K、L 分别表示 GDP 总量、资本和劳动,私人生产函数由式(16.10)给出:

$$\frac{Y}{M} = A\left(\frac{K}{M}\right)^\alpha \left(\frac{QL}{M}\right)^{1-\alpha} \qquad \boxed{M\text{ 表示企业的个数}} \qquad (16.10)$$

等式两边同时乘以 M,得到描述总产出、总资本量和总劳动量的等式:

$$Y = AK^\alpha (QL)^{1-\alpha} \qquad \boxed{\text{在干中学理论中,私人生产函数与新古典增长模型中使用的函数相同。}} \qquad (16.11)$$

这与新古典理论中单个企业使用的生产函数相同。①

干中学理论的新颖之处是明确提出了一个决定 Q 的模型。劳动效率假定由工业化的总水平决定。因为工业化水平随着社会资本密集程度的提高而提高，所以我们假定 Q 的值是和每个工人的总资本 K/N 成比例的。通过适当选择衡量变量的单位，我们可以令这个不变的比例等于1。于是，**知识函数**就由式(16.12)定义：

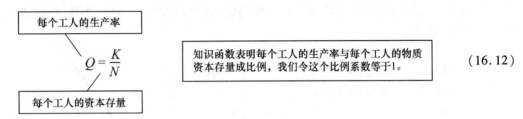

(16.12)

换言之，单个工人的效率由整个经济中的资本总水平决定。这个关系决定了资本存量的增长是如何通过社会引起知识的积累的。

资本积累有两个效果：第一个效果是内生增长理论和外生增长理论中都有的私人效果，从而得到社会生产函数中的 K^α 项。第二个效果是通过劳动力的教育起作用。工人在一个企业学会了使用新技术，他们获得的技巧可以被转让到另一个企业，于是得到社会生产函数右边的 $K^{1-\alpha}$ 项。第二个效果对于单个生产者是一种外部性，因为生产者不必支付劳动者的教育费用。工人在工作过程中接受新思想的熏陶从而获得技能，接受新思想熏陶的程度随社会资本的积累而提高。

将知识函数写入私人生产函数，我们可以重写社会生产函数，如式(16.13)：

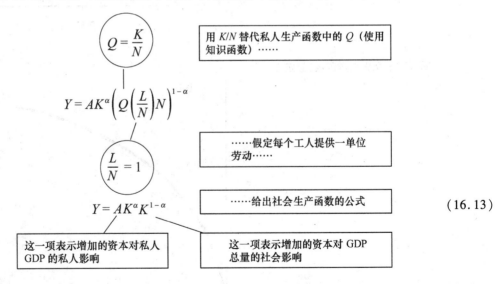

(16.13)

总资本量影响 GDP 的两个效果可以合并成一项。② 最终得到的生产函数被称为**社会生产函数**或**社会技术**，如式(16.14)：

---

① 因为 $M^a \cdot M^b = M^{a+b}$。

② 这里用了 $K^\alpha \cdot K^{1-\alpha} = K$。

$$\boxed{\text{GDP总量}} \longleftarrow Y = AK \longleftarrow \boxed{\text{总资本量}} \qquad (16.14)$$

图 16-4 中的图 A 和图 B 表明了社会效果和私人效果的差别,图 A 表示随着经济把资本不断增加到固定不变的劳动量上,GDP 的增加与资本的增加成比例。另一方面,图 B 表示当单个企业资本增长而其他企业资本存量保持不变时这个企业将发生的变化。当企业在劳动量不变的情况下增加资本时,每单位资本的生产能力就会下降。这是资本的边际产量递减的结果,我们曾在新古典模型中有过相同的假设。

图 A 表示干中学模型中的社会生产函数(假定劳动投入是常数)。

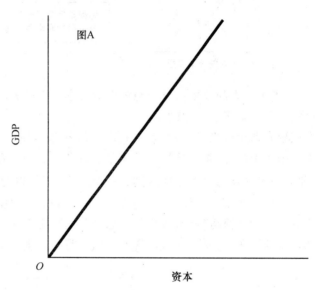

图 B 表示私人生产函数(假定劳动投入是常数)。

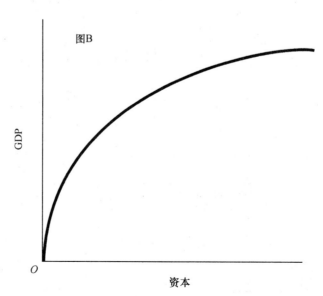

图 16-4 社会生产函数与私人生产函数的比较

造成图 A 和图 B 差异的经济原因是什么呢? 答案是当单个企业扩大其资本使用时,它只获得了这些新增资本所产生的私人效果。但是第二种效果,即对劳动者教育的效果,单个企业并不能独占。企业培训工人操作使用新机器,当工人辞去工作而寻找其他工作时,企业的利益就会受损失。这些工人掌握的技能就会广泛传播到他们的朋友或其他企业的同行中去。

干中学理论一个直接且重要的含义是,当一个企业所在的社会有较高的资本水平时,这个企业的生产能力就较高。这与新古典模型不同,新古典模型假定即使一个企业从美国迁到加纳,它仍然会使用相同的技术。而干中学理论认为,这个企业的生产能力会降低,因为加纳的劳动力的技能低于美国劳动力的技能,这是由于加纳的工业化水平较低导致的。

综上所述,内生增长理论区分了单个企业使用的生产函数与整个社会使用的生产函数。一个企业使用较多的资本,其产出要成比例地小于整个社会使用的资本,这种区别可以归因于学习新技术的工人所获得的知识。这种干中学的效果会在整个社会扩散,而不为任何单个企业所独占。然而,如果所有的企业一起扩张,那么每个企业都会从知识的增长中获利,这种知识的积累不仅是企业自身扩张的结果,同时也是其他企业扩张的结果。

16.4 干中学和内生增长

像新古典理论一样,内生增长理论也必须决定如何为国际资本市场建模。由于事实证明,国际借贷很少,所以我们可以考察一种极端的假定:国际资本市场是封闭的。假定储蓄是 GDP 中的一个固定比例,并且储蓄等于投资,那么我们可以得到解释资本如何积累的表达式,如式(16.15):

$$\underbrace{sY_t}_{\text{储蓄}} = sAK_t = \underbrace{K_{t+1} - (1-\delta)K_t}_{\text{投资}} \quad (16.15)$$

式(16.15)看起来与新古典模型描述增长的表达式相似,但是两者有一个很大的而且很重要的区别。如果我们画出第二年资本与当年资本的比值的函数图,会得到一条直线,而非曲线。如果改写式(16.15),我们可以得到一个增长方程的表达式,如式(16.16):

$$K_{t+1} = (1 - \delta + sA)K_t \quad \text{在干中学经济中,增长方程的解是一条直线。} \quad (16.16)$$

内生增长方程与新古典增长方程是完全不同的,因为它的图形是一条直线。随着经济把越来越多的资本增加到固定不变的劳动存量上,产出增加量会成比例增长。经济也不会遭受资本报酬递减。在每个时期,家庭把 GDP 中一个固定的部分作为储蓄,资本沿着直线扩张,如图 16-5 所示,而不像在新古典理论中资本沿着一条曲线变化。

这个描述增长的差分方程只有一个 $k=0$ 的稳态,并且稳态是不稳定的。假设经济从 k_0 开始。每一期,更多的资本被积累,经济将沿着本图中的轨迹移动,而不会到达一个新的稳态。

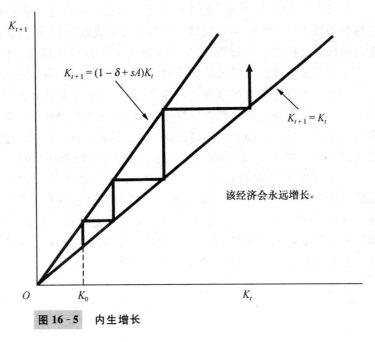

图 16-5 内生增长

16.4.1 比较增长率的预测

本章一开始就指出了一些国家的经济增长都具有的几个特征事实。现在让我们来分析一下内生增长理论是如何解释这些事实的。

我们首先假定两个国家(A 和 B)有相同的储蓄率,进而来考察内生增长模型的含义。我们已经知道储蓄率相近的国家,人均 GDP 水平不一定也相近。图 16-6 说明干中学理论解释了相对生活水平在长期并不收敛的原因。

如图 16-6,两个国家的储蓄率相同,并且有着相同的内生增长方程,假定 A 国的初始资本水平为 K_0^A,B 国的初始资本水平为较高的 K_0^B。我们注意到,B 国的初始位置较高,所以它始终位于 A 国之上,但是这两个国家的资本增长率相同。这便是内生增长理论解释的印度、英国、墨西哥、土耳其这些储蓄率相近的国家增长率相近的原因。

第二个事实涉及两个国家储蓄率不同的情况。我们还假定 A 国和 B 国,其中 A 国的储蓄率较高,图 16-7 说明了内生增长理论的预测。两个国家的初始位置相同,但是由于 A 国每一期的储蓄和投资都相对较多,所以它有一个不同的差分方程,A 国的差分方程为

$$K_{t+1} = K_t(1 - \delta + s^A A)$$

B 国的差分方程为

$$K_{t+1} = K_t(1 - \delta + s^B A)$$

因为我们假定 A 国的储蓄率高于 B 国,所以 A 国的内生增长函数的斜率也较大。这意味着 A 国的增长快于 B 国,因为它在每一期积累更多的资本。这一点可以从图 16-7 中的黑色"Z"字形折

线看出。描述 A 国经济的折线比描述 B 国经济的折线在每一期偏离轨道的幅度要大。

本图描述了两个经济的增长路径，它们有相同的增长率但是初始的资本存量不同。

经济 B 开始时有较多的资本存量，结果，这个经济中的居民总是比经济 A 中的居民有更高的生活水平。

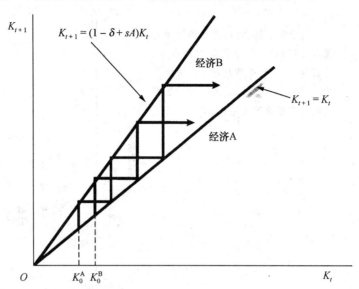

图 16-6　两个经济的增长率相同但是初始条件不同

本图说明初始资本存量相同的两个经济的增长路径。

经济 A 比经济 B 的增长速度更快，并且其国民的生活水平将加速超过增长慢的经济。

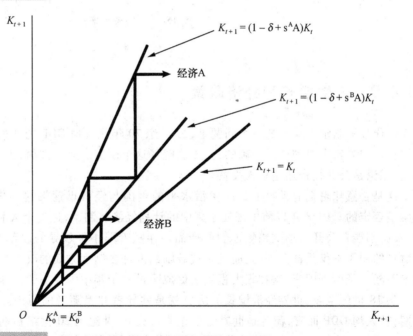

图 16-7　两个经济的初始条件相同但是储蓄率不同

为把事实与模型预测进行比较，图 16-8 列示了 1960 年至 1988 年投资与 GDP 比率的平均值与平均增长率的散点图。其中每一点都代表前面提到过的 17 个国家中每一个国家的情况。显然，投资-GDP 比率较高的国家增长速度较快。以墨西哥、荷兰、印度和加拿大为例，尽管这些国家人均 GDP 水平差异很大（见专栏 16-1），但是它们的增长率相似。另一方面，例如韩国和日本，它们经历了高速的增长,这与很高的储蓄率和投资率密切相关。

这个散点图显示,增长和投资有关。在我们的 17 个国家的样本中,投资与 GDP 的平均比率(时间跨度为 32 年)和人均 GDP 的平均增长率之间存在显著的正相关。

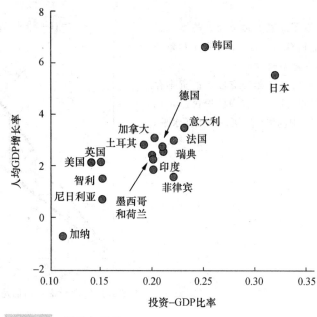

图 16-8　投资与增长

16.4.2　内生增长和经济政策

现代政策制定者关心的一个问题是,20 世纪 70 年代人均 GDP 的增长稍慢于战后时期人均 GDP 的增长。如果新古典理论是正确的,就无法解释这个现象。另一方面,干中学理论表明,增长与投资相关,无论是公共投资还是私人投资。

这是否意味着拥有世界上最高生活水平的美国与经济迅速崛起的中国以相同的增长率增长?答案是否定的。1978 年以前中国处于集中的计划经济体制下,追逐个人利润是受到很大抑制的。例如,农民不能在公开市场上销售他们的产品。伴随着邓小平领导的改革开放,情况发生了变化。个人财富的积累不仅是被允许的,而且是被鼓励的。许多制度方面的改革从根本上推动了中国的生产技术不断追赶西方国家,这在很大程度上促成了过去十年中国经济的快速增长。

从 18 世纪至今,世界经济增长的历史就是领导者和追随者的历史。从 18 世纪中期到 19 世纪早期,就人均 GDP 而言,荷兰是世界的领导者。从 19 世纪到 20 世纪初期,英国取代了荷兰的地位,1920 年以来,美国又成为人均 GDP 的领导者。一个国家提高自身生活水平的能力可能取决于这个国家是领导者还是追随者。例如,像美国这样的世界领导者,只能通过发明比现有技术更有效率的新技术来提高人均 GDP 水平。另一方面,加纳和尼日利亚则可以通过复制已经在工业化世界里使用的技术,从而大幅度提高公民的福利。日本和韩国的经历表明,伴随着社会工业化,应当走高储蓄率和高投资率的增长道路。但是,日本、韩国和中国可以走这种道路并不意味着美国可以通过这种道路达到相同的效果。事实上,随着现在日本的人均 GDP 水平越来越接近于美国,日本的增长率反而明显减慢了。事实表明,投资促进增长。然而,一些证据表明,像美国这样生活水平较高的国家通过投资带来的增长不如像加纳这样生活水平较低的国家那么多。但是,即使促进增长的潜力不像东亚国家那么大,知识积累的社会外部性的利益和可能性也有力地说明要对研究与发展进行公共财政补贴。这便是美国政府大规模补贴教育的原因。人力资本投资会带来很大的公共利益。比尔·克林顿在1992年总统竞选中反复强调这个观点,布什总统也强调教育是他优先考虑的工作重点之一。这种政策的结果怎样,我们将拭目以待。

16.4.3 修改的干中学理论

尽管经济学家们认为新古典模型不能很好地解释跨国证据,但是他们也不完全认可干中学假说的极端形式。一些人不接受这样的假定:通过简单地提高投资率就可以使一个国家的增长率永远高于其他国家的增长率。他们相信,一种更可能成立的假定是:当一个国家接近世界知识前沿时,它的部分投资会溢出,并促进世界上其他国家经济的增长。人力资本在先进国家之间的流动性是相当大的,这意味着含有知识函数的模型中的外部性是没有国界的。

一种弱形式的干中学假说强调,每个国家的知识函数可能表现为报酬递减。也就是说,当厂房和机器增长1%时,由于知识的扩散,最终带来劳动效率的增长小于1%。这种弱形式的干中学假说使我们得到一个行为与新古典增长模型相类似的模型。各个国家的人均GDP最终会收敛,正如索洛模型所预言的那样,但是收敛的速度要比索洛模型慢得多。修改后的干中学假说可以解释许多新古典模型不能解释的事实。它预言,投资较多的国家暂时增长较快,最终会赶上世界领导者,那时它们的增长率会减慢。[1]

结　论

一种将新古典增长模型扩展应用到资本国际贸易上的方法是假定资本市场是开放的(完全的资本流动性),即美国可以自由地同世界上所有其他国家进行借贷。如果是这样,我们将看到,随着资本流向高回报率的国家,各国的人均GDP将趋于相等。但是在现实世界中,我们并没有看到各国的生活水平均化的趋势。

第二种扩展这个模型的方法是假定资本市场是封闭的(零资本流动性)。这个假定至少与一个国家内的投资和储蓄相等的事实相一致。不过,新古典增长模型预言,储蓄率较高的国家的人均GDP水平也相应较高,但是数据中没有这方面的证据。新古典增长模型还预测各国的人均GDP增长率会趋于相等。事实上,我们看到各国人均GDP的增长率在很长的时期内相差7%之多。由于新古典增长理论无法解释这些事实,所以我们转而选择另一种增长模型,即干中学模型。

---

[1] Mankiw, Romer, and Weil. "A Contribution to the Empirics of Growth," *Quarterly Journal of Economics*, No. 100, pp. 225—251, February 1992.

干中学模型是建立在新古典增长模型的基础上的,但它承认资本成比例增长会引起GDP成比例增长。为了解释生产函数中的资本系数与收入中的资本份额不同的原因,这种理论区分了私人生产函数和社会生产函数。私人生产函数中的资本份额为1/3,而社会生产函数中的资本份额为1,私人企业不能解释它们的行为对社会获取知识的影响。

干中学理论解释了增长是内生的,而不是假定技术进步是外生的。它可以解释各国人均GDP不相等的原因。它也可以解释储蓄率较高的国家的增长速度快于储蓄率较低的国家的原因。一个修改后的、弱形式的干中学模型的行为与外生增长模型相似,但是这个弱形式的模型预言的收敛速度却慢得多。

关键术语

条件收敛　conditional convergence
收敛假说　convergence hypothesis
跨时贸易　intertemporal trade
知识函数　knowledge function
干中学　learning by doing
完全的资本流动性　perfect capital mobility

私人技术　private technology
重建假说　reconstruction hypothesis
社会生产函数　social production function
社会技术　social technology
零资本流动性　zero capital mobility

习　题

1. 比较新古典增长模型和内生增长模型中人均GDP持续增长的过程。
2. 解释完全的资本流动性,并详细讨论完全的资本流动性的两个反事实的含义。
3. 封闭经济的新古典模型是如何预言一个国家的储蓄率/投资率和人均GDP水平之间的关系的?这与各国的数据是否一致?请解释原因。
4. 封闭经济的新古典模型是如何预言一个国家的储蓄率/投资率和稳态下的人均GDP增长率之间的关系的?这与各国的数据是否一致?请解释原因。
5. 重新考虑你对第4题的回答。内生增长模型(如干中学模型)是否可以更好地解释一个国家的储蓄率/投资率和人均GDP增长率之间的关系?并解释原因。
6. 解释什么是经济学家所说的外部性。如何通过外部性使内生增长理论与新古典分配理论相协调?
7. 干中学理论的三个参数对增长率的影响如何?分别解释每个参数的变化对经济增长率的影响。
8. 假定一个经济的储蓄率 $s=0.1$,折旧率 $\delta=0.05$,生产函数为 $Y=AK^{1/3}(QL)^{2/3}$,其中 $A=L=1$。
   a. 若 Q 是外生的,估算资本存量和GDP的稳态水平。在这个稳态水平上,经济增长的速度如何?

b. 现在假定 Q 是内生的,直接随着资本存量水平的变化而变化(比如 $Q = K$),在这种情况下,资本存量和 GDP 是否有稳态?经济的增长率是多少?

c. 请解释 a 和 b 中增长率不同的原因。

9. 根据干中学模型,单个企业的生产会是规模报酬不变的吗?作为一个整体的社会的生产会是规模报酬不变的吗?请解释原因。

10. 内生增长模型预测 $K_{t+1} = K_t(1 - \delta + sA)$,假定其中 $A = 1, \delta = 0.1, s = 0.2$,则资本的增长率是多少?$\left(\text{提示:增长率为} \dfrac{K_{t+1}}{K_t} - 1\right)$

11. 下表给出了五个国家的储蓄率:

美国	0.16
菲律宾	0.17
墨西哥	0.18
日本	0.25
加纳	0.09

a. 假定上述五个国家均满足 $\delta = 0.1, A = 1$,根据新古典增长模型计算每个国家在稳态水平下人均 GDP 水平与美国人均 GDP 的比。

b. 根据内生增长理论,计算每个国家人均 GDP 的增长率与美国人均 GDP 的增长率的比。

12. 假定两个国家唯一的不同是其中一个国家的储蓄率较高,根据内生增长理论,这两个国家的资本边际产量是多少?如果假定完全的资本流动性,你是否认为投资会从储蓄率较高的国家流向储蓄率较低的国家,或相反?你是否认为存在资本的流动性?(提示:计算这两个国家的资本边际产量)

13. 假定两个国家唯一的不同是 A 国的初始人均资本存量小于 B 国。现在假定每个国家增加一单位资本,哪个国家新增资本的边际产量较大?根据新古典增长模型和内生增长理论分析上述问题,并比较结果。

14. 假定生产函数的形式为
$$Y = (AK^\rho + (1 + \alpha)N^\rho)^{1/\rho}$$
其中参数 α 在 0 到 1 之间,参数 ρ 在 1 到 $-\infty$ 之间。

a. 写出人均生产函数(建立 $Y/N = y$,其中 y 为 $K/N = k$ 的函数)。

b. 求出资本和劳动的边际产量。

c. 写出收入的劳动份额的表达式,并证明这个表达式不是常数。表达式中 ρ 的值是否为常数?

第17章 失业、通货膨胀和经济增长

17.1 引言

在第4、5、6章中,我们研究了一个建立在古典经济学家思想之上的完整经济的模型。在这个模型中,我们几乎没有涉及经济增长,讨论的理论也是静态的。现在我们引入差分方程,即刻画经济从一个时期向下一个时期变化的工具,因此,我们准备研究通货膨胀和增长。我们的出发点是古典的总需求模型,然后将其与新凯恩斯主义的总供给理论结合在一起。

为什么研究古典总需求理论,而不是凯恩斯主义理论呢?因为古典理论简单一些。但是这有优点也有缺点。主要的缺点在于古典模型作了错误的假设,即人们的货币持有倾向不取决于利率,这意味着这一理论无法对财政政策影响总需求的途径作出令人满意的解释。使用古典总需求曲线而不使用更复杂的(并且是符合现实的)凯恩斯主义方法的主要优点是,我们能集中关注发生在过去20年的经济动态学的重大进展,而不会纠缠于细节。凯恩斯主义模型具有与古典总需求曲线相同的特征,但它同时也描述了利率和财政政策对通货膨胀、就业和增长的影响。

现在,我们将要建立一个整体经济的模型,并用它来阐述失业、通货膨胀与增长之间的关系。我们的模型的建立来源于古典总需求曲线(见第5章)、凯恩斯主义的总供给曲线(见第8章),以及**新凯恩斯主义工资方程**,这个方程说明了从一期到下一期,名义工资是如何调整的。新凯恩斯主义工资方程是**动态理论**的一部分,它不同于我们前面已经研究过的静态理论。

首先,为了解释变量如何随时间变动,我们必须对古典总需求曲线和凯恩斯主义总供给曲线作一点改动。我们作这项改动在很大程度上是考虑到生产率的增长。[①] 通过从比例变动而不是数量水平变动的角度来建立古典总需求曲线和凯恩斯主义的总供给曲线,我们可以在图中画出向下倾斜的曲线(动态总需求曲线)和向上倾斜的曲线(短期动态总供给曲线),此图两轴分别表示通货膨胀和经济增长。利用这些曲线(再加上一些新凯恩斯主义工资方程的帮助),我们就能展现总需求和总供

---

① 从第15章开始,我们采用的都是外生增长理论。总需求和总供给与内生增长理论的相互影响是一个非常新的研究领域。

给是如何相互作用的,从而决定我们理论的内生变量——失业、增长、通货膨胀和名义工资。

17.2　通货膨胀和增长的古典视角

　　我们分两个阶段建立动态的新凯恩斯主义总需求和总供给理论。首先,我们探讨,如果市场是极其有效率的——也就是说,如果名义工资总是能抵消企业与工人交易后的任何可能的收益(即失业总是在自然率上),动态模型是如何起作用的。我们将这一版本的理论称为**古典视角**。从这种视角开始能使我们明白,为了考察增长必须给静态理论增添什么。

　　一旦我们理解了当失业总是被有效率地选择时模型是如何运行的,我们就来研究新凯恩斯主义工资方程,这是一个解释在失业偏离自然率的情况下名义工资如何随时间变动的理论。当货币工资对实际失业率与自然失业率之间的偏差作出缓慢调整时,根据工资调整理论,我们把经济看成是凯恩斯主义式的。当货币工资调整迅速时,经济就是古典式的。

17.2.1　自然路径和自然率

　　为了讨论一个正在增长的经济中的自然失业率,我们需要一些新的思想,最重要的是**自然产出路径** Y^*。我们发现每当失业低于其自然率时,Y 就高于 Y^*。

　　在第7章和第8章,我们了解到存在自然失业率、实际工资的自然水平(效率工资)、就业的自然水平和产出的自然水平。现在,为了解释技术进步我们需要修改失业理论。在一个动态的、增长的经济中,当企业支付转换成本来管理其工人群体时,自然失业率和就业的自然水平在每期都会保持不变,如同在静态经济中一样。但是由于技术进步,产出的自然水平和自然的实际工资每年都会增加。我们称产出的自然水平表(一个产出水平对应一年)为自然产出路径,同时,我们称效率工资水平表为**自然的实际工资路径**。

　　图17-1说明了 GDP 可以有一个自然路径,这就是标有 Y^* 的光滑的灰线。不规则的黑线是实际 GDP 的路径。我们之所以把 Y^* 和 Y 称为路径是因为它们从一年到下一年是变化的。GDP 的自然路径由一些因素决定,比如新技术的发明和自然资源的发现等,这些因素使得生产率逐年提高。①

---

①　由于发明的出现是随机的,因此从一年到下一年,自然增长路径会不规则地上下波动。在本章,为了使我们的表述尽可能简单,我们不考虑自然增长路径的波动。

本图说明实际的 GDP 及其自然增长路径。灰色的光滑曲线是产出的自然路径。这个路径由生产率提高决定。黑色线是 GDP 的实际路径。当 Y 和 Y^* 不相等时,经济中存在没有被充分挖掘的利润机会。

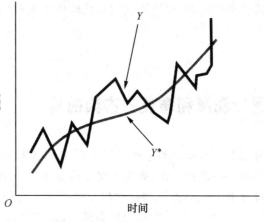

图 17-1　GDP 及其自然路径

17.2.2　古典动态总需求曲线

我们用比例变化的形式写出古典总需求曲线,如式(17.1):

$$\underset{\text{价格的通货膨胀率}}{\frac{\Delta P}{P}} = \underset{\text{货币增长率}}{\frac{\Delta M}{M}} - \underset{\text{自然GDP增长率}}{\frac{\Delta Y}{Y}} \tag{17.1}$$

变量 $\Delta P/P$、$\Delta M/M$、$\Delta Y/Y$ 分别是价格水平的变化比例、货币供给的变化比例和 GDP 的变化比例。我们又把这些变量称为价格的通货膨胀率、货币增长率和 GDP 增长率。当对上下文熟悉之后,我们将把价格的通货膨胀率而不是工资的通货膨胀率叫做通货膨胀率,把 GDP 的增长率叫做增长。

式(17.1)是货币数量论的动态版本。货币数量论的静态版本(见第 5 章)有三个假设:第一,货币需求量与收入成比例;第二,货币需求量等于货币供应量;第三,货币持有倾向不变。当我们从增长率的角度来阐述这一理论时,其结果就是**动态总需求理论**。

17.2.3　古典动态总供给曲线

导致增长和通货膨胀随经济周期变动的因素是什么? 为回答这个问题,我们要考虑年复一年的生产率提高,因此要修改失业的效率工资模型。我们假设生产率的提高是源自外生的新技术的发现,新技术增加了任一给定的劳动投入下的产出数量。这个假设奠定了**动态总供给理论**的基础,因为它预计即使就业不增加,GDP 每年也将增长。这一理论有两个版本,在古典版本中,我们假设实际工资总是在生产率增长的自然率上,这个假设暗示,失业总是在其自然率上。在新凯恩斯主义版本中,我们假设实际工资增长可以偏离其自然率。

图 17-2 说明了从劳动市场图和生产函数图中如何得出古典动态的总供给理论。图 17-2 包括图 A 的生产函数和图 B 的劳动市场,并且图 17-2 跨越连续的两年。图 A 表示,在第 2 年,一个给定

的劳动投入比第 1 年能生产更多的产出。假设就业等于其自然率 L^*。① 如果寻找一个工人的成本不受技术变化的影响,就业等于其自然率的假设就是正确的,同时,这个假设可能也是对劳动市场运行的一个好的最近似的描述。从图 A 中,我们看到,即使 L^* 在第 1 年和第 2 年相同,产出的自然水平也从 Y_1^* 增加到 Y_2^*。在静态模型中,就业等于 L^* 的事实暗示存在一个单一的产出自然水平 Y^*。然而在动态模型中,甚至当就业固定不变时,自然产出仍然会遵循一个增长路径,这是因为新技术被发现,劳动生产率每年都在提高。就业每期都保持在其自然率水平 L^* 上,但产出以速度 g 增长。

本图说明产出的自然水平和自然的实际工资如何随着外生生产率提高而增长。

图 A 说明了连续两年的生产函数。第 2 年生产函数的位置比第 1 年更高。这反映了由于新技术的发现生产率得到提高的事实。在新凯恩斯主义模型中,生产率增长率是外生的。

图 B 说明技术增长如何影响自然的实际工资。本图假定人口是不变的,家庭对市场的劳动供给完全无弹性(劳动力供给曲线是垂直的)。

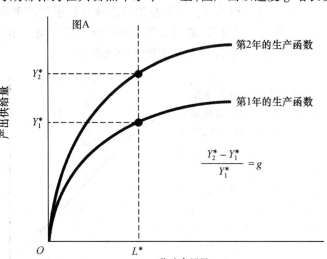

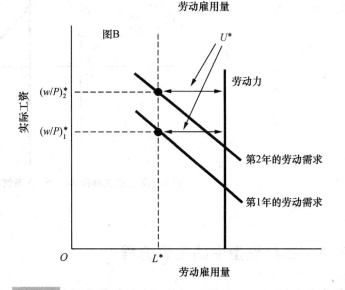

图 17-2 增长和实际工资

式(17.2)代表了古典动态的总供给曲线。$\Delta Y/Y$ 项和 $\Delta Y^*/Y^*$ 项分别表示 GDP 的变动比例和

---

① 为使我们的分析尽可能简单,我们假设没有人口增长。为说明这一点,代表劳动力的垂线在连续两年内都是相同的。我们同时也接受了劳动供给不取决于实际工资的暗含假设。修改这两个假设中的任何一个都不困难,但是那样只会增加我们分析的复杂性,而不会带来任何更深的见解。

产出自然率的变动比例。自然率 g 由控制创新与发现的外生因素决定。

$$\underset{\text{GDP增长率}}{\frac{\Delta Y}{Y}} = \underset{\text{自然GDP增长率}}{\frac{\Delta Y^*}{Y^*}} = \underset{\text{生产率增长率}}{g} \tag{17.2}$$

图 17-3 在一个图中把动态的总需求与总供给理论结合起来了,这个图的纵轴标注的是通货膨胀,横轴标注的是增长。动态总需求曲线是一条斜率为 -1、向下倾斜的曲线。总需求曲线在货币增长率 $\Delta M/M$ 处与纵轴相交。动态总供给曲线是位于生产率增长率 g 点之上的垂线。古典的动态总供给曲线之所以是垂直的,是因为我们假设就业总是处在其自然率上,GDP 每期都以一个外生速率增长,这个外生速率由社会发现新技术的速率决定。

垂直的线是动态总供给曲线的古典版本。这条曲线是垂直的,因为在古典模型中,产出总是按照生产率增长率 g 来增长。

向下倾斜的线是动态总需求曲线的古典版本。古典总需求与总供给曲线的交点决定通货膨胀率。在均衡状态下,它等于货币增长率与生产率增长率之差。

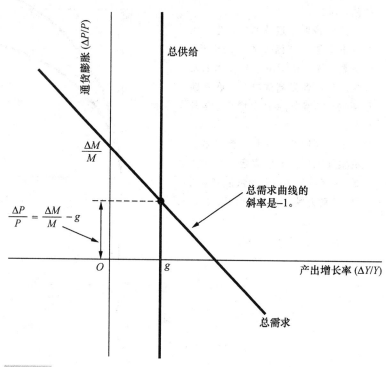

图 17-3 通货膨胀和增长(古典情形)

17.2.4 古典模型中的工资方程

在动态古典理论中,每期的实际工资是如何选择的呢?图 17-2 中的图 B 刻画了劳动市场。我们用在点 L^* 处垂直于横轴的虚线表示不变的就业的自然水平。由于技术进步使得每个工人更具生产力,因此企业的劳动需求曲线上移。企业为了从现有的工人队伍中雇用工人彼此之间展开竞争,同时它们把自然的实际工资从第 1 年的 $(w/P)_1^*$ 提高到第 2 年的 $(w/P)_2^*$;这两个工资水平在自然的实际工资路径上是两个点。由于劳动需求曲线以比率 g 移动,且就业保持不变,因此实际工资也以比率 g 增加,如方程(17.3)所示。

$$\frac{\Delta w}{w} - \frac{\Delta P}{P} = g \qquad (17.3)$$

工资通货膨胀与价格通货膨胀之差　　生产率增长率

专栏 17-1 提供了 1929 年到 1999 年美国的生产率和实际工资数据。生产率和实际工资以相同比率增长的假设是一个好的假设，因为在过去 70 年里这两个变量的变化十分接近。

专栏 17-1

聚焦事实

第三次工业革命？

古典理论假设生产率的提高被转化为实际工资的提高。这个假设在多大程度上符合实际呢？生产率被定义为在生产中使用的每单位劳动所生产的产出。本图说明了从 1929 年到 2000 年的生产率和实际工资。[1] 在整个这一时期，它们平均以同样的比率增长。然而，请注意，在 1974 年到 1995 年，生产率和实际工资的增速都减缓了。为什么？

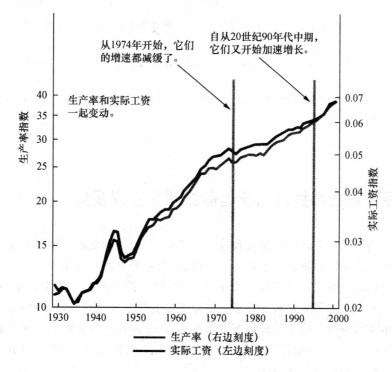

一种可能性是，当工人适应一项新技术时，生产率会下降。如果这种观点正确，那么我们应该很快就能看到生产率方面的一个大的增长，这种增长将消除过去 20 年里工资增长方面的明显的损失。有一些证据证明这种增长正在发生。

经济史学家已经确认了在过去两个世纪里两次主要的工业革命。第一次工业革命始于 1760 年，第二次则始于 1860 年。我们开始进入第三次工业革命了吗？在 1760 年之后的 20 年里，出现了几个技术奇迹。纺纱新技术的采用和高效能蒸汽机的发明引起了社会的巨大变化,这种变化导致了生活水平的大幅提高。技术效能的第二次飞跃始于19世纪60年代之后的70年代。这个时代见证了电力、现代化学工厂和汽车的出现。

在先前这两次工业革命中,新技术的发明最初导致了生产率的下降,不熟练工人的工资也下降了,后来,下降趋势被扭转了。这些下降是必要的,因为新技术的采用需要一个长时间的适应期,企业和工人要学会利用这些新观念、新技术。罗切斯特大学的杰里米·格林伍德认为,我们现在可能正处于基于廉价计算能力可获得性基础之上的第三次工业革命的剧痛之中。[2]

格林伍德认为,发生在1974年的生产率下降同1760年的生产率下降和1860年再度出现的下降,源自相同的过程。我们正在进入第三次工业革命,这是一次与信息技术相联系的技术革命。最初,以计算机为支持的工作是高技术密集型的,拥有这一必要技术的人的相对工资将会大幅增长。新技术刚开始采用的时期,那些组成劳动力大军主要部分的低技术工人的处境会变差,因为没有什么适合于他们能力的常规工作。但是当社会学会使用这些新的信息技术之后,新技术本身就变成常规的了,更多的人将会熟悉新机器的操作。当这一切发生时,我们就可以期望看到生产率将再一次以更高的速度增长。先前的两次工业革命的经历表明,非熟练工人的工资要花费40年的时间才能赶上并超过如果工业革命没有发生的情况下他们预期的工资水平。

[1] 实际工资的确定如下:雇员的工资除以国民收入,再乘以对市场供给的就业量的小时指数。生产率被定义为单位劳动投入的产出。

[2] Jeremy Greenwood. *The Third Industrial Revolution*, American Enterprise Institute for Public Policy Research, Washington, DC, 1997.

17.3 研究通货膨胀和经济增长的新凯恩斯主义视角

由于我们已经提出了一个分析总需求和总供给的动态工具,因此我们准备研究**新凯恩斯主义总供给理论**了。这个理论要比古典理论更现实,并且允许失业偏离其自然率。

总供给理论的新凯恩斯主义视角有三个组成部分:第一部分是工资决定理论,稍后我们会在本章回到这个理论上来。第二部分解释在短期内实际工资偏离其自然增长路径的情况下,通货膨胀和经济增长是如何相互影响的。第三部分解释当实际工资在其自然增长路径——古典总供给曲线上时,通货膨胀和经济增长是如何相互影响的。在新凯恩斯主义模型中,GDP可以在短期偏离其自然路径,但在长期,它往往会回到自然路径上。

17.3.1 总供给和实际工资

我们首先阐述短期新凯恩斯主义动态总供给曲线。由于实际工资会偏离其自然路径,因此实际工资的变化与就业的变化有关,进而与增长有关。如果实际工资的增长低于其自然率,企业将增加雇员数量。如果实际工资的增长较快,则企业将减少雇员数量。就业的扩张或收缩分别把 GDP 提高或降低到自然率之上或之下。这种经济产生的数据会显示出,沿着总供给曲线,产出增长与实际工资的增长是反方向的。

图 17-4 说明了在两个连续时期,实际工资的变化与 GDP 的变动之间的关系。图 A 刻画了生产函数,图 B 刻画了劳动市场。它们表明了,如果实际工资增长得太快,GDP 的增长将低于其自然率。

本图说明,如果实际工资增长快于其自然率,GDP 将如何增长。

在图 A 中,Y_1^* 表示第 1 年的产出;在这一年,产出位于其自然路径上。在第 2 年,产出的自然路径上升到 Y_2^*,但是实际产出较低,为 Y_2。第 1 年到第 2 年之间的产出增长小于自然率 g。

图 B 说明产出增长为什么低于 g。第 1 年到第 2 年间的增长低是因为实际工资增长太快,因而第 2 年的失业高于自然率。

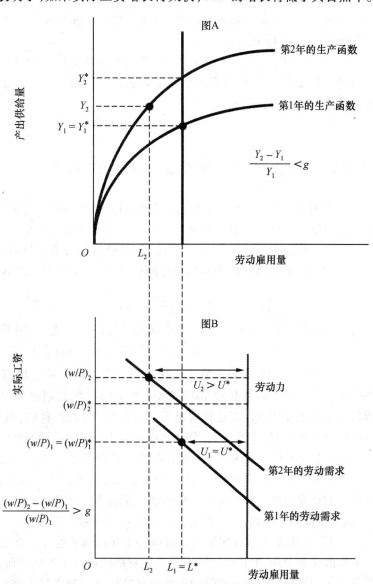

图 17-4　实际工资增长与总供给:新凯恩斯主义模型

在图 B 中,第 1 年的实际工资在其自然路径 $(w/P)_1^*$ 上,就业等于其自然水平 L^*。在第 2 年,劳动需求曲线因外生的生产率增加而向上平移,生产率增加足以成为实际工资增加至 $(w/P)_2^*$ 的理由。如果实际工资升高到$(w/P)_2^*$,产出似乎在其自然率上增长。但是,事实却不是如此,图 B 显示了实际工资升至$(w/P)_2$的效应,$(w/P)_2$的工资水平高于$(w/P)_2^*$。在这种情况下,由于实际工资增长太快,企业会减少雇员数量,因而产出以低于自然率的速度增长。

图 A 说明了过度的工资增长对 GDP 增长的影响。在第 1 年,产出在其自然路径上,其大小为Y_1^*。在第 1 年到第 2 年间,生产率以比率 g 增长。如果就业保持在其自然水平 L^* 上,产出会以自然率增长,GDP 将从 Y_1^* 增加到 Y_2^*。但是由于在第 1 年到第 2 年间,实际工资的增长超过了其自然率,因此企业在第 2 年削减雇员数量,产出增长减慢。如果实际工资率以高于其自然率的比率增加,那么 GDP 的增长率将下降。

图 17-4 说明了实际工资增长超过其自然率的情形,一个相似的图形能够用来说明,如果实际工资的增长低于自然率,那么产出增长将高于 g。同样地,当实际工资增长率等于自然率时,产出增长将遵循这一相同的比率 g。

17.3.2 动态的新凯恩斯主义总供给曲线

由于实际工资的变动是工资通货膨胀和价格通货膨胀之间的差额,因此,解释实际工资的变动如何影响增长的理论也能用来说明价格通货膨胀是如何影响增长的。我们假设工资通货膨胀是给定的,并假设以此作为问题分析的开始,然后我们仔细研究价格通货膨胀如何影响 GDP 增长。方程(17.4)显示了价格通货膨胀与增长之间的关系,这个方程可以从新凯恩斯主义理论中推出。

$$\frac{\Delta P}{P} = \left(\frac{\Delta w}{w} - g\right) + b\left(\frac{\Delta Y}{Y} - g\right) \quad \text{动态新凯恩斯主义总供给曲线} \quad (17.4)$$

价格通货膨胀率　　超额工资通货膨胀　　超额GDP增长
　　　　　　　　　（在自然率之上）　（在自然率之上）

方程(17.4)的左边是价格通货膨胀率。右边第一项是**超额工资通货膨胀**(名义工资增长超过生产率提高),第二项是**超额 GDP 增长**(名义 GDP 增长超过生产率提高)。假设名义工资以生产率增长率 g 的速度增长。在这种情况下,方程(17.4)告诉我们,每当 GDP 增长超过 g 时,预期会出现价格通货膨胀(价格上升),每当 GDP 增长低于 g 时,预期会出现价格通货紧缩(价格下降)。

当价格通货膨胀太高时,实际工资的增长会低于生产率的增长,就业增加,产出增长超过自然率。当价格通货膨胀太低时,实际工资率会以超过生产率增长率的比率增加,就业减少,产出以低于自然率的比率增加。在给定一个价格通货膨胀率时,GDP 的增长是超过还是低于生产率的增长取决于偏好、禀赋和技术;这一因素由方程(17.4)的参数 b 来表示。

表 17-1 概括了通货膨胀和经济增长相互影响的途径。在表的每一行,名义工资都以生产自然增长率的比率增加,但是每一行对价格通货膨胀都作了不同的假设。第一行假设一个正的价格通货膨胀。我们看到,在第一行第三列,价格通货膨胀引起实际工资以低于生产自然增长率的比率增长;因此,就业增加(第四列),产出的增加超过自然率(第五列)。第二行假设价格通货膨胀为负数。在这种情况下,实际工资以超过自然率的比率增长,就业减少,产出的增长低于自然增长率。表的第三行假设价格通货膨胀为零。在这种情况下,实际工资和 GDP 都以自然率增长。

表 17-1　当工资通货膨胀等于 g 时通货膨胀与经济增长之间的关系

工资通货膨胀	价格通货膨胀	实际工资	就业量	经济增长
$\frac{\Delta w}{w} = g$	$\frac{\Delta P}{P} > 0$	$\left(\frac{\Delta w}{w} - \frac{\Delta P}{P}\right) < g$	$\frac{\Delta L}{L} > 0$	$\frac{\Delta Y}{Y} > g$
$\frac{\Delta w}{w} = g$	$\frac{\Delta P}{P} < 0$	$\left(\frac{\Delta w}{w} - \frac{\Delta P}{P}\right) > g$	$\frac{\Delta L}{L} < 0$	$\frac{\Delta Y}{Y} < g$
$\frac{\Delta w}{w} = g$	$\frac{\Delta P}{P} = 0$	$\left(\frac{\Delta w}{w} - \frac{\Delta P}{P}\right) = g$	$\frac{\Delta L}{L} = 0$	$\frac{\Delta Y}{Y} = g$

在表 17-1 中,我们假设超额工资通货膨胀等于 0(工资通货膨胀等于 g)。如果超额工资通货膨胀不等于 g,会发生什么情况呢?如果超额工资通货膨胀为正数,比如说为 2%,实际工资将下降,但这种情况仅在价格通货膨胀超过 2% 时发生。如果超额工资通货膨胀为负数,比如说 -2%,那么实际工资也会下降,但这种情况只在价格通货膨胀超过 -2% 时发生。低于超额工资通货膨胀的价格通货膨胀会使得产出增长低于 g。

图 17-5 描绘了我们的理论必然包含的总供给曲线。垂直的线是产出增长的自然率,即长期总供给曲线(LRAS)。我们使用"长期"这个词,是因为在新凯恩斯主义的工资调整理论中,每当产出偏离其自然路径时,存在引起工资通货膨胀率变动的力量。因为这些力量,产出增长在长期才不会偏离其自然率。

短期总供给曲线的位置取决于超额工资通货膨胀率。

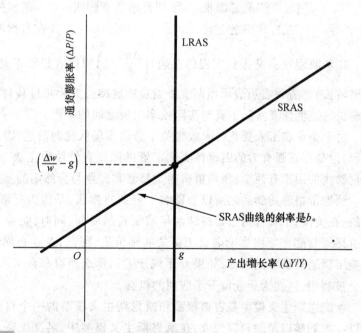

图 17-5　新凯恩斯主义模型中的动态总供给

向上倾斜的曲线是动态的新凯恩斯主义短期总供给曲线(SRAS)。它的位置由超额工资通货膨胀 $\left(\frac{\Delta w}{w} - g\right)$ 决定。当价格通货膨胀等于超额工资通货膨胀时,短期和长期总供给曲线相交;在这种情况下,实际工资和产出增长率二者都以其自然率 g 增加。如果价格通货膨胀超过工资通货膨胀,产出必定会以超过 g 的比率增长;如果价格通货膨胀低于超额工资通货膨胀,产出增长率必定低于 g。这个理论没有论及是什么决定了超额工资通货膨胀;由于这个原因,我们必须回到新凯恩斯主义工资方程上去。

17.3.3 新凯恩斯主义工资方程

要想更深入地理解新凯恩斯主义工资方程,就要将其与古典工资理论进行比较。在古典理论中,实际工资在其自然路径上,并且,在更高或更低的实际工资水平上,企业从来没有机会通过与工人作交易来获得额外利润。在新凯恩斯主义工资理论中,由于实际工资太高,失业在其自然率之上,或者实际工资太低,失业在其自然率之下,因此企业有时可以获得额外利润。实际工资总是朝其自然路径移动,但是在新凯恩斯主义理论中,调整需要时间。

新凯恩斯主义工资方程,即方程(17.5),向我们展示了这样一种观点,当存在获利机会(失业偏离其自然率)时,名义工资向消除这些机会的方向移动。

$$\underset{\substack{\text{超额工资通货膨胀}\\(\text{在自然率之上})}}{\left(\frac{\Delta w}{w} - g\right)} = \underset{\text{预期价格通货膨胀}}{\frac{\Delta P^E}{P}} - \underset{\substack{\text{超额失业}\\(\text{在自然率之上})}}{c(U - U^*)} \quad \boxed{\text{新凯恩斯主义}\atop\text{工资方程}} \quad (17.5)$$

在新凯恩斯主义工资方程的左边,$\left(\frac{\Delta w}{w} - g\right)$ 项代表超额工资通货膨胀(工资增长高于自然的生产率增长)。方程右边表示预期价格通货膨胀减去失业超过其自然率的部分。参数 c 决定名义工资以多快的速度恢复实际工资与实际效率工资之间的平衡。

由于企业和工人要花时间收集关于劳动市场状况的信息,因此实际工资可能会暂时偏离其自然路径,但是存在强有力的因素将实际工资推回到自然路径上去。在新凯恩斯主义理论中,影响工资通货膨胀的因素有两个:预期价格通货膨胀和失业与自然率的差额。

预期价格通货膨胀之所以会影响工资通货膨胀,是因为一般来说,工资确定后是要维持一段时间的;在美国,工资合约通常持续两年或更长的时间,同时,企业无法预测未来的工人需求情况。由于价格通货膨胀率将影响名义工资的实际价值,因此,企业必须形成对价格通货膨胀的预期。失业影响工资通货膨胀是因为,如果 U 不同于 U^*,那么所有来自工人与企业进行交易的可能收益并没有完全被利用,这就为企业留下了获利的机会。

新凯恩斯主义模型是古典模型和凯恩斯主义模型的一个自然的折中,在古典模型中,名义工资可以立即调整以消除超额失业,在凯恩斯主义模型中,名义工资无法调整。古典理论和凯恩斯主义模型是新凯恩斯模型的两个极端的情况,它们分别出现在调整速度即参数 c 非常大(在极限条件下为无穷大)和非常小(在极限条件下为零)时。如果企业对获利机会的反应非常快,参数 c 就将非常大,模型将表现得像古典模型一样,也就是说,获利机会将很快消失;如果企业对获利机会的反应很慢,参数 c 将很小,失业会长时间地偏离其自然率,获利机会将持续存在。

17.3.4 工资调整和菲利普斯曲线

我们有什么证据来支持新凯恩斯主义工资调整理论呢？我们可以通过研究新凯恩斯主义工资方程预测的那种工资通货膨胀和失业之间关系的存在来检测这一理论。这种方法的一个问题是方程(17.5)包含变量 $\Delta P^E/P$（预期价格通货膨胀），而预期是难以精确度量的。然而，假设我们仔细考察了一个时期的工资通货膨胀与失业之间的关系，在这一时期，预期价格通货膨胀可以合理地被预期为一直是常数。始于1949年的两个十年就是这样一个时期。

图17-6中的折线图刻画了1949年到1969年的价格通货膨胀，同时，我们可以看到价格通货膨胀率年年都在大约2%的地方徘徊。一些年份的通货膨胀大于2%，一些年份则小于2%。这一时期的家庭把价格通货膨胀预测为2%将不会犯太大的错误。1965年之后，通货膨胀开始以一个更快的比率增加，但是，假设工人和厂商要花时间调整他们对正在变化的环境的预期是合理的。

图A和图B说明了20世纪50年代和60年代美国的通货膨胀历史。在这个时期，通货膨胀高于2%和低于2%的时候差不多。

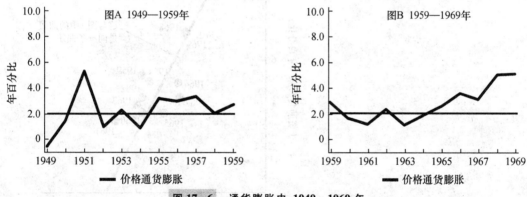

图17-6 通货膨胀史：1949—1969年

假设从1949年到1969年，预期价格通货膨胀保持不变，其值为2%。如果这个假设正确，即如果新凯恩斯主义工资方程（方程(17.5)）正确，那么我们应该看到工资通货膨胀和失业之间的负向关系。图17-7提供了从1949年到1969年的关于工资通货膨胀与失业之间关系的证据。注意新凯恩斯主义理论预测的负向关系；更进一步地，这个关系符合20世纪50年代的数据，同样也符合20世纪60年代的数据。新西兰经济学家A. W. 菲利普斯第一个注意到工资通货膨胀与失业之间关系的稳定性。① 美国的经济学家用美国的数据重新作了菲利普斯的研究，得到了相似的结果。由菲利普斯发现并被命名为**菲利普斯曲线**的失业率与工资通货膨胀之间的关系，为致力于从事动态的新凯恩斯主义模型研究的理论家的研究提供了重要的激励。

---

① A.W. Phillips. "The Relation between Unemployment and the Rate of Change of Money Wage Rates in the United Kingdom, 1861—1957," *Economica* 25, pp.283—299, November 1958.

A. W. 菲利普斯认为,在失业和通货膨胀之间存在一种稳定的关系。后来学者们把这种关系称作"菲利普斯曲线"。

图 A 说明 1949—1959 年失业和工资通货膨胀(名义工资每年增长的百分数)之间的关系。

图 B 说明 1959—1969 年失业和工资通货膨胀之间的关系。注意同一条曲线适合两组点。

在这两种情况下,菲利普斯曲线的斜率都等于 -2。这意味着,如果失业率下降 1%,工资通货膨胀将提高 2%。

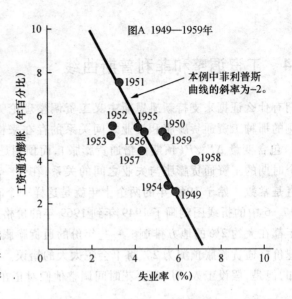

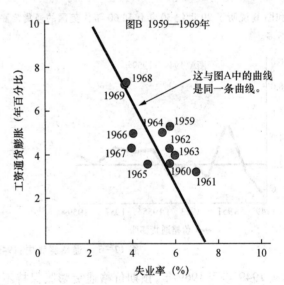

图 17-7 工资、通货膨胀和失业

17.4 动态的新凯恩斯主义模型

我们可以用经济增长和通货膨胀的理论对数据表现作一些预测。在动态背景下,这些预测大多只是相同的总需求和总供给的静态理论的简单扩展。这些静态理论我们已经接触过了。创新的地方在于这些预测是对工资随时间逐渐变化的途径所作的详细描述。我们增加了新凯恩斯主义工资

方程来解释工资通货膨胀的动态学。

图 17-8 是新凯恩斯主义模型的三个主要部分:图 A 是动态总需求理论,图 B 是动态总供给理论,图 C 是新凯恩斯主义工资方程。现在,我们考察这些部分如何相互作用从而决定经济周期中的通货膨胀和经济增长。

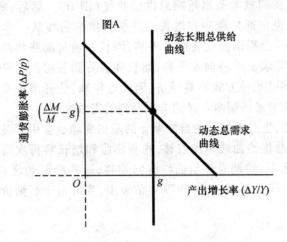

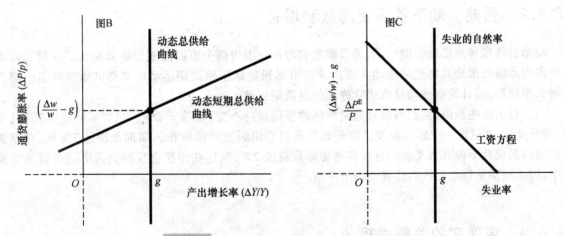

图 17-8　动态的新凯恩斯主义模型的三个部分

图 A 表示古典的动态总需求曲线,其位置取决于超额货币创造。
图 B 表示新古典动态总供给曲线,其位置取决于超额工资通货膨胀。
图 C 表示新古典工资方程,其位置取决于预期的价格通货膨胀。

17.4.1　预期固定下的通货膨胀和经济增长

新凯恩斯主义理论的第一个部分是工资通货膨胀的决定。现在,让我们关注一个价格稳定的时期,就像 20 世纪 50 年代美国经历过的时期一样。在这样一个时期,假设预期的价格通货膨胀保持不变并等于2%是合理的。在这样的条件下,超额工资通货膨胀只取决于当前失业率是高于还是低于其自然率。由于工资总是提前确定的,因此名义工资通货膨胀的确定发生在价格通货膨胀和增长确定之前,超额工资通货膨胀通过影响短期总供给曲线与通货膨胀和增长相互作用。新凯恩斯主义工资方程给出了当前失业影响工资通货膨胀的途径,见图17-8中的图C。

一旦工资通货膨胀率已知,我们就能画出短期总供给曲线(图B)。然后,短期总供给曲线(图B)和总需求曲线(图A)的交点决定通货膨胀和增长。需求和供给曲线从一年到下一年总是波动的。如果货币增长高于平均比率,总需求曲线将向右平移,增长和通货膨胀将高于平均水平。如果货币创造速率低于平均速率,总需求曲线将向左平移,增长和通货膨胀将低于平均水平。联邦储备委员会意识到其政策的变动能够以此种方式影响经济,因此近年来,公开市场委员会已经有意地试图避免这种可能过分刺激经济或对经济刺激不足的未预期到的需求变化。

不仅仅是总需求每年会改变,生产率增长的自然率 g 的随机变动也会引起波动。如果生产率增长的自然率高于平均速率,短期总供给曲线将向右移,通货膨胀和增长将再次高于平均水平。如果生产率增长的自然率低于平均水平,短期总供给曲线将向左移,通货膨胀和增长将低于平均水平。这种类型的实际生产率的变动引起了1973年和1979年的衰退,当时由于石油价格的暴涨导致供给变动。

17.4.2 预期变动下的通货膨胀和增长

动态总需求和总供给模型暗示,通货膨胀和增长会因为两个原因而随经济周期波动。对总需求的冲击引起增长围绕其自然率波动。需求冲击引起通货膨胀顺周期运动。对总供给的冲击引起自然增长率波动,而且这些波动导致通货膨胀的逆周期运动。

为了得出这些预测,我们假设对通货膨胀的预期保持不变,且等于2%。只要实际通货膨胀(平均)等于2%,这就是一个好的假设。但是如果我们意识到通货膨胀在长期都是超过2%的,则预期是固定的假设就不再有意义。一旦价格通货膨胀超过2%,则这些预期会反映到实际的工资通货膨胀中,因而短期总供给曲线的位置会向上平移。①

17.4.3 更现实的总需求理论

在本章开始的时候,我们以简化为理由使用了古典总需求理论,而不是凯恩斯主义理论。你可能想知道,如果我们超越简单的理论,新凯恩斯主义模型的结论会有什么不同。答案是更复杂模型的长期性质与简单模型相同。通货膨胀由货币创造的速率决定,产出增长由其自然率决定。在短期,货币创造速率之外的变量都能够改变动态总需求曲线。这些其他变量会影响增长与通货膨胀,影响的途径要比本章的模型所描述的更为复杂。在更完全的模型中,利率的变化与货币创造和通货膨胀相互影响,这些影响为从短期到长期的调整路径增加了更多的动态因素。

---

① 到目前为止,我们都认为预期是给定的,并且考察模型的其他变量如何表现。在第18章,我们将放宽这一假设,同时考察预期的内生决定理论。

专栏 17-2

进一步观察

艾伦·格林斯潘论经济

每年,联储的董事会主席艾伦·格林斯潘都会在国会作证几次。他的演讲可以在董事会的网站上看到,网址是:http://www.federalreserve.gov;在"Speeches"目录下搜索"Alan Greenspan"。

下面的内容节选自格林斯潘2001年1月13日向国会作证时的证词:

引文

过去十年,对美国经济和货币政策而言是不寻常的十年……总的来说,高技术制造业的产量在去年增加了50%,大大超过了过去三年的快速的增长率……显而易见,如果经济要想沿着一个均衡的、可持续增长的路径运行下去,支出速度的一定程度的下降是必需的和可以预见的。

……但是,调整来得比大多数企业预期的快,这一过程可能会因能源成本的上升而加剧,这种成本上升已经使企业和家庭的购买力下降了。存货已经增加至过度的水平……重新平衡存货的一轮行动似乎已在进行之中。由于经济增长放缓、股票价格(尤其是高技术部门的股票价格)下跌、(同时)资金借出者变得更加小心谨慎。金融状况的紧缩本身引起了支出的收缩。

在这种背景下,联邦公开市场委员会(FOMC)承担了实施一系列的货币政策措施的任务。在公开市场委员会12月的会议上,它改变了已经宣布的平衡风险的评估,以此来表达其对经济形势恶化的关注,此举刺激了市场利率的下降。接着在1月3日,以及其后的1月31日,联邦公开市场委员会降低了0.5个百分点的锚定的联邦基金利率,降至目前的5.5%。对经济形势作出这种回应的一个必要的前提条件是潜在的成本和价格压力保持温和,因而我们前面实施的政策才不会使稳定的低通货膨胀的环境恶化,这种环境是培育投资和生产率的进步所必需的。

……引起结构性生产率提高的力量似乎同样也加速了周期性调整的进程。……由于信息和其他新技术,资本品生产对需求的改变的调整会更快,这种需求源于企业对销售和盈利的预期的变化。十年前,资本设备的大量积压意味着一个更大的生产过程的调整。

简要概括

在过去十年,我们做得相当棒,但是,好日子到头了……

经济增长放缓的发生比预期的快……部分是由于石油价格的冲击。

经济增长放缓的标志是不断增加的未售出货物的存量(存货)、股票价格下跌和信用紧缩。

由于我们认为衰退就要来了,因此联邦公开市场委员会实实在在地将我们可以控制的利率下调了1个百分点。

我们只采取了下调利率这一个行动,是因为我们对通货膨胀仍处于我们控制之中相当有把握。

对于需求的减少,经济之所以能比过去更有效地进行调整,是因为技术的变化,这种技术的变化增加了企业可获得的信息。

(续)

当前的调整正以相当快的速度进行,正是这种快速性引起我们对另一种本性的关注。尽管技术已经加快了生产调整,但是人类的本性仍然保持不变。我们总是以固定的方式对待加快了的变化步伐和与之相伴随的不确定性。……许多经济决策者不仅变得厌恶风险,而且试图摆脱所有的风险。这样就使得采取主动行动是不可能的,因为每一项行动都必然会有风险。……企业、投资者和消费者的信心从高到中再到低的过渡可能并不是很完整和很连续的……(一个)无法预测的信心的变动是衰退如此难预测的一个原因。衰退可能不仅仅来自于经济扩张时期的程度上的变化,但是恐惧导致了一个不同的过程。我们的经济模型在表现大部分由非理性行为所引起的过程方面从来都不是特别成功的。

……正如 FOMC 在其最新的声明中提到的,在此前一段时期,亏损的风险占统治地位。除了知道信心变化的可能性外,我们不知道已经开始的耐用消费品和企业资本设备存货的调整的程度有多深。此外,外国经济也出现增长放缓的迹象,这会抑制出口需求;同时,尽管金融市场的某些方面在最近几星期有了改善,但是在其他部门中,借款人持续的紧张仍明显存在。

经济预测

董事会成员和储备银行的主席预测,在目前的重新平衡结束之后,会有经济活动的隐性增强,尽管他们个人对实际 GDP 预测的主要趋势是全年的经济将是下降的。今年四个季度的实际 GDP 增长的主要趋势是 2%—2.5%。由于这个平均步伐低于经济潜力的增长,他们预计失业率到今年第四季度会增至大约 4.5%。他们对以个人消费支出价格衡量的通货膨胀的预测是通货膨胀从 2000 年的 2.5% 降至今年的 1.75%—2.25%。

人是易犯错和易被外在环境和不可预料的信心变动感染的,这种信心的变动是非理性的,并且会制造比其不存在时更严重的衰退。

我不得不猜想我们处于衰退之中,但我不确定,因为直到采取措施为时已晚时,我才拥有准确的信息。

我们联储认为有一个短期的、温和的衰退,今年的经济将以低于其潜力的比率增长。这暗示着失业将在其自然率之上。以个人消费支出价格衡量的通货膨胀继续保持低水平。

结　论

静态的新凯恩斯主义理论解释了失业对其自然率的偏离,但是这个理论却把名义工资看作是既定的。实际上,在过去的一个世纪中,名义工资每年以 2%—3% 的速率增加。为解释工资通货膨胀,我们提出了一个包括三个部分的明确的动态理论:动态总需求理论、动态总供给理论和工资调整理论。

在20世纪50年代和60年代,预期的价格通货膨胀保持不变,新凯恩斯主义的工资调整理论与这期间的数据吻合得很好。新凯恩斯主义理论也可以解释更近期的数据,但是这种解释需要有详尽的关于是什么决定价格预期的理论。我们会在第18章论述这一主题。

关 键 术 语

古典视角　classical approach
动态总需求理论　dynamic theory of aggregate demand
动态总供给理论　dynamic theory of aggregate supply
超额GDP增长　excess GDP growth
超额工资通货膨胀　excess wage inflation
自然产出路径　natural output path
自然的实际工资路径　natural real wage path
新凯恩斯主义总供给理论　new-Keynesian theory of aggregate supply
新凯恩斯主义工资方程　new-Keynesian wage equation
菲利普斯曲线　Phillips curve

习 题

1. 定义生产率。生产率是以一个固定比率增长的吗?请解释。
2. 简述为什么动态总需求曲线向下倾斜。为什么货币创造比率的增长能够改变总需求曲线?找出引起这一变化的经济机制。
3. 根据古典总供给曲线,GDP和实际工资在长期以什么速度增长?对你所给出的结论进行解释。你认为古典的总供给曲线能够很好地描述现实吗?
4. 新凯恩斯主义动态总供给曲线与其古典的供给曲线有何不同?
5. 如果生产率增长3%,实际工资增长4%,失业将会如何变化?产出的增长会高于3%还是低于3%?用劳动市场图形、生产函数图形以及新凯恩斯主义总需求和总供给曲线来解释。
6. 假定预期的价格通货膨胀固定在2%,自然失业率为5%,生产率增长的自然率为3%,与工资通货膨胀率相适应的失业率是多少?符合价格通货膨胀为零的失业率是多少?解释为何这两个速率是不同的。计算时假定方程(17.5)中的参数c为2。
7. 假定生产率增长的自然率恒等于3%,预期通货膨胀恒等于4%,与价格通货膨胀为4%和产出增长为其自然增长率相适应的货币创造的速率是多少?根据这一推测,工资通货膨胀率将为多少?
8. 用第6题的数据来解释:如果联邦储备委员会将货币创造速率提到高于与价格通货膨胀为4%相适应的速率时将会出现什么情况?

你认为这种情况会长期持续下去吗?若不会,为什么?

9. 20世纪70年代生产率的增长有了相当大幅度的下降,其结果是实际工资几乎停止增长。如果生产率增长为零,第6题的答案会有什么不同?

10. 考虑古典的动态总供给和总需求模型。假设货币增长率为5%,生产率增长率为3%:
   a. 计算:
      (i) 通货膨胀率;(ii) GDP的增长率;
      (iii) 名义工资的增长率;(iv) 实际工资的增长率。
   b. 如果生产率增长率增至6%,上述四个指标将如何变化。

11. 考虑经济在短期内均衡,生产率增长率为1%,实际工资增长率为3%,通货膨胀率为1%,动态的新凯恩斯主义总供给曲线的斜率为0.5,求产出的增长率。

12. 什么是菲利普曲线?要使传统的菲利普斯曲线成立,需假定什么是不变的?

13. 根据2001年2月13日格林斯潘的作证可知,油价的变化对2000年年底经济增长的放缓起了十分重要的作用。
   a. 用动态的新凯恩斯主义总需求和总供给模型检验油价变化的影响。
   b. 对于此次经济增长放缓,美联储有何反应?这一政策会有什么短期和长期的影响?
   c. b中说明,当实施货币政策时美联储将面临着斟酌权衡。你是如何回答这个问题的?请解释。

14. 下载美联储主席最新的在国会作证的全文,写一篇2—3页的报告来解释他的话的含义,在宏观经济学课上将这篇报告讲给同学听。尽可能多地运用本章和其他章节所学的内容,并提供所需的图表。

第 18 章　预期和宏观经济学

18.1　引言

我们已经一步一步地将一个完整的总供给-总需求模型组合起来了,并且通过解释模型的更多的内生变量,在每一步都拓展了该理论。例如,在第 17 章,我们引入新凯恩斯主义工资方程来解释当失业围绕自然失业率波动时名义工资是如何调整的。迄今为止,我们仍然假定对未来通货膨胀的预期是外生的。现在我们放弃这个假定,来研究预期的内生决定。

第二次世界大战以后,一些最优秀的经济学家都在专注于对预期理论的研究。预期理论的历史就是经济事件和经济理论交互作用的历史。几种预期模型先后被尝试,又被抛弃了,最终,理性预期在预期模型中事实上占了主导地位。

18.2　第二次世界大战以后的美国经济史

就在第二次世界大战以后,美国经历了一次急速上升的通货膨胀,原因是战时价格控制的解除。如第二次世界大战期间的情况那样,当政府直接控制价格时,我们的理论就不再适用了。我们的模型研究开始于 1949 年。我们使用新凯恩斯主义理论说明,一个预期被固定的模型是无法用来解释 20 世纪 70 年代和 80 年代的经济经历的。

18.2.1　通货膨胀

就 20 世纪 50 年代和 60 年代的情况而言,价格通货膨胀预期不变的假定并非是不合理的,通货膨胀率高于和低于 2% 的情况一样普遍。1965 年以后，通货膨胀率开始上升，并且到 1969 年，通货膨胀率就超过了 4%。经历过这段时期的人当时没有谁能够预料其后的情况会是怎样的；人们有理由预期 20 世纪 60 年代后期暂时的高通货膨胀在随后几年会下降。20 世纪 70 年代和 80 年代的通货膨胀史与 50 年代和 60 年代极为不同，从 1969 年到 1981 年，通货膨胀率几乎连年上升。到 1981 年，按 GDP 价格指数增长率测算，通货膨胀率达到了 9% 的峰值，一些通货膨胀率的测算指标（如 CPI）显示出了更高的通货膨胀率。

专栏 18-1 以 10 年为期，显示了通货膨胀的历史轨迹，图中描绘了通货膨胀率的逐渐提高和逐渐下降的过程，通货膨胀率在 1981 年达到其峰值以后，就开始慢慢地下降，到 1996 年，通货膨胀率就回到了 20 世纪 50 年代的水平。

专栏 18-1

聚焦事实

第二次世界大战以来美国的通货膨胀史

图 A 到图 D 以 10 年为期，表明了自 1949 年以来美国通货膨胀的历史，在每个图中，灰线代表 2% 的基准利率。

注意到在头 20 年（图 A 和图 B），预期年通货膨胀率为 2% 是合理的，至少在 1965 年以前，通货膨胀率超过 2% 和低于 2% 的情况一样普遍。

在 20 世纪 60 年代中期，情况开始变化；而到 20 世纪 70 年代，通货膨胀率一直在 2% 以上。

在 20 世纪 70 年代任何预期价格通货膨胀率会等于 2% 的人都犯了严重的错误，仅仅最近，通货膨胀率才降到 20 世纪 50 年代的水平。

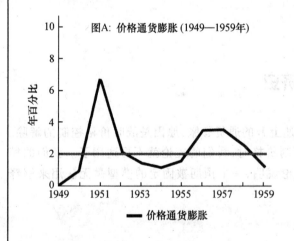

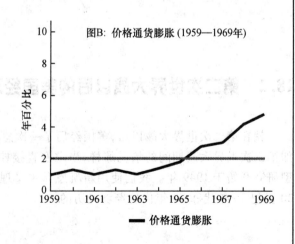

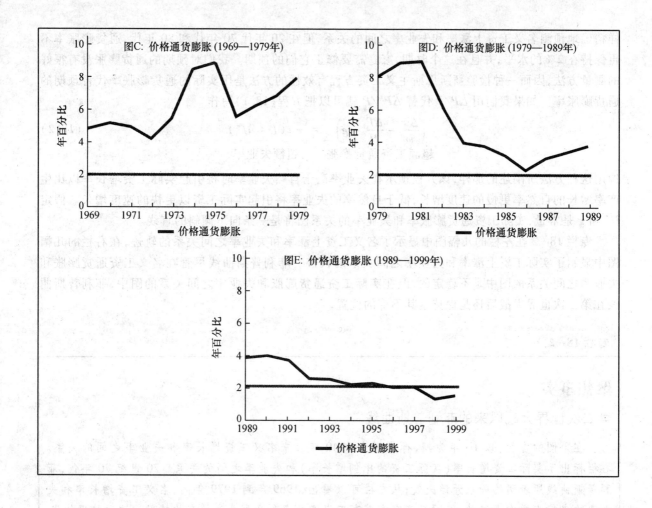

18.2.2 菲利普斯曲线

20世纪60年代,我们在第17章所使用的新凯恩斯主义工资调整方程在经济理论中还未确立。对预期作用的理解还极为肤浅,并且,在方程的右边一般没有预期的价格通货膨胀,这样,当以前稳定的菲利普斯曲线不再适用时,经济理论就出现了危机。

方程(18.1)是新凯恩斯主义工资调整方程。回想一下,根据新凯恩斯主义理论,工资上涨由两个原因引起:一是家庭和企业能够预期通货膨胀,也就是为什么 $\Delta P^E/P$ 项出现在方程的右边;二是假如失业率现在过高,实际工资也必然过高,为使失业恢复到其自然率水平,家庭和企业会为降低预期的实际工资的工资合同进行谈判,这就是 $(U - U^*)$ 出现在方程右边的原因。

$$\underbrace{\left(\frac{\Delta w}{w} - w\right)}_{\text{超额工资通货膨胀率}} = \underbrace{\frac{\Delta p^E}{P}}_{\text{预期的价格通货膨胀率}} - \underbrace{c(U - U^*)}_{\text{超额失业率}} \qquad (18.1)$$

只要预期的价格通货膨胀率每年保持2%的固定值,新凯恩斯主义工资方程就能像菲利普斯曲线那样精确地预测名义工资上涨率和失业率之间的关系,但在20年代70年代和80年代,通货膨胀率不再保持在2%的水平,并且在这个时期,家庭需要修正它们的预期。我们对预期的通货膨胀没有很好的测量方法,因而一种检验新凯恩斯主义工资方程有效性的方法是用实际的通货膨胀率代替预期的通货膨胀率。如果我们用 $\Delta P/P$ 代替 $\Delta P^E/P$ 就可以把方程(18.1)写作

$$\left(\frac{\Delta w}{w} - \frac{\Delta P}{P} - g\right) = -c(U - U^*) \tag{18.2}$$

超额工资通货膨胀　　超额失业率

像用这种方法所阐述的那样,该方程预示在失业率高于自然失业率时将引起实际工资增长率以比生产率增长的自然率更慢的速度增长,低于自然率的失业率将引起实际工资以更快的速度增长。假定 U^* 和 g 是常量,实际工资通货膨胀率和失业率的关系图将是一条向下倾斜的直线。

专栏18-2在左栏的几幅图中显示了名义工资上涨率和失业率之间关系的轨迹,在右栏的几幅图中显示了实际工资上涨率和失业率之间关系的轨迹。菲利普斯曲线尽管在名义工资通货膨胀和失业率之间关系的图中是不稳定的,但在**实际工资通货膨胀**和失业率之间关系的图中,菲利普斯曲线在第二次世界大战后还是保持了其不变的位置。

专栏 18-2

聚焦事实

第二次世界大战以来的菲利普斯曲线

在下图的左栏,以10年为期,标出了自1949年以来名义工资增长率和失业率之间的关系。右栏标出了实际工资增长率(实际工资的比例增长率)和失业率之间的关系。20世纪70年代,菲利普斯曲线所表明的关系开始失效;从左栏可以看出,1969年到1979年间,名义工资增长率和失业率的坐标点向右上移动,美国经济存在着高工资增长率和高失业率并存的情况。这种情况的发

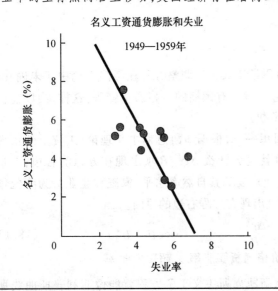

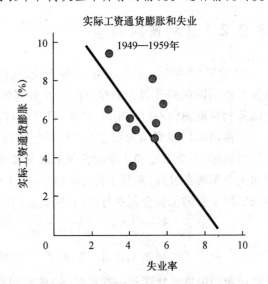

生是因为在 20 世纪 70 年代预期的通货膨胀率为 2% 不再是合理的,但我们没有很好的办法测度预期的通货膨胀率。右栏表明了,在企业和家庭形成准确的通货膨胀预期时通货膨胀率和失业率之间所具有的关系。这些图表明了真正的实际工资增长率和失业率之间是怎样的关系。这些图说明,自第二次世界大战结束后的 50 年间,实际工资和失业率之间保持着恒定的关系。

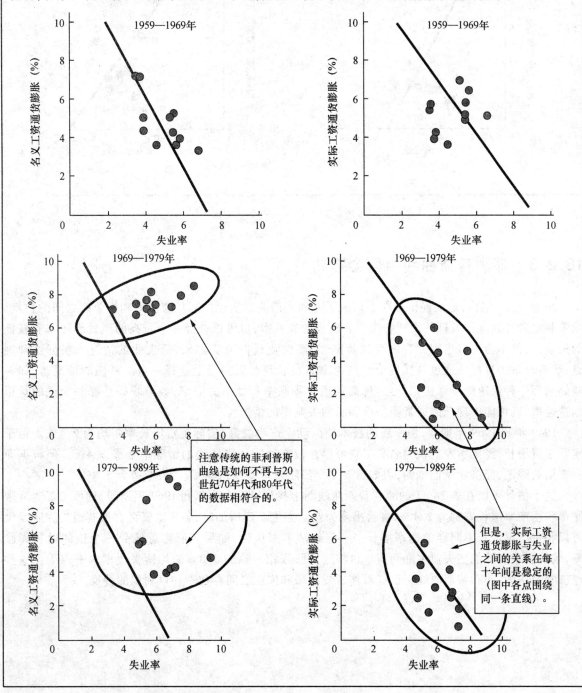

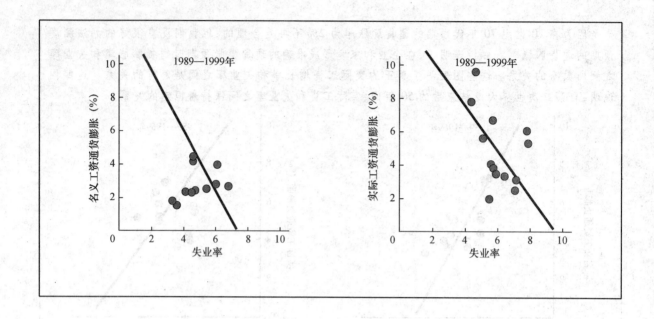

18.2.3 菲利普斯曲线为何会移动

20世纪60年代,宏观经济学杂志讨论了菲利普斯曲线所说的通货膨胀率和失业率之间的替换。政策制定者可以选择较低的通货膨胀率和较高的失业率,也可以选择一个较高的通货膨胀率和较低的失业率,但不会同时出现并存的高通货膨胀、高失业或低通货膨胀、低失业的情况。根据这种观点,经济政策的目标是通过选择货币创造速率而在菲利普斯曲线上选择一点。可能的情况是,如果联储选择一种快速的货币扩张,会出现高的通货膨胀率和低的失业率;如果联储选择一个低的货币创造速率,就可能出现低的通货膨胀率和高的失业率的情况。

1949年到1969年期间,由于新的技术使劳动生产率提高,实际工资增长率年均为2.4%。由于实际工资增长,经济学家们认为名义工资可以在没有通货膨胀风险的情况下上涨2.4%。但根据菲利普斯曲线图,经济学家们推测,假如想要完全消除通货膨胀,就必须使失业率为5.8%。

这个估计可以在表18-1的菲利普斯曲线图上找到,即1949年到1969年期间,货币工资通货膨胀率和生产率增长率都为2.4%,将会出现失业。当生产率增加时,名义工资会在没有通货膨胀发生时以和生产率增长率同样的速率增长。一些经济学家认为,如果政府愿意接受一个正的通货膨胀率,政策制定者就能把失业率降到与零价格通货膨胀相一致的5.8%的均衡失业率水平以下。这些经济学家认为,菲利普斯曲线应该被看作通货膨胀和失业之间存在一种可利用的替换。

如果名义工资增长率等于2.4%（20世纪50年代和60年代早期的平均生产率增长率），失业率将等于5.8%。

因为那时名义工资以和生产率增长率相同的速率增长，通货膨胀率将等于0。注意这种观点（不正确地）假定即使实际的通货膨胀率已降为0，预期的通货膨胀率仍然为2%。

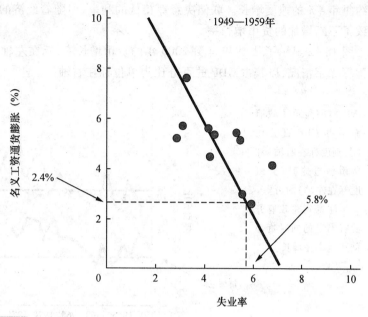

图 18-1　通货膨胀和失业之间的"替换"

18.2.4　自然率假说（NAIRU）

把菲利普斯曲线看作是一种替换的观点在20世纪60年代引发了一场激烈的争论。批评替换观点的两个著名学者是哥伦比亚大学的埃德蒙·菲尔普斯和芝加哥大学的米尔顿·弗里德曼①。菲尔普斯和弗里德曼认为，长期而言，持久的低失业是不能保持的，因为企业和家庭最终会把预期通货膨胀纳入它们的工资制定行为。它们认为，我们观察到的通货膨胀和失业之间所发生的关系是家庭和企业所作出的错误预期的结果。任何想要利用通货膨胀和失业之间的替换关系的企图最终都会因家庭和企业预期到更高的通货膨胀而失败。

弗里德曼和菲尔普斯认为，经济中存在着一个自然失业率，它独立于那些使总需求曲线发生移动的变量，高于或低于自然失业率的失业率都是个体决策者所作出的错误预期的结果。弗里德曼和菲尔普斯认为，假如决策者试图把失业率保持在自然失业率之下，通货膨胀率将随着每一次降低失业率的努力而加速上升。结果会形成一个自我实现的工资和价格上升螺旋。为此，一些经济学家把**自然失业率**看作**非加速通货膨胀的失业率（NAIRU）**。

经济学家们无须为菲尔普斯-弗里德曼假说得到令人信服的证实而等待很久，20世纪60年代中叶开始，联储开始以比前十年更快的速度扩张货币供给。在20世纪50年代和60年代早期，GDP以

---

① 米尔顿·弗里德曼对此问题的观点是在美国经济协会所作的主席致辞中阐述的，发表于 *American Economic Review*（March, 1968）。埃德蒙·菲尔普斯写了"Phillips Curves, Expectations of Inflation and Optimal Unemployment over Time." *Economica*, August 1967。

大约每年4%的速度增长。联储决意保持低的利率,但随着经济的扩张和货币需求的增长,此项政策导致了不断增加的货币增长率。

图18-2显示了从1949年到2000年的货币增长率,标在左轴。① 这幅图也显示了这个时期的政府预算赤字情况,以其占GDP的百分比为单位标在右轴。

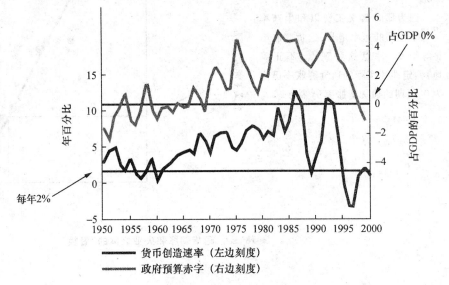

图18-2 第二次世界大战后的货币增长和债务创造

在20世纪70年代早期,政府预算开始出现更大的赤字,部分是因为经济增长速度的放慢减少了税收收入;加之许多政府支出计划,比如医疗保险和社会保障计划,由于人口老龄化,以及退休金和医疗补贴的支付,使得政府开始增加其支出。第三个原因是因对越南战争而引起的国防费用的增加。由于越南战争在国内不能得到广泛支持,通过增税来满足所需经费就极为困难。因而所增加的国防费用只有通过政府新发债券来筹集,并且由于要保持低的名义利率,一些新发行债券就只得由联储购买。联储购买了政府债券,就增加了新货币发行,于是货币创造速率开始攀升。货币供给的增加导致了更高的通货膨胀率,总需求曲线向右移动。

如果菲利普斯曲线确实代表一种可利用的政策替换,那么20世纪70年代上升的通货膨胀就会导致沿菲利浦斯曲线向左上方移动的情况,即总需求的增加导致更高的通货膨胀率和更低的失业率。但是事实并非如此。专栏18-2表明,在20世纪70年代和80年代,前十年稳定的菲利普斯曲线证明是一种幻觉;更高的货币增长率导致了更高的通货膨胀率,但同时经济中存在着更高的失业率,即**滞胀**(高失业和高通货膨胀共存)。滞胀使许多经济学家相信自然率假说是正确的,菲利普斯曲线仅代表失业和通货膨胀之间的短期关系,且其依赖于对未来通货膨胀的错误预期。

---

① 图18-2中的货币供给是M1,这是一个相对狭义的货币存量指标,包括公众手中所持通货和各种支票存款。第10章解释了不同种类的货币供给定义。

18.3 新凯恩斯主义模型

从第二次世界大战以来所发生的事件中得出的最重要的教训是,当使用新凯恩斯主义总需求和总供给模型时,不能以机械的原则将预期纳入模型,而必须使用一种更复杂的方法。我们首先审视新凯恩斯主义模型在短期内的含义,然后再考虑其长期含义。

18.3.1 决定经济增长和通货膨胀

图 18-3 在同一幅图中阐明了新凯恩斯主义模型的两个方程。向左下方倾斜的是总需求曲线(AD),向右上方倾斜的是短期总供给曲线(SRAS)。经济增长率和通货膨胀率由两曲线的交点决定。在图 18-3 中,由 SRAS 曲线和 AD 曲线的交点 $\Delta Y/Y = g$ 处可见,产出增长率等于它的自然率 g。我们把 $\Delta Y/Y = g$ 的曲线叫做长期总供给曲线;一旦经济增长偏离了其自然率水平,在长期,经济中会有自发的力量把其拉回到长期总供给曲线。

当价格通货膨胀等于超额货币创造时,总需求曲线与长期总供给曲线相交。

当价格通货膨胀等于超额工资通货膨胀时,短期总供给曲线与长期总供给曲线相交。

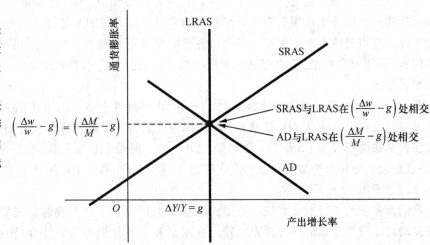

图 18-3　固定总需求曲线和总供给曲线的位置

我们可以利用图 18-3 就政策对经济增长和通货膨胀的影响作出短期预测。首先要清楚 AD 曲线和 SRAS 曲线的位置如何依赖于政策和预期。图 18-3 表明,当通货膨胀率等于 $\Delta M/M - g$ 时,总需求曲线 AD 与长期总供给曲线 LRAS 相交。我们称之为**超额货币增长**。如果 GDP 增长率等于自然率,通货膨胀率就等于货币增长率与自然率 g 之差。假如联储的货币供给增长率高于自然率,经济将遭受通货膨胀;假如联储的货币供给增长率低于自然率,经济将经历通货紧缩。

表 18-3 说明当通货膨胀率等于超额工资通货膨胀 $\Delta w/w - g$ 时,短期总供给曲线与 $\Delta Y/Y = g$

线相交。假如价格通货膨胀等于超额工资通货膨胀,实际工资和产出都将以自然率 g 增长。

18.3.2 短期经济增长和通货膨胀

由于已经理解了总需求和总供给曲线是如何决定的,我们就可以利用 AD-AS 示意图来解释短期货币政策的改变是如何影响通货膨胀和经济增长的。

考虑如果货币增长率提高会出现怎样的情况。首先假定工资通货膨胀和货币增长率是相等的。

$$\frac{\Delta w}{w} - g = \frac{\Delta M}{M} - g \qquad (18.3)$$
超额工资通货膨胀　　超额货币增长率

当工资通货膨胀等于货币增长率时,GDP 一定会以自然率的速度增长,因为当价格通货膨胀等于超额货币增长率时,总需求曲线与 $\Delta Y/Y = g$ 曲线相交。当价格通货膨胀等于超额工资通货膨胀时,总供给曲线与 $\Delta Y/Y = g$ 曲线相交。如果名义工资通货膨胀等于货币增长率,总供给曲线和总需求曲线会在同一点与 $\Delta Y/Y = g$ 曲线相交,并且产出增长率等于 g。

为保持持有货币的偏好为一定值,价格通货膨胀必须等于超额货币创造。当 GDP 以自然率水平增长时,实际货币余额需求也以自然率 g 水平增长,原因是家庭和企业每年会需要更多的货币来满足其交易需求。当名义货币创造的增长快于 g 时,价格通货膨胀就会以和 GDP 增长率相同的速率保持实际余额增长。这是方程的需求方。在方程的供给方,为保持实际工资以自然率水平增长,价格通货膨胀一定等于超额工资通货膨胀。当名义工资通货膨胀超过产出增长率时,价格通货膨胀会使实际工资以自然率水平增长。综合两方面的情况可以看出,当工资通货膨胀(它决定总供给曲线的位置)等于货币创造(它决定总需求曲线的位置)时,总需求和短期总供给就会恰好等于 GDP 的自然增长率 g。

图 18-4 显示,当货币增长率提高时,$\Delta M/M$ 就不再等于 $\Delta w/w$,这时会出现什么情况。货币增长率提高使总需求曲线从 AD_0 移动到 AD_1。因为我们假定工资通货膨胀在短期不会改变,总需求的增加使价格通货膨胀从 $(\Delta P/P)_0$ 增加到 $(\Delta P/P)_1$。但是现在实际工资已下降到其自然率水平之下,并且企业把雇用量增加到其自然率水平之上,使产出在第 1 年比第 0 年增长更快,GDP 增长率从 $(\Delta Y/Y)_0$ 上升到 $(\Delta Y/Y)_1$。

我们首先假定工资通货膨胀是给定的。新凯恩斯主义工资方程假定工资由通货膨胀预期和失业率波动对工资所造成的压力预先决定。在家庭和企业预期通货膨胀保持在其历史水平且起初没有超额失业的条件下,工资通货膨胀将与历史水平相同。这就是 20 世纪 50 年代和 60 年代初的情形。

现在假定像 20 世纪 60 年代后半期那样货币创造速率提高。我们在图 18-4 中对其进行了模型化,即把总需求曲线从 AD_0 移动到 AD_1。新凯恩斯主义模型预测货币创造速度提高首先会导致通货膨胀的提高和失业率的下降,并且 GDP 增长率会高于自然率。这正是 1965 年到 1970 年间的情形,即通货膨胀上升,失业率下降。

总需求曲线从 AD_0 移动到 AD_1。

因为家庭和企业把工资通货膨胀建立在过去经验的基础上,所以短期总供给曲线不变。

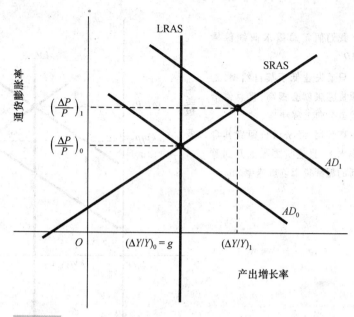

图 18-4 货币创造速度提高的短期效果

18.3.3 长期的经济增长和通货膨胀

联储在短期内能够增加就业,促进经济增长。但是提高货币供给增长率的政策的长期效果如何呢?货币供给增长率的改变会长期影响失业,还是只有暂时的效果呢?

图 18-5 是总供给和总需求图,说明了新凯恩斯主义模型所预测的提高货币供给增长率的长期效果。图中我们假定总需求曲线保持在 AD_1,货币创造速度提高后,经济增长率暂时地高于自然率水平。图中 A 点代表货币增长率增加后的那一点。

现在有两方面的因素对工资通货膨胀率造成向上的压力。首先,在 A 点,产出增长率高于其自然增长率,失业低于其自然增长率,并且工资通货膨胀率开始上升。引起工资进一步提高的第二个因素是企业和家庭对通货膨胀水平感到意外,并向上修正未来的通货膨胀预期。这两个因素致使短期总供给曲线向上移动。随着短期总供给曲线的上移,价格通货膨胀率提高,并且经济增长率开始下降,一直到经济出现新的长期均衡点(即图 18-5 所描绘的 B 点)结束。

18.3.4 解释预期的内生化

解释历史事件的一个关键因素是当实际的通货膨胀高于预期的通货膨胀时预期是内生调整的思想。为使我们的理论有用,我们就必须能够模型化这个过程,并理解决定预期的通货膨胀的因素。假如把预期放在一边,不加以解释,所观察到的通货膨胀、失业和经济增长之间的相互关系可以被考

我们假定总需求曲线保持在 AD_1。

只要失业低于其自然率，工资通货膨胀就会提高，且总供给曲线就会向上移动。

在长期，经济增长回到其自然率水平，且通货膨胀上升到等于新的超额货币创造速率。

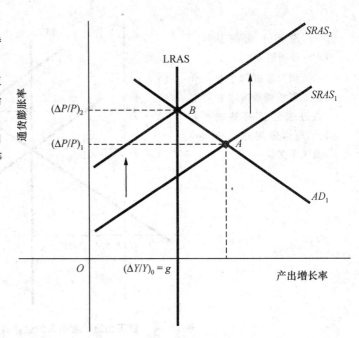

图 18-5 货币创造速度提高的长期效果

虑为与理论是一致的，并且理论和数据之间的任何差异都可归于未被观察到的变量——预期。

价格形成的早期理论提供了机械的原则来展现这个过程，家庭和企业由此形成它们的认识。这种方法被证明是不能令人满意的。原因是在思考人类对环境的适应上，它不能提供创新的方法。在给定的环境中，任何预测未来的既定的原则都是不错的；但是当环境改变时，人们就要改变他们预测未来的方法。人类适应环境的事实使得理性预期理论应运而生。

18.3.5　理性预期

理性预期基于这样一个思想：世界像一个大赌场。实际上，没有什么事情是确定的，并且由于战争、饥荒、政治冲突、新发明或其他许多影响我们生活的不确定因素，有时总需求或总供给会意外地改变。这些事件有些影响总需求，有些影响总供给。为使模型简单化，我们就专注于所有与总需求相联系的不确定因素，比如战争使得联储印发更多的货币来筹措国防费用。假如联储以高于一般水平的速度扩张货币供给的话，总需求曲线将向右移动。另一方面的例子是，假定联储公开市场委员会由谨慎的人领导，他害怕过度的货币扩张会引发通货膨胀，结果是货币供给的增加慢于通常的情况，总需求曲线将向左移动。

总需求是随机的思想是一种强有力的思想，因为它使我们对待通货膨胀预期就如赌场对待风险一样。当你为一次抛掷硬币出现正面而赌 1 美元时，统计学家说，这样的一次赌博的**期望值**是零。他们通过概率加权各种可能的结果来计算这种期望值。你赢 1 美元的可能性占一半（$+1.0 \times 0.5$），你输 1 美元的可能性也占一半（-1.0×0.5）。相加这两种可能性得到的期望值为零。一个变量的期望值就是统计学上的均值。

理性预期理论模型化个人的认识就如同统计学家计算均值。我们说利用概率来计算通货膨胀是理性的。假如货币供给快于 $\Delta M/M$ 的几率占一半,那么总需求曲线向右移动的几率就占一半。假如货币供给慢于 $\Delta M/M$ 的几率占一半,那么总需求曲线向左移动的几率就占一半。实际的通货膨胀率由总需求曲线与短期总供给曲线的交点决定。当货币供给增长快于其均值时,通货膨胀就高于其均值;当货币供给增长慢于其均值时,通货膨胀就低于其均值。通货膨胀率的理性预期等于高的通货膨胀率与其高的概率的乘积加上低的通货膨胀率与其低的概率的乘积。

我们可以通过说明新凯恩斯主义总需求和总供给理论如何在一个预期不是理性的假想世界中解释通货膨胀和经济增长如何被决定来阐述上述思想。我们使用两种案例,一种是通货膨胀预期过低,一种是通货膨胀预期过高。这些极端的案例自然引出一个决定价格通货膨胀预期是否理性的因素的理论。在我们的例子中,经济中所有的不确定性都和总需求曲线相联系,总供给曲线是固定的,但是总需求曲线是波动的。

18.3.6 预期的价格通货膨胀过低

图 18-6 说明,当工人和企业预期通货膨胀率等于 $(\Delta P/P)_1$ 时,结果会如何。由于价格通货膨胀预期影响实际的工资通货膨胀,所以预期就影响总供给曲线的位置。当预期的价格通货膨胀低时,总供给曲线的位置也是低的。在此图中,预期 $(\Delta P/P)^E = (\Delta P/P)_1$ 过低;也就是说,假如工人和企业相信通货膨胀率等于 $(\Delta P/P)_1$,他们是错误的,并且他们是在同一个方向上犯了系统性的错误。

考虑失业率等于自然失业率的情形。企业和工人预期通货膨胀率等于 $(\Delta P/P)_1$,并且平均而言,货币供给以 $\Delta M/M$ 的速率增长。因为失业等于自然率水平,超额工资通货膨胀等于预期的价格通货膨胀。此种情形在图 18-6 中通过短期总供给曲线和长期总供给曲线$((\Delta Y/Y) = g)$的交点,即预期的价格通货膨胀率 $(\Delta P/P)_1$ 反映出来。

考虑到这些认识,即实际出现的结果依赖于货币创造速率。在图 18-6 中,货币创造在两个水平之间随机波动。当货币供给增长快时,总需求曲线是 AD_2;当货币供给增长慢时,总需求曲线是 AD_1。实际的通货膨胀率由总需求曲线和短期总供给曲线的交点决定;一半时间的均衡点在 B 点,一半时间的均衡点在 C 点。生活在这种经济中的工人或企业会观察到有时通货膨胀率等于 $(\Delta P/P)_3$,有时等于 $(\Delta P/P)_2$。但是我们发现,这两种可能的结果导致了比他们预期的更高的通货膨胀。

18.3.7 预期的价格通货膨胀过高

图 18-7 说明了如果工人和企业预期更高的通货膨胀率 $(\Delta P/P)_4$ 会出现什么结果。在这种情况下,总供给曲线在 D 点与自然率曲线相交。我们再次假定仅对总需求产生冲击。如果总需求冲击等于其最大值,均衡点将为 E,实际的通货膨胀率将为 $(\Delta P/P)_5$。如果总需求冲击等于其最小值,均衡点将为 F,实际的通货膨胀率将为 $(\Delta P/P)_6$。实际上,总需求曲线在这两个极端之间波动,因而观

察到的通货膨胀率在$(\Delta P/P)_5$和$(\Delta P/P)_6$之间变动。然而,我们注意到,假如企业和工人预期价格水平等于$(\Delta P/P)_4$,实际的通货膨胀率最终会比他们预期的更低。显然,在这种情况下,预期的通货膨胀率过高了。

工人和企业预期的通货膨胀率等于$(\Delta P/P)_1$,因而这决定了总供给曲线的位置。

实际上,通货膨胀率在$(\Delta P/P)_2$和$(\Delta P/P)_3$之间波动。

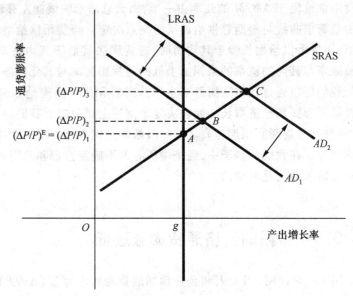

图 18-6 当预期的通货膨胀过低时通货膨胀率的决定

工人和企业预期的通货膨胀率等于$(\Delta P/P)_4$,这决定了总供给曲线的位置。

实际上,通货膨胀率在$(\Delta P/P)_5$和$(\Delta P/P)_6$之间波动。

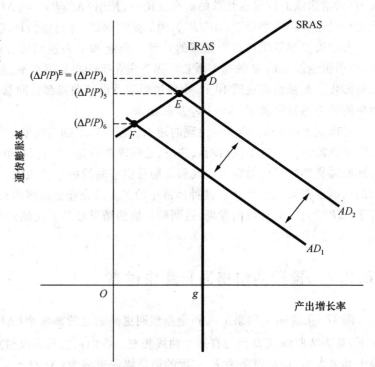

图 18-7 当预期的通货膨胀率过高时通货膨胀率的决定

18.3.8 价格通货膨胀的理性预期

理性预期是一种把预期模型化的方法,它考虑到人们适应环境的能力,这种方法在 1961 年由约翰·穆思[1]首次提出。穆思的理性预期概念在 1972 年由小罗伯特·卢卡斯[2]引入宏观经济学领域。此后,它就成为处理预期的标准方法。理性预期假定工人和企业的预测平均而言是正确的。

图 18-8 描述了通货膨胀的理性预期。我们在图 18-6 和 18-7 中看到的两条同样的总需求曲线在图 18-8 中也描绘出来了。另外加上了一条平均总需求曲线,用来说明货币冲击的平均值为零的情形。这条平均总需求曲线与总供给曲线相交处的通货膨胀率是理性预期的通货膨胀率,它等于 $(\Delta P/P)_7$。注意到这也是总供给曲线与自然率曲线的交点。

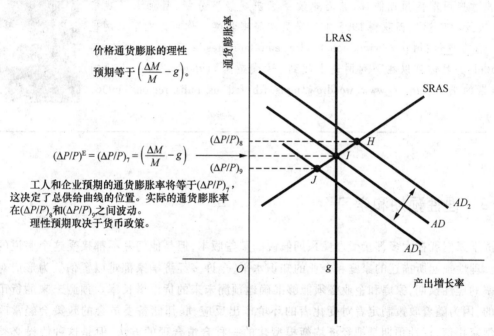

图 18-8 通货膨胀的理性预期

在图 18-6 和图 18-7 中,预期的通货膨胀率时而过高,时而过低;实际的通货膨胀率或者持续地高于或者持续地低于预期的通货膨胀率。然而在图 18-8 中,企业和家庭的预期是理性的。无论将来发生什么随机事件,所观察到的通货膨胀率最终有时会高于预期的通货膨胀,有时会低于预期的通货膨胀。

通货膨胀率的理性预期等于其均值。反过来,这个均值又依赖于改变总需求曲线位置的因素——决定 $\Delta M/M$ 的那些因素。因此,理性预期意味着人们的认识依赖于联邦储备委员会所推行的

---

[1] J. F. Muth. "Rational Expectations and the Theory of Price Movements," *Econometrica*, No.29, 1961.
[2] Robert E. Lucas, Jr. "Expectations and the Neutrality of Money," *Journal of Economic Theory*, 1972.

政策。

理性预期理论的主要见解是,个人所预期的东西影响实际结果。连续的比预期更高的通货膨胀率被认为是运气不佳,就如连赌连输的赌徒。但接连高于预期的结果将使工人和企业向上修正他们的预期。理性预期意味着,在我们的经济模型中,我们应当假定被人们选择的预期不会是系统性错误的。

网络浏览 18-1

采访小罗伯特·卢卡斯先生

过去25年最著名的经济学家是小罗伯特·E.卢卡斯,小卢卡斯先生"因提出和应用理性预期假说,并因此改变了宏观经济分析,且加深了我们对经济政策的理解",而获得1995年度诺贝尔经济学奖。你可以在下列网址上读到他的自传:http://www.nobel.sdsc.edu/laureates/economy-1995-1-autobio.html,并且你可以在下列网址上找到《区域杂志》(*Region Magazine*)对小卢卡斯的采访:http://www.woodrow.mpls.frb.fed.us/pubs/region/int936.html。

18.3.9 理性预期和学习

经济学家们现在大多都接受理性预期假说的某些版本,但是他们并不都接受这个假说的最严格的形式。理性预期所描述的家庭和企业的知识水平,令许多经济学家都难以置信。为形成对未来通货膨胀率的理性预期,家庭和企业必须能够准确地预测未来的货币增长率。预测未来的货币增长率是困难的,因为随着政策制定者对变化着的环境作出反应,联邦储备委员会的政策会经常改变。许多经济学家相信,理性预期是把经济均衡模型化的一种合情合理的方法,但是这种假设必须用个人是如何认识环境的描述来补充。

18.4 联邦储备体系和货币政策

本章所概述的理论,被辅以一种更复杂的动态总需求理论的版本,这种理论在联邦储备体系的政策制定者中极有影响。理性预期作为一种对政策的约束现在为多数经济学家所接受,人们普遍认为经济政策的可信度是政策效果的决定因素。但是若非经济给了人们一些惨痛的教训,联邦储备体系是不会得出这样的认识的。

18.4.1 阿瑟·伯恩斯和通货膨胀上升

在20世纪70年代以前,通货膨胀在美国并不是一个问题。第二次世界大战之后的30年间,价格一直相对稳定。但是到了20世纪70年代中期,通货膨胀率出现了一个可察觉到的向上的趋势。图18-9提供了这个时期货币增长率和通货膨胀率的变化史。显然这两个速率的变化趋势都很明显。因为经济理论说明了通过控制货币增长率可以控制通货膨胀率,那么联邦储备体系为什么还容忍这样高的通货膨胀率发生呢?

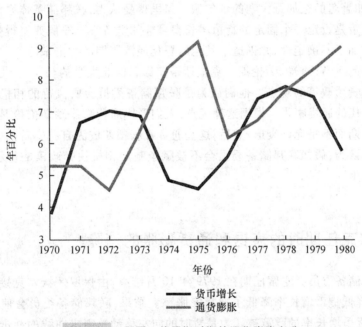

图18-9 阿瑟·伯恩斯时期的通货膨胀上升

1970年,阿瑟·伯恩斯成为联邦储备委员会的主席。在伯恩斯执政期间,通货膨胀率从1970年的5%增加到1980年的9%。阿瑟·伯恩斯对联邦储备委员会的行动结果有清楚认识的证据在其1977年的国会咨文中可以看到:

"我相信,我和我的同事都不会反对货币供给速率与通货膨胀率紧密相关的观点,并且,没有货币的支持,严重的通货膨胀是不可能长期存在的。我们和别人一样清楚,假如联邦储备体系停止供给新货币,或者假如货币供给速度极慢,那么通货膨胀就会很快结束或者基本上得以抑制。"①

但是伯恩斯选择了适应通货膨胀预期而不是接受有代价的经济衰退。伯恩斯是在 1974 年 7 月 30 日众议院的通货和银行委员会作出如下声明的：

"……使用严厉的货币抑制政策来抵消异常严重的通货膨胀的努力在最近几年会引起严重的金融和经济混乱。这不是一种明智的货币政策。"②

换言之，伯恩斯的政策有意允许货币供给增长，目的是要避免经济衰退。伯恩斯把通货膨胀严重的可能原因归咎于 1973 年石油价格的暴涨。石油价格提高可被看作负面的供给冲击，它使得总需求曲线向左移动。以宏观经济学的语言来说就是，联邦储备体系通过实施**相机抉择的货币政策**来应对石油价格的上涨。相机抉择的货币政策即为允许一定的货币增长率来应对当时的冲击的政策。一些经济学家，比如著名的芝加哥大学的米尔顿·弗里得曼认为，联邦储备体系没有能力稳定衰退，因而最好的货币政策是设定一个固定的货币增长率目标并坚持它。按照弗里得曼的观点，相机抉择的货币政策仅仅增加了不确定性，并创造了其他的恶化经济周期的冲击来源。

明尼苏达大学的 V.V.查瑞、劳伦斯·克里斯蒂安诺和西北大学的马丁·艾肯鲍姆提出了第二种反对相机抉择的货币政策的观点。他们认为是联邦储备委员会所执行的相机抉择的货币政策导致了 20 世纪 70 年代的通货膨胀。根据这种观点，人们形成通货膨胀预期恰恰是因为他们相信联邦储备体系会适应预期而不是允许衰退；然后，这些通货膨胀预期成为自我实现的螺旋。查瑞、克里斯蒂安诺和艾肯鲍姆认为，假如联邦储备委员会不被赋予制定相机抉择政策的权利，伯恩斯所描述的情况可能会避免发生。

18.4.2 沃尔克任期时的衰退和通货膨胀的消除

伯恩斯的联邦储备委员会主席任期在 1979 年 10 月结束，由保罗·沃尔克接任。在沃尔克任主席期间，美国通过降低货币增长率降低了通货膨胀率。结果，联邦储备委员会使得总需求曲线向左移动。起初，降低货币增长率的政策被认为是暂时的向左移动总需求曲线的冲击。但是企业和家庭预期这项政策不会继续下去，因而较低的预期通货膨胀率并没有被纳入合同。结果，总需求的减少导致了经济衰退。

图 18-10 说明了 1977 年到 1983 年间主要经济变量的情况。图 A 表明了 $M1$ 的增长，图 B 给出了利率的情况。货币增长率从 1978 年的 9% 降低到 1981 年的 5%，与此同时，6 个月贷款利率从 1978 年的 7% 上升到 1981 年 14% 的峰值。毫无疑问，联邦储备委员会通过加快狭义货币的增长速度，就可能阻止短期利率的上升。这个时期的联邦储备委员会会议备忘录显示，它并没有选择这样的政策，而是允许利率急剧上升，目的是降低通货膨胀率。

---

① Arthur F. Burns. "Reflections of an Economic Policy Maker, Speeches and Congressional Statements: 1969—1978," American Enterprise Institute for Public Policy Research, Washington DC, p. 417. 这些文字在最近的讨论文章"Expectation Traps and Discretion," by V. V. Chari, Lawrence Christiano, and Martin Eichenbaum 中被引用。

② Burns, 前引文献, 第 171 页。

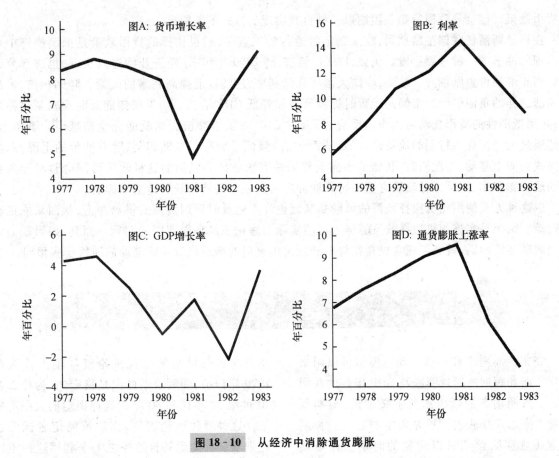

图 18-10 从经济中消除通货膨胀

这些图说明了 1977 年到 1983 年间,货币增长率、通货膨胀上涨率及利率的变动情况。

图 18-10 中的图 C 指明了货币增长率降低的初始结果,即 GDP 增长从 1978 年的 4% 到 1982 年的 2% 的急剧下降。现在对这种情形的解释是,家庭和企业在为工资合同谈判时,没有预期到联邦储备委员会会紧缩货币增长率。结果,20 世纪 80 年代的通货膨胀率比企业和工人预期的更低。联邦储备体系的货币紧缩政策使总需求曲线向下移动,导致短期产出的损失。直到 1982—1983 年,当通货膨胀率从 1981 年 10% 左右的峰值下降到 1983 年的 4% 时(见图 D),好戏终于上演了。

18.4.3 艾伦·格林斯潘时期的货币政策

大多数经济学家认为,就阻滞产出而言,20 世纪 80 年代早期的反通货膨胀是代价高昂的;家庭和企业要经过一段时间才能把降低的通货膨胀预期纳入合同。因为从经济中消除通货膨胀的代价极大,因此联邦储备委员会对通货膨胀预期提高的可能性一直极为警觉。

格林斯潘于 2001 年再度就任联储主席。格林斯潘时期的货币政策被认为在使用货币政策抵消对经济的负面冲击与谨慎操作货币政策防止过度扩张之间发挥了平衡作用,因而受到好评。扩张性的货币政策可能会导致通货膨胀预期以一种自我实现的方式不断提高。

在格林斯潘任联储主席期间,政策制定者通行的观点是,相机抉择的货币政策是抵消经济中可能出现的冲击的一种重要手段。例如,FOMC 相信,到 2000 年年末,经济开始进入衰退,也许部分原因是当年的油价急剧攀升。结果,联储大幅度降低利率,逆转以前提高利率的政策。联储相信,像油价上涨这样的负面供给冲击倾向于暂时提高价格和降低 GDP 增长。如果联储能及时观察到这种冲击,并用抵消性的货币扰动对其作出反应,那么对 GDP 的供给冲击影响就能完全被抵消。事实上,联储通过为经济提供特别的流动性(增加货币供给)降低了利率。联储相信,随着油价的上涨,总供给曲线会向上移动,与此同时,联储试图向上移动总需求曲线。联储的这种政策可能会暂时导致更高的通货膨胀率,但是这种政策有望改善石油冲击对失业和经济增长所造成的影响。

以这种方式使用相机抉择政策的风险是联储也许不能及时识别负面的供给冲击,从而采取正确的行动。结果是实施相机抉择政策的努力可能实际上恶化了经济周期中的问题。而且,如果联储频繁地刺激经济的话,就有可能会提高在将来必须付出衰退的高昂代价才能消除的通货膨胀预期。

结　　论

完整的总需求和总供给动态模型可以用来解释长期和短期的通货膨胀及 GDP 增长的共同决定。按照动态的新凯恩斯主义理论,短期是指对未来通货膨胀的预期是固定的时期。长期是指通货膨胀预期可以调整的时期。在短期内,因为预期已被写入工资合同,货币政策有实际效果。在长期,可以改变工资合同来反映新的预期,并且货币供给的增加完全被价格的上涨所吸纳。

当预期固定时,菲利普斯曲线表现为工资通货膨胀和失业之间存在一种稳定关系。当通货膨胀预期内生决定时,菲利普斯曲线失效。

总需求和总供给的现代理论解释了为什么在 1970 年以前,菲利普斯曲线是稳定的;为什么在 20 世纪 70 年代和 80 年代这种稳定的关系消失了。这种现代理论表明,当政策制定者试图通过把增长提高到其自然率之上来利用这种不稳定的关系时,菲利普斯曲线会移动。当通货膨胀被预测到时,它就被纳入预期,因而菲利普斯曲线向上移动。现在,政策制定者意识到了阻止通货膨胀预期形成的重要性。这种意识使他们在使用货币政策来抵消负面的供给冲击对就业和经济增长造成的不利影响时谨慎从事。

关　键　术　语

相机抉择的货币政策　discretionary monetary policy
超额货币增长　excess money growth
期望值　expected value

非加速通货膨胀的失业率(NAIRU)　nonaccelerating inflation rate of unemployment(NAIRU)
实际工资通货膨胀　real wage inflation
滞胀　stagflation

习 题

1. 以10年为期,描述1949年以来的美国通货膨胀史。这个时期通货膨胀的最高值是多少?最低值是多少?这两点分别是在什么时间出现的?
2. 当预期价格水平变化时,会对菲利普斯曲线所描述的工资和失业之间的关系产生什么影响?使用新凯恩斯主义工资方程和菲利普斯曲线图解释你的答案。讨论美国历史上工资和失业的变动与预期价格水平的增加相一致的一段时期。
3. 在新古典工资方程中,参数的作用是什么?证明当 c 非常大时,新古典模型和古典模型是一样的。
4. 假定预期通货膨胀率是4%,产出的自然增长率是5%,且失业的自然率是6%。
   a. 假如失业率在其自然率之上提高1%使名义工资通货膨胀降低2%,给出菲利普斯曲线方程。
   b. 使用a中所给出的菲利普斯曲线方程,预测与4%的工资通货膨胀相适应的失业率。
   c. 假定短期总供给曲线的斜率为1。如果当失业率为b中所计算的比率时,GDP增长率为4%,通货膨胀率为多少?
   d. a、b和c中所描述的情形能永远持续不变吗?长期情况会是怎样的?
5. 解释非加速通货膨胀的失业率(NAIRU)。什么因素可能改变NAIRU?NAIRU是可以直接观察到的吗?为什么当联邦储备体系制定相机抉择的货币政策时这是一个问题?
6. 自然失业率的含义是什么?自然就业率与自然失业率有什么不同?这些概念的决定因素分别是什么?你能想到自然失业率与自然就业率都增加的情况吗?
7. 定义理性预期。理性预期是指预期总是正确的或者不会犯错误吗?请给出解释。
8. 假定经济开始时处于长期均衡,然后中央银行决定增加货币供给。讨论这项行动对工资、通货膨胀、失业和产出的短期影响。详细解释经济回到长期均衡的过程。给出正确的动态的总需求和总供给图形描述这个过程。
9. 假定自然失业率事实上为6%,联储认为自然失业率是5%。如果预期是理性的,努力维持5%的失业率的相机抉择的货币政策的影响是什么?给出解释。
10. 假定预期不是理性的,而是等于上一年的实际的通货膨胀率,即 $\left(\frac{\Delta P}{P}\right)_t^E = \left(\frac{\Delta P}{P}\right)_{t-1}$ 表明制定一项使失业率持续低于其自然率的货币政策是可能的。
11. 讨论方程(18.1)中的菲利普斯曲线所描述的关系不同于传统的凯恩斯主义模型的两种方法。这两种不同的方法对中央银行使用货币政策控制失业的能力有什么影响?给出解释。
12. 下文引自米尔顿·弗里得曼的"货币政策的作用"一文(《美国经济评论》,1968年):

    "……货币当局可以控制名义数量——直接控制自身的债务数量。原则上,它能使用这种控制来钉住名义数量。它不能利用对名义数量的控制来钉住实际数量……"

    a. 解释这种说法与传统的凯恩斯主义的菲利普斯曲线观点有什么显在的不同。这种说法暗含着通货膨胀和失业之间存在什么样的替换?

b. 假定弗里德曼的说法成立,这意味着锚定名义利率是联储所要遵循的可接受的政策吗?解释为什么是或为什么不是。

13. 讨论对使用相机抉择的货币政策来稳定产出的两种批评意见。

14. 阅读明尼阿波利斯联邦储备银行主席加里·斯特恩的文章"为货币政策构建一致的视角"(Formulating a Consistent Approach to Monetary Policy)。这篇文章在 http://woodrow.mpls.frb.fed.us/pubs/ar/ar1995.html 上可以找到。回答下列问题:

a. 通货膨胀和长期经济增长是怎样的关系?

b. 哪个中央银行最近宣布了低通货膨胀目标?为什么?

c. 为什么斯特恩认为联储不应该"在大多数情况下积极行动"来稳定经济周期?

d. 概述斯特恩实施通常的货币政策的三项建议。

第 19 章　我们知道的和不知道的

19.1　引言

经济学家区别于大多数其他领域的社会科学家的一点是他们在处理社会问题时有其独特的方法。这种被称作"方法论上的个人主义"[①]首先假定社会由许许多多的个人所组成,他们各自作出生产什么和消费什么的选择。为便于分析经济问题,这种经济方法把个人的偏好看作是固定的。之所以作出经济选择是为了达到一定的目标——企业为了使利润最大化,家庭为了使效用最大化。

19.2　我们知道的

19.2.1　经济增长的原因

在第 1 章,我们了解到,过去 100 年间,美国的年均 GDP 增长率大约为 1.9%,但是许多国家(日本、韩国和近年来的中国)有着更高的经济增长率。

可能最需要记住的是不同的国家技术进步的速度不同。世界史就是一部领导和追赶史。当前的美国在各个方面都处在知识生产的前沿。追赶世界领导国比推进前沿更加容易。东亚国家近年来经济迅速增长的主要原因是它们对西方国家现有的组织和生产技术的模仿能力。中国正从乡村经济向现代化工业经济急剧变革,并以此培育着市场经济和现代贸易体系。这种重构过程是中国经

[①] 尽管"方法论上的个人主义"在经济学界比在其他社会科学界有更大的一致性,但并非所有的经济学家都赞同这种方法。

济过去20年快速增长的部分原因。

直到最近,我们还没有认识到发达国家经济增长的真正原因。经济理论表明,只有每年都取得技术进步,人均GDP才会增长。为避免资本收益递减所导致的经济停滞,我们必须不断发现生产产品的更新的和更有生产性的方法。过去200年间,发达工业化国家所发现的新技术,使其生活水平以年均1.9%的速度增长,但是仅在最近,我们才开始收集不同国家经济增长方面的数据,它使我们了解了为什么一些国家比另一些国家增长得更快。

艾伦·赫斯顿和罗伯特·萨默斯建立的数据库已经对一些经济学家们的学术研究产生了爆炸性影响,这些经济学家认为经济增长来源于由知识积累所产生的外部性。如果这些经济学家的看法是正确的,不久的将来会是大有希望的:计算机的发明和互联网的建立是自印刷机发明以来知识生产技术方面最重要的进步。可移动打印机的发明,也许是工业革命唯一最重要的原因。在当前的世界经济中,有许多迹象表明,我们将很快进入一个类似的经济快速增长时期。

市场资本主义能够促进经济增长,但在资本主义社会内,存在着组织社会和经济政策的不同方式。例如,西欧的经济增长速度和美国几乎相同,但至少到目前为止,它们选择了在很大程度上由政府干预市场的方式。20世纪中叶,前苏联和其东欧卫星国家经济在中央计划制度下,取得了相对快速的工业化。但是比较联邦德国和民主德国的成就表明,在不断提高公民生活水平方面,共产主义模式与资本主义模式相比,是不够成功的。当柏林墙在1989年11月被推倒时,联邦德国和民主德国生活水平的明显差异很快显现出来,在45年前有着同一文化和类似基础设施的同一国家中,已经出现了很大的差距。通过建立市场经济制度,中国已经取得了高速度的经济增长。

19.2.2 经济周期研究

过去20年间,经济周期理论方面的主要进展是理论方面的。我们开始懂得如何用供给和需求分析工具来研究动态问题。并且长久以来,宏观经济学家之间首次在观点上趋于一致。10年前所著的宏观经济学教科书把宏观经济学家区分为不同的思想流派:货币主义者和凯恩斯主义者,古典经济学家和新古典经济学家,实际经济周期学派的经济学家和新凯恩斯主义者。当前,在全世界的学术研讨会上,这些区分已成历史。进展虽慢但依然可见,并且时下意见一致远多于冲突。

这种一致性的观点是如何形成的呢?首先和最重要的是,分析当代宏观经济问题的主要方法是运用微观经济学的供给和需求工具。我们所面临的问题往往比单个产业和单个市场的问题更为复杂,但使用的方法是一样的。经济被概念化为在市场中相互作用的理性思维的人的集合。运用这种思想最简单的方法是假定家庭和企业在给定的价格下可以交易它们所希望得到的任何数量的商品:完全竞争。但我们也研究了更复杂的模型。企业可以通过限制产品数量从而影响其所卖商品的价格而被模型化为垄断者。市场会搜寻并随机匹配买者和卖者。通过在理性参与者范式的基础上模型化经济,经济学家就可以明白是什么原因引发了经济周期。通过构造模拟的经济模型和检验模型对其他可观察的事实的预测,就可以得知模型所给出的解释是否正确。

19.2.3 经济周期的原因

尽管大多数经济学家都赞成分析经济周期使用这种正确的方法,但对经济周期产生的原因,仍然存在着极大的分歧。由明尼苏达大学的爱德华·普雷斯科特所领导的经济学流派,认为第二次世界大战以后70%的经济周期都是由对技术的随机冲击引起的。最近一段时期,这种观点受到一批凯恩斯主义者的挑战,他们认为第二次世界大战前和大战后经济波动的部分原因是动物情绪。[①] 与20世纪60年代宏观经济学家之间的争论不同的是,今天的论战是以同样的语言表达的,即需求和供给语言,因此,对科学证据进行比较就可能甄别这些不同的理论。

现代的经济周期理论由一系列不同的方程式构成,这些方程把传播机制和关于冲击的性质的假说一同纳入模型。实际经济周期学派的经济学家与其反对者在这两方面存在着分歧。这些分歧与政策制定者有关。因为如果经济周期是由对生产率的冲击引起的,并且,如果传播机制通过竞争性市场上的需求和供给均等使冲击持续地起作用的话,政府就可能没有理由为稳定经济周期来干预经济。

此外,如果经济周期源自投资者的动物情绪,也许,联储应当采取行动来阻止信心的剧烈波动,以免影响经济增长和就业。这些问题分析起来并非易事,因为事情发生之前,没有人能说明信心的剧烈波动是否是合理的。当前的股市活动就是这方面的一个很好的例证。市场已表明,近年来实际的高收益主要是未来将有高利润的信心的结果。20世纪90年代末,股市市盈率达到历史最高点。因为股市投资者正为未来的红利回报而做多头,股东赌定这些红利回报本身是非常大、非常快的。如果他们的预测被证明是错误的话,平均股值就可能急剧下跌,转而对就业和经济增长产生连锁反应。

经济学家在经济周期是由总需求和总供给冲击引起的,并且这些冲击部分会因家庭通过储蓄平滑其消费而持续很长时间这个方面观点是一致的。但在有多大比例的经济波动是由需求冲击引起的,多大比例的经济波动是由供给引起的,并且在市场机制是否使冲击持续比其原有的时间更长的方面观点极不一致。

19.2.4 通货膨胀的原因

在第1章,我们指出通货膨胀的趋势速度在1945年以后比在1945年以前高得多。原因似乎很清楚。在1945年以前,世界通货膨胀率由于黄金的发现而被限制,因为通货和黄金联系在一起,并且在金本位制下,二者彼此间的兑换率固定。1948年,进入了金汇兑本位制,通货和美元挂钩,和黄金的联系逐渐削弱,这就从一个以商品为基础的货币制度过渡到纯粹的不兑现货币制度,从而使各国政府可以不受限制地选择其货币扩张速度。由于各国选择了不同的货币扩张速度,金汇兑本位制

---

① 近期才有人开始定量研究动物情绪是经济周期的原因,因而还没有可用的文献。作为尝试,《经济理论杂志》(*Journal of Economic Theory*)(1994年第63期)上有一个论文集讨论了把动物情绪看作是经济波动的主要原因的经济模型的定量分析。

就崩溃了,因而自1973年以后,我们生活在浮动汇率的世界里,对通货膨胀唯一的控制就是中央银行的谨慎性。

> **网络浏览19-1**
>
> ### 如何在互联网上找到经济学网址
>
> 通观全书,我们已经提供了许多有趣的网址,你可以使用它们来补充本书的资料。但是网址在不断创建、更新和修改。一个可能具有持久性的网址是互联网上的比尔·高夫的经济学家资料库,网址是:http://www.econwpa.wustl.edu/EconFAQ/EconFAQ.html。
>
> 网上的经济学家资料库是可用的经济学资源的最综合性的目录库。它收录了大学的系和研究机构,以及教学工具和研究材料。如果一个网址是可用的和经济的,那它就在比尔·高夫的网址上。

经济学家对通货膨胀原因的一致意见是较近时期才有的。在20世纪70年代,一个有影响的"成本推动"的通货膨胀学派认为,通货膨胀的主要原因是工会力量的日益强大。对于米尔顿·弗里德曼在20世纪50年代所提出的通货膨胀的原因是过度的货币供给这一观点有很大的争议,主要因为所观察到的货币持有倾向不是一个常量使得货币数量论不可信。货币需求效用论的倡导者认为货币持有倾向并不是一个常量,而是一个利率的稳定函数,把这种思想引入宏观经济学,就产生了货币增长是维持价格总水平持续增长的主要原因的一致意见。弗里德曼创造了此后引起争论的警句"通货膨胀在任何时候、任何地方都是一种货币现象"。今天,这个命题被承认是科学事实。

最近一段时期,美国的通货膨胀率就世界范围而言较为温和,但也足以明显地扰乱了经济活动,因而很大程度上导致了卡特总统任期内的经济增长减速。通货膨胀在20世纪60年代晚期开始上升,并在20世纪80年代达到了其峰值。原因是联储在这个时期鉴于财政赤字增加而实行了低利率的货币政策。这一低利率的政策迫使联储以越来越快的速度把政府债务货币化,从而导致了过度的货币扩张,并在通货膨胀预期波及资本市场时,导致了政策自身的最终崩溃。

19.2.5 通货膨胀和经济增长是怎样的关系

也许,在宏观经济学领域,最难和最不好理解的就是货币与经济增长的关系。众所周知,为了保持经济增长,保持低的通货膨胀率是重要的,主要是我们知道,像阿根廷、巴西和玻利维亚这些具有极高通货膨胀率的国家遭受了系统性的就业问题,原因是其货币的疲软导致金融市场混乱。20世纪60年代的美国和19世纪的英国的例子可以证明,低通货膨胀是和低失业、高增长相关联的。对这种现象的现代解释是,在短期促进经济增长的通货膨胀是由家庭和企业作出错误的预期造成的。因此,联储不再试图在短期内通过货币扩张来刺激GDP增长。短期和长期间精确的联系是现代宏观经济学研究的一个课题,因而我们在第17章和第18章所考察的自然率假说再次遭到攻击。

19.3 研究前沿

时下,在大学和研究机构,什么是"热点问题"呢?如果你将要在研究生院学习宏观经济学,你将学习什么,并如何为知识的进展作出贡献呢?

19.3.1 增长理论研究

最近研究的主题是内生增长理论。要探究原因,就看看由小罗伯特·E.卢卡斯所著的"创造一个奇迹"(Making a Miracle)一文,在此文中,他分析了印度和中国如果仿效中国香港地区或日本的经验,就可能增加其社会福利。在欧洲,一直到17世纪,还是人口随GDP的增加而增长的状况。商品生产越多,人口出生就越多,但和20世纪90年代发达工业化国家的一般居民相比,这些人大多处于悲惨的生活境况中。仅仅在16世纪欧洲文艺复兴时期以后,这种状况才有所改观,并且世界经济一直向前发展。

知识是如何得以传播的呢?发现的过程和创新的过程及新发现由此被应用的过程有什么不同呢?在研究和教育方面的投资是如何影响知识生产的呢?研究应该由私人部门来承担,还是应该通过政府特许或政府研究机构而对研究给以积极的鼓励呢?这些是现代增长理论正在探索的问题。新资料的出现使我们可以比较社会实践的结果。例如,中国市场经济的发展,可信的回答是越来越有希望。经济增长理论在过去20年一直是宏观经济学领域唯一最重要的研究主题,并且在未来的几十年,很可能还会被最优秀的研究人员所关注。

19.3.2 经济周期研究

在第二次世界大战结束以后的25年间,大多数宏观经济学家都致力于融合凯恩斯的著作《就业、利息和货币通论》与微观经济学的供给和需求范式。起初,《就业、利息和货币通论》的思想似乎起作用,因而许多经济学家认为经济周期问题已经解决了。但20世纪70年代和80年代菲利普斯曲线的变动使得经济周期问题又被重新审视。为解释罗伯特·卢卡斯的思想,许多经济学家开始感觉到,作为政策制定者事实上的顾问,他们"身陷其中"。

20世纪70年代理性预期思想的出现改变了所有这一切。宏观经济学家开始质疑凯恩斯主义模型的基础,并寻求在更加坚实的微观经济学的供给和需求基础上解释经济周期。其中最突出的是实际的经济周期学派,他们强烈地反对积极的政府干预。此时,钟摆已摆向另一方,并且学院派经济学家完成了从治愈一切社会疾病的干预论者到内向者的转变。所谓内向者,是指在政治周期内,实际上不能确定他们属于哪个党派。

理性预期革命是宏观经济科学领域一个富有成果的发展。它使我们确信我们的经济理论是内在一致的,因而采纳了微观经济行为模型也应被用来解释宏观经济问题的观点。毫不奇怪,这种思想的早期模型是粗糙的,因而不能包容现实世界的丰富的复杂性。但更近的时期,把明晰的动态模型与供给和需求分析相结合的研究已经有了更大的包容性;经济学家们已经认识到对方法本身可以作出许多解释。在20世纪60年代作为指导政策顾问的静态的凯恩斯主义分析已经死亡了。但是,把凯恩斯主义对市场失灵的研究与RBC学派的需求和供给模型原理相结合可能在未来若干年会取得丰富的成果。

19.3.3　通货膨胀、经济增长和货币传导机制

如今,一个更有趣的研究领域是货币的传导机制。我们知道,货币扩张速度的提高在短期会降低失业率,且长期会引发高的通货膨胀率。理论表明,自然失业率独立于政策之外。但从所积累的欧洲经验和对美国的长期证据的观察表明,自然失业率水平大体上每10年就有所改变。接下来我们想知道,自然率本身是否是影响长期通货膨胀率的货币政策的一个函数。

目前,许多经济学家正在研究货币增长率的提高为何会在短期降低失业。在我们的理论模型中,如果名义工资(或另外一些名义价格)的变化滞后于货币的变化,这种情况才会发生。但是为什么理性的经济人在短期会有似乎注定要产生不良的社会结果的行为呢?这是很难解释的。当前有几种竞争性的理论正在被分析,因而也许在不久的将来,学术界对这个问题会有一致的观点,并会给政策制定者提供一个能够改进动态需求和供给模型的可选模型。

19.4　展望未来

今天研究宏观经济学比以往任何时候都更令人兴趣盎然。因为经济学家不能进行实验,我们不得不在包含许多同时变化的各种变量的数据中寻找规律。仅仅在较近的时期,随着个人电脑的发明,对大量数据的分析才成为现实。当A. W. 菲利普斯在20世纪50年代写作其具有重要影响的关于工资上涨和失业关系的文章时,他用手动计算器分析他的数据。在30年前还需要花费数周时间艰苦计算的数据分析,今天可以由使用手提电脑的研究生在几秒内完成。个人电脑的发明对经济学所起的作用就如同望远镜的发明对天文学所起的作用。

随着数据分析能力的提高,大量的经济数据的收集开始了。第二次世界大战前,鲜有国家收集综合性的国民收入数据。现在,已积累了世界上每个国家30年的数据,并且数据的质量正在逐步提高。随着我们积累起更加完备的经济时间序列数据,我们将会对经济运动方式有更加深入的认识。我们不能设计实验,但政治家经常为我们做这项工作。由于各个国家实行着不同的经济和社会政策,并且我们在观察和测度着这些政策的结果,我们自然会积累起丰富的观察资料,从而使我们能识别不同的假说。我们的确生活在一个有趣的时代。

附录 美国经济数据

OBS	实际GDP	GDP价格	私人消费	私人投资	政府消费	政府投资	出口	进口	净出口
1890	260.4224632	5.460121261	155.2551678	55.06986733	23.76400978	5.501365132	11.55064154	14.81386887	-3.263227
1891	271.8747874	5.371890861	166.406569	53.74864289	25.37037545	5.873238574	12.81117813	16.11831639	-3.307138
1892	298.5142561	5.171674732	174.2730614	64.23674407	27.2357992	6.305083927	14.91526465	17.04638092	-2.131116
1893	283.9067353	5.283660046	175.1375111	55.41889827	26.60681985	6.15947529	13.07757722	16.94550276	-3.867926
1894	276.0453132	4.951098318	169.9508129	51.27141614	26.15244205	6.054286889	14.27794232	14.70915099	-0.431209
1895	308.6807515	4.88322862	191.2162757	59.44375538	28.46839275	6.59042917	13.07132385	15.87964885	-2.808325
1896	302.150284	4.750882605	190.6976059	54.51315188	28.07657057	6.499722387	15.40481975	17.41841931	-2.0136
1897	331.427296	4.771243722	205.6525858	62.0378928	30.43859003	7.046529582	16.7480677	18.12683657	-1.378769
1898	338.2635369	4.927343819	209.1103847	59.74868835	31.97136959	7.401367849	18.31323712	15.29866184	3.014575
1899	369.8854305	5.083444333	233.8336464	61.39071693	36.55100051	8.461551801	18.0099185	15.79555656	2.214362

OBS	实际GDP	GDP价格	私人消费	私人投资	政府消费	政府投资	出口	进口	净出口
1900	379.318 4232	5.327 775 246	235.994 7706	67.111 795 84	35.609 7169	8.243 644 771	19.499 466 94	17.155 682 55	2.343 784
1901	423.297 0498	5.283 660 046	264.953 8359	73.846 566 29	38.982 225 92	9.024 380 163	21.052 669 45	17.224 517 62	3.828 152
1902	427.169 1593	5.460 121 261	267.201 4052	77.878 466 47	38.465 327 98	8.904 718 358	18.785 658 78	17.711 843 21	1.073 816
1903	448.495 0623	5.527 991 375	283.193 7248	81.199 954 93	40.402 602 57	9.353 197 171	18.943 669 56	19.467 837 43	-0.524 168
1904	442.951 8434	5.592 467 276	286.910 8585	73.717 2969	40.828 092 64	9.451 698 067	19.729 07	19.647 590 62	0.081 479
1905	476.074 7963	5.704 452 173	303.335 403	84.243 934 91	42.900 117 96	9.931 371 654	20.167 9217	20.657 425 17	-0.489 503
1906	531.116 8427	5.860 553 103	336.876 0517	96.537 405 25	46.807 916 92	10.836 0266	21.853 971 04	22.924 552 02	-1.070 581
1907	539.039 1245	6.104 884 016	343.186 5346	98.620 971 61	47.206 758 68	10.928 358 41	22.580 022 36	25.629 291 14	-3.049 269
1908	495.008 707	6.060 768 816	321.575 2919	82.036 635 66	45.019 866 43	10.422 093 15	22.767 248 27	22.491 565 82	0.275 682
1909	555.849 612	6.257 591 148	356.758 395	98.616 206 16	49.684 483 34	11.501 951 35	20.046 492 35	21.988 3074	-1.941 815
1910	570.881 2929	6.434 051 947	363.328 2128	105.508 8692	50.561 013 93	11.704 868 06	20.670 806 13	25.142 949 12	-4.472 143
1911	589.377 3127	6.359 395 487	380.876 5419	103.076 7383	51.998 1615	12.037 567 54	23.289 260 02	25.453 5706	-2.164 311
1912	618.666 1797	6.624 087 934	390.817 7136	114.697 6381	53.815 564 35	12.458 296 06	24.346 542 57	25.949 839 08	-1.603 297
1913	624.370 3071	6.596 940 055	403.698 0143	108.109 825	54.675 473 62	12.657 364 94	27.472 371 92	28.648 883 08	-1.176 511
1914	601.254 5255	6.729 285 653	398.684 2059	98.345 661 39	52.919 282 44	12.250 806 91	26.077 246 91	29.078 583 33	-3.001 336
1915	594.401 4944	7.034 699 502	391.768 6083	94.085 805 65	52.326 004 18	12.113 463 07	29.220 833 39	26.195 498 65	3.025 335
1916	639.088 4387	7.872 891 625	427.124 6014	89.344 882 89	54.485 953 36	12.613 491 02	50.256 561 55	38.823 712 69	11.432 85
1917	649.570 6505	9.708 767 684	417.874 9895	94.560 477 18	63.777 8268	14.764 5585	47.756 117 32	36.017 435 17	11.738 68
1918	750.860 7953	10.621 615 85	415.973 2001	87.746 7228	147.726 6363	34.198 696 84	42.040 177 68	29.285 596 38	12.754 58
1919	703.121 0342	12.488 033 59	434.385 9789	20.434 757 88	166.338 7383	38.507 396	47.328 216 13	32.031 059 17	15.297 16
1920	658.089 4006	14.490 191 55	455.651 4418	64.091 508 61	82.772 994 37	19.161 937 29	41.439 195 84	39.230 614 09	2.208 582
1921	613.242 6406	11.809 336 61	484.783 397	20.794 9391	78.783 365 38	18.238 338 71	26.761 246 78	27.164 117 29	-0.402 871

OBS	实际GDP	GDP价格	私人消费	私人投资	政府消费	政府投资	出口	进口	净出口
1922	704.805146	10.96096476	502.677506	80.60920413	75.88291065	17.56688382	24.85542906	31.0150674	-6.159638
1923	761.7710279	11.40211759	548.3204506	89.4535706	78.65378706	18.20834134	25.94822418	36.10736478	-10.15914
1924	787.1893151	11.23244355	588.949587	75.24614988	79.18334267	18.3309334	29.38822382	35.03408447	-5.645861
1925	847.3577045	11.4699877	571.7470377	125.6426994	83.29990409	19.28391682	31.8551351	37.86448009	-6.009345
1926	895.7561777	11.30031283	618.513767	126.9244781	87.42634199	20.23918665	30.76951399	40.99869756	-10.22918
1927	900.1733289	10.99490023	632.4314073	118.1327699	87.47373066	20.25015712	32.41214562	39.75088345	-7.338738
1928	909.4109588	11.13063879	641.2487944	113.1736402	88.79821203	20.55677439	35.96450581	38.21537373	-2.250868
1929	980.7744812	10.91076203	682.4830455	129.6071429	94.83866637	27.29695784	34.5613457	42.83180593	-8.27046
1930	893.7722182	10.56161798	640.0201689	90.92857143	99.9173359	32.20427748	28.60385588	37.80754717	-9.203691
1931	825.0296895	9.601470588	616.6348166	57	102.1254538	33.7378145	23.70856511	33.91374663	-10.20518
1932	715.7099737	8.46675117	561.9869406	21.20535714	101.2422033	29.44391006	18.81327434	27.63342318	-8.820149
1933	700.6725455	8.292179144	550.6635069	22.5625	106.9833065	19.62927467	19.10123262	28.7638814	-9.662649
1934	754.9743694	8.990468081	567.5255767	34.86160714	122.1089109	21.26504594	21.40489886	29.39191375	-7.987015
1935	813.0952227	9.252326536	600.1419892	55.30357143	126.6355594	21.46951832	22.94067636	39.06361186	-16.12294
1936	928.3821719	9.252326536	657.7438044	76.25446429	110.5163087	29.13720344	24.28448167	38.18436658	-13.89988
1937	968.3626357	9.776042614	682.6061263	90.25	138.3385827	27.50143022	30.61956384	42.45498652	-11.83542
1938	929.5756186	9.514184159	667.3441069	59.29017857	149.0479596	28.11484542	29.46773072	33.28571429	-3.817984
1939	1003.330623	9.426898562	699.9605193	79.22321429	154.7890629	34.55570014	31.38745259	35.29541779	-3.907965
1940	1081.262692	9.601470588	732.5769318	103.3125	162.6278714	34.14675927	35.99478508	36.67708895	-0.682304
1941	1277.704015	10.2124731	774.5474852	126.7232143	224.0135731	88.12725758	37.53056258	45.59514825	-8.064586
1942	1533.459638	10.73619001	773.8090004	69.04464286	386.1998108	241.4809601	25.2443426	46.97681941	-21.73248
1943	1838.50461	10.91076203	796.7020295	45.37946429	587.8010174	342.79663	21.40489886	63.30566038	-41.90076

OBS	实际GDP	GDP价格	私人消费	私人投资	政府消费	政府投资	出口	进口	净出口
1944	1993.055955	10.99804846	826.1183411	50.72321429	668.838972	370.2980544	23.61257901	67.19946092	-43.58688
1945	1912.617648	11.60905097	879.5354091	70.0625	622.3581167	271.6405059	31.48343869	71.21886792	-39.73543
1946	1518.183521	14.57677874	958.9225262	165.8258929	265.1949589	31.48862609	64.0227244	50.49380054	13.52892
1947	1495.15	16.32250067	976.4	168.625	209.8816151	29.34167582	75.925	46.6	29.325
1948	1559.925	17.2625	998.05	215.35	219.2661162	42.93903664	59.8	54.375	5.425
1949	1550.9	17.265	1025.35	164.3	233.9500869	58.68335164	59.225	52.45	6.775
1950	1686.55	17.4125	1090.85	232.5	243.5554134	65.32867874	51.825	62	-10.175
1951	1815.075	18.5975	1107.15	233.2	324.5933343	105.3028756	63.525	64.425	-0.9
1952	1887.275	18.9825	1142.4	211.1	361.8001347	143.0278801	60.575	70.125	-9.55
1953	1973.875	19.24	1197.25	220.95	381.5627497	147.4240227	56.55	76.725	-20.175
1954	1960.5	19.4475	1221.85	210.75	353.6301052	137.404911	59.3	72.925	-13.625
1955	2099.525	19.735	1310.35	262.1	354.4029262	123.3986093	65.6	81.7	-16.1
1956	2141.1	20.415	1348.75	258.6	353.6300715	126.4656834	76.475	88.325	-11.85
1957	2183.825	21.125	1381.8	247.4	372.5094864	130.7595917	83.1	92.1	-9
1958	2162.775	21.6425	1393.025	226.5	374.0551622	140.2675166	71.75	96.425	-24.675
1959	2318.975	21.88	1470.7	272.85	380.1274865	133.9289	72.4	106.6	-34.2
1960	2376.675	22.185	1510.725	272.8	385.4730416	127.5546175	87.425	108.025	-20.6
1961	2432.025	22.43	1541.275	271	401.8989721	139.7616068	88.9	107.275	-18.375
1962	2578.9	22.74	1617.325	305.325	434.7843485	146.2146831	93.65	119.475	-25.825
1963	2690.375	22.995	1683.95	325.725	455.8402652	146.3332867	100.725	122.65	-21.925
1964	2846.45	23.3375	1784.85	352.6	473.2687748	148.3646211	114.175	129.2	-15.025
1965	3028.575	23.7725	1897.575	402	497.0166117	149.5234383	116.475	142.95	-26.475

OBS	实际GDP	GDP价格	私人消费	私人投资	政府消费	政府投资	出口	进口	净出口
1966	3227.425	24.45	2006.075	437.275	547.8002088	165.093343	124.275	164.2	-39.925
1967	3308.325	25.205	2066.25	417.175	601.3873221	173.7874494	127.025	176.15	-49.125
1968	3466.075	26.29	2184.225	441.275	639.3258324	169.9460949	136.325	202.4	-66.075
1969	3571.4	27.5875	2264.775	466.925	652.8866876	161.1419421	143.7	213.95	-70.25
1970	3578.025	29.05	2317.475	436.225	661.9496154	153.9392353	159.275	223.05	-63.775
1971	3697.65	30.5175	2405.2	485.8	678.2598487	144.032823	160.425	234.95	-74.525
1972	3898.375	31.8125	2550.475	543	703.3299248	145.6243981	173.475	261.3	-87.825
1973	4123.425	33.595	2675.925	606.55	709.9513075	147.2307678	211.45	273.425	-61.975
1974	4099.05	36.605	2653.75	561.725	723.6390227	156.75513585	231.575	267.275	-35.7
1975	4084.45	40.0275	2710.875	462.225	740.71140548	161.267934	230.025	237.55	-7.525
1976	4311.725	42.295	2868.875	555.475	751.9312178	156.9861546	243.625	284	-40.375
1977	4511.75	45.015	2992.075	639.4	772.5605894	150.0614168	249.725	314.975	-65.25
1978	4760.575	48.2275	3124.675	713	784.7937104	159.7113428	275.85	342.25	-66.4
1979	4912.125	52.24	3203.125	735.4	794.374864	169.2104823	302.375	347.925	-45.55
1980	4900.9	57.0525	3193.05	655.275	822.7713106	175.850065	334.825	324.825	10
1981	5020.925	62.3675	3236.025	715.6	840.832937	171.4174622	338.625	333.375	5.25
1982	4919.375	66.2575	3275.475	615.25	863.2908499	169.4116876	314.65	329.225	-14.575
1983	5132.35	68.8725	3454.275	673.75	890.1565559	178.2968312	306.95	370.7	-63.75
1984	5505.125	71.4375	3640.6	871.45	925.7970498	195.0163162	332.6	460.95	-128.35
1985	5717.025	73.695	3820.85	863.4	976.178313	215.4761901	341.625	490.725	-149.1
1986	5912.4	75.3225	3981.2	857.675	1021.058062	229.9790253	366.775	531.95	-165.175
1987	6113.25	77.5725	4113.375	879.275	1048.800909	237.5676105	407.95	564.175	-156.225

OBS	实际GDP	GDP价格	私人消费	私人投资	政府消费	政府投资	出口	进口	净出口
1988	6368.3	80.2175	4279.45	902.825	1060.602762	232.0759721	473.5	585.65	-112.15
1989	6591.825	83.27	4393.675	936.5	1083.773333	237.3601859	529.4	608.775	-79.375
1990	6707.9	86.53	4474.525	907.3	1115.958203	249.3270905	575.675	632.2	-56.525
1991	6676.425	89.6625	4466.625	829.475	1132.229681	245.7246807	613.25	629.025	-15.775
1992	6880.1	91.845	4594.475	899.825	1140.387675	242.9066228	651	670.775	-19.775
1993	7062.65	94.0525	4748.9	977.875	1139.90809	234.839802	672.725	731.8	-59.075
1994	7347.725	96.0075	4928.15	1107.025	1148.111471	234.8721594	732.825	819.375	-86.55
1995	7543.825	98.1025	5075.625	1140.6	1155.812633	242.7608603	808.2	886.6	-78.4
1996	7813.125	100	5237.5	1242.7	1171.769593	250.1558683	874.175	963.125	-88.95
1997	8144.875	101.9125	5417.225	1385.775	1199.871326	253.2713238	983.075	1095.225	-112.15
1998	8495.65	103.1125	5681.85	1547.4	1222.92512	260.5785962	1004.575	1222.175	-217.6
1999	8848.225	104.5525	5983.6	1637.75	1274.128707	284.8518136	1042.35	1365.4	-323.05
2000	9156.6	105.86	6225.2	1724.2	NA	NA	1077.7	1454.8	-377.1

术语表

A

缺乏套利机会(absence of arbitrage opportunities) 缺少通过在一个市场上买进商品和金融资产而在另一个市场上卖出的获利机会。(第13章)

动物情绪(animal spirits) 从众心理是经济波动的一个独立的原因的思想。(第6章)

(外国通货)升值(appreciation(of a foreign country's currency)) 在浮动汇率制下,1美元所兑换的外国通货数量减少。(也见 devaluation; depreciation; revaluation)(第13章)

B

国际收支(balance of payments) 政府外汇储备变化。(第13章)

贸易差额(balance of trade) 进出口商品和服务价值的差额。(第13章)

资产负债表(balance sheet accounting) 度量经济单位(如企业或家庭)的资产和负债的体系。(第2章)

票据(banknote) 资产存在一个金融机构的书面凭证,具有可转让性。(第10章)

物物交换经济(barter economy) 所有贸易都必须通过双方商品的直接交换来完成的一种经济。(第5章)

基期(base year) 在计算实际 GDP 时其价格用来给商品和劳务计价的那一年。(第1章)

繁荣(扩张)(boom(expansion)) 实际 GDP 增长率在趋势线以上的时间阶段。(第1章)

预算约束(budget constraint) 描述在家庭财富既定、工资既定和商品价格在市场上决定的条件下,所能购买到的各种商品的组合和所能提供的劳动的一种不等式。(第4章)

预算赤字(budget deficit) 政府支出超出其税收收入的部分。(第2章)

经济周期(business cycles) 多数经济时间序列数据呈现的从一个时期到下一个时期的一致性、持续性波动的趋势。(第1章)

C

资本弹性(capital elasticity) 生产中使用的资本增加1%产出增加的百分数。(也见 labor elasticity)(第15章)

资本市场(capital market) 把家庭储蓄引导到企业的金融机构的集合。(第2章)

资本存量(capital stock) 机器、工厂、住宅和未售商品的存量。(第9章)

中央银行(central bank) 控制一国货币供给的机构。在美国,中央银行是联邦储备体系。(第10章)

收入的循环流(circular flow of income) GDP 和整个经济的收入是度量同一个对象的不同方法的思想。(第2章)

古典总需求曲线(classical aggregate demand curve) 描述 GDP 与货币供求均衡时的价格水平之间所有组合的一条曲线。(第5章)

古典总需求理论(classical theory of aggregate demand) 认为在既定的价格水平下,商品和服务的总需求量仅取决于流通中的货币数量的一种理论。(第5章)

古典总供给理论(classical theory of aggregate supply) 认为产量仅仅取决于偏好、技术和自然禀赋的一种理论。(第4章)

封闭经济(closed economy) 把它与其他国家隔离开

来加以研究的一种经济。(第2章)

柯布-道格拉斯生产函数(Cobb-Douglas production function) 描述既定数量的劳动与资本能够生产多少产量的一种函数。$Y = AK^\alpha(LQ)^{1-\alpha}$,其中,$Y$是产量,$K$是资本,$L$是劳动,$A$和$\alpha$是常数,$Q$用来度量劳动生产率。(第15章)

一致性(coherence) 度量两个变量在一段时间共同运动的程度。(也见 persistence)(第1章)

竞争性均衡配置(competitive equilibrium allocation) 在竞争性均衡中,每个家庭和企业供给和需求的各种商品和劳动的数量清单。(第4章)

竞争性均衡(competitive equilibrium) 所有的商品(包括劳动)的需求量等于其供给量的一种模型经济的性质。(第4章)

复合增长(compound growth) 一个变量在每一期都按一个固定百分数增长的增长过程。(第3章)

条件收敛假说(conditional convergence hypothesis) 具有相同特征的国家的人均收入随着时间的变化其增长会逐渐接近的命题。(第16章)

规模报酬不变(constant return to scale) 生产函数的一种性质,即如果全部投入按一定数量增加,产出会以同样的数量增加。(第15章)

消费价格指数(consumer price index,CPI) 对特定年份一组标准消费品花费的度量。(第1章)

消费品(consumption goods) 用来满足目前需要的商品。(第2章)

消费平滑(consumption smoothing) 为了合理分配各个时期的消费,在资本市场上进行借贷的过程。(第6章)

合同理论(contract theory) 名义工资由劳动合同规定并且不经常调整的理论。(第8章)

紧缩(衰退)(contraction(recession)) GDP增长率低于趋势线的时间阶段。(第1章)

收敛假说(convergence hypothesis) 各国不管具有何种特征,其人均收入在长期会越来越接近的命题。(第16章)

公司债券(corporate bond) 企业对未来一系列固定支付所作出的承诺。(第9章)

相关系数(correlation coefficient) 衡量两个变量之间相关的程度。(第3章)

逆周期变量(countercyclical variable) 与实际GDP变化方向相反的变量。(第1章)

息票(coupon) 企业对拥有其债券的所有者的定期支付。(第9章)

周期(cycles,见 high frequency component) (第3章)

D

赤字(deficit) 支出超过收入的部分。(也见 surplus)(第10章)

货币需求(demand for money) 说明作为收入和利率的函数,家庭每周愿意持有多少货币的方程式。(第5章)

需求管理(demand management) 积极的政府干预政策,即通过财政或货币政策来维持稳定的经济增长率。(第9章)

(外国汇率)贬值(depreciation (of a foreign country's exchange rate)) 在浮动汇率制下,1美元所兑换的外国通货数量的增加。(也见 appreciation;depreciation;revaluation)(第13章)

(资本)折旧(depreciation (of capital)) 总投资中用来替换生产中耗费的资本的那部分。(第2章)

去趋(detrending) 将一个时间序列划分为两个组成部分——趋势和周期的过程。(第1章)

(外国汇率)贬值(devaluation(of a foreign country'exchange rate)) 在浮动汇率制下,1美元所兑换的外国通货数量的增加。(也见 appreciation;depreciation;revaluation)(第13章)

差分方程(difference equation) 关于一个变量现在值与过去值相互关系的方程式。(第1章)

差分(differencing) 对时间序列变量在不同时期的变化进行计算的过程。(第3章)

收益递减(diminishing returns) 在资本数量固定的条件下,随着劳动投入量的增加,产出将以一个递减的比率增加。(第4章)

贴现率(discount rate) 联邦储备体系给金融机构贷款的利率。(第10章)

相机抉择的货币政策(discretionary monetary policy) 中央银行不依据既定的规则,而是灵活地调整货币变量来试图影响经济的一种政策。(第18章)

可支配收入(disposable income) 国民收入减去税收加上转移支付。(第11章)

国内经济(domestic economy) 具有单一国家利益的经济。(第2章)

国内支出(domestic expenditure) 对国内经济生产的商品和服务的支出。(第2章)

需求的双重巧合(double coincidence of wants) 在物物交换经济中,一个人希望购买的物品与另一个人希望出售的物品相一致的状态。(第5章)

动态(经济)分析(dynamic(economic) analysis) 对不同时期经济是如何发展的研究。(也见 static(economic) analysis)(第14章)

动态的总供给理论(dynamic theory of aggregate supply) 分析工资和价格通货膨胀与GDP增长之间关系的一种理论。(第17章)

E

经济模型(economic model) 通过图表或一组方程式来描述经济的一种直观方式。(第1章)

效率单位(efficiency units) 在考虑到技能的情况下度量劳动投入的一种方式。按效率单位衡量,一个外科医生提供的1小时所包含的劳动量多于一个普通劳动者提供的1小时所包含的劳动量。(第15章)

效率工资理论(efficiency wage theory) 为了激励工人努力工作,企业支付给工人多于劳动的边际产品的报酬。(第7章)

就业率(employment rate) 成年人口被雇用的比例。(第3章)

内生增长理论(endogenous growth theory) 分析模型中由于内在原因促进生产率提高进而导致人均收入增长的理论。(也见 exogenous growth theory)(第15章)

内生变量(endogenous variable) 经济模型本身所解释的变量。(也见 exogenous variable)(第4章)

禀赋(endowments) 一个经济可获得的资源数量(包括当时的人口数量)。(第4章)

事前实际利率(ex ante real interest rate) 名义利率减去预期的通货膨胀率。(第11章)

超额GDP增长(excess GDP growth) GDP增长的数量超过全要素生产率增长的数量。(第17章)

超额货币增长(excess money growth) 货币的增长率超过产出增长的自然率的数量。(第18章)

超额工资通货膨胀(excess wage inflation) 工资通货膨胀的数量超过产出增长的自然率的数量。(第17章)

外汇管制(exchange controls) 对个人或企业在特定时点买卖外国货币数量的限制。(第13章)

外汇服务(exchange services) 家庭持有货币获得的收益流量,因为这种货币在交易中是被普遍接受的。(第5章)

外生增长理论(exogenous growth theory) 分析模型中由于外在原因促进生产率提高进而导致人均收入增长的理论。(也见 enogenous growth theory)(第15章)

外生变量(exogenous variable) 模型本身不能解释的变量。(也见 endogenous variable)(第4章)

期望值(expected value) 通过计算一组反复观察的随机变量的平均值而得到的数值。(第18章)

支出法(expenditure method) 通过加总全部最终商品和服务的支出来计算GDP的方法。(第2章)

事后实际利率(ex post real interest rate) 名义利率减去实际的通货膨胀率。(第11章)

F

要素服务(factor services) 家庭为了换取收入而提供给企业的生产要素的服务。(第2章)

可行选择(feasible choice) 在一定的技术条件下,所需劳动与可能的产出供给之间的组合。(第4章)

联邦公开市场委员会(Federal Open Market Committee) 负责制定和实施美国货币政策的机构。(第10章)

联邦储备体系(Federal Reserve System) 美国中央银行。(第10章)

法定货币(fiat money) 在所有的合法交易中,法律规定必须接受的不兑现的货币。(第10章)

最终产品(final good) 直接出售给最终消费者的商品。(第2章)

金融资产(financial asset) 在将来兑现的资源的索取权。(第2章)

金融负债(financial liability) 在将来兑现资源的义务。(第2章)

企业(firm) 生产商品的经济组织。(第4章)

固定汇率制(fixed exchange-rate system) 一种世界货

币制度;在这种制度下,一国货币与其他国家的货币交易的数量比例是固定的,而且受国家中央银行管制。(也见 floating (flexible) exchange-rate system)(第13章)

弹性趋势(flexible trend) 使用弹性去趋法将一个时间序列分解为趋势和周期,从而得到低频部分。弹性去趋通过使用一个让趋势长期缓慢变化的公式进行计算。(第3章)

浮动(弹性)汇率制(floating (flexible) exchange-rate system) 一种世界货币制度;在这种制度下,一国货币相对于其他国家货币的价值由供求自行决定。(也见 fixed exchange-rate system)(第10章)

流量(变量)(flow (variable)) 用单位时间来度量的变量。(也见 stock)(第2章)

摩擦性失业(frictional unemployment) 由于劳动转换所导致的失业。(第7章)

筹足资金退休金制度(fully-funded pension) 一种退休金计划;在该计划中,基金被用于股票或债券投资,而且退休者可以享有他们对所投资的资产的收入流的索取权。(第6章)

G

GDP核算等式(GDP accounting identity) 把GDP各部分联系在一起的等式,即 $Y = C + I + G + NX$。(第2章)

GDP平减指数(GDP deflator) 一种价格指数,即名义GDP与实际GDP的比例。(第1章)

金本位(gold standard) 一种世界货币制度;在这种制度下,每一国的通货可以以固定的比例兑换成黄金。(第10章)

国内生产总值(gross domestic product, GDP) 某一时期一国领土范围内生产的按市场价格计算的全部最终产品与服务的价值。(第1章)

增长(growth) 实际国内生产总值的长期增加。(第1章)

增长核算(growth accounting) 分别计算资本、劳动及生产率增长对人均GDP增长的贡献率的一种方法。(第15章)

H

高频部分(周期)(high-frequency component (cycle)) 在去除线性或弹性趋势后,或者区分序列后,一个时间序列剩下的部分。(第3章)

家庭(household) 生活在一起并作出集体的经济决策的一组个人。(第2章)

人力资本(human capital) 积累的知识存量。(第15章)

超级通货膨胀(hyperinflation) 价格飞速上涨的时期。(第1章)

I

收入法(income method) 通过加总生产要素获得的全部收入来计算GDP的一种方法。(第2章)

无差异曲线(indifference curve) 描绘商品需求量与家庭愿意提供的劳动量之间的各种组合给家庭带来相等的幸福的一条曲线。(第4章)

通货膨胀率(inflation rate) 价格水平在连续两年间的变化率。(第1章)

中间产品(intermediate good) 一个企业生产的产品被另一个企业用作生产的投入品。(第2章)

国际货币基金组织(international Monetary Fund) 作为国际中央银行的一个组织。(第13章)

跨时预算约束(intertemporal budget constraint) 描述在一生的每一阶段通过资本市场上的借贷,家庭的当前消费和将来消费各种可能组合的一种方程式。(第6章)

跨时无差异曲线(intertemporal indifference curve) 表示使家庭获得相等幸福的现在消费与未来消费各种组合的一条曲线。(第6章)

跨时生产可能性集合(intertemporal product possibilities set) 在一定的技术条件下,当前投资与未来商品生产之间的各种可能性组合。(第6章)

跨时贸易(intertemporal trade) 通过借贷在不同时点上进行的商品交易。(第16章)

跨时效用理论(intertemporal utility theory) 认为家庭为了达到效用最大化从而跨时配置其消费的一种理论。(第6章)

投资需求曲线(investment demand curve) 表示在不同的实际利率下企业对投资品需求量的一条曲线。(第6章)

投资品(investment goods) 加总到资本存量中的商品。(第2章)

IS 曲线(IS curve) 描述储蓄和投资相等时的名义利率与收入之间的组合的一条曲线。(第 11 章)

IS-LM 均衡(IS-LM equilibrium) IS 曲线与 LM 曲线的交点同时决定名义利率和收入的一种状态。(第 12 章)

等利润线(isoprofit line) 表示产生相等的利润的产品供给量与劳动需求量之间全部组合的一条线。(第 4 章)

K

凯恩斯主义总需求曲线(Keynesian aggregate demand curve) 描绘 IS-LM 均衡时价格水平与实际 GDP 之间所有组合的一条曲线。(第 12 章)

知识函数(knowledge function) 描述单个工人的生产率如何决定于社会中的资本存量的一种函数。(第 16 章)

L

劳动需求曲线(labor demand curve) 描绘企业在不同的实际工资率下所愿意雇用的劳动数量的一条曲线。(第 4 章)

劳动弹性(labor elasticity) 生产中所雇用的劳动数量增长 1% 产出所增长的百分数。(也见 capital elasticity)(第 15 章)

劳动力(labor force) 正在从事工作或正在寻找工作机会的所有个人的总称。(第 3 章)

劳动力参与率(labor force participation rate) 劳动力中 16 周岁以上的那一部分公民。(第 3 章)

劳动收入(labor income) 通过提供劳动服务所获得的收入。(第 2 章)

劳动供给曲线(labor supply curve) 描绘家庭在不同实际工资率下所愿意提供的劳动数量的曲线。(第 4 章)

干中学(learning by doing) 从生产活动中获取知识。(第 16 章)

最后贷款人(lender of last resort) 中央银行对缺少准备金的银行进行贷款时所扮演的角色。(第 10 章)

线性周期(linear cycle) 在剔除线性趋势后一个时间序列所保留的内容。(第 3 章)

线性去趋(linear detrending) 通过数据画一条直线对一个时间序列进行趋势和周期分解的过程。(第 1 章)

流动资产(liquid assets) 与同等风险的类似资产相比具有较低收益率的资产,这类资产在交易中被普遍接受,或者它们能很快转换为其他类型的在交易中被普遍接受的资产。(第 9 章)

流动偏好(liquidity preference) 分析家庭和企业在持有债券能获取利息的情况下为什么愿意持有货币的理论。(第 9 章)

LM 曲线(LM curve) 描绘货币需求量与货币供给量相等时名义利率与收入的所有组合的一条曲线。(第 9 章)

低频部分(趋势)(low-frequency component(trend)) 一个时间序列变动缓慢的部分。(第 3 章)

M

宏观经济学(macroeconomics) 对整体经济运行的研究。(第 1 章)

宏观经济变量(macroeconomic variable) 与总体经济有关的一种经济概念,能够被度量出来,而且可以取不同的数值。(第 1 章)

(一种要素的)边际产品(marginal product(of a factor)) 在其他生产要素投入量不变的情况下,某种生产要素增加一单位所增加的产量。(第 15 章)

市场(market) 相互交易商品的所有交易商的集合。(第 4 章)

市场利率(market rate of interest) 家庭和企业在竞争性的资本市场上进行借贷时的利率。(第 6 章)

菜单成本(menu costs) 为反映通货膨胀的变化而修改价格单的成本。(第 8 章)

微观经济学(microeconomics) 对市场中单个生产者和消费者行为的研究。(第 1 章)

基础货币(monetary base) 联邦储备体系的负债。(第 10 章)

货币政策(monetary policy) 为了改变一个或更多的经济变量,联邦储备体系对货币供应量或名义利率的直接操作。(第 9 章)

货币(money) 在商品或服务交易中被普遍接受的一种商品或金融资产。(第 5 章)

货币供给(money supply) 一个经济流通中的货币数量。(第 5 章)

货币供给乘数(money supply multiplier) 货币供应量

与基础货币的比例。(第10章)

N

国民收入和产品账户(National Income and Product Accounts(nIPA)) 关于GDP及其组成部分的一系列数据(由美国商务部公布)。(第2章)

自然的(产出)路径(natural (output) path) 当(产出)增长率等于全要素生产率增长率时每一期产出数值的表。(第17章)

自然的(实际工资)路径(natural (real wage) path) 当(实际工资)增长率等于全要素生产率增长率时每一期实际工资数值的表。(第17章)

自然产出率(natural rate of output) 当失业率处在自然失业率时商品的供给量。(第12章)

自然失业率(natural rate of unemployment) 在搜寻均衡中出现的失业率。在自然失业率下,无论实际工资率较高或较低,都没有企业或工人能够进行有利可图的交易。(第7章)

新古典增长模型(neoclassical growth model) 由新古典分配理论发展而来的外生增长理论。(第15章)

新古典综合(neoclassical synthesis) 关于凯恩斯主义总供求理论在短期成立和古典主义总供求理论在长期成立的思想。(第5章)

新古典总供给理论(neoclassical theory of aggregate supply) 关于总供给的一种动态理论。这种理论认为,产出增长在短期可以偏离其自然路径。(第17章)

新古典分配论(neoclassical theory of distribution) 按照每一种生产要素的边际产品价值来支付其报酬的命题。(第15章)

新古典工资方程式(neoclassical wage equation) 一种用来解释将工资通货膨胀与预期的价格通货膨胀和失业联系起来的菲利普斯曲线的方程。(第17章)

国内净产品(net domestic product, NDP) 在没有减少资本存量的条件下,可用于消费的最大化的产量。(第2章)

净投资(net investment) 总投资中增加资本存量的那部分投资。(第2章)

净值(net worth) 一个经济单位的(实际的或金融的)资产价值减去其负债。(第2章)

货币中性(neutrality of money) 这种思想认为,如果货币供给增加(减少),所有的名义变量将以相同的比例增加(减少),而所有的实际变量保持不变。(第5章)

名义汇率(nominal exchange rate) 用来购买一单位国内货币所需的外国货币单位的数量。(第13章)

名义GDP(nominal GDP) 用当前价格计算的GDP。(也见real GDP)(第1章)

名义利率(nominal interest rate) 贷款时用美元表示的利率。(也见real interest rate)(第6章)

名义刚性(nominal rigidity) 名义价格与工资率在对失衡作出反应时不会很快进行调整的一种状态。(第8章)

名义工资(nominal wage) 每一时期用美元表示的工资。(第4章)

非加速通货膨胀的失业率(nonaccelerating inflation rate of unemployment, NAIRU) 自然失业率的另一种称谓。(第18章)

O

奥肯定律(Okun's Law) 失业率每增加1%实际GDP将下降3%的一条经验规律。(第8章)

开放经济(open economy) 与世界其他国家进行贸易的一种经济。(第2章)

公开市场业务(open market operations) 为了影响货币供给,联邦储备体系在资本市场上买卖债券。(第10章)

(持有货币的)机会成本(opportunity cost (of holding money)) 以所放弃的商品和服务来衡量,持有货币所放弃的机会。(第5章)

P

峰顶(peak) 在经济周期中,实际GDP偏离趋势线开始下降的那一点。(第3章)

人均生产函数(per capita production function) 表示既定的单位劳动的资本投入与单位劳动所生产的产出之间关系的函数。(第15章)

资本完全流动性(perfect capital mobility) 世界上任何国家能以相同的实际利率进行借贷的一种模型的特性。(也见zero capital mobility)(第16章)

完全竞争(perfect competition) 所有交易者能够在既

定的价格下买卖他们希望得到的商品数量的一种市场,在这种市场上单个交易者不能影响市场价格。(第 4 章)

永久债券(perpetuity) 承诺永久支付利息的一种债券。(第 9 章)

持续性(persistence) 一个时间序列与其过去数值高度相关的趋势。(也见 coherence)(第 3 章)

菲利普斯曲线(Phillips curve) 失业与工资通货膨胀之间的一种负相关关系,这种关系最初是由 A. W. 菲利普斯通过英国的数据发现的。(第 17 章)

资产组合配置(portfolio allocation) 财富在不同资产之间的配置。(第 9 章)

偏好(preferences) 使家庭宁愿选择一种商品组合而不选择另一种组合的因素。(第 4 章)

现值(present value) 未来投入使用的一定量资源在当前的价值。(第 6 章)

价格(通货)紧缩(price deflation) 价格水平呈下降趋势的一种状态(负的价格通货膨胀)。(第 17 章)

原始赤字(primary deficit) 度量政府支出加转移支付超过税收收入多少的一种指标。原始赤字不包括未清偿债务中的利息支付。(也见 reported deficit)(第 14 章)

私人生产函数(私人技术)(private production function (private technology)) 在经济中其他企业生产要素保持不变的情况下,单个企业所面临的生产函数。(也见 social production function)(第 16 章)

顺周期变量(procyclical variable) 随着实际 GDP 的增加(减少)而趋向于增加(减少)的变量。(第 1 章)

生产函数(production function) 生产可能性集合的外边界线。(第 4 章)

生产可能性集合(production possibilities set) 在一定的技术条件下,劳动供给与产品生产的各种可能性组合。(第 4 章)

产品法(product method) 通过加总经济中每个企业的增加值来计算 GDP 的一种方法。(第 2 章)

利润(profit) 提供资本服务所获得的收入。(第 2 章)

货币持有倾向(propensity to hold money) 货币与名义 GDP 的比例。(第 5 章)

购买力平价(purchasing power parity) 实际汇率从长期来看应该等于 1 的一种观点。(第 13 章)

Q

货币数量方程式(quantity equation of money) 描述价格水平和货币数量、GDP 水平以及货币持有倾向之间关系的方程式。(第 5 章)

货币数量论(古典价格理论)(quantity theory of money (classical theory of the price level)) 认为价格水平取决于古典总需求与总供给理论的综合的一种理论。(第 5 章)

R

理性预期(rational expectations) 认为经济当事人会学会预测未来的价格与收入而不会犯系统性错误的一种观点。(第 12 章)

实际的经济周期模型(real business cycle model) 用技术的随机波动来解释实际 GDP 的全部波动的一种经济模型,在这种模型中,每一时点的劳动供给量与需求量相等。(第 4 章)

实际汇率(real exchange rate) 一篮子国内商品相对于一篮子外国商品的价值。(第 13 章)

实际 GDP(real GDP) 使用基期价格来计算的 GDP。(也见 nominal GDP)(第 1 章)

实际利率(real interest rate) 用商品数量表示的借贷的利率。(也见 nominal interest rate)(第 6 章)

实际货币余额(real money balances) 按照商品数量来计算的货币的价值。(第 9 章)

实际工资(real wage) 按照每一时期最终产出单位来计算的工资。(第 4 章)

实际工资通货膨胀(real wage inflation) 实际工资增长的百分数。(第 18 章)

衰退(recession) 经济周期从顶峰走向低谷的阶段。(第 3 章)

重建假说(reconstruction hypothesis) 日本和德国在第二次世界大战后经济快速增长是因为它们需要替换在战争期间被毁坏的资本的一种假说。(第 16 章)

相对购买力平价(relative purchasing power parity) 认为不同国家的 GDP 平减指数的相对价值不会随时间的变化发生系统性改变的思想。(第 13 章)

公布的赤字(reported deficit) 政府支出加上转移支

付超过税收收入的数值。它包括对未清偿债务支付的利息。(也见 primary deficit)(第 14 章)

代表性当事人经济(representative agent economy) 单个家庭作出所有的经济决策的一种模型。(第 4 章)

法定准备率(required reserve ratio) 依据法律规定,商业银行必须持有的准备金与存款的最低比率。(第 10 章)

准备金(reserves) 私人银行留在自己金库里或放在联邦储备体系中的一部分客户存款。(第 10 章)

留存利润(retained earnings) 用于购买新资本而不是作为红利回报给股东的利润。(第 2 章)

(外国汇率)贬值(revaluation (of a foreign country's exchange rate)) 在固定汇率制下,一美元所兑换的外国通货数量的减少。(也见 appreciation; depreciation; devaluation)(第 13 章)

李嘉图等价(Ricardian equivalence) 这是这样一个理论命题:政府通过借债和增加税收来为其支出筹集资金,其效果是一样的。(第 14 章)

风险厌恶(risk aversion) 偏好稳定的收入甚于收入波动。(第 9 章)

S

储蓄(saving) 不消费的决策。(第 9 章)

储蓄供给曲线(saving supply curve) 描述在不同的实际利率条件下家庭储蓄供给数量的一条曲线。(第 6 章)

散点图(scatter plot) 在既定时点上,每个点代表两个不同变量的观测值的一种图形。(第 3 章)

搜寻理论(search theory) 描述工人与企业随着时间的变化相匹配的过程的一种经济模型。(第 7 章)

社会生产函数(社会技术)(social production function (social technology)) 如果所有的企业同时改变它们的生产要素投入量,社会作为一个整体所面临的生产函数。(也见 private production function)(第 16 章)

索洛剩余(全要素生产率)(Solow residual (total factor productivity)) 每一种生产要素与其在国民收入中所占的份额加权时,每单位生产要素所生产的产出数量。(第 15 章)

(模型)求解(solution (to a model)) 作为外生变量的函数,模型的内生变量的一系列数值。(第 4 章)

稳定性(stability) 差分方程的稳态性。如果一个稳态是稳定的,那么在这个稳态附近的解随着时间的变化将收敛于这个稳态。(第 14 章)

滞胀(stagflation) 高通货膨胀与高失业同时并存的一种状态。(第 18 章)

状态变量(state variable) 用来总结经济随时间变化而变化的一种变量。在动态经济模型中,其他内生变量被表示为状态变量的函数。(第 14 章)

静态(经济)分析(static (economic) analysis) 对某一时点上的经济所作的分析。(也见 dynamic economic analysis)(第 14 章)

稳态解(steady-state solution) 在每个时期是相同的差分方程的解。(第 14 章)

存量(变量)(stock (variable)) 在某一时点上度量的变量。(也见 flow)(第 2 章)

替代效应(substitution effect) 在家庭财富保持不变的条件下,实际工资提高所导致的劳动供给量的变化。(第 4 章)

盈余(surplus) 税收收入超过支出的部分。(也见 deficit)(第 10 章)

T

技术(technology) 将生产要素转换为最终产品的方法。(第 4 章)

时间序列(time series) 度量经济变量在连续时间的一系列数据。(第 1 章)

全要素生产率(total factor productivity) 见 Solow residual。(第 15 章)

趋势(trend) 见 low-frequency component。(第 3 章)

谷底(trough) 经济周期中实际 GDP 离开趋势线开始上升的那一点。(第 3 章)

U

无套补利率平价(uncovered interest rate parity) 这种思想认为,按照国内商品单位衡量,预期的实际利率应当与用全世界通货发行的债券的利率是一致的。(第 13 章)

失业率(unemployment rate) 劳动力中失业的那一部分。(第 3 章)

效用函数(utility function) 用以表示偏好的一种数学

方程式。(第4章)

货币效用论(utility theory of money) 认为家庭持有货币是为了从实际货币余额的服务中获取效用流的一种经济理论。(第9章)

V

流通速度(velocity of circulation) 名义GDP与名义货币存量的比率,每一时期平均一美元花费在GDP上的次数。(第9章)

变动性(volatility) 用标准差测量的一个经济变量的快速的上下波动。(第6章)

W

财富(wealth) 家庭持有的货币与债券的价值总和。(第9章)

财富效应(wealth effect) 家庭财富增加对商品需求量或供给量产生的影响。(第4章)

世界资本供给曲线(world supply of capital curve) 表示在不同的实际利率条件下,世界其他国家对一国国内经济的资金供给量的一条曲线。(第6章)

Z

零资本流动(zero capital mobility) 假设家庭与企业不能在国外市场上进行借贷这样一种模型的性质。(也见 perfect capital mobility)(第16章)

影印版教材可供书目

经济与金融经典入门教材 · 英文影印版

	书号	英文书名	中文书名	版次	编著者	定价
1	08961	Public Finance: A Contemporary Application of Theory to Policy	财政学：理论在政策中的当代应用	第8版	David N. Hyman/著	59.00元
2	08132	Fundamentals of Investments: Valuation and Management	投资学基础：估值与管理	第3版	Charles J. Corrado 等/著	58.00元
3	08126	Microeconomics for Today	今日微观经济学	第3版	Irvin Tucker/著	45.00元
4	08125	Macroeconomics for Today	今日宏观经济学	第3版	Irvin Tucker/著	48.00元

管理学经典入门教材 · 英文影印版

	书号	英文书名	中文书名	版次	编著者	定价
5	08129	Management: Skills and Application	管理学：技能与应用	第11版	Leslie W. Rue 等/著	45.00元
6	08128	Information Technology and Management	信息技术与管理	第2版	Ronald L. Thompson 等/著	45.00元
7	08665	Marketing: An Introduction	营销学导论	第1版	Rosalind Masterson 等/著	45.00元
8	09061	Communicating at Work: Principles and Practices for Business and the Professions	商务沟通：原则与实践	第8版	Ronald B. Adler 等/著	54.00元

经济学精选教材 · 英文影印版

	书号	英文书名	中文书名	版次	编著者	定价
9	12633	World Trade and Payments: An Introduction	国际贸易与国际收支	第10版	Richard E. Caves, Jeffrey A. Frankel 等/著	68.00元
10	08130	Economics: Principles and Policy	经济学：原理与政策	第9版	William J. Baumol 等/著	79.00元
11	08127	Microeconomic Theory: Basic Principles and Extensions	微观经济理论：基本原理与扩展	第9版	Walter Nicholson/著	59.00元
12	09693	Macroeconomics: Theories and Policies	宏观经济学：理论与政策	第8版	Richard T. Froyen/著	48.00元

管理学精选教材 · 英文影印版

	书号	英文书名	中文书名	版次	编著者	定价
13	12091	Operations Management: Goods, Services and Value Chains	运营管理：产品、服务和价值链	第2版	David A. Collier 等/著	86.00元
14	07409	Management Fundamentals: Concepts, Applications, Skill Development	管理学基础：概念、应用与技能提高	第2版	Robert N. Lussier/著	55.00元
15	06380	E-Commerce Management: Text and Cases	电子商务管理：课文和案例	第1版	Sandeep Krishnamurthy/著	47.00元

金融学精选教材 · 英文影印版

	书号	英文书名	中文书名	版次	编著者	定价
16	14529	Econometrics: A Modern Introduction	计量经济学：现代方法（上）	第1版	Michael P. Murray/著	54.00元
17	14530	Econometrics: A Modern Introduction	计量经济学：现代方法（下）	第1版	Michael P. Murray/著	41.00元
18	12306	Fundamentals of Futures and Options Markets	期货与期权市场导论	第5版	John C. Hull/著	55.00元
19	12040	Financial Theory and Corporate Policy	金融理论与公司决策	第4版	Thomas E. Copeland 等/著	79.00元
20	09657	Bond Markets: Analysis and Strategies	债券市场：分析和策略	第5版	Frank J. Fabozzi/著	62.00元

序号	书号	英文书名	中文书名	版次	编著者	定价
21	09984	Money, Banking and Financial Markets	货币、银行与金融市场	第1版	Stephen G. Cecchetti/著	65.00元
22	09767	Takeovers, Restructuring and Corporate Governance	接管、重组与公司治理	第4版	J. Fred Weston 等/著	69.00元
23	13206	Bank Management	银行管理	第6版	Timothy W. Koch 等/著	66.00元
24	10933	International Corporate Finance	国际财务管理	第8版	Jeff Madura/著	69.00元
25	13204	Financial Markets and Institutions	金融市场和金融机构	第7版	Jeff Madura/著	78.00元
26	05966	International Finance	国际金融	第2版	Ephraim Clark/著	66.00元
27	05967	Fundamentals of Investment Appraisal	投资评估基础	第1版	Steve Lumby 等/著	28.00元
28	05965	Principles of Finance	金融学原理(含 CD-ROM)	第2版	Scott Besley 等/著	82.00元
29	05973	Corporate Finance: A Focused Approach	公司财务：一种关注方法	第1版	Michael C. Ehrhardt 等/著	72.00元
30	10916	Risk Management and Insurance	风险管理和保险	第12版	James S. Trieschmann 等/著	65.00元
31	05963	Fixed Income Markets and Their Derivatives	固定收入证券市场及其衍生产品	第2版	Suresh M. Sundaresan/著	72.00元

会计学精选教材 · 英文影印版

序号	书号	英文书名	中文书名	版次	编著者	定价
32	14752	Advanced Accounting	高级会计学	第9版	Joe Ben Hoyle 等/著	56.00元
33	13200	Financial Accounting: Concepts & Applications	财务会计：概念与应用	第10版	W. Steve Albrecht 等/著	75.00元
34	13201	Management Accounting: Concepts & Applications	管理会计：概念与应用	第10版	W. Steve Albrecht 等/著	55.00元
35	13202	Financial Accounting: A Reporting and Analysis Perspective	财务会计：报告与分析	第7版	Earl K. Stice 等/著	85.00元
36	12309	Financial Statement Analysis and Security Valuation	财务报表分析与证券价值评估	第3版	Stephen H. Penman/著	69.00元
37	12310	Accounting for Decision Making and Control	决策与控制会计	第5版	Jerold L. Zimmerman/著	69.00元
38	05956	Corporate Financial Accounting	公司财务会计	第7版	Carl S. Warren 等/著	75.00元
39	05416	International Accounting	国际会计学	第4版	Frederick D. S. Choi 等/著	50.00元
40	05952	Intermediate Accounting: Management Decisions and Financial Accounting Reports	中级会计：管理决策和财务会计报表	第1版	Stephen P. Baginski 等/著	64.00元
41	05958	Accounting Information Systems: A Business Process Approach	会计信息系统：商务过程方法	第1版	Frederick L. Jones 等/著	74.00元
42	05957	Managerial Accounting	管理会计	第8版	Don R. Hansen 等/著	79.00元
43	05959	Business Combinations & International Accounting	企业并购与国际会计	第1版	Hartwell C. Herring III/著	36.00元
44	05960	Auditing: Concepts for a Changing Environment	审计学：变化环境中的概念	第3版	Larry E. Rittenberg 等/著	90.00元

营销学精选教材 · 英文影印版

序号	书号	英文书名	中文书名	版次	编著者	定价
45	13205	Services Marketing: Concepts, Strategies, & Cases	服务营销精要：概念、战略与案例	第3版	K. Douglas Hoffman 等/著	63.00元
46	13203	Basic Marketing Research	营销调研基础	第6版	Gilbert A. Churchill, Jr.等/著	66.00元
47	12305	Selling Today: Creating Customer Value	销售学：创造顾客价值	第10版	Gerald L. Manning, Barry L. Reece/著	52.00元
48	11213	Analysis for Marketing Planning	营销策划分析	第6版	Donald R. Lehmann 等/著	32.00元
49	09654	Market-based Management: Strategies for Growing Customer Value and Profitability	营销管理：提升顾客价值和利润增长的战略	第4版	Roger J. Best/著	48.00元

50	09655	Customer Equity Management	顾客资产管理	第 1 版	Roland T. Rust 等/著	55.00 元
51	09662	Business Market Management: Understanding, Creating and Delivering Value	组织市场管理：理解、创造和传递价值	第 2 版	James C. Anderson 等/著	45.00 元
52	10013	Marketing Strategy: A Decision Focused Approach	营销战略：以决策为导向的方法	第 5 版	Orville C. Walker, Jr. 等/著	38.00 元
53	05971	Marketing	市场营销学（含 CD-ROM）	第 6 版	Charles W. Lamb Jr. 等/著	80.00 元
54	10983	Principles of Marketing	市场营销学	第 12 版	Louis E. Boone 等/著	66.00 元
55	11108	Advertising, Promotion, & Supplemental Aspects of Integrated Marketing Communication	整合营销传播：广告、促销与拓展	第 7 版	Terence A. Shimp/著	62.00 元
56	11251	Sales Management: Analysis and Decision Making	销售管理：分析与决策	第 6 版	Thomas N. Ingram 等/著	42.00 元
57	11212	Marketing Research: Methodological Foundations	营销调研：方法论基础	第 9 版	Gilbert A. Churchill, Jr. 等/著	68.00 元

人力资源管理精选教材 · 英文影印版

	书号	英文书名	中文书名	版次	编著者	定价
58	08536	Human Relations in Organizations: Applications and Skill Building	组织中的人际关系：技能与应用	第 6 版	Robert N. Lussier/著	58.00 元
59	08131	Managerial Communication: Strategies and Applications	管理沟通：策略与应用	第 3 版	Geraldine E. Hynes/著	38.00 元
60	07408	Human Resource Management	人力资源管理	第 10 版	Robert L. Mathis 等/著	60.00 元
61	07407	Organizational Behavior	组织行为学	第 10 版	Don Hellriegel 等/著	48.00 元

国际商务精选教材 · 英文影印版

	书号	英文书名	中文书名	版次	编著者	定价
62	14176	International Business	国际商务	第 4 版	John J. Wild 等/著	49.00 元
63	12886	International Marketing	国际营销	第 8 版	Michael R. Czinkota 等/著	65.00 元
64	06522	Fundamentals of International Business	国际商务基础	第 1 版	Michael R. Czinkota 等/著	45.00 元
65	11674	International Economics: A Policy Approach	国际经济学：一种政策方法	第 10 版	Mordechai E. Kreinin/著	38.00 元
66	06521	International Accounting: A User Perspective	国际会计：使用者视角	第 2 版	Shahrokh M. Saudagaran/著	26.00 元

MBA 精选教材 · 英文影印版

	书号	英文书名	中文书名	版次	编著者	定价
67	12838	Quantitative Analysis for Management	面向管理的数量分析	第 9 版	Barry Render 等/著	65.00 元
68	12675	The Economics of Money, Banking, and Financial Markets	货币、银行和金融市场经济学	第 7 版	Frederic S. Mishkin/著	75.00 元
69	11221	Analysis for Financial Management	财务管理分析	第 8 版	Higgins/著	42.00 元
70	12302	A Framework for Marketing Management	营销管理架构	第 3 版	Philip Kotler/著	42.00 元
71	14216	Excellence in Business Communication	卓越的商务沟通	第 7 版	John V. Thill 等/著	73.00 元
72	12304	Understanding Financial Statements	财务报表解析	第 8 版	Lyn M. Fraser 等/著	34.00 元
73	10620	Principles of Operations Management	运作管理原理	第 6 版	Jay Heizer 等/著	72.00 元
74	05429	Introduction to Financial Accounting and Cisco Report Package	财务会计	第 8 版	Charles T. Horngren 等/著	75.00 元
75	12303	Introduction to Management Accounting	管理会计	第 13 版	Charles T. Horngren 等/著	79.00 元

		英文书名	中文书名	版次	编著者	定价
76	11451	Management Communication: A Case-Analysis Approach	管理沟通:案例分析法	第2版	James S. O'Rourke/著	39.00元
77	10614	Management Information Systems	管理信息系统	第9版	Raymond McLeod 等/著	45.00元
78	10615	Fundamentals of Management	管理学基础	第4版	Stephen P. Robbins 等/著	49.00元
79	10874	Understanding and Managing Organizational Behavior	组织行为学	第4版	Jennifer M. George 等/著	65.00元
80	05430	Modern Investment Theory	现代投资理论	第5版	Robert A. Haugen/著	65.00元
81	05427	The Theory and Practice of International Financial Management	国际金融管理的理论和实践	第1版	Reid W. Click 等/著	45.00元
82	05422	Financial Management and Policy	金融管理与政策	第12版	James C. Van Horne/著	75.00元
83	10608	Essentials of Entrepreneurship and Small Business Management	小企业管理与企业家精神精要	第4版	Thomas W. Zimmerer 等/著	58.00元
84	11224	Business	商务学	第7版	Ricky W. Griffin 等/著	68.00元
85	11452	Strategy and the Business Landscape: Core Concepts	战略管理	第2版	Pankaj Ghemawat/著	18.00元
86	13817	Managing Human Resources	人力资源管理	第5版	Luis R. Gomez-Mejia 等/著	60.00元
87	09663	Financial Statement Analysis	财务报表分析	第8版	John J. Wild 等/著	56.00元

经济学前沿影印丛书

	书号	英文书名	中文书名	版次	编著者	定价
88	09218	Analysis of Panel Data	面板数据分析	第2版	Cheng Hsiao/著	48.00元
89	09236	Economics, Value and Organization	经济学、价值和组织	第1版	Avner Ben-Ner 等/著	59.00元
90	09217	A Companion to Theoretical Econometrics	理论计量经济学精粹	第1版	Badi H. Baltagi/著	79.00元
91	09680	Financial Derivatives: Pricing, Applications, and Mathematics	金融衍生工具:定价、应用与数学	第1版	Jamil Baz 等/著	45.00元

翻译版教材可供书目

重点推荐

	书号	英文书名	中文书名	版次	编著者	定价
1	06693	The World Economy: A Millennial Perspective	世界经济千年史	第1版	安格斯·麦迪森(Angns Maddison)/著	58.00元
2	10004	Fundamental Methods of Mathematical Economics	数理经济学的基本方法	第4版	蒋中一(Alpha C. Chiang)等/著	52.00元
3	10663	Principles of Economics	经济学原理(微观经济学分册)	第4版	曼昆(N.Gregory Mankiw)/著	52.00元
4	10805	Principles of Economics	经济学原理(宏观经济学分册)	第4版	曼昆(N.Gregory Mankiw)/著	44.00元
5	11697	Study Guide for Principles of Economics	曼昆《经济学原理》学习指南	第4版	大卫·R.哈克斯(David R. Hakes)/著	49.00元

经济与金融经典入门教材译丛

	书号	英文书名	中文书名	版次	编著者	定价
6	11274	Fundamentals of Investments: Valuation and Management	投资学基础:估值与管理	第3版	Charles J. Corrado 等/著	76.00元
7	09320	Public Finance: A Contemporary Application of Theory to Policy	财政学:理论在政策中的当代应用	第8版	David N. Hyman/著	78.00元
8	09847	Microeconomics for Today	今日微观经济学	第3版	Irvin Tucker/著	58.00元
9	09750	Macroeconomics for Today	今日宏观经济学	第3版	Irvin Tucker/著	66.00元

管理学经典入门教材译丛

	书号	英文书名	中文书名	版次	编著者	定价
10	10006	Marketing: An Introduction	营销学导论	第1版	Rosalind Masterson 等/著	58.00元

11	10003	Information Technology and Management	信息技术与管理	第2版	Ronald L. Thompson 等/著	68.00元
12	11152	Management: Skills and Application	管理学：技能与应用	第11版	Leslie W. Rue 等/著	55.00元

经济学精选教材译丛

	书号	英文书名	中文书名	版次	编著者	定价
13	13815	World Trade and Payments: An Introduction	国际贸易与国际收支	第10版	Richard E. Caves 等/著	69.00元
14	13814	Macroeconomics	宏观经济学	第2版	Roger E. A. Farmer/著	46.00元
15	12289	Microeconomic Theory: Basic Principles and Extensions	微观经济理论：基本原理与扩展	第9版	Walter Nicholson/著	75.00元
16	11222	Economics: Principles and Policy	经济学：原理与政策（上、下册）	第9版	William J. Baumol 等/著	96.00元
17	10992	The History of Economic Thought	经济思想史	第7版	Stanley L. Brue 等/著	59.00元
18	13800	Urban Economics	城市经济学	第6版	Arthur O'Sullivan	49.00元

管理学精选教材译丛

	书号	英文书名	中文书名	版次	编著者	定价
19	11210	Strategic Management of E-business	电子商务战略管理	第2版	Stephen Chen/著	39.00元
20	10005	Management Fundamentals: Concepts, Applications, Skill Development	管理学基础：概念、应用与技能提高	第2版	Robert N. Lussier/著	75.00元

金融学精选教材译丛

	书号	英文书名	中文书名	版次	编著者	定价
21	12316	Multinational Business Finance	跨国金融与财务	第11版	David K. Eiteman 等/著	78.00元
22	10007	Capital Budgeting and Long-Term Financing Decisions	资本预算与长期融资决策	第3版	Neil Seitz 等/著	79.00元
23	10609	Money, Banking, and Financial Markets	货币、银行与金融市场	第1版	Stephen G. Cecchetti/著	75.00元
24	11463	Bond Markets, Analysis and Strategies	债券市场：分析和策略	第5版	Frank J. Fabozzi/著	76.00元
25	10624	Fundamentals of Futures and Options Markets	期货与期权市场导论	第5版	John C. Hull/著	62.00元
26	09768	Takeovers, Restructuring and Corporate Governance	接管、重组与公司治理	第4版	J. Fred Weston 等/著	79.00元

营销学精选教材译丛

	书号	英文书名	中文书名	版次	编著者	定价
27	13795	Analysis for Marketing Planning	营销策划分析	第6版	Donald R. Lehmann/著	35.00元
28	13811	Services Marketing: Concepts, Strategies, & Cases	服务营销精要：概念、战略与案例	第2版	K. Douglas Hoffman 等/著	68.00元
29	12312	Customer Equity Management	顾客资产管理	第1版	Roland T. Rust 等/著	65.00元
30	11229	Market-based Management: Strategies for Growing Customer Value and Profitability	营销管理：提升顾客价值和利润增长的战略	第4版	Roger J. Best/著	58.00元
31	10010	Marketing Strategy: A Decision-Focused Approach	营销战略：以决策为导向的方法	第5版	Orville C. Walker, Jr. 等/著	49.00元
32	11226	Business Market Management: Understanding, Creating and Delivering Value	组织市场管理：理解、创造和传递价值	第2版	James C. Anderson 等/著	52.00元

人力资源管理精选教材译丛

	书号	英文书名	中文书名	版次	编著者	定价
33	10276	Human Resource Management	人力资源管理	第10版	Robert L. Mathis/著	68.00元

| 34 | 09274 | Managerial Communication: Strategies and Applications | 管理沟通:策略与应用 | 第3版 | Geraldine E. Hynes/著 | 45.00元 |
| 35 | 10275 | Supervision: Key Link to Productivity | 员工监管:提高生产力的有效途径 | 第8版 | Leslie W. Rue 等/著 | 59.00元 |

国际商务精选教材译丛

书号	英文书名	中文书名	版次	编著者	定价
36	10001	Fundamentals of International Business	国际商务基础	第1版	Michael R. Czinkota 等/著	58.00元

全美最新工商管理权威教材译丛

	书号	英文书名	中文书名	版次	编著者	定价
37	13790	Case Problems in Finance	财务案例	第12版	W. Carl Koster 等/著	88.00元
38	13807	Analysis for Financial Management	财务管理分析	第8版	Robert C. Higgins/著	42.00元
39	13809	Strategy and the Business Landscape	战略管理	第2版	Pankaj Ghenawat/著	25.00元
40	13500	Managerial Economics	管理经济学	第3版	方博亮,武常岐,孟昭莉/著	80.00元
41	11609	Management: The New Competitive Landscape	管理学:新竞争格局	第6版	Thomas S. Bateman 等/著	76.00元
42	09690	Product Management	产品管理	第4版	Donald R. Lehmann 等/著	58.00元

经济与管理经典教材译丛

	书号	英文书名	中文书名	版次	编著者	定价
43	06415	Business Economics	企业经济学	第2版	Maria Moschandreas/著	47.00元
44	08651	International Finance	国际金融	第2版	Ephraim Clark/著	68.00元
45	07048	Fundamentals of Investment Appraisal	投资评估基础	第1版	Steve Lumby 等/著	28.00元
46	07047	Electronic Commerce and the Revolution in Financial Markets	金融市场中的电子商务与革新	第1版	Ming Fan 等/著	36.00元
47	08862	Business Combinations & International Accounting	企业并购和国际会计	第1版	Hartwell C. Herring III/著	38.00元
48	06455	Management Accounting	管理会计	第3版	Robert S. Kaplan 等/著	52.00元
49	08100	Accounting for the Environment	环境会计与管理	第2版	Rob Gray 等/著	35.00元
50	08621	Advertising, Promotion, & Supplemental Aspects of Integrated Marketing Communications	整合营销传播:广告、促销与拓展	第6版	Terence A. Shimp/著	58.00元
51	07940	International Dimensions of Organizational Behavior	国际组织行为	第4版	Nancy J. Adler/著	30.00元
52	07793	International Economics: A Policy Approach	国际经济学:一种政策方法	第9版	Mordechai E. Kreinin/著	39.00元
53	08101	International Accounting: A User Perspective	国际会计:使用者视角	第2版	Shahrokh M. Saudagaran/著	32.00元
54	08323	E-Commerce Management: Text and Cases	电子商务管理:课文和案例	第1版	Sandeep Krishnamurthy/著	45.00元

增长与发展经济学译丛

	书号	英文书名	中文书名	版次	编著者	定价
55	05742	Introduction to Economic Growth	经济增长导论	第1版	Charles I. Jones/著	28.00元
56	05744	Development Microeconomics	发展微观经济学	第1版	Pranab Bardhan 等/著	35.00元
57	05743	Development Economics	发展经济学	第1版	Debraj Rag/著	79.00元
58	06905	Endogenous Growth Theory	内生增长理论	第1版	Philippe Aghion 等/著	75.00元

国际经典教材中国版系列

	书号	英文书名	中文书名	版次	编著者	定价
59	11227	International Financial Management	国际金融管理	第1版	Michael B. Connolly,杨胜刚/著	38.00元

教学支持服务

圣智学习出版集团（Cengage Learning）作为为终身教育提供全方位信息服务的全球知名教育出版集团，为秉承其在全球对教材产品的一贯教学支持服务，将为采用其教材图书的每位老师提供教学辅助资料。任何一位通过Cengage Learning北京代表处注册的老师都可直接下载所有在线提供的、全球最为丰富的教学辅助资料，包括教师用书、PPT、习题库等。

鉴于部分资源仅适用于老师教学使用，烦请索取的老师配合填写如下情况说明表。

教学辅助资料索取证明

兹证明＿＿＿＿＿＿大学＿＿＿＿＿系/院＿＿＿＿＿学年（学期）开设的＿＿＿名学生 □主修 □选修的＿＿＿＿＿＿＿＿课程，采用如下教材作为 □主要教材 或 □参考教材：

书名：＿＿＿＿＿＿＿＿＿＿＿＿＿＿＿＿＿＿＿
作者：＿＿＿＿＿＿＿＿＿＿＿＿＿＿＿＿＿ □英文影印版　□中文翻译版
出版社：＿＿＿＿＿＿＿＿＿＿＿＿＿＿＿＿＿
学生类型：□本科1/2年级　□本科3/4年级　□研究生　□MBA　□EMBA　□在职培训
任课教师姓名：＿＿＿＿＿＿＿＿＿＿
职称／职务：＿＿＿＿＿＿＿＿＿＿
电话：＿＿＿＿＿＿＿＿＿＿
E-mail：＿＿＿＿＿＿＿＿＿＿
通信地址：＿＿＿＿＿＿＿＿＿＿
邮编：＿＿＿＿＿＿＿＿＿＿
对本教材的建议：＿＿＿＿＿＿＿＿＿＿

系/院主任：＿＿＿＿＿＿（签字）
（系/院办公室章）
＿＿＿＿年＿＿＿＿月＿＿＿＿日

------

*相关教辅资源事宜敬请联络圣智学习出版集团北京代表处。

经济与管理图书事业部
北京市海淀区成府路205号　100871
联系人：石会敏　张燕
电　　话：010-62767312 / 62767348
传　　真：010-62556201
电子邮件：shm@pup.pku.edu.cn
　　　　　em@pup.pku.edu.cn
网　　址：http://www.pup.cn

Cengage Learning Beijing Office
圣智学习出版集团北京代表处
北京市海淀区科学院南路2号融科资讯中心C座南楼1201室
Tel: (8610) 8286 2095 / 96 / 97　Fax: (8610) 8286 2089
E-mail: asia.infochina@cengage.com
www.cengageasia.com